PÓS-TUDO
50 anos de cultura na
ilustrada

PÓS-TUDO
50 anos de cultura na
ilustrada

MARCOS AUGUSTO GONÇALVES
FOLHA DE S.PAULO

Apoio:
vivo

PUBLIFOLHA

apre-sentação

MARCOS AUGUSTO GONÇALVES

Tudo começou em 1958, ano em que o Brasil inventou a bossa nova, a seleção canarinho conquistou a Copa do Mundo e a indústria automobilística fabricou nosso primeiro fusca. No dia 10 de dezembro, alguns meses depois do nascimento de Madonna e de Michael Jackson, chegava às bancas a Folha Ilustrada, pioneiro caderno de artes, espetáculos e variedades da Folha de S.Paulo. De Nelson Rodrigues a Tarso de Castro, de Glauber Rocha a Walter Salles, de Paulo Francis a Caetano Veloso, de Ruy Castro a Angeli, de Flávio Rangel a José Simão, de Paulo Coelho a Contardo Calligaris, de Costanza Pascolato a Erika Palomino, passaram por suas páginas intelectuais, escritores, artistas e jornalistas cuja atuação se entrelaça com a história da cultura, do entretenimento, da moda e da imprensa no Brasil.

"A Ilustrada foi a internet da década de 80", diz o diretor de teatro Gerald Thomas, referindo-se aos anos em que o caderno consolidou seu papel de principal veículo cultural diário do país. "É um capítulo à parte, um espaço aberto à aventura, que lembra as tradições da imprensa alternativa das décadas de 60 e 70", escreveu, em 1985, a revista Veja São Paulo, que destacava a "heterodoxia" gráfica e os textos nos quais "os autores têm licença para o exercício do personalismo e da iconoclastia". Para o jornalista Sérgio Augusto, a Ilustrada surgiu naqueles anos como uma "ressurreição" do que houve de melhor e mais sofisticado na imprensa cultural brasileira das décadas de 50 e 60.

Concebido como uma espécie de livro-documentário, este volume narra, em registro pop e "cinematográfico", essa trajetória de 50 anos. Além de um relato jornalístico, que serve de fio condutor, traz uma antologia de artigos, entrevistas, frases, fotos, ilustrações e quadrinhos, publicados entre 1958 e 2008. Alguns dos personagens que fizeram (e ainda fazem) parte da história da Ilustrada aparecem em depoimentos, e uma cronologia, década a década, resume os principais fatos culturais do período. Não será difícil apontar lacunas. Peço compreensão em alguns casos e desculpas em outros.

Se este livro fosse iniciado por uma epígrafe (ouvi certa vez o jornalista José Trajano dizer que "jornalismo não tem epígrafe"), eu escolheria as primeiras linhas da letra de "Folha de Papel", canção de Sérgio Ricardo, na voz de Tim Maia:

"Olha só o que o vento faz com o papel / E traga ele a notícia que for / Vai voar... voar...".

sobre a ilustrada

TEXTOS DE MARCOS AUGUSTO GONÇALVES

da ilustrada

ARTIGOS E ENTREVISTAS PUBLICADAS

entrevistas

ENTREVISTAS, FRASES E DEPOIMENTOS

CRONOLOGIAS

1961
A escritora Clarice Lispector publica o romance "A Maçã no Escuro" no mesmo ano em que recebe o Jabuti por "Laços de Família"

28.OUT.2002 PUBLIUS VERGILIUS/FOLHA IMAGEM

2002

O best-seller Paulo Coelho, autor de "O Alquimista", entra para a Academia Brasileira de Letras

1966 FOLHA IMAGEM

1966

Vai ao ar o 2º Festival da Música Popular Brasileira, na Record. A música vencedora é "A Banda", de Chico Buarque, interpretada por Nara Leão; no mesmo festival, Jair Rodrigues canta "Disparada" ilustrada

Tel.: 0/xx/11/3224-7842 Fax: 0/xx/11/3224-2284
E-mail: ilustrad@uol.com.br

Serviço de atendimento ao assinante: 0800-775-8080
Grande São Paulo 0/xx/11/3224-3090

Ombudsman: ombudsman@uol.com.br

FOLHA DE S.PAULO
SEGUNDA-FEIRA, 8 DE JANEIRO DE 2007 ★ E1

2006

Amy Winehouse lança "Back to Black" e reinventa a soul music

jovem talentosa encrenqueira

Simone Joyner/Getty Images

Aos 23 anos, dona de uma voz que remete às cantoras da soul music, a inglesa Amy Winehouse ganha elogios pelo seu segundo disco e é figura constante na mídia devido às polêmicas em que se mete

DIVULGAÇÃO

1976
Bruno Barreto lança "Dona Flor e Seus Dois Maridos", o filme mais visto do cinema nacional

28.DEZ.2006 DIVULGAÇÃO

2008

"Tropa de Elite", de José Padilha, fenômeno de pirataria em DVD, ganha o Urso de Ouro em Berlim

FOLHA IMAGEM

1965
A minissaia, criada por Mary Quant, traz ousadia à moda

NÃO SIGO A MODA, DIZ GISELE

Cesar Rangel - 20.set.2005/France Presse

2006
No início do século 21, a supermodelo Gisele Bündchen faz a moda

ALCINO LEITE NETO
VIVIAN WHITEMAN
ENVIADOS ESPECIAIS AO RIO

Gisele Bündchen é a principal estrela da moda em todo o mundo. Mas se você pergunta a ela se costuma seguir a moda, ela dirá, com toda tranqüilidade: "Nunca segui. Posso usar a mesma roupa durante dez anos". E ainda completa, com firmeza: "Ninguém é modelo para ninguém". Gisele é a presença mais aguardada hoje no Fashion Rio. Ela desfila à noite para a grife Colcci, uma das duas marcas no mundo para as quais ainda se apresenta —a outra é a Victoria Secret (leia nesta pág.).

Na entrevista a seguir, a modelo de 25 anos conta que fará um novo filme na França, diz que adoraria ser dirigida por Walter Salles e Fernando Meirelles e revela sua indignação com a política brasileira. "O Brasil precisa superar este problema, que é quase cultural, da corrupção. Desde que eu nasci é assim, e está cada vez pior."

★

Folha - O que é a moda para você?

Gisele Bündchen - Existe a moda que você segue e a que você cria. Eu nunca segui moda nenhuma. Posso usar a mesma roupa durante dez anos. Cada pessoa tem um corpo diferente, uma luz própria, e precisa descobrir seu estilo. Cada um cria sua própria moda.

Folha - Qual foi a sua maior contribuição para a moda?

Gisele - Tudo é uma mistura de trabalho, destino e sorte. O mundo da moda sabe o que eu fiz e não quero ficar me auto-elogiando.

Folha - Mas que mistério mantém você tanto tempo em evidência?

Gisele - O segredo da minha longevidade foi eu ter conseguido fazer ao mesmo tempo o "fashion" e o comercial. Enquanto fotografava para a "Vogue", desfilava para a Victoria Secret. Outra razão é minha personalidade. As pessoas **sentar da vida de modelo em dois anos. Esses planos estão mantidos?**

Gisele - Não falo mais em tempo de aposentadoria, porque sei que tudo muda o tempo todo. No momento em que eu não me sentir mais "desafiada" pela carreira de modelo, eu paro. Modelos como Kate Moss e Naomi Campbell estão trabalhando com mais de 30 anos. Não sei se chego a tanto, mas não posso dizer que não serei como elas. Preciso de desafios.

Folha - Qual desafio se colocará quando parar? Casar é um deles?

Gisele - Quero casar, sim, mas agora é a última coisa que passa pela minha cabeça. Não vou dizer o que vou fazer quando parar, pois alguma coisa eu tenho que guardar para mim... Nem que sejam os meus sonhos.

Folha - Você acha que tem futuro como atriz?

Gisele - Minha intenção com o filme "Táxi" foi me divertir e quebrar a rotina. Eu não estava esperando aplausos da crítica. Sou movida a desafios e sempre que receber um convite que seja desafiador, vou aceitar. Estou negociando para fazer um filme na França no próximo verão, sobre o qual não posso falar ainda. Vou ter que aprender francês para atuar. E isso sim é um desafio que vale a pena. Na vida prefiro me arrepender de ter feito algo do que de não ter feito.

Folha - Com que diretores gostaria de trabalhar?

Gisele - Com Almodóvar e Scorsese. Queria ter feito o papel de Jodie Foster em "Taxi Driver". Também gostaria de filmar com Walter Salles e Fernando Meirelles, que eu adoro. Se me convidassem, aceitaria na hora.

Folha - Qual é sua impressão sobre a política brasileira? O escândalo do 'mensalão' a incomodou?

Gisele - Claro, como a todo mundo. O Brasil precisa superar este problema, que é quase cultural, da corrupção.

FOLHA DE S. PAULO
São Paulo, sábado, 15 de janeiro de 1972

FOLHA ILUSTRADA

Gilberto Gil voltou ontem ao Brasil

RIO (SUCURSAL) — Sorrindo muito e atendendo, gentilmente aos jornalistas que o cercavam, desembarcou ontem, no Galeão o compositor Gilberto Gil que junto com a mulher, Sandra e o filho, Pedro, veio "rever o sol do Brasil".

Com mais calma, na casa de Maria Bethania Gil improvisou uma entrevista.

VOLTA. A volta do compositor ao Brasil, que muitos não acreditavam que ocorresse só ficou acertada há dois dias, quando Gil avisou que chegaria mesmo, ontem de manhã. Os amigos foram avisados, mas não houve tempo para que o empresario Guilherme Araujo estabelecesse os contatos para a fixação de um programa de shows. Por isso a estada no Brasil, que deverá ser de dois meses, será mais uma visita do que um reencontro com o publico. "Talvez na Bahia eu cante, mas não serão shows".

De concreto, há apenas a gravação de um LP e um programa especial para a televisão. Sobre o disco, Gil acha que ainda é muito cedo para pensar nele. "Quero produzir um disco que reflita a minha passagem pelo Brasil. Vou ver o que está acontecendo por aqui, inclusive em materia de musica, para depois partir para a elaboração do LP", explica.

MPB. Da atual fase da MPB, Gil conhece pouco mas diz que está "muito alegre" com o trabalho de Chico Buarque. "O seu ultimo disco é maravilhoso. "Construção é belissima. O Chico conseguiu uma grande maturidade, inclusive tecnicamente. E um artista".

Ao mesmo tempo em que elogia o Chico, Gilberto Gil escuta "Deus lhe pague" e comenta com Sandra, sua mulher, o disco usando sempre a expressão "maravilhoso".

PREOCUPAÇÃO. "Esta tudo bem? Você conseguiu boas fotos, seu trabalho saiu como voce queria?" A saudade da terra transformada por Gil numa preocupação com tudo que ocorre em sua volta. O mesmo carinho com que tratava os amigos era voltado para a imprensa e para todos que foram ao apartamento de Maria Bethania, onde passou a tarde. Sempre perguntando aos fotografos se "o seu trabalho está correndo bem", o compositor fez da entrevista coletiva, improvisada no terraço, um bate-papo, onde lembrou o inicio da sua carreira. " Minha primeira gravação foi "Coca, Coca Lacerdinha", em 1963, uma marchinha de carnaval. Mas omeu primeiro sucesso na Bahia foi um jingle para a firma Irmãos Massileno, que dizia assim: "Não adianta empurrar, não adianta empurrar, o seu carro esta pedindo bateria Heliar". Gil explica que foi sucesso porque toda a Bahia assoviava a musica. Depois, do verdadeiro sucesso de "Louvação", e de firmar seu nome dentro da musica popular brasileira, o jingle foi mantido pela firma e até hoje é o fundo musical de todas as propagandas da Irmãos Massileno. Além deste, existe um outro jingle, para as Lojas Cruzeiros, que foi usado em uma de suas musicas.

Sobre sua atuação agora, Gil admite que algumas de suas composições estejam mais proximas do "sol" do que da musica brasileira, ee explica que sofre influencia de Jimmy Hendrix. Na Bahia, esta influencia é interpretada por muitos como uma demonstração de que Gil tem condições de preencher o lugar de Hendrix no exterior, mas êle não acredita nisso. "Sou latino, sou baiano. Eu me defino em qualquer frase de um discurso de paraninfo da Universidade da Bahia", afirma.

Esta condição de baiano, Gil não perdeu em seus dois anos de Londres. O sotaque é o mesmo de quando saiu do país e continua a "curtir uma cerveja", lembrando as antigas farras na Bahia ou no Rio ou em São Paulo. E a Bahia é seu rumo: "daqui há uma semana vou pra lá e devo ficar até março".

No Rio, só uma coisa era certa, até ontem; assistir o show de Caetano Veloso à noite no teatro João Caetano. " Vou lá ver o Gae, mas não sei se vou ser levado a participar. Não sei como as coisas vão acontecer".

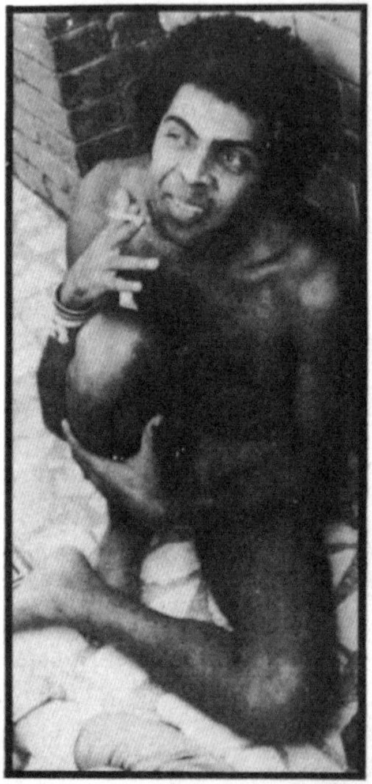

A VONTADE — *Foram duas horas no aeroporto, esperando a liberação de sua bagagem. Em seguida, de calção de banho, à vontade, no apartamento de Maria Bethania, irmã de Caetano Veloso.*

1972

Folha noticia volta de Gilberto Gil ao Brasil, depois de exílio em Londres forçado pela ditadura militar

2003

No Brasil democrático, Gil se torna ministro da Cultura e faz show na ONU com o então secretário-geral Kofi Annan

tu

o co-
meço
de

do

Notícias de um país moderno

A Folha Ilustrada foi criada para evitar que os homens se apoderassem do jornal e as mulheres ficassem de mãos abanando, sem nada para ler. Era essa, ao menos, a explicação de José Nabantino Ramos, na época proprietário da Folha de S.Paulo, que ainda circulava em três versões, com os títulos Folha da Manhã, Folha da Tarde e Folha da Noite. A ideia pode soar machista, mas refletia um movimento de modernização da sociedade e da imprensa, com a ampliação da esfera do entretenimento e a emergência das mulheres como leitoras e consumidoras.

Isso não significa que a Ilustrada fosse em seus primórdios um caderno feminino, no sentido dos suplementos semanais de moda, decoração e cuidados com a beleza, já comuns na década de 50. Mas tampouco era o que anos depois se consideraria um "caderno de cultura", voltado para artes e espetáculos. Em suas páginas desfilavam as chamadas "variedades", conceito que recobria desde reportagens sobre cesarianas em mulheres sob hipnose até fofocas de Hollywood, passando por viagens de balão, exposições de arte, artigos científicos e notas sociais.

A primeira edição, com oito páginas, trazia três destaques na capa. O principal, no alto da página, era uma enquete (ainda não existia o Datafolha) sobre um tema explorado pela imprensa francesa: "Você gostaria que seus filhos seguissem a mesma carreira que a sua?". Respondiam à questão diversas personalidades, entre elas, o ator Sérgio Cardoso, o goleiro Gilmar e o professor Goffredo da Silva Telles Jr.

O segundo destaque era uma perfeita reportagem da revista Caras, com o título "Soraya, longe de Krupp, aborrece-se em Colônia". Uma telefoto mostrava a personagem sobre a legenda "Soraya continua triste". Era a ex-mulher do xá Reza Pahlevi, que a rejeitara sete anos depois do casamento, por ser estéril. A ex-imperatriz, descendente de alemães, mudara-se para a cidade de Colônia, onde conhecera o milionário Harald Krupp Von Bohlen und Halbach. Mas as visitas do "senhor de 40 anos" vinham sendo trocadas "por longos telefonemas". Para melhorar a história, enviada por uma agência de notícias, Soraya já tinha marcado a data de sua cerimônia de conversão ao catolicismo.

No quarto inferior da página, do lado esquerdo, o tema eram as pressões da União Soviética sobre Boris Pasternak, prêmio Nobel de 1958, autor de "Doutor Jivago", censurado na pátria do socialismo. Ao lado, vinha um anúncio do Musaphonic, aparelho de rádio da General Electric, com linhas "modernas e aristocráticas". Devia ser bom: tinha dois alto-falantes e "cinco potentes válvulas".

Nas páginas internas, entre reportagens sobre saúde, votações da Academia Brasileira de Letras e uma seção de testes chamada "Conheça-se a si mesmo", apareciam as notas de Tavares de Miranda. Sua coluna ainda não tinha o nome do titular, o que logo aconteceria. Ainda era publicada sob a insólita vinheta "Reportagem".

Televisão e rádio possuíam espaços fixos, e chamava a atenção o roteiro de cinema, acompanhado de uma tabela com as cotações do público para os filmes em cartaz. A explicação sobre a metodologia da pesquisa era sucinta –"um inquérito nas casas lançadoras". Naquele dia 10 de dezembro de 1958, a bolsa de cinema indicava "Testemunha de Acusação", de Billy Wilder, em primeiro lugar, com 80,1% de ótimo. O roteiro listava 165 salas de cinema em São Paulo –mais quatro em Santo André e cinco em São Caetano. Quase a metade da média de 360 salas da Grande São Paulo que a Ilustrada passaria a publicar 50 anos depois.

As histórias em quadrinhos também já estavam lá, em meia página, com Periquita, Popeye e Flash Gordon, entre outros. Não faltavam as palavras cruzadas, tampouco o horóscopo –feito para o dia seguinte, sem a assinatura do autor. Na coluna "Panorama", de J. Monteiro, o leitor podia divertir-se com comentários e gracejos:

> "Eis uma anedota que corre em Varsóvia:
> — Sabem por que a Albânia resolveu adotar a data de lançamento do Sputnik (4 de outubro) para festejar a sua libertação?
> — Porque nesse dia ela deixou de ser o menor satélite da URSS."

Em que pesem os temores da Guerra Fria, os anos 50 foram, como se sabe, um período de otimismo, de novidades tecnológicas e de difusão do jeito americano

1964 FOLHA IMAGEM

Tavares de Miranda (ao lado, com debutantes); abaixo, páginas de sua coluna (a da esquerda ainda com o título "Reportagem")

Antes da Caras

Tavares de Miranda foi contratado pela Folha em 1945. Sua pioneira coluna começou em maio daquele ano com o título "Reportagem". Na década de 60, ela ganhou seu nome, que se tornou uma lenda do jornalismo social. Os Salmos que publicava, a "ronda dos Nats", expressões como "afivelando as malas" e as páginas de fotos aos domingos ganharam fama. De certa forma, ele é um precursor do jornalismo de celebridades e de revistas como Caras, que têm nas imagens de famosos seu grande atrativo. Na década de 80, ele conviveu na página 2 com outras colunas, como a Estilo e Prazer, escrita por Walcyr Carrasco. Ruy Castro e Barbara Gancia também foram colunistas de notas naquele período. Tavares, poeta e membro da Academia Paulista de Letras, deixou a Folha em 1986 –e morreu em 1992. Joyce Pascowitch o sucedeu, renovando a coluna. Ana Tavares, filha do colunista, que trabalhou na Ilustrada com o pai, viria a ser assessora do presidente Fernando Henrique Cardoso

1964 FOLHA IMAGEM

de viver. No Brasil, eram os tempos da euforia desenvolvimentista de Juscelino Kubitschek, com a rápida urbanização e a espetacular (e custosa) construção de Brasília. Muito do que hoje faz parte da paisagem moderna do país floresceu ou teve suas raízes naquela década. Naqueles tempos surgiram o cinema novo, o Teatro Oficina, a bossa de Tom Jobim e João Gilberto, a "Formação da Literatura Brasileira", de Antonio Candido, e o "Grande Sertão: Veredas", de Guimarães Rosa. Foram os anos das primeiras bienais de São Paulo e do aparecimento de uma geração de artistas construtivistas, que o crítico Paulo Sérgio Duarte, 50 anos depois, em entrevista à Ilustrada, compararia a um "Machado de Assis coletivo". Nas comunicações, foi a década da primeira TV, a Tupi, de Assis Chateaubriand, e da expansão dos veículos impressos.

Reportagem

Nat'

Recepção

Jantar

FOLHA DE S. PAULO

Tavares de Miranda apresenta as "debs" do Clube Alto dos Pinheiros

Branco e azul

Semana da Asa

Notícias de um país moderno

No jornalismo, a novidade era a progressiva inclinação pelo modelo norte-americano, mais objetivo e conciso, em detrimento do francês, mais retórico. Como conta Cristiane Costa no livro "Pena de Aluguel" (Companhia das Letras, 2005), o dramaturgo e jornalista Nelson Rodrigues foi um dos que não se conformaram com a nova tendência. Insurgiu-se contra o poder dos copidesques (que revisavam e modificavam os textos, colocando-os no padrão exigido), considerando que não passavam de "idiotas da objetividade", capazes de "reescrever o próprio Proust".

No final da década, a imprensa já encontrava no Brasil um mercado publicitário profissional e diversificado. Grandes agências de publicidade, nacionais e estrangeiras, se instalavam no país e os anúncios de eletrodomésticos e automóveis avançavam pelas páginas dos jornais –que se tornavam mais numerosas.

Para ampliar as edições, era preciso imprimir novos cadernos –e os assuntos considerados menos importantes acabavam empurrados para os fundos, de maneira muitas vezes anárquica.

Foi nesse contexto que a Folha teve a idéia pioneira de criar um caderno diário, com título próprio, para alojar as notícias do reino das superfluidades, dos "fait-divers", da cultura e do entretenimento. A Folha Ilustrada nasceu alimentada pelo abundante noticiário das agências internacionais, que distribuíam histórias e telefotos de estrelas do cinema, do jet-set internacional ou do jazz.

Na área estritamente cultural, o que de fato conferia prestígio aos jornais na dé-

Arte na Folha

A Folha já teve sua galeria de arte. Foi inaugurada em março de 1958. Tinha como um de seus mentores o industrial Isai Leirner, um dos diretores do Museu de Arte Moderna de São Paulo. Leirner instituiu um prêmio para diversas categorias, a ser conferido pela galeria, que funcionava no saguão do jornal. Ele é pai do artista Nelson Leirner e tio-avô da artista Jac Leirner (nomes reconhecidos no circuito da arte contemporânea).

A mostra de lançamento reuniu desenhos e gravuras de Lasar Segall (foto ao lado) e atraiu um numeroso grupo de artistas e representantes da elite paulistana. Participavam do conselho da então chamada Galeria das Folhas nomes como os pintores Alfredo Volpi e Hermelindo Fiaminghi, além do crítico Sérgio Milliet. José Geraldo Vieira, que escrevia artigos para o jornal, ocupava a função de secretário artístico, e Ruy Bloem era o diretor. Artistas de diversas tendências expuseram no local –Waldemar Cordeiro, Franz Weissman, Rubem Ludolf, Manabu Mabe, Marcelo Grassman, Maurício Nogueira Lima e Abraham Palatinik são alguns deles. A galeria durou até 1962. Em 1965, a ideia foi retomada, com o nome de Centro de Artes Visuais da Folha, com direção de Radha Abramo, que foi crítica de arte do jornal, assim como Ivo Zanini

12.MAR.1958 FOLHA IMAGEM

UMA PERGUNTA ("VOCÊ GOSTARIA QUE SEUS FILHOS SEGUISSEM A MESMA CARREIRA QUE A SUA?") E MUITAS (DIFERENTES) RESPOSTAS

FOLHA ILUSTRADA

SORAYA, LONGE DE KRUPP, ABORRECE-SE EM COLONIA

NOVOS ATAQUES DOS ESCRITORES SOVIETICOS A BORIS PASTERNAK

Primeira página da primeira Ilustrada

cada de 50 eram os suplementos semanais, uma deficiência da Folha. Nessas páginas, intelectuais, críticos e escritores encontravam espaço para publicar suas ideias, poemas, resenhas e ensaios críticos. Dois deles conquistaram os círculos da elite letrada, ambos criados em 1956: o Suplemento Literário de O Estado de S. Paulo e o Suplemento Dominical do Jornal do Brasil.

No primeiro, pontificava a nata da USP, o melhor da crítica literária, cinematográfica e teatral paulista. O Suplemento Literário, idealizado por Antonio Candido, era dirigido por Décio de Almeida Prado e tinha entre seus colaboradores Paulo Emilio Sales Gomes, Ruy Coelho e Wilson Martins.

No JB, o approach era mais vanguardista. O SDJB reunia os poetas Mário Faustino, Reynaldo Jardim e Ferreira Gullar, o crítico Mário Pedrosa e colaboradores do grupo concretista de São Paulo, em especial os poetas Décio Pignatari e os irmãos Augusto e Haroldo de Campos. Atraía também a colaboração de nomes ligados às polêmicas e movimentos culturais daquele momento, como os jovens Glauber Rocha e José Guilherme Merquior.

Foi em junho de 1959, depois do lançamento da Folha Ilustrada, que nasceu o Caderno B, suplemento diário de cultura do Jornal do Brasil, que passara por uma ampla e inovadora reforma capitaneada pelo jornalista Janio de Freitas. Ele usou a editoria de esportes como laboratório para um novo modelo de diagramação, que abolia os fios e explorava os brancos, incorporando sugestões já presentes no SDJB, diagramado pelo artista Amilcar de Castro.

"A ideia era conciliar uma nova estética com a hierarquia temática do jornalismo", diz Janio. A reforma foi um sucesso. O JB, que era o terceiro em vendas do Rio, em um ano chegou ao topo e tornou-se uma referência moderna para a imprensa do país. Natural que no ambiente cosmopolita e politizado da capital federal, o Caderno B se tornasse, na década de 60, o suplemento diário de artes e espetáculos mais influente do país. "A novidade foi substituir aquele restolho de variedades, que era praticamente diagramado pela oficina, por um caderno com perfil e identidade gráfica mais definidos", diz Janio.

◆

Em 1962, a Folha foi comprada pelos empresários Octavio Frias de Oliveira e Carlos Caldeira Filho. Nenhum dos dois era do métier. Tinham uma história comum nas áreas financeira e de construção. Frias era cunhado de Clóvis Queiroga, sócio de Nabantino Ramos, e conhecia muitos aspectos do jornal. Segundo relato de Engel Paschoal, em "A Trajetória de Octavio Frias de Oliveira" (Publifolha, 2007), Caldeira manifestou temores quanto ao passado da empresa que editava a Folha, mas Frias não esperava surpresas desagradáveis. "Eu tenho medo é para a frente, o futuro", disse ao sócio. □

05.SET.1960 ACERVO UH/FOLHA IMAGEM

Acima, multidão no teatro João Caetano, em São Paulo, para assistir à palestra do filósofo francês Jean-Paul Sartre em 1960. Na página seguinte, o filósofo com sua companheira, também intelectual existencialista, Simone de Beauvoir

1974 ASSOCIATED PRESS AP/IMAGEPLUS

Existencialista, com toda a razão

O filósofo existencialista francês Jean-Paul Sartre, a partir de 1955, realizou diversas viagens pelo mundo para uma série de debates políticos e filosóficos. No Brasil, veio em 1960, onde permaneceu por mais de dois meses (de agosto a novembro); muitos episódios folclóricos acerca de sua passagem pelo país entraram para a história, como quando tentou fugir de alguns jornalistas que o identificaram na rua e acabou, na corrida, por rasgar as calças do calcanhar à metade da coxa. A Ilustrada do dia 9 de setembro daquele ano relata que, durante uma de suas palestras em São Paulo, "enquanto Sartre falava da posição que deve assumir o homem de letras no mundo moderno, grande parte da assistência estava inquieta reclamando porque não podia ver o escritor: ele estava literalmente escondido por um enorme buquê de flores"

1958

NO PALCO

□ Fundado o Teatro Oficina por José Celso Martinez Corrêa e Renato Borghi.

□ Estreia "O Diário de Anne Frank", de Goodrich e Hackett, encenada pela companhia Pequeno Teatro de Comédia, e dirigida por Antunes Filho, que recebe prêmio da APCA pela montagem.

□ Estreia "Eles não Usam Black-Tie", de Gianfrancesco Guarnieri, dirigida por José Renato, em São Paulo (22.fev.).

NO CINEMA

□ São lançados "Um Corpo que Cai", de Alfred Hitchcok; "Meu Tio", de Jacques Tati (Oscar de melhor filme estrangeiro); e "A Marca da Maldade", de Orson Welles.

NA TV

□ Estreia o programa "Discoteca do Chacrinha", apresentado por Abelardo Barbosa, na TV Tupi.

NA ESTANTE

□ É publicado o "Plano-Piloto da Poesia Concreta" na revista Noigandres 4. O texto é um manifesto do grupo de poetas, liderado por Augusto de Campos, Haroldo de Campos e Décio Pignatari, que adota na literatura princípios análogos ao da arte concreta.

□ Jorge Amado publica "Gabriela, Cravo e Canela".

NA MÚSICA

□ É lançado o LP "Canção do Amor Demais", de Elizeth Cardoso, com "Chega de Saudade" (Tom Jobim e Vinicius de Moraes) acompanhada por João Gilberto ao violão (mai.).

□ O selo Odeon lança compacto de João Gilberto com as músicas "Chega de Saudade" e "Bim Bom" (João Gilberto), disco que marca o início na bossa nova (ago.).

NAS ARTES

□ O MAM (Museu de Arte Moderna) de São Paulo é transferido para o Parque do Ibirapuera.

1959

NO PALCO

□ Fundado o Teatro Popular do Nordeste, por Ariano Suassuna e Hermilo Borba Filho.

□ Inaugurado o teatro TV Record, em São Paulo (9.mai.).

NO CINEMA

□ O diretor francês Marcel Camus lança "Orfeu Negro", baseado em musical de Vinicius de Moraes e Tom Jobim, filmado no Rio. Ganhou a Palma de Ouro em Cannes e o Oscar de melhor filme estrangeiro, no ano seguinte.

□ François Truffaut dirige "Os Incompreendidos".

□ São lançados "O Homem do Sputnik" e "Esse Milhão É Meu", de Carlos Manga; e os internacionais "Ben-Hur", de William Wyler; "Intriga Internacional", de Alfred Hitchcock; "Quanto Mais Quente Melhor", de Billy Wilder, com Marilyn Monroe; "Anatomia de um Crime", de Otto Preminger; "A Bela Adormecida", da Disney; e "Nazarín", de Luis Buñuel.

NA TV

□ Estreia "Paulistas e Cariocas" (TV Tupi), primeiro programa transmitido simultaneamente do Rio e de São Paulo.

NA ESTANTE

□ Publicados "Novelas Nada Exemplares", de Dalton Trevisan, e "Poemas", de Carlos Drummond de Andrade.

NA MÚSICA

□ Morre a cantora norte-americana de jazz Billie Holiday (17.jul.).

□ Roberto Carlos grava seu primeiro disco, com "João e Maria" e "Fora do Tom" (set.).

□ Morrem, no Rio, a cantora e compositora Dolores Duran (24.out.) e o compositor Heitor Villa-Lobos (17.nov.).

NAS ARTES

□ É publicado, no Jornal do Brasil, o Manifesto Neoconcreto, no qual o poeta Ferreira Gullar e um grupo de artistas radicados no Rio rompem com o concretismo de São Paulo.

□ Inaugurado o museu Guggenheim em Nova York, construído por Frank Lloyd Wright.

1960

NO PALCO

□ Entra em cartaz "As Três Irmãs", de Tchekhov, direção de Ziembinski, no Rio. Encenado no Teatro Nacional de Comédia, com Beatriz Veiga, Lícia Magna e Glauce Rocha no elenco.

□ Estreia a peça "O Pagador de Promessas", de Dias Gomes, dirigida por Flávio Rangel, que inaugura a fase nacionalista do Teatro Brasileiro de Comédia, em São Paulo (29.jul.).

□ Estreia "Revolução na América do Sul", de Augusto Boal (15.set.).

NO CINEMA

□ São lançados "A Doce Vida", de Federico Fellini; "Psicose", de Alfred Hitchcock; "Se Meu Apartamento Falasse", de Billy Wilder; "Spartacus", de Stanley Kubrick; e "A Fonte da Donzela", de Ingmar Bergman.

□ Michelangelo Antonioni lança "A Aventura", que vence Cannes.

□ "Ben-Hur" se torna o maior vencedor da história do Oscar ao ganhar 11 estatuetas (4.abr.).

NA TV

□ Utilizado pela primeira vez no Brasil o videoteipe, numa adaptação de "Hamlet", de William Shakespeare, na TV Tupi.

□ Inaugurada a TV Excelsior, em São Paulo (9.set.).

NA ESTANTE

□ Publicado o livro "Ai de Ti, Copacabana", de Rubem Braga.

□ Publicado "Quaderna", de João Cabral de Melo Neto.

□ Morre Albert Camus, aos 46. Nobel de Literatura em 1957, escreveu "O Estrangeiro" (4.jan.).

□ Morre Boris Pasternak, aos 70 anos. Vencedor do Nobel de Literatura em 1958, teve seu romance "Dr. Jivago" proibido na União Soviética (30.mai.).

□ O filósofo francês Jean-Paul Sartre e sua mulher, Simone de Beauvoir, visitam o Brasil.

NA MÚSICA

□ Morre Newton Mendonça, parceiro de Tom Jobim em "Desafinado" (11.nov.).

1961

NO PALCO

□ Entram em cartaz "Boca de Ouro", de Nelson Rodrigues, dirigida por José Renato, com Milton Moraes, no Rio, e "Os Rinocerontes", de Eugène Ionesco, dirigida por Walmor Chagas, no Cacilda Becker.

NO CINEMA

□ Ingmar Bergman vence o Oscar de melhor filme estrangeiro com "Através de um Espelho".

□ Audrey Hepburn interpreta uma garota de programa em "Bonequinha de Luxo", de Blake Edwards.

□ São lançados os filmes nacionais "Barravento", de Glauber Rocha; "Entre Mulheres e Espiões", de Carlos Manga; e os internacionais "Amor Sublime Amor" ("West Side Story"), de Robert Wise e Jerome Robbins; e "Viridiana", de Luis Buñuel.

NA TV

□ Estreia a primeira série filmada no Brasil, o "Vigilante Rodoviário".

□ Estreia "Noites Cariocas", na TV Rio, que bate recorde de audiência até 1963.

NA ESTANTE

□ Publicado o livro "Ninguém Escreve ao Coronel", de Gabriel García Márquez.

□ Clarice Lispector recebe o Prêmio Jabuti pelo livro "Laços de Família".

□ Aurélio Buarque de Holanda é eleito para a ABL (4.mai.).

□ Morre o escritor norte-americano Ernest Hemingway, aos 61 anos. É autor de "Adeus às Armas", "Por Quem os Sinos Dobram" e "O Sol Nasce Para Todos". Recebeu os prêmios Pulitzer, por "O Velho e o Mar", e o Nobel de Literatura (2.jul.).

□ Jorge Amado toma posse na ABL. Seus romances são editados em mais de 60 países (17.jul.).

NA MÚSICA

□ É lançado o primeiro disco de Elis Regina, com as músicas "Dá Sorte" e "Sonhando" (mar.).

□ Oduvaldo Vianna Filho e Ferreira Gullar, entre outros, fundam, no Rio, o Centro Popular de Cultura da União Nacional dos Estudantes (set.).

1962

NO PALCO

□ Estreia "A Visita da Velha Senhora", de Dürrenmatt, dirigida por Walmor Chagas, em São Paulo. No elenco, Cacilda Becker e Odavlas Petti.

□ Entra em cartaz "Um Bonde Chamado Desejo", de Tennessee Williams, dirigida por Augusto Boal, no Teatro Arena, em São Paulo.

NO CINEMA

□ "O Pagador de Promessas", de Anselmo Duarte, é o primeiro filme brasileiro a ganhar a Palma de Ouro do Festival de Cannes.

□ Norma Bengell faz o primeiro nu frontal do cinema brasileiro, em "Os Cafajestes", de Ruy Guerra.

□ Sean Connery interpreta o agente 007 pela primeira vez em "O Satânico dr. No".

□ São lançados os filmes "Lawrence da Arábia", de David Lean; "O Eclipse", de Michelangelo Antonioni; "O Sol É para Todos", de Robert Mulligan; "Lolita", de Stanley Kubrick; "O Anjo Exterminador", de Luis Buñuel; "Jules & Jim", de François Truffaut; e "O Processo de Joana d'Arc", de Robert Bresson.

□ A atriz Marilyn Monroe é encontrada morta em sua casa por overdose de barbitúricos (5.ago.).

NA TV

□ O presidente Jânio Quadros torna obrigatória a dublagem de filmes estrangeiros exibidos na televisão.

□ Roberto Marinho, proprietário do jornal "O Globo", ganha concessões de canais de TV do Rio e de Brasília.

□ Estreia o "Programa Silvio Santos", na TV Paulista.

NA ESTANTE

□ Criado o Prêmio Juca Pato de intelectual do ano, por Marcos Rey, fundador da União Brasileira de Escritores, com patrocínio da Folha.

- O escritor americano John Steinbeck recebe o Nobel de Literatura. É autor de "As Vinhas da Ira".
- Publicado na Inglaterra "A Mão do Artista", de W. H. Auden.
- Com a publicação de "O Arquipélago", Erico Verissimo conclui a trilogia "O Tempo e o Vento".
- Publicado o livro "Poesias", de Mario Quintana. Reúne "A Rua dos Cataventos", "Canções", "Sapato Florido", "Espelho Mágico" e "O Aprendiz de Feiticeiro".
- Fernando Sabino lança "A Mulher do Vizinho".
- Ferreira Gullar lança o cordel "João Boa-Morte, Cabra Marcado pra Morrer".
- Lançado "Laranja Mecânica", de Anthony Burgess, que é adaptado para o cinema em 1971.
- Morre o escritor americano William Faulkner, aos 64 anos. Recebeu o Nobel em 1949 (6.jul.).

NA MÚSICA

- Vinicius de Moraes e Tom Jobim compõem "Garota de Ipanema"; o cantor e compositor Noite Ilustrada lança disco com a música "Volta Por Cima", do sambista paulistano Paulo Vanzolini.
- É lançado o primeiro disco de Bob Dylan (mar.).
- Estreia na boate Au Bon Gourmet, no Rio, o show "Encontro", com João Gilberto, Tom Jobim, Vinicius de Moraes e o conjunto Os Cariocas (2.ago.).
- A gravadora inglesa Parlophone lança o primeiro disco dos Beatles, um compacto com "Love Me Do" e "P.S. I Love You" (out.).
- Realizado o concerto de bossa nova, no Carnegie Hall, Nova York, marco da expansão do estilo (21.nov.).

NAS ARTES

- Morre o pintor Cândido Portinari, aos 58 anos (6.fev.).
- É criada a Fundação Bienal de São Paulo.

▸ 1963

NO PALCO

- Entra em cartaz "O Melhor Juiz, o Rei", de Lope de Vega, dirigida por Augusto Boal, no Teatro Arena de São Paulo. Com Juca de Oliveira e Dina Sfat.
- Entra em cartaz a peça "Pequenos Burgueses", de Máximo Gorki, dirigida por José Celso Martinez Corrêa e encenado pelo Grupo Oficina, em São Paulo. A montagem é suspensa pelo regime militar, em 2 de abril de 1964 (30.ago.).

NO CINEMA

- "A Pantera Cor-de-Rosa", de Blake Edwards, inicia a série do famoso inspetor Clouseau, vivido por Peter Sellers.
- Glauber Rocha lança o livro "Revisão Crítica do Cinema Brasileiro".
- São lançados os nacionais "Vidas Secas", de Nelson Pereira dos Santos, e "Ganga Zumba", de Cacá Diegues; "Oito e Meio", de Federico Fellini; "O Indomado", de Martin Ritt; "Os Pássaros", de Alfred Hitchcock; e "Cleópatra", de Joseph Mankiewicz.

NA TV

- O "Jornal de Vanguarda", da TV Excelsior, é premiado na Espanha como o melhor telejornal do mundo.
- Estreia a primeira telenovela diária, "2-5499 Ocupado", adaptação de Dulci Santucci, na TV Excelsior de São Paulo (jul.).
- Estreia a novela "Corações em Conflito", de Ivani Ribeiro, na TV Excelsior (10.dez.).

NA ESTANTE

- Publicado "O Jogo da Amarelinha", do escritor argentino Julio Cortázar.
- Publicado o primeiro romance de Mario Vargas Llosa, "A Cidade e os Cachorros".
- Publicado o livro "A Mística Feminina", de Betty Friedan, que estimula o questionamento sobre a condição feminina.
- Publicado "Estrela da Tarde", de Manuel Bandeira.
- Carlos Drummond de Andrade recebe os prêmios Fernando Chinaglia, da União Brasileira de Escritores, e Luísa Cláudio de Sousa, do Pen Club do Brasil, pelo livro "Lição de Coisas".
- Morre a poeta Sylvia Plath, aos 30 anos. Escreve "A Redoma de Vidro", pouco antes de se suicidar (11.fev.).
- João Guimarães Rosa, autor de "Grande Sertão: Veredas" é eleito para a Academia Brasileira de Letras (6.ago.).
- Morre o poeta francês Jean Cocteau, aos 74 anos (11.out.).
- Morre o escritor inglês Aldous Huxley, aos 69 anos. É autor de "Admirável Mundo Novo" e "As Portas da Percepção" (22.nov.).

NA MÚSICA

- Jorge Ben lança o inovador LP "Samba Esquema Novo".
- A Philips desenvolve a fita cassete.
- O cantor Wilson Simonal lança o disco "Tem Algo Mais", com destaque para a música "Balanço Zona Sul" (Tito Madi).
- O cantor James Brown lança "Live at Apollo" (jan.).
- Morre, no Rio, o compositor Lamartine Babo (16.jun).
- Morre, em Paris, a cantora francesa Edith Piaf (11.out.).

NAS ARTES

- Morre o artista francês Georges Braque, um dos fundadores do movimento cubista (31.ago.).
- O arquiteto Oscar Niemeyer recebe o prêmio Lênin, a principal premiação da União Soviética.
- É criado o Museu de Arte Contemporânea (MAC) da USP, com o acervo que pertence ao MAM. Francisco Matarazzo e Yolanda Penteado também doam suas coleções particulares ao novo museu.

▸ 1964

NO PALCO

- Entra em cartaz "Andorra", de Max Frisch, dirigida por José Celso Martinez Corrêa. Com Célia Helena no elenco.
- Estreia no Rio o espetáculo "Opinião", com Zé Kéti, Nara Leão e João do Vale interpretando textos de Oduvaldo Vianna Filho, Armando Costa e Paulo Pontes (10.dez.).
- Estreia "A Ópera dos Três Vinténs", de Bertolt Brecht, dirigida por José Renato, que inaugura o teatro Ruth Escobar. Durante a temporada, a atriz Nilda Maria é presa pela ditadura (15.dez.).

NO CINEMA

- José Mojica Marins lança o personagem Zé do Caixão, em "À Meia-Noite Levarei Sua Alma".
- O ator Ronald Reagan participa de seu último filme, "Assassinos", antes de passar a se dedicar exclusivamente à política.
- Bernardo Bertolucci lança "Antes da Revolução".
- São lançados "Deus e o Diabo na Terra do Sol", de Glauber Rocha; "Os Fuzis", de Ruy Guerra; e os internacionais "Mary Poppins", de Robert Stevenson (Walt Disney) e "Dr. Fantástico", de Stanley Kubrick.

NA TV

- Com problemas com a Censura, emissoras passam a exibir mais seriados americanos, como "A Feiticeira" e "Jeannie É um Gênio".
- O "Repórter Esso", da TV Tupi, passa a ser exibido na TV Record.
- A TV Excelsior passa a inserir um telejornal entre duas novelas, o que aumenta a audiência.
- Estreia a novela "O Direito de Nascer", de Félix Caignet, adaptada por Thalma de Oliveira e Teixeira Filho, na TV Tupi. É o primeiro grande sucesso do gênero na televisão brasileira (7.dez.).

NA ESTANTE

- O jornalista e escritor Millôr Fernandes cria a revista "O Pif-Paf", considerada marco da imprensa alternativa no Brasil.
- Dalton Trevisan recebe os prêmios Jabuti e Fernando Chinaglia pelos livros "Morte na Praça" e "Cemitério de Elefantes".
- Publicado "Canções de Limiar", primeiro livro de poemas da romancista, cronista, ensaísta, poeta e tradutora Lya Luft.
- Jean-Paul Sartre ganha o Nobel de Literatura.
- É publicada a peça "O Santo e a Porca", de Ariano Suassuna.
- Morre o escritor e jornalista Truman Capote, aos 59 anos. É autor de "A Sangue Frio" e "Bonequinha de Luxo" (25.ago.).
- Morre Cecília Meireles, aos 63 anos (9.nov.).

NA MÚSICA

- Promulgada lei que torna a marcha "Cidade Maravilhosa", de André Filho, o hino oficial do Estado da Guanabara (7.jan.).
- Morre o compositor e radialista Ary Barroso, autor de "Aquarela do Brasil" (9.fev.).

NAS ARTES

- Morre uma das precursoras do modernismo brasileiro, a artista plástica Anita Malfatti, aos 74 anos (6.nov.).

▸ 1965

NO PALCO

□ Entra em cartaz "Morte e Vida Severina", de João Cabral de Melo Neto, dirigida por Silnei Siqueira e encenada pelo elenco do Tuca, em São Paulo.

□ Entra em cartaz, no Rio, "Liberdade, Liberdade", de Flávio Rangel e Millôr Fernandes, dirigida por Flávio Rangel, com Paulo Autran no elenco.

□ Entra em cartaz no Rio o espetáculo "Arena Conta Zumbi", de Gianfrancesco Guarnieri, Augusto Boal e Edu Lobo.

□ Entra em cartaz a peça "Quem Tem Medo de Virgínia Woolf?", de Edward Albee, dirigida por Maurice Veneau, em São Paulo. Com Cacilda Becker e Walmor Chagas, que inauguram o Centro de Estudos Teatrais.

□ Entra em cartaz "Electra", de Sófocles, dirigida por Antônio Abujamra, interpretada pelo grupo Decisão, no Teatro do Rio (14.mar.).

NO CINEMA

□ É realizada a primeira edição do Festival de Cinema de Brasília.

□ São lançados "A Hora e a Vez de Augusto Matraga", de Roberto Santos; "A Noviça Rebelde", de Robert Wise; "Dr. Jivago", de David Lean; "Alphaville", de Jean-Luc Godard; e "Por um Punhado de Dólares", de Sergio Leone.

□ Glauber Rocha apresenta o manifesto "Estética da Fome" (jan.).

NA TV

□ A TV Paulista é comprada pelas Organizações Globo.

□ A TV Cultura é vendida por Assis Chateaubriand ao governo de São Paulo.

□ Vai ao ar o 1º Festival da Música Popular Brasileira, na TV Excelsior. Os vencedores são Edu Lobo e Vinicius de Moraes, com a música "Arrastão", interpretada por Elis Regina (abr.).

□ Inaugurada a TV Globo, no Rio (26.abr.).

□ Estreia o "Programa Sílvio Santos", na Globo. Fazia parte da grade de programação da TV Paulista, desde 1962 (2.mai.).

□ Estreia "O Fino da Bossa", apresentado por Elis Regina e Jair Rodrigues, na TV Record de São Paulo (19.mai.).

□ Milhares de pessoas se reúnem no ginásio do Ibirapuera, em São Paulo, e no Maracanãzinho, no Rio, para assistir ao último capítulo da novela "Direito de Nascer", da TV Tupi (13.ago.).

□ Estreia o programa "Jovem Guarda", apresentado por Roberto Carlos, Erasmo Carlos e Wanderléa, na TV Record (22.ago.).

NA ESTANTE

□ O escritor Erico Verissimo recebe o Prêmio Jabuti, da Câmara Brasileira do Livro, por "O Senhor Embaixador".

□ Publicado o livro "Ardil 22", de Joseph Heller.

□ Morre o poeta, dramaturgo, crítico e editor T.S. Eliot. Exerce grande influência na cultura anglo-americana a partir da década de 1920. Nobel de Literatura, em 1948 (4.jan.).

NA MÚSICA

□ Os Rolling Stones lançam disco com o sucesso "(I Can't Get No) Satisfaction".

□ Morre o compositor e pianista norte-americano Nat King Cole (15.fev.).

□ A música "Arrastão", de Edu Lobo e Vinicius de Moraes, defendida por Elis Regina, vence o 1º Festival de Música Popular Brasileira da TV Excelsior (abr.).

□ O cantor e compositor Chico Buarque lança, aos 20 anos de idade, seu primeiro disco, um compacto com as músicas "Pedro Pedreiro" e "Sonho de um Carnaval" (mai.).

□ A soprano norte-americana Maria Callas faz sua última apresentação interpretando a "Tosca", do italiano Giacomo Puccini, em Londres (Inglaterra) (5.jul.).

□ O cantor Roberto Carlos lança o disco "Quero que Vá Tudo pro Inferno" (ago.).

NAS ARTES

□ Morre o arquiteto suíço-francês Le Corbusier, que influenciou a obra de Oscar Niemeyer (27.ago.).

▸ 1966

NO PALCO

□ Entra em cartaz a peça "O Senhor Putilla e Seu Criado Matti", de Brecht, dirigida por Flávio Rangel, no Rio. Com Jardel Filho e Ítalo Rossi.

□ Morre o diretor alemão Erwin Piscator, um dos principais a estabelecer a ligação entre teatro e política (30.mar.).

□ Estreia "Dois Perdidos Numa Noite Suja", de Plínio Marcos, com direção de Benjamin Cattan, na galeria Metrópole. Logo é transferida para o teatro Arena (26.dez.).

NO CINEMA

□ O filme "Todas as Mulheres do Mundo" consagra Leila Diniz.

□ Zé do Caixão lança "Esta Noite Encarnarei no Teu Cadáver".

□ Michelangelo Antonioni lança "Blow Up – Depois Daquele Beijo".

□ É lançado o filme nacional "Todas as Mulheres do Mundo", de Leo Hirszman; e os internacionais "Quem Tem Medo de Virgínia Woolf?", de Mike Nichols; "O Demônio das Onze Horas" ("Pierrot le Fou"), de Jean-Luc Godard; "Fahrenheit 451", de François Truffaut; "A Grande Testemunha", de Robert Bresson; e "O Homem que Não Vendeu Sua Alma", de Fred Zinnemann;

□ Decreto-lei nº 43 cria, em novembro, o INC (Instituto Nacional de Cinema).

NA TV

□ Estreia a série "National Kid", na TV Record.

□ Vai ao ar o 2º Festival da Música Popular Brasileira, na Record. A música vencedora é "A Banda", de Chico Buarque.

□ Pegam fogo pela segunda vez os estúdios da TV Excelsior, em São Paulo, o que agrava a condição financeira da emissora.

□ Estreia o programa dominical de Hebe Camargo, na TV Record, que se torna líder de audiência (10.abr.).

□ Estreia a novela "Somos Todos Irmãos", de Benedito Ruy Barbosa, baseada na obra de J. W. Rochester, na Tupi (mai.).

□ Pegam fogo os estúdios da Record, em São Paulo (29.jul.).

NA ESTANTE

□ Os cronistas Rubem Braga e Paulo Mendes Campos organizam a "Antologia Poética de Mario Quintana", que ganha o Prêmio Fernando Chinaglia de melhor livro do ano e faz de Quintana um autor nacionalmente conhecido.

□ Publicado "Estrela da Vida Inteira: Poesias Reunidas", de Manuel Bandeira.

□ Morre o escritor Evelyn Waugh, aos 62 anos. É o mais importante autor cômico de sua geração; escreveu "Declínio e Queda" e "Furo!" (10.abr.).

NA MÚSICA

□ Com o estouro de "Quero que Vá Tudo pro Inferno", Roberto Carlos torna-se o rei do "iê-iê-iê" e faz sucesso ao lado de Erasmo Carlos e Wanderléa. É o começo da Jovem Guarda.

□ O inglês David Bowie lança "Can't Help Thinking About Me", seu primeiro disco (jan.).

□ O grupo norte-americano The Beach Boys lança o álbum "Pet Sounds" (mai.).

□ A canção "Porta Estandarte", de Geraldo Vandré e Fernando Lona, vence o 2º Festival Nacional de Música Popular, da TV Excelsior (jun.).

□ As músicas "A Banda", de Chico Buarque, e "Disparada", de Theo de Barros e Geraldo Vandré, vencem o 2º Festival de MPB da TV Record (10.out.).

□ "Saveiros", de Dori Caymmi e Nelson Motta, vence o 1º Festival Internacional da Canção Popular (24.out.).

NA POLÍTICA

□ São decretadas novas normas pelo Departamento Federal de Segurança Pública, instituindo a censura prévia de filmes, vídeos e programas.

▸ 1967

NO PALCO

□ Entra em cartaz a peça "Arena Conta Tiradentes", de Gianfrancesco Guarnieri e Augusto Boal, dirigida por Boal (21.abr.).

□ Estreia a peça "Marat-Sade", de Peter Weiss, dirigida por Ademar Guerra, com Eugênio Kusnet e Rubens Corrêa (mai.).

□ Entra em cartaz "O Rei da Vela", de Oswald de Andrade, dirigida por José Celso Martinez Corrêa. Encenado pelo Oficina, o espetáculo torna-se um dos marcos do movimento tropicalista (29.set.).

NO CINEMA

□ Dustin Hoffman faz primeiro papel de sucesso em "A Primeira Noite de um Homem".

□ Catherine Deneuve interpreta "A Bela da Tarde", de Luis Buñuel.

□ São lançados os filmes nacionais "Terra em Transe", de Glauber Rocha; "Garota de Ipanema", de Leo Hirzsman; "O Caso dos Irmãos Naves", de Luís Sérgio Person; e os internacionais "Bonnie e Clyde", de Arthur Penn; "Rebeldia Indomável", de Stuart Rosenberg; e "Playtime – Tempo de Diversão", de Jacques Tati.

NA TV

□ Acontece o 2º Festival Internacional da Canção. Em primeiro lugar fica "Margarida", de Gutemberg Guarabira.

□ Vai ao ar o 3º Festival de Música Popular Brasileira, na TV Record. Em primeiro lugar fica "Ponteio", de Edu Lobo e Capinam. Também são classificadas as músicas "Domingo no Parque", de Gilberto Gil, "Roda Viva", de Chico Buarque, e "Alegria, Alegria", de Caetano Veloso.

□ Estreiam "Raul Gil Room" e "TV Bolinha" com Edson Cury, na Excelsior; estreia o humorístico "A Família Trapo", na Record.

□ Inaugurada a TV Bandeirantes, em São Paulo. A emissora pertence ao empresário João Saad.

□ É criada a Fundação Padre Anchieta (26.set.), da TV Cultura.

NA ESTANTE

□ É publicado o livro "Cem Anos de Solidão", do colombiano Gabriel García Márquez, que causa grande

impacto e chama a atenção para a nova literatura latino-americana.
□ Publicado o livro "Anatomias", de José Paulo Paes, com a apresentação do poeta Augusto de Campos.
□ O poeta e diplomata guatemalteco Miguel Angel Asturias recebe o prêmio Nobel de Literatura.
□ Morre João Guimarães Rosa, aos 59 anos (19.nov.).

NA MÚSICA
□ É lançado o LP "Roberto Carlos em Ritmo de Aventura".
□ A banda norte-americana The Velvet Underground & Nico lança disco homônimo (mar.).
□ Os Beatles lançam o famoso LP "Sgt. Pepper's Lonely Hearts Club Band" (jun.); lançam também a música "All You Need Is Love", durante o "Our World", primeiro programa de TV transmitido simultaneamente para diversos países (25.jun.).
□ A música "Ponteio", de Edu Lobo e Capinam, vence o 3º Festival de MPB da TV Record; "Alegria, Alegria", de Caetano Veloso, e "Domingo no Parque", de Gilberto Gil, respectivamente segundo e quarto lugar no festival, prenunciam o movimento tropicalista (21.out.).
□ "Margarida", de Gutemberg Guarabira, vence o 2º Festival Internacional da Canção Popular; "Travessia", de Milton Nascimento, fica em segundo lugar, e "Carolina", de Chico Buarque, em terceiro (22.out.).

NAS ARTES
□ Acontece no MAM do Rio a mostra Nova Objetividade Brasileira, na qual o artista Hélio Oiticica exibe "Tropicália", um ambiente que ele chama de "penetrável". O título da obra foi adotado por Caetano Veloso na canção que se tornou hino do tropicalismo.
□ Morrem os artistas Edward Hopper, dos EUA, e o belga René Magritte, um dos principais pintores do surrealismo (15.ago.).
□ Morre o artista plástico Antonio Bandeira (6.out.).
□ É criado o Museu Lasar Segall.

NO PALCO
□ Entra em cartaz "Galileu Galilei", de Brecht, dirigida por José Celso Martinez Corrêa, com Cláudio Corrêa e Castro e Antônio Pedro.
□ Estreia em Nova York o musical "Hair", um protesto contra a guerra do Vietnã. O espetáculo chega a São Paulo em 1970, com Ney Latorraca e Nuno Leal Maia no elenco.
□ Entra em cartaz "Roda Viva", de Chico Buarque, dirigida por José Celso Martinez Corrêa, no Rio. Depois, em São Paulo, o CCC (Comando de Caça aos Comunistas) depredou o teatro e espancou os atores (1.jan.).
□ Entra em cartaz a peça "Navalha na Carne", de Plínio Marcos, dirigida por Fauzi Arap, no Teatro Maison de France, no Rio. Parcialmente censurada, a montagem só é encenada na íntegra 13 anos depois. Com Tônia Carrero e Nelson Xavier no elenco (3.out.).

▸ 1968

NO CINEMA
□ É lançado o filme "O Bandido da Luz Vermelha", de Rogério Sganzerla, que se tornou o representante mais conhecido do chamado cinema marginal.
□ A cerimônia do Oscar é adiada por causa do assassinato do ativista norte-americano Martin Luther King.
□ É lançado o filme nacional "O Homem Nu", de Roberto Santos; e os internacionais "2001 – Uma Odisseia no Espaço", de Stanley Kubrick; "Romeu e Julieta", de Franco Zeffirelli; "O Bebê de Rosemary", de Roman Polanski; e "Era uma Vez no Oeste", de Sergio Leone.

NA TV
□ Morre Assis Chateaubriand, introdutor da televisão no Brasil e dono dos Diários Associados (4.abr.).
□ Vai ao ar o 3º Festival Internacional da Canção, na TV Globo. Em primeiro lugar, fica "Sabiá", de Chico Buarque e Tom Jobim. Geraldo Vandré apresenta a música "Para Não Dizer que Não Falei das Flores".
□ Estreia o programa "Amaral Netto, o Repórter", na Globo, que retratava o Brasil da ditadura.
□ A ditadura retira do ar o "Jornal de Vanguarda", da Excelsior.
□ A TV Bandeirantes adquire o Cinema Arlequim, que passa a se chamar Teatro Bandeirantes.
□ É considerado ilegal o acordo da Globo com o grupo Time-Life e a emissora é obrigada a se nacionalizar (set.).
□ Estreia o programa humorístico "Balança Mas Não Cai", na Globo.
□ Vai ao ar a telenovela "Beto Rockfeller", de Vicente Sesso, na Tupi. É a primeira "moderna", com agilidade nos diálogos (4.nov.).

NA ESTANTE
□ O poeta João Cabral de Melo Neto é eleito para a Academia Brasileira de Letras. Toma posse em 6 de maio de 1969.
□ Publicado o livro "Os Degraus do Pentágono", de Norman Mailer, que recebe o prêmio Pulitzer.
□ Morre o escritor Manuel Bandeira, no Rio (13.out.).

NA MÚSICA
□ É lançado o LP "Tropicália ou Panis et Circensis", com canções tropicalistas de Caetano Veloso, Gilberto Gil, Torquato Neto, Capinam e Tom Zé (jul.).
□ "Sabiá", de Tom Jobim e Chico Buarque, vence o 3º Festival Internacional da Canção Popular.
□ O guitarrista norte-americano Jimi Hendrix lança "Electric Ladyland" (out.).
□ "São, São Paulo Meu Amor", de Tom Zé (Júri Especial), e "Bem-vinda", de Chico Buarque (Júri Popular) vencem o 4º Festival da MPB da Record (dez.).

NAS ARTES
□ Morre Marcel Duchamp, artista francês naturalizado norte-americano (2.out.), um dos expoentes das vanguardas do início do século 20.
□ Inaugurada a sede do Masp na avenida Paulista, projetada pela arquiteta Lina Bo Bardi (7.nov.).

NA POLÍTICA
□ Decretado o Ato Institucional Nº 5 (13.dez.).

NO PALCO
□ Entra em cartaz a peça "Fala Baixo Senão Eu Grito", de Leilah Assumpção, dirigida por Clóvis Bueno, em São Paulo. Com Marília Pêra e Paulo Villaça.
□ Entra em cartaz "O Avarento", de Molière, dirigida por Henri Doublier, no Rio. Com Procópio Ferreira no elenco.
□ Estreia "Na Selva das Cidades: o Teatro Destruído", de Brecht, dirigida por José Celso Martinez Corrêa, no Rio. Com Othon Bastos e Renato Borghi.
□ Estreia a primeira montagem profissional brasileira de "Esperando Godot", de Samuel Beckett, dirigida por Flávio Rangel, no Teatro Cacilda Becker, em São Paulo. É o último espetáculo da atriz Cacilda Becker, que sofre um aneurisma cerebral durante um intervalo, em 14 de junho.
□ Entra em cartaz a peça "O Cão Siamês", de Antônio Bivar, dirigida por Emílio di Biasi, no Teatro Ruth Escobar, em São Paulo. No ano seguinte, é remontada e faz grande sucesso com o nome "Alzira Power" (9.ago.).
□ Estreia "O Balcão", de Jean Genet, na montagem de Victor García, no Teatro Ruth Escobar, em São Paulo. Com Thereza Raquel no elenco (29.dez.).

▸ 1969

NO CINEMA
□ É lançado "Macunaíma", de Joaquim Pedro de Andrade, com Grande Otelo, Paulo José e Dina Sfat.
□ São lançados "O Dragão da Maldade contra o Santo Guerreiro", de Glauber Rocha; "Matou a Família e Foi ao Cinema", de Julio Bressane; e os internacionais "Sem Destino" ("Easy Rider"), de Dennis Hopper; "Perdidos na Noite", de John Schlesinger; "Meu Ódio Será Sua Vingança", de Sam Peckinpah; "Butch Cassidy", de George Roy Hill; "A Via Láctea", de Luis Buñuel; "Satyricon", de Federico Fellini; e "Z", de Constantin Costa-Gravas.
□ O regime militar cria a Embrafilme (Empresa Brasileira de Filmes S.A.), empresa de economia mista administrada pelo governo, que se torna a principal fonte de recursos do cinema brasileiro (set.).

NA TV
□ Inauguradas a Estação Terrena de Tanguá e a Estação Rastreadora de Itaboraí (RJ) para transmissões internacionais via satélite.
□ Vai ao ar o último concurso de músicas da Record, o 5º Festival da Música Popular Brasileira. O ganhador é "Sinal Fechado", de Paulinho da Viola.
□ Estreia o programa "Papo Firme", com Nelson Motta, na Globo (7.abr.).
□ Estreia a novela "Nino, o Italianinho", de Geraldo Vietri, na Tupi (1.mai.).
□ Estreia a TV Cultura, de São Paulo (15.jun.).
□ Estreia o "Jornal Nacional", na Rede Globo (1.set.).
□ Estreia a novela "Verão Vermelho", de Dias Gomes, na TV Globo (17.nov.).

NA ESTANTE
□ Publicado o livro "Complexo de Portnoy", de Philip Roth.
□ Morre o escritor Guilherme de Almeida, em São Paulo (11.jul.).
□ Morre o escritor beat americano Jack Kerouac, aos 47 anos. É autor de "On The Road", entre outros (21.out.).

NA MÚSICA
□ Jorge Ben lança o LP "Jorge Ben", que registra o sucesso "País Tropical".
□ Morre o compositor e cantor Ataulfo Alves (20.abr.).
□ O grupo britânico "The Who" lança "Tommy" (mai.).
□ Morre o compositor e bandolinista Jacob do Bandolim, no Rio (13.ago.).
□ Festival de Música e Arte de Woodstock, em Bethel, Nova York, reúne 400 mil pessoas que experimentam, durante três dias, o sonho de paz e amor do movimento hippie (15 a 17.ago.).
□ Edmundo Souto e Paulinho Tapajós vencem o 4º Festival Internacional da Canção Popular com a música "Cantiga por Luciana" (28.set.).

DIVULGAÇÃO

Cena do filme "O Bandido da Luz Vermelha" (1968), do diretor Rogério Sganzerla

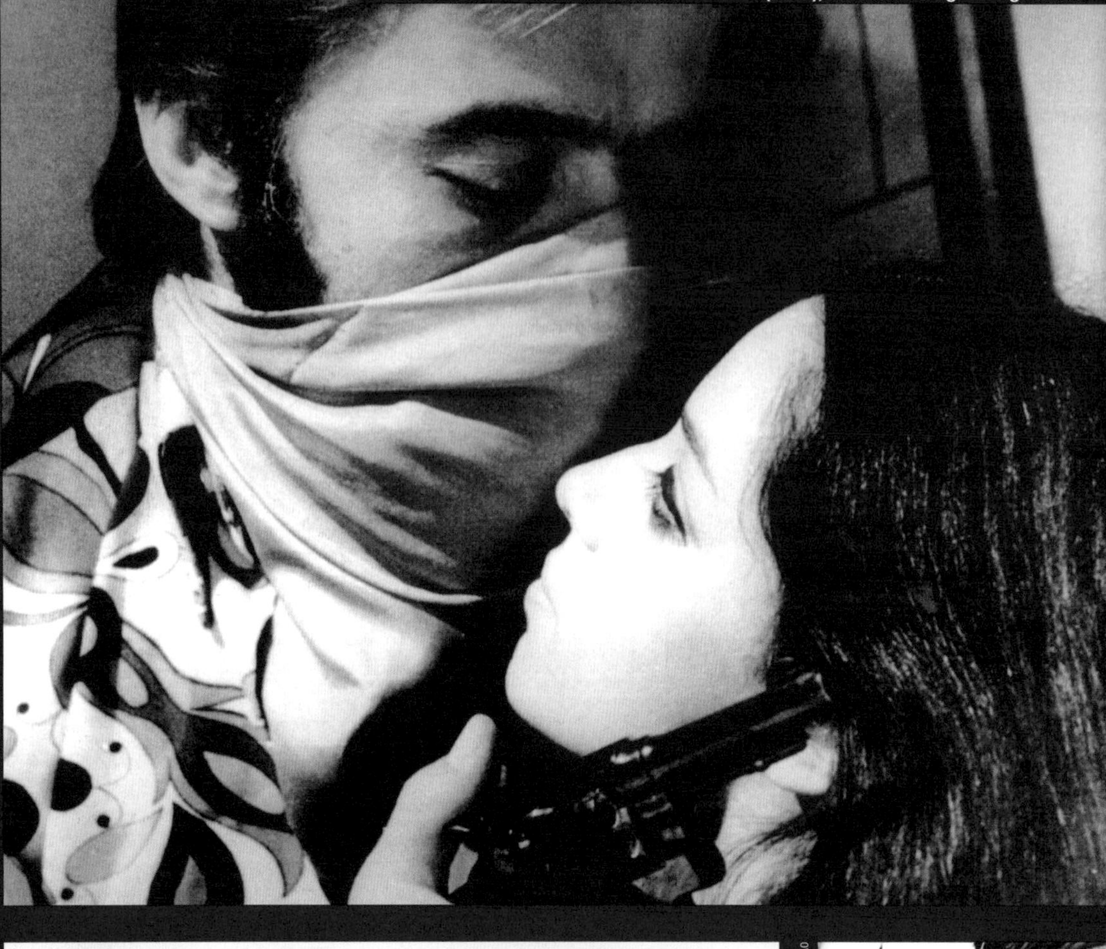

DIVULGAÇÃO

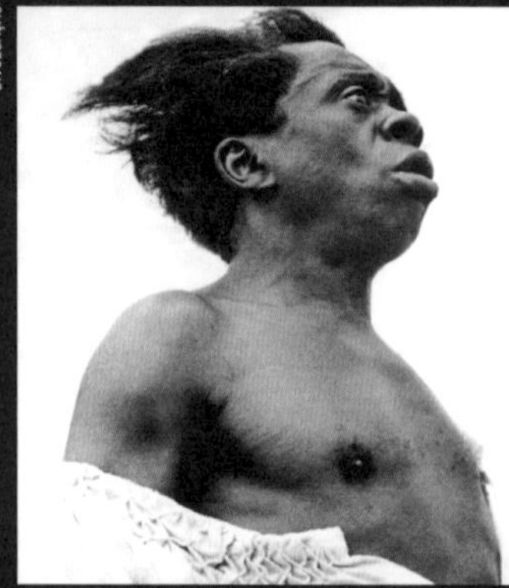

O ator Grande Otelo no filme "Macunaíma" (1969), dirigido por Joaquim Pedro de Andrade

DIVULGAÇÃO

A atriz Jeanne Moreau em cena do filme "Jules & Jim" (1962), de François Truffaut

FRANCE PRESSE AFP 3

O diretor Alfred Hitchcock, diretor de "Os Pássaros" (1963), "Psicose" (1960), "Um Corpo que Cai" (1958), entre outros

DIVULGAÇÃO

"O Pagador de Promessas" (1962), filme escrito e dirigido por Anselmo Duarte, que ganhou a Palma de Ouro em Cannes

Os atores Marcello Mastroianni e Anita Ekberg em cena do filme "A Doce Vida" (1960), marco na carreira do diretor italiano Federico Fellini

AP/IMAGE PLUS

"Blow Up – Depois Daquele Beijo" (1966), do diretor Michelangelo Antonioni

Cena do filme "2001 – Uma Odisseia no Espaço" (1968) de Stanley Kubrick, que foi baseado em obras do escritor de ficção científica Arthur C. Clarke

"Vidas Secas" (1963), dirigido por Nelson Pereira dos Santos, baseado na obra clássica de Graciliano Ramos

18.MAI.1968 TRAVERSO/RDA/GETTY IMAGES

Os diretores Claude Lelouch, Jean-Luc Godard, François Truffaut, Louis Malle e Roman Polanski em Cannes, na França, em meio às manifestações estudantis de 68

1967 FOLHA IMAGEM

Arnaldo Baptista, Rita Lee e Sérgio Dias eram Os Mutantes, uma das bandas mais reconhecidas até hoje pela crítica internacional

DIVULGAÇÃO

O primeiro LP de Jorge Ben, 1963

09.FEV.1964 AP/IMAGEPLUS

Os Beatles, em sua primeira visita aos Estados Unidos, em 1964, com o apresentador Ed Sullivan

1964 AP/IMAGEPLUS

Mick Jagger e Keith Richards dos Rolling Stones, em 1964

Bob Dylan que, em meados da década de 60, ficava menos acústico e mais elétrico

17.SET.2004 AP/IMAGEPLUS

O guitarrista, cantor e compositor Jimi Hendrix, autor de “Foxy Lady” e “Purple Haze”

A banda The Doors, com o vocalista Jim Morrison (à esquerda)

AP/IMAGEPLUS

Lisa Gaye e Bill Haley; o cantor com os seus Cometas formou um dos primeiros grupos de rock

13.AGO.2000 REPRODUÇÃO

O cantor Ronnie Von, ídolo da Jovem Guarda

“

ILUSTRADA ABRE NOVOS TERRITÓRIOS

ALEXANDRE GAMBIRASIO

Entrevista ao autor em junho de 2008

Quando chegamos à Folha, em 1964, a Ilustrada era um caderno de variedades ou um caderno de leitura, como se dizia na época. Procurava escapar dos assuntos importantes do dia-a-dia e abrir a janela para outros horizontes. Mas aos poucos as revistas passaram a explorar esses assuntos e esse campo de leitura foi ficando impreciso demais. Além disso, a Ilustrada vivia de material importado, de agências americanas e européias, que não tinha nada a ver com a realidade brasileira. E era preciso cobrir o que estava acontecendo de fato no país, numa época de grande efervescência cultural como foi a década de 60. Com o passar dos anos, a Ilustrada evoluiu de forma espetacular, tornou-se moderna, tornou-se vanguardista, tornou-se um agente de fertilização cultural. Em certos aspectos, chegou a ser melhor que o primeiro caderno. Foi pela Ilustrada que o Cláudio Abramo começou a explorar territórios novos. E nisso ele levou uma vantagem estratégica sobre o Estadão, que só tinha cadernos muito recheados de coisas, não tinha espaço para abrir. ”

Um novo piloto no comando

Em 1964, o jornalista Cláudio Abramo foi contratado por Frias para pilotar a nova Redação da Folha. Era um exímio piloto, com todas as características do tipo, tão bem expostas no filme "Os Eleitos" (1983), que explora a oposição entre os homens que faziam questão de conduzir a máquina e os que seriam conduzidos por ela –os astronautas. Ele havia deixado O Estado de S. Paulo naquele ano por divergências ideológicas com os proprietários. Tinha 41 anos, dez dos quais dedicados ao jornal da família Mesquita, onde implantou importantes reformas.

No livro "A Regra do Jogo" (Companhia das Letras, 2006), Cláudio conta que Frias, ao se encontrar com ele pela primeira vez, no escritório de um conhecido comum, no Banco Nacional, mencionou sua fama de comunista, autoritário e destemperado. "É tudo verdade, mas em outros termos", respondeu. "Sou marxista de formação, desde menino, sou autoritário, mas também disciplinado, e tenho meus acessos de raiva, como todo secretário de Redação, pois vivemos sob tensão."

O empresário gostou do que viu e se animou com a ideia de ter em sua Redação alguém com experiência de chefia no Estado, então o jornal mais forte e influente de São Paulo. Mas o convite para que Cláudio assumisse o comando gerou reações negativas na cúpula da Folha, dirigida por José Reis, um emérito homem de ciência, voltado para a biologia, que abraçara o jornalismo. Diante do risco de uma crise interna, Frias preferiu aguardar um pouco antes de contrariar o grupo que herdara de Nabantino Ramos. Decidiu incubir Cláudio de redigir críticas às edições diárias da Folha, mas não demorou muito para anunciar a Reis que o jornal teria mesmo um novo chefe de reportagem.

O professor conviveu com Cláudio até 1967. Segundo Frias, "nunca fizeram uma boa dupla, porque tinham restrições mútuas". O empresário também guardava suas restrições em relação a Reis, a quem respeitava, mas considerava desprovido das qualidades necessárias para construir o grande jornal de seus sonhos. Na sua avaliação, ao professor faltava "agressividade". E isso sobrava em Cláudio.

Reis acabou deixando a Folha, e o carismático, autoritário e talentoso jornalista que reformara o Estadão tornou-se o chefe de Redação. De sua equipe participavam os jornalistas Antonio Pimenta Neves, Washington Novaes e Alexandre Gambirasio.

Nos anos seguintes, enquanto Frias trataria de modernizar a face industrial e comercial da empresa, renovando o sistema de impressão e distribuição, Cláudio cuidaria de melhorar o produto, os quadros e as rotinas –num ambiente de restrições financeiras e deficiências técnicas.

Embora caminhasse para uma maior profissionalização, o jornalismo naquela época ainda era para muitos uma atividade diletante ou apenas um "bico". Havia uma elite intelectual, que colaborava ou se engajava no trabalho diário das Redações, mas a base era amadorística, em geral despreparada e descompromissada. Para Alexandre Gambirasio, "o jornalista brasileiro era basicamente um funcionário público que mantinha vínculo com o jornal, onde ganhava uma miséria". Ele lembra que, na Folha, alguns deles trabalhavam para mais de um veículo e não pareciam entusiasmados com a idéia de assumir novas tarefas e cumprir horários:

"O Frias era um empresário moderno, muito ativo e dinâmico. Queria um jornal que chegasse muito cedo às bancas, que competisse com o Estadão no interior,

FOLHA IMAGEM

O jornalista Cláudio Abramo, que foi contratado pelo publisher Octavio Frias de Oliveira para comandar a Redação da Folha

que fosse vendido no Rio, em Brasília etc. Isso seria feito com máquinas novas e horários de fechamento mais rígidos. Nós enfrentamos muitas dificuldades para adaptar os jornalistas aos horários de fechamento. Era uma profissão boêmia, a pessoa fechava a página quando queria, tinha cerveja na gaveta... Era gente sem um engajamento vital com a profissão, porque tinha outro emprego. Se não desse certo, eles ficavam na secretaria de alguma coisa".

Quando a nova equipe assumiu, uma das primeiras questões que surgiram foi o que fazer com a Ilustrada. Deveria permanecer ou ser extinta? Segundo Gambirasio, avaliou-se que a vantagem do caderno residia no fato de ser diferente –"o Estadão não possuía um igual". A desvantagem é que parecia uma "salada russa", uma mistura pouco ordenada de assuntos variados, numa época em que a cultura pop internacional seduzia a juventude e a produção cultural brasileira se tornava mais atraente e atuante.

Diante do quadro, a decisão foi prosseguir com a Ilustrada, mas "elevar seu status", na tentativa de aproximá-la um pouco mais do prestígio da concorrência. "O Estado de S. Paulo tinha críticos de alto nível, como Décio de Almeida Prado e Sábato Magaldi", lembra Gambirasio. "E tinha o Suplemento Literário, que era de primeira linha. Isso atraía extraordinariamente o leitor interessado em cultura para o Estadão. A Folha no início vivia num plano cultural inferior, menos ambicioso. O contrário de hoje, talvez". Um caso folclórico, relatado pelo jornalista Antonio Pimenta Neves, então adjunto de Cláudio, ilustra essa precariedade: no dia 4 de janeiro de 1965, ao se deparar com a notícia da morte do poeta T.S. Eliot, o responsável pela distribuição dos despachos de agências noticiosas na Redação da Folha imaginou tratar-se do policial norte-americano Eliot Ness –que havia morrido em 1957. Não alertou os responsáveis e a Folha ficou sem a notícia do desaparecimento do autor de "The Waste Land". "Mesmo que fosse o Eliot Ness tinha que ser publicado imediatamente na seção internacional. Essas coisas, no entanto, podem acontecer com qualquer um", lembra Pimenta Neves.

O primeiro editor da Ilustrada chamava-se Moacyr Corrêa. Nas palavras de Gambirasio, era "uma pessoa muito inteligente e muito desejosa de ajudar". Seu primeiro trabalho em jornal, conforme relatou ao repórter Cassiano Elek Machado, em 1998, foi como revisor, antes da Segunda Guerra Mundial, no extinto O Dia, de São Paulo.

Quando o conflito terminou, ele assumiu a direção do Jornal de São Paulo, de Assis Chateaubriand (que lhe passou a espinhosa ordem de demitir o poeta Oswald de Andrade). Em 1948, já estava na Empresa Folha da Manhã. Editou a Ilustrada de 1958 a 1971, quando foi substituído por Victor Cunha Rego, intelectual e jornalista português exilado pelo salazarismo.

Corrêa participou do esforço para "elevar o status" do caderno, que, sem abandonar o mundo das variedades, ganharia em poucos anos um perfil mais cultural, num Brasil marcado por drásticas mudanças.

"Sou marxista de formação, desde menino, sou autoritário, mas disciplinado, e tenho meus acessos de raiva, como todo secretário de Redação, pois vivemos sob tensão"

Um novo piloto no comando

A Folha apoiou, em editorial, o golpe de Estado de 1964, considerando que era uma maneira de evitar a tomada do poder pelos comunistas. Era essa, afinal, a grande questão política naquele início de década, tempos de acirramento da Guerra Fria. No Brasil, a renúncia de Jânio Quadros, que deixara como sucessor o trabalhista João Goulart, abriu uma crise aguda em meio à radicalização de movimentos sociais, urbanos e rurais, sob liderança de forças de esquerda. As propostas de reformas estruturais e as perspectivas de uma revolução nacional-popular empolgavam setores estudantis e da intelectualidade.

Na área cultural, os reflexos da mobilização política eram intensos. Em 1961, formara-se no Rio o primeiro Centro Popular de Cultura, ligado à União Nacional dos Estudantes, que procurava desenvolver uma atividade artística de cunho didático, subordinada à militância política.

Em março de 1964, o líder do Partido Comunista Brasileiro, Luís Carlos Prestes, declarou: "Nós já estamos no poder, embora ainda não tenhamos o governo nas mãos". O movimento militar, com amplo apoio da classe média, veio para barrar a escalada da esquerda, encerrar o ciclo populista e abrir uma nova etapa do capitalismo no Brasil.

A primeira resposta artística ao golpe foi o espetáculo "Opinião", em dezembro de 1964, que parecia anunciar o triunfo da vertente cepecista na cultura, reforçada agora pela ideia de resistência ao avanço da direita e do imperialismo norte-americano. Era simbólica a reunião, no palco do teatro, na rua Siqueira Campos, em Copacabana, de um sambista urbano, Zé Kéti, um músico do "sertão", João do Vale, e uma representante da juventude bossa-nova, Nara Leão, depois substituída por Maria Bethânia. O show foi um sucesso, com textos politizados e canções que marcaram época, como "Carcará".

Mas a reação mais perturbadora veio do cinema, com "Terra em Transe", de Glauber Rocha, em 1967. Com uma sensibilidade estética moderna, alegórica, profética, o filme explicitava sem piedade a miséria política do Brasil e da América Latina.

Curiosamente, o personagem vivido por Jardel Filho, o poeta e jornalista Paulo Martins, fora criado a partir de características do jovem repórter e editor Janio de Freitas, que mais de dez anos depois se tornaria articulista político da Folha. "Glauber adorava jornalismo, conversávamos muito, éramos muito amigos", conta ele, que viu o copião do filme na moviola, ao lado do cineasta, e reconheceu frases suas nos diálogos do dilacerado personagem. O caso não deixa de ser revelador da cumplicidade que se estabelecia entre artistas e jornalistas naquela época de efervescência cultural e politização.

"Terra em Transe" foi objeto de um acalorado debate no Museu da Imagem e do Som do Rio e obteve grande repercussão nos círculos intelectuais. Até Nelson Rodrigues opinou –e favoravelmente. Mas Oduvaldo Vianna Filho, um dos autores do musical "Opinião", com Paulo Pontes, detestou. Viu na obra um exemplo acabado dos exageros estéticos do cinema novo e um caso de falta de comunicação com as massas. Além do mais, Glauber parecia diminuir o povo brasileiro (que, afinal, deveria mudar tudo) na magistral cena em que Paulo Martins tapa a boca de um pobre coitado e brada: "Isto é o povo! Um imbecil, um analfabeto, um despolitizado!".

A Ilustrada acompanhou de perto a trajetória de "Terra em Transe", que se tornou uma obra fundamental do cinema brasileiro e da estética tropicalista. Deu destaque às dificuldades com a Censura e ao debate realizado no MIS [ver texto à página 36]. Fez também uma extensa cobertura da carreira do filme no Festival de Cannes. O enviado especial Sérgio Motta escreveu uma série de reportagens sobre as reações da plateia, as opiniões da crítica e as negociações com distribuidores e exibidores internacionais.

Na década de 60, a área de cinema da Ilustrada ganhou um novo repórter, Orlando Fassoni, que logo se tornaria crítico. Ele cobria os grandes lançamentos internacionais e também a movimentação dos jovens cineastas brasileiros, como Rogério Sganzerla, que ganhou uma reportagem quando ainda preparava as filmagens de "O Bandido da Luz Vermelha" (mais tarde, ele se tornaria colunista da Ilustrada).

Na área de teatro, o crítico do caderno chamava-se Paulo Mendonça. "Era um quatrocentão, sobrinho de Alfredo Mesquita, mas largou o jornalismo e foi ser empresário", conta Jefferson del Rios, que assumiu a função:

"Um dia, para minha enorme surpresa, o Cláudio Abramo me chamou na sala dele e falou, com aquele jeito meio imperial: 'Já notei que você gosta de teatro. A partir de hoje você é o nosso crítico'. Isso foi em 1969, eu tinha 24 anos. Levei um baita susto. Ele percebeu e disse 'não se preocupe, se você não se der bem, eu dou um jeito'. A primeira crítica que fiz foi a estreia da Leilah Assumpção, em 'Fala Baixo, Senão eu Grito'".

Jefferson também participou da cobertura dos festivais da canção, que mobilizavam a juventude universitária nos anos 60. "O Caetano morava em São Paulo, na avenida São Luiz, perto da Folha; a gente sempre se encontrava com ele, com o Chico, com o pessoal jovem da época, nas ruas e em bares do centro", lembra.

José Geraldo Nogueira Moutinho era o crítico de literatura. Não muito assíduo, mas bastante respeitado. Profundo conhecedor das letras francesas, seus interesses se estendiam ao campo da experimentação literária, como indicam os comentários elogiosos que escreveu a respeito de José Agrippino de Paula, autor do cult "Panamérica", citado por Caetano na letra da canção "Sampa".

No terreno das variedades, Helô Machado, que entrou no jornal em 1968, quando ainda era estudante universitária, assumiu a tarefa de cobrir o mundo da moda. Ela se tornaria editora na segunda metade dos anos 70. "Acompanhava muita coisa, a Mary Quant, os lançamentos internacionais, as novidades do Rio", lembra ela, que também colaborava com os suplementos femininos do jornal. Helô foi muito amiga da escritora Helena Silveira, que assinava na Ilustrada uma famosa coluna intitulada "Helena Vê TV", extinta em meados da década de 80.

◆

Um ano depois do lançamento de "Terra em Transe", manifestações estudantis eclodiram em diversos países. O Maio francês foi a grande convulsão –e ocupou as primeiras páginas dos jornais em todo o planeta. O noticiário sobre as passeatas saía no primeiro caderno da Folha, mas a Ilustrada não ficou alheia ao grito libertário do "ano que não acabou". No dia 29 de maio, a capa do suplemento estampava um perfil do líder das barricadas de Paris, Daniel Cohn-Bendit. O texto, acompanhado de uma foto de Dany le Rouge, dizia que ele havia bebido "o leite da revolução permanente", por ser filho de militantes trotskistas.

Em junho de 1968 aconteceu no Brasil a célebre Passeata dos Cem Mil, que reuniu estudantes e artistas no centro do Rio para protestar contra a ditadura. Poucos meses depois, no dia 13 de dezembro, o regime militar baixou o Ato Institucional Número 5 (AI-5), que concentrou os poderes no Executivo. Inaugurava-se uma fase sombria de restrição às liberdades e recrudescimento do confronto entre a ditadura e a esquerda, cujos setores mais radicalizados partiam para a luta armada. A imprensa foi silenciada, uma onda de prisões varreu o país, a tortura transformou-se em método do regime e inúmeros políticos, intelectuais e artistas se viram forçados a viver no exílio. □

"Na área cultural, os reflexos da mobilização política eram intensos. Em 1961, formara-se no Rio o primeiro Centro Popular de Cultura, ligado à UNE"

“TERRA EM TRANSE” EM DEBATES NO RIO

19 de maio de 1967 – Ilustrada

RIO, 18 (FOLHA) – Cinema como práxis, comunicação de massa, validade de obra de arte quando sua assimilação é difícil para o grande público, simplicidade de linguagem cinematográfica até o didatismo: foram alguns dos temas suscitados durante os debates sobre o filme “Terra em Transe”, de Glauber Rocha, realizado anteontem à noite no Museu da Imagem e do Som, e do qual tomaram parte teóricos, cineastas, produtores, críticos e estudantes universitários. O filme está em cartaz no Rio e vem suscitando muita polêmica.

O INÍCIO

A polêmica foi iniciada por um dos integrantes da equipe, o co-produtor e diretor de fotografia Luis Carlos Barreto, que disse em resumo:

“Por ser um filme sem concessões, caótico, polêmico, feito sem a intenção de agradar a quem quer que seja, a ele e ao autor são lançadas as maiores acusações, reacionárias no mais amplo sentido da palavra. A visão do grande público brasileiro está condicionada, parada no tempo, acostumada à linguagem simplista, estacionada no ‘E o Vento Levou’. Enquanto isso, ‘Terra em Transe’ marca a divisão de duas épocas, e sua tentativa de criar uma linguagem nova chega a chocar, não é aceita de imediato. As acusações são iguais àquelas dos velhos professores de Carlos Drummond de Andrade, quando o rejeitavam. Pela mesma experiência passou Oscar Niemeyer, alvo do mesmo reacionarismo. O certo –entende Barreto– é que o filme não deixa de ser discutido e, como matéria de debate, Glauber Rocha coloca a velha questão: se o cinema deve ficar estagnado ou deve prosseguir inovando e investigando. ‘Terra em Transe’ é mais um marco na história do cinema, e principalmente no Terceiro Mundo quem quiser fazer cinema terá de enfrentar o desafio de meu diretor”.

POLÍTICO OU NÃO

A premissa de que o filme não é político, e sim sobre política e seus agentes, lançada pelo próprio autor, foi contestada por outro debatedor, o jornalista Fernando Gabeira, que disse tratar-se de um filme político, ou de uma tentativa em linguagem confusa.

“Foi realizado para uma minoria intelectualizada e que se supunha capaz de entender e interpretar suas alegorias, mas dele nada pode aproveitar em tempos de compreensão de uma realidade nacional ou latino-americana.” Para Gabeira, Eldorado é um país-robô em subdesenvolvimento, mas seus problemas não são idênticos aos da América Latina ou do Terceiro Mundo –e a inexistência do militarismo em Eldorado é um exemplo. O poeta, personagem central, tenta ser um super-homem e apela para uma solução de força num problema que exige soluções políticas.

DISCORDÂNCIA

O psiquiatra Helio Pelegrino discordou. Considerou “Terra em Transe” “a melhor coisa que se fez em cinema, pelo menos no nosso Terceiro Mundo. A similitude de Eldorado com países dessa área é total e concreta”.

A solução de força tentada pelo personagem Paulo Martins (Jardel Filho) “reflete dialetica-

DIVULGAÇÃO

O ator Jardel Filho, como Paulo Martins, tapa a boca de um representante do povo em cena antológica de "Terra em Transe" (1967), de Glauber Rocha

mente as frustrações nas soluções políticas tentadas. Ele não é um projeto de super-homem, e sim um projeto de homem, expressão de aparente fracasso de um poeta anarquista. Entende-se por 'anarquista' o precursor do revolucionário. O poeta foi o primeiro guerrilheiro de Eldorado, depois de ter visto que soluções políticas de nada adiantaram para seu país".

Segundo o psiquiatra que tomou parte nos debates, "para Eldorado já não havia soluções: fecharam-se as saídas com a coroação do rei, de um caudilho, de um Salazar. Paulo Martins é, no meu entender, personagem presente em todos os países subdesenvolvidos, e por isso não é um super-homem, negativa do gênio. Fidel Castro, quando desembarcou em Cuba com seus companheiros, também era poeta. É o idealismo contra uma estrutura político-social-militar-policial, bem montada e aparentemente rígida; lutar contra a máquina Batista era sonho, irreal, poético, mas deu certo. Paulo também sonhou, errou e morreu".

DEFESA

Alex Vianni é outro crítico cinematográfico que defende "Terra em Transe", embora nem sempre concorde com os conceitos da Glauber Rocha ou as conclusões a que ele chega. Defende o filme como obra de autor, ou seja, filme de diretor, no qual em todas as cenas é sentida a presença do diretor.

"Nele, todos os atores se afirmam através da exasperação, marca imprimida por Glauber Rocha. O crítico se confessou admirador incondicional do trabalho de Paulo Lexar Saraceni, mas reconheceu que o verdadeiro 'desafio' foi lançado por Glauber Rocha: todo o realizador do cinema novo, na América Latina ou no Terceiro Mundo, terá de ver, sentir e pesquisar a obra de Glauber."

Vianni entende que o filme não é comunicativo e que muitas vezes os atores falam, mas não se entende. Entretanto, tudo foi feito premeditadamente, caoticamente, "e a verdade, o caos, o transe de Eldorado é idêntico àquele que sentimos diante de uma realidade que nos constrange. O flash-back, justamente na morte do poeta, quando ele recebe os quatro tiros que o matam, é a mesma morte que sentimos diante de uma realidade maior que nossas forças. A derrubada de um governo legítimo, a perda de algo para nós inabalável, nos levam àquela incompreensão momentânea, e este é o transe que Glauber consegue transmitir com a exatidão de um gênio".

O POEMA

Para o cineasta Joaquim Pedro de Andrade, "o poeta é o guerrilheiro, pois o povo de Eldorado não assume posição crítica diante de seus problemas e os grandes heróis se fazem com a morte. A morte como fé, e não como solução. Assim, a morte do poeta é morte-vida, e não é possível viver quando não se está disposto a morrer por uma ideia, por um amor, por um povo, por um amigo". O poema de Glauber Rocha –lembrou Joaquim Pedro– mostra que Paulo Martins morre pelas razões de viver quando diz:

Este povo alquebrado
cujo sangue é sem vigor
Este povo precisa da morte
mais do que se possa supor;
O sangue que estimula no irmão a dor,
o sentimento do nada que gera o amor,
a morte como fé, não com temor □

NOITE DE "O REI DA VELA" FOI SUCESSO NO OFICINA

30 de setembro de 1967 – Ilustrada

"O Rei da Vela", peça inédita de Oswald de Andrade, estreou oficialmente, ontem à noite, para um grande público que lotou o Teatro Oficina e que aplaudiu as interpretações de Renato Borghi, Francisco Martins, Fernando Peixoto, Liana Duval, Itala Nandi, Etty Fraser, Dirce Migliaccio e outros atores do elenco.

"AQUI E AGORA"

O diretor de "O Rei da Vela", José Celso Martinez Corrêa, entusiasmou-se com a receptividade e a boa acolhida que o grande público ofereceu à peça de Oswald de Andrade. Ele diz que "o Oficina procurava um texto para a inauguração de sua nova casa de espetáculos que, ao mesmo tempo, inaugurasse a comunicação ao público de toda uma nova visão do teatro e da realidade brasileira. Eu havia lido o texto há alguns anos e ele permanecera mudo para mim. Me irritara mesmo. Parecia modernoso e futuristóide. Mas, mudou o Natal, e mudei eu. Depois de toda a festividade esgotar suas possibilidades de cantar a nossa terra, uma leitura do texto em voz alta para um grupo de pessoas fez saltar, para mim e todos os colegas do Oficina, todo o percurso de Oswald na sua tentativa de tornar obra de arte toda a consciência possível do seu tempo".

AS REVOLUÇÕES

José Celso salienta que, para exprimir uma realidade nova e complexa, era preciso reinventar formas que captassem essa nova realidade. "E Oswald nos deu, em 'O Rei da Vela', a 'forma' de tentar apreender, através de sua consciência revolucionária, uma realidade que era e é o oposto de todas as revoluções. 'O Rei da Vela' ficou sendo uma revolução de forma e conteúdo para exprimir uma não-revolução. De sua consciência utópica e revolucionária, Oswald reviu seu país, e em estado de criação quase selvagem captou toda a falta de criatividade e de história desse mesmo país. A peça, seus 34 anos e o fato de não ter sido montada até hoje, fez com que captássemos as mensagens do autor e as fizéssemos nossas mensagens de hoje."

O diretor conclui dizendo que sua geração apanhará a bola que Oswald lançou com sua consciência cruel e antifestiva da realidade nacional e dos difíceis caminhos de revolucioná-la. "Ela não está, ainda, totalmente conformada em somente levar sua vela. São os dados que procuramos tornar legíveis nesse espetáculo." □

A peça "O Rei da Vela", de Oswald de Andrade, encenada em 1967 pela trupe de José Celso Martinez Corrêa

"'O Rei da Vela' ficou sendo uma revolução de forma e conteúdo para exprimir uma não-revolução. De sua consciência utópica e revolucionária, Oswald reviu seu país, e em estado de criação quase selvagem captou toda a falta de criatividade e de história desse mesmo país"

RIO: "MARGARIDA" VENCE NO FESTIVAL DA CANÇÃO

24 de outubro de 1967 – Ilustrada

RIO, 23 (FOLHA) – Onze músicas cantadas na quinta-feira e nove no sábado disputaram anteontem no Maracanãzinho o direito de representar o Brasil na fase final do II Festival Internacional da Canção Popular, que começa quinta-feira. Chico Buarque de Holanda ficou com o terceiro lugar (o que já acontecera no Festival de São Paulo), sendo superado por dois jovens e promissores valores da nossa música popular: Milton Nascimento e Guttemberg Guarabira Filho, vencedores com o segundo e primeiro lugares respectivamente. "Carolina" é a música de Chico Buarque, "Travessia" é a de Milton Nascimento e "Margarida" a de Guttemberg, que agora representará o Brasil no certame internacional.

AS FINALISTAS

Foram estas as dez finalistas de domingo: 1º – "Margarida", de Guttemberg Guarabira Filho, com o autor e o coro do Grupo Manifesto; 2º – "Travessia", de Milton Nascimento, com o autor; 3º – "Carolina", de Chico Buarque de Holanda, com Cybele e Cynara; 4º – "Fuga e Antifuga", de Edino Krieger e Vinicius de Moraes, com os Quartetos 004 e As Meninas; 5º – "São os do Norte que Vêm", de Capiba e Ariano Suassuna, com Claudionor Germano; 6º – "O Sim pelo Não", de Alcyvando Luz e Carlos Coqueijo, com o MPB-4; 7º – "Morro Velho", de Milton Nascimento, com o autor; 8º – "Fala Baixinho", de Pixinguinha e Herminio Belo de Carvalho, com Ademilde Fonseca; 9º – "Cantiga", de Dori Caymmi e Nelson Motta, com o MPB-4; e 10º – "Oferenda", de Luiz Eça e Lenita Eça, com a dupla Cybele e Cynara.

OS PRÊMIOS

Milton Nascimento foi o melhor premiado de domingo. Mesmo não chegando em primeiro lugar, das três músicas que escreveu, duas chegaram às semifinais e uma delas ganhou o segundo lugar. Além disso, Milton ganhou o prêmio –7 mil cruzeiros novos– de melhor intérprete da parte nacional. Guttemberg ganhou 20 mil cruzeiros novos com sua "Margarida", e 5 mil como intérprete. "Carolina", de Chico Buarque, que ficou em terceiro, ganhou 2 mil. Vinicius de Moraes e Ariano Suassuna, que chegaram, respectivamente, em quarto e quinto lugares, ganharam duas moedas de ouro cada um, pesando 75 gramas. O "Galo de Ouro" dado ao melhor arranjo foi conquistado pelo maestro Gaia, com a música "O Sim Pelo Não".

A FASE FINAL

Nos próximos dias 26, 28 e 29, será realizada a fase final do certame com a representação de 30 países. A finalíssima será domingo no Maracanãzinho, com transmissão direta pelo Canal 5.

VENEZUELA

O cantor Mario Suarez, considerado um dos maiores valores artísticos da Venezuela, chegou ontem ao Rio para participar do Festival Internacional da Canção. Mario Suarez é natural de Maracaibo e já gravou mais de 60 LPs na Venezuela. Recentemente foi condecorado pelo presidente Raul Leoni e pelo prefeito de Nova York como o mais popular artista latino. □

"SABIÁ" GANHA NO RIO

7 de outubro de 1968 –
II Caderno (edição da tarde)

"Sabiá", de Antonio Carlos Jobim e Chico Buarque de Holanda, cantada por Cynara e Cybele, ganhou o III Festival Internacional da Canção, ficando assim com o "Galo de Ouro", principal troféu do certame. A música do Canadá "This Crazy World" (Este Mundo Louco), de Paul Anka, cantada por ele próprio, ficou em segundo; em terceiro, ficou "Mary", de Norman Gimbel e Nelson Riddle, dos Estados Unidos, cantada por Michael Dees; o quarto lugar coube à canção italiana "Non Domandarti" (Não te Perguntes), de Parlavicini e Pino Donaggio, cantada por Donaggio; em quinto lugar ficou Andorra, com "Le Bruit des Vages" (O Barulho das Ondas), de Romuald e Lebrail, interpretada por Romuald. O III FIC, encerrado ontem no Maracanãzinho, ante 25 mil espectadores, deu prêmios ainda a Martine Bajoud, cantor do Líbano, como revelação feminina; Paul Anka, do Canadá, melhor interpretação do festival; Michael Dees, dos Estados Unidos, revelação masculina; Nelson Riddle, dos Estados Unidos, melhor arranjador.

Chico Buarque de Holanda, que chegou ontem mesmo da Europa, assistiu com seu parceiro Antonio Carlos Jobim a uma vitória que causou certa decepção. O público aceitou-a com frieza e teria ido às vaias não fosse a "Sabiá" a representante do Brasil. Na verdade, o público manifestava preferência pelas músicas que representavam Andorra, Mônaco, Estados Unidos, Japão e França. Destas, só Andorra e EUA conseguiram classificar-se entre as cinco principais; o Japão obteve um modesto sétimo lugar, enquanto a música da França, cantada por Françoise Hardy, não se classificou nem entre as 10 finalistas. ▫

1968 FOLHA IMAGEM

Tom Jobim, Chico Buarque e as cantoras Cynara e Cybele, que apresentaram a canção "Sabiá"

"A Ilustrada era um jornal velho; o Cláudio foi transformando tudo"

Entrevista com **ORLANDO FASSONI**

Nascido em 1942, em Marília, interior de São Paulo, Orlando Fassoni começou a trabalhar na Folha em 1964, com 21 anos, e tornou-se crítico de cinema da Ilustrada poucos anos depois. Exerceu a função até 1984, quando passou a escrever, também como crítico, na Folha da Tarde, onde permaneceu até 1987. Trabalhou, posteriormente, em outros veículos da imprensa. Até a data de edição deste livro, ele mantinha um blog na internet chamado "Cine Fassoni".

Como e onde você começou a trabalhar na Folha?
Entrei no dia 16 de março de 1964. O diretor era o Doutor José Reis. Eu era correspondente da Folha em Marília. E houve uma época lá de muita chuva e enchentes. Pontes foram destruídas, uma situação difícil. Eu liguei para o jornal e me autorizaram a contratar um fotógrafo e um táxi. Nós andamos lá pela região, fizemos um levantamento dos estragos e a Folha publicou na primeira página. Depois disso me convidaram pra trabalhar em São Paulo. Comecei na reportagem policial, onde todo mundo começava. Na Folha, naquela época, você fazia um estágio em cada editoria para saber como andava a engrenagem do jornal como um todo.

O Cláudio Abramo, então, ainda não tinha assumido?
O Cláudio, não. Ele assumiu em 1965. Foi logo depois de eu ter entrado. Eu lembro inclusive que o pessoal fez um almoço de desagravo para o dr. Reis quando ele saiu. Foi na churrascaria do estádio do Pacaembu. Mas o Cláudio assumiu e começou a fazer as mudanças naturais, que tinham de ser feitas no jornal.

Como era a Ilustrada quando você chegou?
Era um caderno ortodoxo, envelhecido. Não tinha reportagem, vivia muito de agências, do material que eles compravam de fora. Compravam tudo. O tradutor desse material todo era o Noé Gertel. Havia poucos do jornal que escreviam e faziam comentários, como eu, a Helena Silveira, que fazia TV, o dr. Reis que escrevia artigos científicos, e o Tavares de Miranda, que tinha uma página inteira para as sociais daquela época, e publicava muitas fotos, feitas pelo Pirozelli.

Antes de você, quem era o crítico de cinema?
Era o Adhemar Carvalhaes, que faleceu em 1966 ou 67. Quem me deu a notícia da morte dele foi o Anselmo Duarte. Ele me ligou pra casa e falou: "Porra, Fassoni, o Carvalhaes morreu". Quando isso aconteceu, o Cláudio Abramo já sabia pelo Woile Guimarães, meu conterrâneo de Marília, que eu tinha sido diretor do clube de cinema lá. Foi onde eu tive a minha iniciação cinematográfica. Eu tinha passado pela reportagem policial, mas já estava na Ilustrada e fazia notícias de cinema, embora não fizesse crítica. O Cláudio me chamou na sala dele e falou assim: "Olha, a partir de amanhã você pode começar a fazer críticas". Para mim, era muita responsabilidade.

Quem era o editor nessa época?
Da Ilustrada? Era o Moacyr Corrêa. Foi o primeiro editor da Ilustrada. Ficou um tempão... Eu tinha um medo desgraçado de fazer crítica, porque era a Folha de S.Paulo, não era um jornal qualquer, e eu não tinha muita experiência. Mas comecei e fiquei mais de 20 anos como crítico.

Como funcionava o esquema da crítica de jornal na década de 60? Tinha sessão para o crítico ver o filme antes?

Quando eu comecei não tinha como ver antes. As estreias eram todas às segundas. A gente fechava a Ilustrada do fim de semana na sexta à noite e, no domingo à noite, a gente fechava a segunda. Normalmente eu via os filmes no cinema. As distribuidoras naquela época não tinham esse negócio de convidar para ver antes. Ia no cinema, via o filme, voltava, escrevia, deixava pronto. A depender do editor, às vezes a crítica era publicada na quinta. Dependia de espaço. Aí surgiu o esquemão que é o atual, que eu achei ótimo, porque as empresas avisavam e convidavam a gente para ver os filmes com antecedência.

Esse "esquemão" veio quando?
Olha, eu acho que foi no final dos 60, começo dos 70, por aí. Lembro que uma das primeiras a convidar crítico foi a empresa Sul, que fazia a cabine perto da Folha. Tinha o Cine Éden, que exibia filmes soviéticos ali pertinho. Depois veio a Paris Filmes, a Serrador, um monte delas...

Nos anos 60, 70, a que tipo de filme a Ilustrada dava preferência?
Não tinha preferência. Não tinha regra para dar filme. Dávamos qualquer coisa. O Cláudio sempre foi aberto nesse aspecto. Mas teve uma vez que ele me censurou. O editor da Ilustrada era o Victor Cunha Rego, que mais tarde seria braço direito do Mário Soares, na época da Revolução dos Cravos. Ele estava na sala do Cláudio, quando eu fui chamado. Eu tinha publicado uma crítica elogiando não sei se "Rio Bravo" ou "Rio Vermelho", do Howard Hawks, e o Cláudio me perguntou: "Por que você elogiou esse filme?" "Porra, elogiei porque é bom, senão não ia elogiar", respondi. "É, mas minha filha viu e disse que é uma merda", ele falou. Eu respondi: "Então você manda sua filha fazer crítica, e eu vou embora". E saí da sala. O Victor Cunha Rego depois cruzou comigo e fez um sinal de que tinha gostado. Falei para o Cláudio: "Crítica dirigida eu não faço". Parei de fazer. Fiquei uma semana sem escrever crítica. Um dia eu estava escrevendo lá na Ilustrada, e ele passou: "Você não escreve mais crítica, é?" Eu falei "não, do jeito que você quer, não". Ele falou: "Eu estava brincando. Você levou muito a sério esse negócio, vai, vamos, manda ver, manda ver". Voltei e ficamos grandes amigos, eu, ele e o Jefferson del Rios, que fazia a crítica de teatro. Eu e o Jefferson vivíamos lá na casa do Cláudio batendo papo. Inclusive na fase em que ele estava meio desgastado no jornal, já estava em decadência, em baixa. A gente ia muito lá, reanimar o cara.

Qual era a atitude da Ilustrada em relação ao cinema brasileiro?
Eu sempre tive liberdade para dirigir politicamente e ideologicamente a área de cinema. Eu nunca deixei de dar apoio para o cinema brasileiro. O cara chegava lá na Redação, me pedia uma entrevista, eu podia fazer menor, mas fazia, entende? O pessoal de cinema brasileiro gostava da Folha Ilustrada. Eu acho que foi o jornal na minha época que deu mais espaço para cinema brasileiro aqui em São Paulo.

Quando você achou que a Ilustrada começou a mudar, a ficar mais moderna?
Bom, vendo desde quando eu entrei, na década de 60, a mudança na Ilustrada pintou mesmo quando o Cláudio chegou. Ele foi transformando tudo, tirou toda aquela ortodoxia... A Ilustrada era um jornal velho, com coisas que não interessavam. Não havia reportagem. O Cláudio começou a criar a reportagem e os responsáveis pelas áreas. Uma editoria, no sentido do que existe hoje, naquele tempo não existia. O Cláudio distribuiu: o Fassoni cuida de cinema; o Adones cuida de televisão; o Dirceu Soares cuida de música popular... No anos 70, tínhamos o João Marcos Coelho, que fazia crítica sobre música clássica, o Fernando Morgado, que fazia os filmes da TV, a Helô Machado, que fazia moda e frescura, e colunistas como o Plínio Marcos e o Flávio Rangel, que era muito lido. □

02.JAN.1973 ÚLTIMA HORA - ARQUIVO

Orlando Fassoni

vira

anos 70, do sufoco à

da

GILBERTO GIL VOLTOU ONTEM AO BRASIL

Da Sucursal do Rio
15 de janeiro de 1972 – Ilustrada

Sorrindo muito e atendendo, gentilmente, aos jornalistas que o cercavam, desembarcou ontem, no Galeão, o compositor Gilberto Gil que, junto com a mulher, Sandra, e o filho, Pedro, veio "rever o sol do Brasil".

Com mais calma, na casa de Maria Bethânia, Gil improvisou uma entrevista.

VOLTA

A volta do compositor ao Brasil, que muitos não acreditavam que ocorresse, só ficou acertada há dois dias, quando Gil avisou que chegaria mesmo, ontem de manhã. Os amigos foram avisados, mas não houve tempo para que o empresário Guilherme Araújo estabelecesse os contatos para a fixação de um programa de shows. Por isso, a estada no Brasil, que deverá ser de dois meses, será mais uma visita do que um reencontro com o público. "Talvez na Bahia eu cante, mas não serão shows."

De concreto, há apenas a gravação de um LP e um programa especial para a televisão. Sobre o disco, Gil acha que ainda é muito cedo para pensar nele. "Quero produzir um disco que reflita a minha passagem pelo Brasil. Vou ver o que está acontecendo por aqui, inclusive em matéria de música, para depois partir para a elaboração do LP", explica.

MPB

Da atual fase da MPB, Gil conhece pouco, mas diz que está "muito alegre" com o trabalho de Chico Buarque. "O seu último disco é maravilhoso. 'Construção' é belíssima. O Chico conseguiu uma grande maturidade, inclusive, tecnicamente. É um artista."

Ao mesmo tempo em que elogia o Chico, Gilberto Gil escuta "Deus lhe Pague" e comenta com Sandra, sua mulher, o disco, usando sempre a expressão "maravilhoso".

PREOCUPAÇÃO

"Está tudo bem? Você conseguiu boas fotos, seu trabalho saiu como você queria?" A saudade da terra transformada por Gil numa preocupação com tudo que ocorre em sua volta. O mesmo carinho com que tratava os amigos era voltado para a imprensa e para todos que foram ao apartamento de Maria Bethânia, onde passou a tarde. Sempre perguntando aos fotógrafos se "o seu trabalho está correndo bem", o compositor fez da entrevista coletiva, improvisada no terraço, um bate-papo, onde lembrou o início de sua carreira. "Minha primeira gravação foi 'Coca, Coca Lacerdinha', em 1963, uma marchinha de carnaval. Mas o meu primeiro sucesso na Bahia foi um jingle para a firma Irmãos Massileno, que dizia assim: 'Não adianta empurrar, não adianta empurrar, o seu carro está pedindo bateria Heliar.'" Gil explica que foi sucesso porque toda a Bahia assoviava a música. Depois do verdadeiro sucesso de "Louvação" e de firmar seu nome dentro da música popular brasileira, o jingle foi mantido pela firma e até hoje é o fundo musical de todas as propagandas da Irmãos Massileno. Além deste, existe um outro jingle, para as Lojas Cruzeiro, que foi usado em uma de suas músicas.

Sobre sua atuação agora, Gil admite que algumas de suas composições estejam mais próximas do "sol" do que da música brasileira, e explica que sofre influência de Jimi Hendrix. Na Bahia, esta influência é interpretada por muitos como uma demonstração de que Gil tem condições de preencher o lugar

FOLHA IMAGEM

de Hendrix no exterior, mas ele não acredita nisso. "Sou latino, sou baiano. Eu me defino em qualquer frase de um discurso de paraninfo da Universidade da Bahia", afirma.

Esta condição de baiano Gil não perdeu em seus dois anos de Londres. O sotaque é o mesmo de quando saiu do país, e continua a "curtir uma cerveja", lembrando as antigas farras na Bahia ou no Rio ou em São Paulo. E a Bahia é seu rumo: "Daqui a uma semana vou pra lá e devo ficar até março".

No Rio, só uma coisa era certa até ontem: assistir ao show de Caetano Veloso à noite no teatro João Caetano. "Vou lá ver o Cae, mas não sei se vou ser levado a participar. Não sei como as coisas vão acontecer." □

Faz-de-conta

A reportagem sobre o retorno ao Brasil de Gilberto Gil, no início de 1972, não faz menção ao fato de ele e Caetano Veloso terem sido presos em dezembro de 1968 pela ditadura militar. Tinham 28 anos, tiveram seus cabelos raspados, e, em julho de 1970, por sorte ou por castigo, tiveram que deixar o país e foram morar em Londres. Embora nos círculos mais esclarecidos os fatos fossem conhecidos, a Censura mantinha o faz-de-conta

Gilberto Gil em 1972, ano em que retornou do exílio

Uma conversa em Nova York e um encontro com Golbery

O auge da gestão de Cláudio Abramo na Folha, em meados da década de 70, foi precedido de um fato ao qual ele atribui grande importância –"o encontro de Nova York". Convidado, em 1974, para um simpósio de jornalismo em Stanford, na Califórnia, Cláudio levou com ele Otavio, então um rapaz de 17 anos. Na sequência do evento, ambos foram a Nova York, onde se encontraram com Frias.

De acordo com depoimentos de Cláudio em "A Regra do Jogo" (1988, Companhia das Letras), ele e o empresário conversaram animadamente no hotel e concordaram quanto aos sinais de mudança política, propícios a avanços editoriais na Folha. Segundo Cláudio, os dois estavam pensando da mesma forma. Frias, declara ele, "era uma das pessoas mais inteligentes que conheci na vida".

Para Otavio, que se recorda do encontro e das conversas, mas não guarda muitos detalhes, o jornalista e o publisher "tinham um tipo de afinidade comum quando uma inteligência prática e uma inteligência intelectual se afinam".

"Cláudio admirava no meu pai as qualidades de homem arguto, direto, objetivo, realizador, bem- -sucedido." E era grato, também, por Frias ter-lhe oferecido emprego quando decidiu romper com o Estado. Otavio lembra que, em 1971, quando a ALN (Ação Libertadora Nacional), uma das organizações de extrema-esquerda que enfrentavam a ditadura, ameaçou seu pai de morte e queimou automóveis da Folha, um dos carros que o empresário passou a utilizar, num sistema de rodízio recomendado para manter sua segurança, pertencia a Cláudio –e fora emprestado por insistência dele.

Eram homens, diz Otavio, sem hipocrisias e avessos a pompas. Nenhum dos dois possuía diploma universitário. Despachavam diariamente e, não raro, a jornada terminava por volta das 10 da noite, na sala do empresário, em torno de um uísque.

"Mais uma batalha perdida", costumava dizer Cláudio, depois dos fechamentos.

Antes do encontro de Nova York, Frias já tinha ouvido diretamente de Golbery do Couto e Silva que novidades estavam por vir. Em janeiro de 1974, ele fora chamado para uma conversa com o general, homem elogiado por muitos como intelectual e estrategista, braço direito do novo presidente-ditador, cujo governo, naquele momento, cuidava de montar.

Golbery manifestou a Frias as intenções de Geisel, que tomaria posse em 15 de março, de promover uma liberalização paulatina do regime. Deixou claro, além disso, que observava com simpatia a existência de um segundo jornal forte em São Paulo, útil para contrabalançar o peso do poderoso Estadão. Na conversa, Golbery chegou a evocar 1932, quando o diário da família Mesquita catalisou as forças constitucionalistas que se opuseram a Getúlio Vargas.

◆

Sentia-se um sopro de otimismo naqueles meados da década de 70. Alguma luz parecia à vista, depois dos tenebrosos anos do governo Médici. Sentindo-se "encostado" na Folha, Cláudio voltava a se animar. Otavio, um estudante com opiniões de esquerda, demonstrava crescente interesse pelo jornal. Frias, por sua vez, estava seduzido pela ideia de tocar seu projeto de mídia naquele Brasil que, com um pouco de sorte, se transformaria num grande país democrático.

Nas palavras de Cláudio, 1975 foi "o ano da virada", o momento em que a Folha começou a se tornar um veículo mais influente no debate político brasileiro, mostrando-se disposto a provocar discussões e a questionar a ditadura.

No dia 26 de junho, o jornal, que nos anos mais sombrios deixara de publicar editoriais (anteriormente, os editava à página 4), inaugurou uma nova seção de opinião. Ela ocupava

FOLHA IMAGEM

"Ao analisar o comportamento da imprensa no caso Vladimir Herzog, Alberto Dines considerou que a atuação dos veículos paulistas foi 'incomparavelmente melhor' do que a dos cariocas"

ESTRATEGISTA
General Golbery do Couto e Silva, ministro-chefe do gabinete civil de Geisel, importante articulador da abertura política na década de 70

toda a página 2 do primeiro caderno. Em sua estreia, vinha ao alto a coluna Brasília, seguida de um editorial. Havia também uma coluna vertical assinada e uma outra, horizontal, ao pé da página. Completava o conjunto uma rubrica dedicada a um artigo, intitulada "Análise/Perspectivas". Posteriormente, a página 2 ganharia as colunas São Paulo e Rio.

Foi a partir de 75 que Cláudio Abramo atraiu para a Folha nomes como Alberto Dines, Mino Carta, Luiz Alberto Bahia, Janio de Freitas, Osvaldo Peralva, Gerardo de Mello Mourão, Glauber Rocha, Newton Rodrigues, Barreto Leite Filho e Flávio Rangel. Viria também a aproximar do jornal intelectuais de esquerda que começavam a voltar à cena pública, como Fernando Henrique Cardoso, Plínio de Arruda Sampaio, Almino Affonso e José Arthur Giannotti. Novos articulistas, como Luiz Carlos Bresser Pereira e Eduardo Suplicy, apareceram no mesmo período.

Para a Ilustrada, três nomes importantíssimos estavam na lista de Cláudio –Tarso de Castro, Paulo Francis e um jovem cartunista chamado Angeli. □

Um passo à frente no caso Herzog

"O ano da virada" esteve longe de ser um período de calmaria. Além das costumeiras arbitrariedades do regime que afligiam a vida do país, a face mais abominável e sinistra da ditadura voltou a se revelar. Em outubro de 1975, o jornalista Vladimir Herzog foi assassinado no prédio do DOI-Codi de São Paulo, episódio que teve grande repercussão não apenas nos círculos democráticos e de esquerda, mas na própria dinâmica do poder militar.

A morte do jornalista era uma demonstração de que o projeto de abertura de Geisel, como se previa, encontrava a forte resistência dos porões da repressão e de adversários da cúpula militar, o mais perigoso deles o general linha-dura Sylvio Frota, ministro da Guerra e candidato à sucessão ditatorial.

O anúncio do inventado suicídio do jornalista, que no governo Médici poderia ter sido sumariamente vetado pela Censura, não chegou à primeira página da Folha, mas ocupou lugar de destaque na página 3, no dia 27 de outubro, em duas colunas de alto a baixo, sob o título "II Exército anuncia suicídio de jornalista".

Publicava-se a notícia, o comunicado do Exército e também uma nota do Sindicato dos Jornalistas relatando o que ocorrera com Herzog até ingressar no órgão de segurança. Ele fora levado na sexta-feira, 24, e morrera no sábado, 25. O comunicado oficial veio no domingo, dia 26.

A evidência do assassinato despertou reações da sociedade civil, sobressaltou políticos de todas as colorações e mobilizou o meio intelectual, estudantil e religioso. Os primeiros relatos na mídia foram esparsos, discretos e cautelosos –quando não oficialistas. O assunto principal da imprensa naqueles dias era a agonia do ditador Franco e as históricas movimentações do rei da Espanha para rearticular o país. Recém-contratado pela Folha, Paulo Francis, diretamente de Madri, mandava notícias.

No dia 30 de outubro, uma chamada na primeira página anunciava que o governo não iria tolerar que se fizesse "agitação" em torno do caso Herzog. Na mesma edição, o jornal noticiava a convocação do Sindicato dos Jornalistas para um culto na Catedral da Sé, no dia seguinte. Informava, ainda, que, na Universidade de São Paulo, estudantes de diversas faculdades haviam decidido paralisar as atividades até a hora do ato.

No dia 31 de outubro de 1975, milhares de pessoas compareceram à catedral para participar do culto ecumênico em homenagem a Herzog. A Folha dedicou mais de uma página ao que foi uma manifestação política contra a ditadura. A reportagem calculava que havia 8 mil pessoas dentro da igreja e cerca de mil em suas escadarias. Descrevia os fatos e relatava que, ao final do ato, celebrado por dom Paulo Evaristo Arns e pelo rabino Henry Sobel, o presidente do Sindicato dos Jornalistas, Adáulio Dantas, pediu a todos que deixassem o local em silêncio.

A cobertura do caso Herzog foi considerada na Folha uma espécie de divisor de águas, um momento em que o jornal se comportou com liberdade e empurrou as coisas um pouco além do que alguns julgavam possível.

Alberto Dines, ao analisar o comportamento da imprensa diante do caso, em sua coluna "Jornal dos Jornais", dedicada a comentários sobre a mídia, considerou que a atuação dos veículos paulistas foi "incomparavelmente melhor" do que a dos cariocas. "A imprensa de São Paulo fez um jornalismo mais livre e espontâneo e extremamente responsável. No Rio, ficou claro o noticiário dirigido e controlado."

AGÊNCIA ESTADO

Menos de um ano depois da morte de Herzog, em 1976, Frias e Cláudio deram um novo passo para tornar o jornal mais agressivo e mais próximo da esfera de prestígio na qual reinava o Estadão. No dia 22 de junho, a Folha lançou a seção "Tendências/Debates", na página 3, que se tornaria um espaço muito requisitado na discussão política e de ideias. Intelectuais, empresários e homens públicos de renome passaram a se revezar na nova seção, caracterizada, por todas as razões, pelo pluralismo ideológico. Ao lado da página 2, "Tendências/Debates" permanece até hoje como um importante foco de leitura da Folha. ▫

31.OUT.1975 FOLHA IMAGEM

ATO ECUMÊNICO

No dia 31 de outubro de 1975, segundo a Folha, 8 mil pessoas se reuniram na Catedral da Sé e cerca de mil nas escadarias, em uma manifestação política contra o assassinato de Vladimir Herzog

II Exército anuncia suicídio de jornalista

O jornalista **Wladimir Herzog**, de 38 anos, diretor do Departamento de Jornalismo da TV—Cultura, Canal 2 e que se suicidou na tarde de sábado nas dependências de um orgão do II Exercito, segundo nota oficial deste, será sepultado hoje no Cemitério Israelita do Butantã, no km 13,5 da rodovia Raposo Tavares.

O corpo de **Vlado** — como era conhecido entre os amigos — sairá às 10h30 do velório do Hospital Albert Einstein, no Morumbi, onde vem sendo velado desde as 17 horas de ontem.

Wladimir Herzog deixa esposa e dois filhos menores: ela, Clarice, 34 anos, publicitária; os garotos: Ivo, de 9 anos, e André, de 7, ambos nascidos em Londres, onde por três anos (de 1965 a 1968) trabalhou no Serviço Brasileiro da BBC. **Vlado** era iugoslavo de nascimento,

22 9 75

Wladimir Herzog

Guerra de Canudos. Brincando, dizia que um dia o realizaria, trazendo o ator inglês Michael Caine para o papel do comandante do úl-

Um Natal difícil na Redação

Charles Chaplin morreu aos 88 anos de idade na madrugada de 25 de dezembro de 1977, na pequena cidade suíça de Vevey.

Jornalistas, mesmo os ateus, costumam pedir aos céus que tudo transcorra em paz e harmonia nas festas de fim de ano –e as preces são mais fervorosas quando eles se veem escalados para os plantões dos feriados. As Redações trabalham à meia-força e todos esperam que o noticiário não fuja muito à rotina. Os plantonistas querem fechar o jornal honestamente e ir para casa.

No Natal em que Chaplin morreu coube a Jefferson del Rios coordenar o fechamento da Ilustrada. O crítico de teatro já era um jornalista experiente, que, depois de uma temporada em Portugal, no desenrolar da Revolução dos Cravos, chegara a assumir o cargo de editor da Ilustrada.

Sua ansiedade diante da notícia foi aplacada por saber que o crítico de cinema Orlando Fassoni havia preparado com antecedência extenso material sobre a vida e a obra do genial criador de Carlitos. Pode parecer insensível, mas os jornais, por dever de ofício, costumam preparar biografias, artigos e até páginas inteiras sobre personalidades relevantes em idade avançada. Em 1977, Chaplin dificilmente estaria fora da lista de algum diário do planeta.

Jefferson, portanto, tinha o principal na gaveta, e isso incluía, além dos textos, fotografias selecionadas e legendadas por Fassoni –conhecido na Ilustrada pelo capricho de suas laudas, sempre datilografadas em bom português, com raríssimos remendos.

O problema é que naquele movimentado domingo ninguém encontrava o precioso material preparado pelo crítico. Não estava em suas gavetas, nem no arquivo do jornal. O necrológio de Chaplin tinha evaporado.

Depois de uma bateria de consultas e telefonemas, descobriu-se que Fassoni aproveitava a folga natalina para descansar e pescar na região de Marília, sua cidade natal, situada a 450 quilômetros de São Paulo.

Isso era tudo. Naquela época não havia nem celular, nem fax, nem internet. Mas, felizmente, havia rádio. Foi o chefe de reportagem, Adilson Laranjeira, quem teve a ideia: telefonar para uma emissora de Marília, explicar a situação e solicitar um aviso, pedindo ao crítico que entrasse em contato com a Folha.

"Um priminho meu, garoto ainda, ouviu a rádio e foi de bicicleta me chamar", recorda Fassoni, que participava de um churrasco numa chácara perto da cidade. "Quem teria morrido?" Correu a um posto da Polícia Rodoviária e telefonou para a Redação.

Foi um alívio saber que o ilustre falecido era Chaplin. Gastara um bom tempo vendo filmes, esmiuçando a obra do cineasta e informando-se sobre sua vida para que tudo estivesse pronto quando o pior acontecesse. E, além de tudo, Fassoni sabia o destino dos textos e das fotografias. Estavam na chefia, com Alexandre Gambirasio. Ele passava o Natal no Rio, mas isso não chegava a ser um problema. Bastaria arrombar a porta e as gavetas de sua sala para trazer à luz o que todos procuravam.

A Ilustrada de 26 de dezembro de 1977 dedicou seis de suas oito páginas ao desaparecimento de Chaplin, a notícia mais destacada da primeira página da Folha. □

AP/IMAGEPLUS

FOLHA DE S.PAULO **Ilustrada**

Carlitos, agora apenas o riso

FOLHA DE S.PAULO

Israel e Egito criam comissões para a paz

Chaplin está morto

Uma data não comemorada no Manicômio

Em 78, Brasil auto-suficiente na siderurgia

existem ônibus...

...e existem os Dinossauros da Cometa

Acima, Chaplin em "Tempos Modernos"(1936); acima e ao lado, as primeiras páginas da Folha e da Ilustrada sobre morte do grande diretor e ator

"Ninguém encontrou na Ilustrada o material sobre a morte de Chaplin, preparado previamente pelo crítico Orlando Fassoni"

Em 1980, da esquerda para a direita, os jornalistas Moacir Amâncio, Gabriel Priolli (sentado, de barba), Jair de Oliveira (diagramador), Helô Machado (editora), Flávio Rangel, Dirceu Soares (atrás), Orlando Fassoni, Fernando Morgado, Lígia Sanches, Cláudio Pucci, Vera Artaxo (atrás), Cida Taiar e José Antonio

FOLHA DE S. PAULO Ilustrada

Quatro cavaleiros do após-calipso

Na última sessão, o primeiro longa super 8

FOLHA DE S. PAULO

Helena Silveira Vê TV

Esquemas nunca dantes navegados

Acontecendo

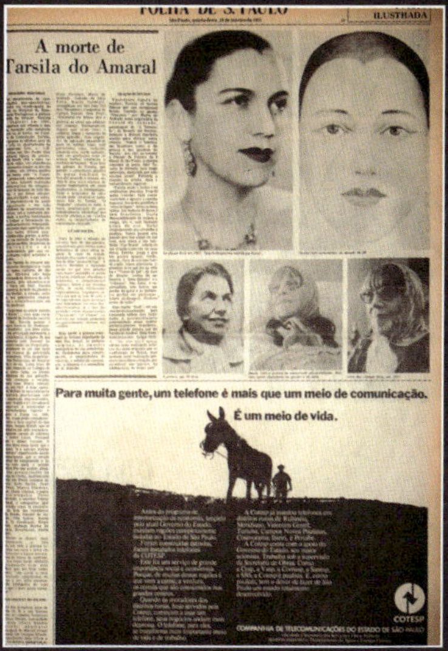
FOLHA DE S. PAULO

ILUSTRADA

A morte de Tarsila do Amaral

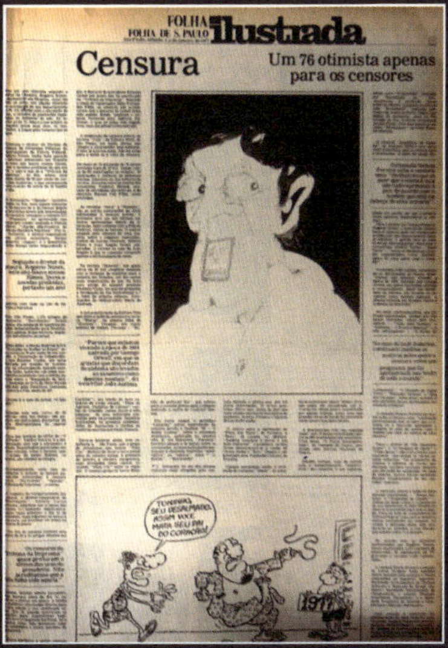
FOLHA DE S. PAULO Ilustrada

Censura

Um 76 otimista apenas para os censores

FIM DOS "BEATLES"

Ex-miss Italia presa

Carnaval no gelo estréia

Páginas 70

A Ilustrada já tinha algumas características que fariam dela um grande sucesso na década de 80, como mostra a diagramação da capa colorida sobre os Doces Bárbaros. A jornalista Helena Silveira escrevia sobre TV, e a censura, no período Geisel, já era comentada com destaque. O caderno publicava muitos cartuns e usou o logo "FI" (em destaque no círculo vermelho) por um período, como se vê na página que anuncia o fim dos Beatles

Heróis de pedestal

O ano de 1977 chegou a seu final como um período cheio de complicações para o jornal de Frias, bem mais espinhosas do que as peripécias vividas pela Redação para conseguir publicar um digno funeral jornalístico de Chaplin. Poucos meses antes do Natal, no dia primeiro de setembro, um colunista da Ilustrada, Lourenço Diaféria, assumira inesperadamente o papel de protagonista de um grave atrito entre o jornal e a ditadura militar.

Cronista, contista, autor de histórias infantis, o paulistano nascido no Brás, de quem não se esperavam ataques à ditadura, assinou uma coluna com o título "Herói. Morto. Nós", na qual comentava o gesto heroico de um sargento que dera sua vida para salvar um menino caído num poço de ariranhas, no Zoológico de Brasília.

Diaféria tecia elogios ao militar desconhecido e o erguia –erro fatal– acima do patrono do Exército.

Dizia a crônica, que ocupava uma coluna vertical na última página do caderno:

"Prefiro esse sargento herói ao duque de Caxias. O duque de Caxias é um homem a cavalo reduzido a uma estátua. Aquela espada que o duque ergue ao ar aqui na praça Princesa Isabel –onde se reúnem os ciganos e as pombas do entardecer– oxidou-se no coração do povo. O povo está cansado de espadas e de cavalos. O povo urina nos heróis de pedestal. Ao povo desgosta o herói de bronze, irretocável e irretorquível, como as enfadonhas lições repetidas por cansadas professoras que não acreditam no que mandam decorar. O povo quer o herói sargento que seja como ele: povo. Um sargento que dê as mãos aos filhos e à mulher, e passeie incógnito e desfardado, sem divisas, entre seus irmãos".

A poesia de Diaféria causou mal-estar no meio militar. No dia 10 de setembro, um sábado, a Folha trazia na metade inferior de sua primeira página uma chamada com o título "Jornalista da Folha acusado de violar LSN (Lei de Segurança Nacional)". Uma nota do Ministério da Justiça informava que "considerando aviso do sr. ministro do Exército, general Sylvio Frota", o ministro Armando Falcão instauraria inquérito para apurar a responsabilidade do texto, acusado de "violação de dispositivo da Lei de Segurança Nacional". No dia 16, no alto da primeira página, um título ao lado da manchete informava: "Preso Lourenço Diaféria". Ele havia sido detido às 17 horas do dia anterior, em sua casa, pela Polícia Federal.

Depois de discussões internas, a direção da Folha decidiu dar uma resposta diferente. Publicaria em branco o espaço que seria ocupado pelo colunista. A ideia partiu de Carlos Caldeira Filho.

A decisão foi recebida como uma afronta pelas altas patentes. O chefe da Casa Militar, general Hugo Abreu, avisou, em telefonema a Frias, que o jornal seria fechado se a coluna voltasse a ser publicada em branco. Para agravar o quadro, em agosto de 1977, um mês antes do imbróglio, o então chefe do Serviço Nacional de Informações, general João Baptista de Figueiredo, já havia endereçado ao ministro da Justiça um relatório que apontava na Folha a existência do mais bem montado "esquema de infiltração" da imprensa brasileira. Nunca as relações do jornal com o regime militar haviam chegado a um ponto tão crítico.

◆

O caso Diaféria marcou o final de um ciclo. Cláudio Abramo foi afastado da direção e nunca mais ocupou um cargo de chefia na Folha. Passou a coordenar o recém-criado Conselho Editorial, mas pouco depois deixou o prédio da alameda Barão de Limeira para participar da fundação do Jornal da República, que não prosperou. Trabalhou no semanário Leia Livros e, em 1980, retornou à Folha como correspondente em Londres, cargo que posteriormente ocupou em Paris. Novamente no Brasil, em 1984, assumiu a coluna São Paulo, na página 2, e tornou-se colunista semanal da Ilustrada. Morreu em 14 de agosto de 1987, de um ataque cardíaco.

Em depoimentos, Cláudio afirma ter sido contrário à publicação em branco da coluna de Diaféria e diz que o general Hugo Abreu teria pedido sua cabeça. O episódio, em seu entender, fora "uma mistura de vários componentes". Considerava que a Folha queria abrir caminho para "o pessoal novo que vinha chegando" e via, ao mesmo tempo, um acordo tácito dos donos da grande imprensa com Geisel para afastar os chefes de Redação "troublemakers" em favor da preservação da abertura. Além disso, sentia que sua figura se tornava "muito importante" e que, no caso de um golpe do general Sylvio Frota, ele, Cláudio, seria fuzilado e Frias preso. Por outro lado, argumentava, "se Frota tentasse o golpe e perdesse, o herói seria eu. De modo que a situação não interessava a Frias, de um jeito ou de outro".

Irônica e tragicamente, o golpe decisivo de Geisel contra seu rival foi desferido poucos dias depois de Cláudio ter deixado a direção da Folha. Em 12 de outubro de 1977, o ditador de plantão demitiu Sylvio Frota, o odiado e temido vilão da linha-dura.

Uma questão óbvia nesse episódio é se não havia alguém na Redação para ler o texto do colunista e perceber que depreciar Caxias, o herói intocável do Exército brasileiro, com pedestal ou sem pedestal, poderia causar encrenca. É verdade que a história do jornalismo é cheia de coisas que "passam", e continuam "passando", de plágios e fotografias forjadas a ofensas e pré-julgamentos. Um conjunto de circunstâncias conspira para que isso aconteça: a pressa, o erro de cálculo, a frouxidão

Ilustrada

Lourenço Diaféria

Acontece neste fim de semana

Os vernissages de hoje, as opções de bares, jazz e sambão e as novas peças e filmes, no Rio

Meirelles, um fotógrafo em busca do Brasil

Desenhos e gravuras de Cezira Carpanezzi

Telas e múltiplos com a arte abstrata de Márcia

Uma antologia de Zélio

Para Quem Vai Ao Rio de Janeiro

O BRASIL INVADE A AMAZÔNIA.

RADIOBRÁS

COLUNA EM BRANCO
Depois da prisão do cronista Lourenço Diaféria, a Folha publicou em branco o espaço de sua coluna na Ilustrada; o caso levou ao afastamento do jornalista Cláudio Abramo da direção de Redação

"O chefe da Casa Militar, general Hugo Abreu, avisou, em telefonema a Frias, que o jornal seria fechado se a coluna voltasse a ser publicada em branco"

das rotinas e a escassez de recursos, para não mencionar o fato de que jornais também são produzidos por seres humanos –embora às vezes não pareça.

Alexandre Gambirasio afirma que naquela época, como secretário de Redação, lia "tudo" que se publicava na Folha, mas a Ilustrada muitas vezes ficava fora de seu foco de atenção, por ser um caderno de artes e variedades, com menores chances de gerar problemas do que a editoria de Política e Economia. Ele esperava que, se houvesse algo complicado, alguém o avisasse. E esse alguém, no seu entender, deveria ter sido Tarso de Castro.

Gambirasio considera que a contratação de Tarso foi "um grande risco" assumido por Cláudio e por Frias. Ele era um espalhafatoso inimigo do regime, um dos fundadores do Pasquim, amigo do demonizado Leonel Brizola e de um sem-número de "subversivos". Cláudio o contratara como uma espécie de editor informal da Ilustrada, uma situação ambígua, como outras, aliás, que existiam na Redação. Deveria escrever artigos e pensar em mudanças para melhorar o caderno, cuja editora de fato era Helô Machado. Como seria de esperar, ele atropelou a moça. Assumiu o comando, criou novas seções, como o "Acontece", mudou a diagramação e deu mais visibilidade a personagens e temas da esquerda cultural.

"Ele chegou com tudo na Ilustrada", lembra Helô: "Começou a escrever e a querer mandar no que eu estava fazendo. Tivemos mil brigas, brigas e amores, porque ele berrava, fazia escândalo, depois vinha e beijava, aquelas loucuras do Tarso. Eu fiquei assustadésima, mas eu não saí do caderno, fiquei lá".

Em 1977, Tarso, na realidade, estava mais voltado para seu novo filhote, o suplemento dominical Folhetim, que fora lançado no início do ano. Mas, em qualquer circunstância, seria difícil imaginar que alguém como ele estivesse preocupado em ler as colunas de Lourenço Diaféria –ou de quem quer que fosse– para transmitir à direção do jornal eventuais problemas. Neste quesito, Tarso, como se sabe, era o problema.

Nem mesmo é certo que ele estivesse na Redação no dia da publicação da coluna. Quando Cláudio foi afastado, pouco tempo depois, ele estava fora, preocupado com a situação de Brizola, que sofria pressões da ditadura militar uruguaia para deixar o país. Ao saber do caso, Tarso fora ao encontro do líder trabalhista em Montevidéu. Uma fotografia sua, em que aparece com o exilado, acabou estampada no Jornal da Tarde. Depois disso, deixou a Folha, para onde retornaria em 1982, como colunista da Ilustrada.

Helô Machado, no entanto, garante que leu previamente a crônica de Diaféria e alertou Cláudio Abramo sobre possíveis problemas:

"Eu li e até achei lindo o título da crônica dele, em cima de um fato que tinha acabado de acontecer. Mas quando comecei a ler o negócio sobre a estátua do duque de Caxias fiquei apavorada, e falei 'Lourenço, vem cá!' –porque ele entregava a coluna e dizia 'Helô, vê se está legal'. Nunca teve problema. Nesse dia, ele já estava indo embora quando eu disse 'Lourenço, volta aqui, volta aqui. Isso aqui não dá, eu sou filha de militar, eu sei o que Caxias representa para o Exército'. E ele falou 'não, não, vai ficar assim porque é verdade'. Eu falei 'eu sei que é verdade, mas nós não estamos vivendo uma época tão fácil assim. Eu sou a favor de que você escreva? Sou. Só que tem um detalhe muito desagradável: a Folha é superperseguida, e por que nós vamos dar a cara para bater com isso? Dá só uma mudadinha nisso'. Ele disse que não. Então eu peguei o texto e fui no Cláudio. Ele estava não sei com quem. Falei: 'Com licença, eu gostaria de falar uma coisinha com você'. 'Fala, Helô', ele disse. Contei que estava com um texto do

Lourenço e queria que ele lesse. Entrei na sala e ele leu. Falou: 'Olha, Helô, publica, não vou nem ler até o fim...' Eu falei 'não, eu quero que você leia, por favor, Cláudio, com atenção, até o fim, porque eu estou achando grave, eu acho que nós vamos ter problema em relação a isso'. Daí ele leu e falou: 'Pode publicar'. Eu disse a ele que achava que não deveríamos. 'Pode publicar', ele disse. E eu falei: 'Então assina aí, assina que você está autorizando'. Ele falou: 'Eu não vou assinar nada'. Fez assim, jogou o texto para mim, eu peguei e fui de volta para a Ilustrada. O Lourenço disse 'tá vendo, Helô, você estava preocupada à toa, até o Cláudio Abramo falou que pode, pô'. No dia seguinte, era um sábado. Eu ia a uma festa à fantasia na Sheila Leirner. Quando eu chego em casa do cabeleireiro, toda de anos 20, cabelinho e maquiagem, meu marido disse que o seu Frias tinha ligado, que era para eu ir falar com ele, que o assunto era muito sério. Na mesma hora falei: 'A crônica do Lourenço!'".

Gambirasio diz desconhecer a versão de Helô Machado. Afirma que jamais ouviu falar que Cláudio tivesse lido ou mesmo tomado conhecimento da coluna de Diaféria antes de ela ter sido impressa. Na realidade, ninguém da cúpula da Folha com quem conversei conhecia essa versão, à exceção de Otavio, mas justamente por tê-la ouvido de Helô, com uma dose de ceticismo, em uma visita da jornalista à Redação, em 2007.

E Lourenço Diaféria? Doente, sem poder falar, por problemas nas cordas vocais, ele leu o texto acima, com a versão de Helô, e respondeu por e-mail, no início de julho de 2008, dois meses antes de morrer:

"Alguns pormenores que estão neste texto só tomei conhecimento deles atualmente. Pessoalmente, tudo que se refere a essa crônica do Sargento passou por mim batido. A única coisa que eu posso dizer é que a crônica foi redigida e impressa nas circunstâncias em que as coisas ocorreram. Fui fiel rigorosamente aos fatos".

"Otavio relata que seu pai nunca explicitou inteiramente as razões que levaram ao afastamento de Cláudio. Considera que o recuo parecia 'a melhor coisa a ser feita', mas também supõe que Frias poderia considerar que já havia 'brincado' demais com a Folha"

Otavio relata que seu pai nunca explicitou inteiramente as razões que levaram ao afastamento de Cláudio. Considera que o recuo parecia "a melhor coisa a ser feita", mas também supõe que Frias poderia considerar que já havia "brincado" demais com a Folha, submetendo-a ao "estresse de um risco constante, sujeito às intempéries da luta entre facções militares". Ele acredita que o empresário, naquele momento, já poderia vislumbrar a possibilidade de uma espécie de mandato provisório antes de entregar-lhe a direção. Foi, afinal, o que terminou acontecendo, com a convocação de Boris Casoy, então editor do Painel, para substituir Cláudio. Boris permaneceu como diretor de Redação até maio de 1984, quando Otavio passou a exercer a função.

Depoimentos deixados por Frias acrescentam às possíveis explicações sobre a saída de Cláudio uma divergência de fundo. Para o publisher, o jornalista tinha uma visão fortemente "partidária" acerca do jornal. Bem mais do que seria, a seu ver, adequado. "O Cláudio achava que esse negócio de jornal apartidário era uma besteira. O jornal tinha que ter uma linha, tinha que ser quase uma coisa doutrinária." □

Um outro Pasquim

Depois de um período em que patinou nas suas limitações e esbarrou, como toda a imprensa, na censura do governo Médici, a Ilustrada, em 1977, já possuía alguns dos ingredientes que a transformaram no principal suplemento de cultura da imprensa brasileira no início da década de 80. Era um caderno com páginas frequentemente arejadas, com fotos abertas e títulos que procuravam ser atraentes. Publicava algumas boas críticas, tinha um roteiro de espetáculos, e seus articulistas de renome –entre eles, o ator e diretor Flávio Rangel (que fez grande sucesso como colunista até o início dos anos 80, com seu tom bem-humorado), Glauber Rocha, Plínio Marcos e Paulo Francis.

No dia em que Diaféria enalteceu o sargento de Brasília e menosprezou os heróis de pedestal, a capa do caderno trazia uma reportagem com o dramaturgo Bráulio Pedroso, que anunciava a possibilidade de estrear uma novela na Globo –"Que Rei Sou Eu?"– na qual personagens negros deixariam os tradicionais papéis subalternos para serem os protagonistas da trama. Em sintonia com o autor, a reportagem ponderava que a proposta só vingaria mesmo caso "as censuras (a oficial e a da Globo) deixassem".

Menções à censura e chamamentos à redemocratização não eram incomuns naquele momento. Na mesma edição, por exemplo, a coluna de Plínio Marcos atacava a inoperância da Justiça diante dos esquadrões da morte e de uma série de linchamentos ocorridos no Rio. O dramaturgo "maldito" afirmava que a lei e a ordem eram "impostas de cima para baixo, com a força das armas, na base do tacão" e considerava urgente a "volta do nosso país ao Estado de Direito".

Numa página interna, o correspondente em Nova York, Paulo Francis, em coluna que ainda não se chamava "Diário da Corte", comentava o livro "The Public Burning", de Robert Coover, uma história em torno de Ethel e Julius Rosenberg, o famoso casal que morreu na cadeira elétrica, em 1953, sob acusação de espionagem para a União Soviética. "Duvido que fossem espiões", escrevia Francis. E explicava aos incautos: "A URSS não emprega espiões estrangeiros comunistas". Sobre o livro, o correspondente usava a significativa expressão "pós-ideológica" para definir a narrativa de um "homem de esquerda enojado com o capitalismo e horrorizado com o comunismo".

Na seção musical, o crítico João Marcos Coelho elogiava o lançamento do LP "Ella e Oscar", que reunia a grande cantora de jazz –"hoje uma senhora de 60 anos"– e o pianista Oscar Peterson.

Entre as melhores peças teatrais de São Paulo, o "Acontece" citava "Gota d'Água", de Paulo Pontes e Chico Buarque, com Bibi Ferreira e Francisco Milani. Renato Borghi e Esther Góes estavam em "Pequenos Burgueses", de Gorki, e Ruth Escobar atuava em "Torre de Babel", escrita e dirigida por Fernando Arrabal.

Nos cinemas, a indicação era "Barry Lyndon", de Stanley Kubrick, mas "Rocky, um Lutador", com Sylvester Stallone, e "Carrie, a Estranha", de Brian de Palma, também estavam em cartaz.

O show que mais chamava a atenção na cidade de São Paulo era o de Belchior, "Coração Selvagem", com o sucesso "Como Nossos Pais", gravado por Elis Regina –que se referia a Caetano Veloso como "antigo compositor baiano" (algumas edições adiante, uma crítica da Ilustrada, assinada por Jary Cardoso, classificaria Belchior como "demagogo").

De acordo com a programação de TV, "O Bem-Amado", de Dias Gomes, era exibido às 22 horas na Globo, antes do seriado "Kojak". A novela das oito era "Espelho Mágico", naquele dia seguida pelo humorístico "Chico City".

Na coluna social de Tavares de Miranda, à página 2 do caderno, a vida parecia correr muito bem: "Alberto Bloch Moura recebeu terça pa-

FOLHA IMAGEM

Tarso na Folha

O jornalista Tarso de Castro, um dos fundadores do Pasquim, foi contratado por Cláudio Abramo e criou o suplemento Folhetim, que mimetizava o estilo da imprensa alternativa; em 1982, ele se tornou colunista da Ilustrada

ra um jantar em seu flat da Peixoto Gomide. O brut correu de ponta a ponta", informava uma nota, acrescentando que alguns dos convidados encerraram a noite "esticando no Hippopotamus", a boate da época.

Além do caderno "Vida Social", com as fotos de Tavares e reportagens de moda, alegres e modernas, a cargo de Helô Machado, a área de cultura e variedades da Folha era ampliada aos domingos pelo Folhetim, criado por Tarso de Castro.

Charmoso, talentoso, passional, bêbado, mentiroso, divertido, Tarso era capaz de despertar grande adesão e simpatia, e equivalente rejeição, em quem o conhecesse. Conheci-o em 1984, quando assinava sua coluna na Ilustrada e eu era o jovem editor-assistente do caderno. Cheguei por uns meses a ser seu editor –se é que isso era possível. Às vezes, ele tenta-

Um outro Pasquim

va enganar-me, dizendo que sua coluna já estava liberada pela direção do jornal, que sempre a lia –e isso simplesmente não era verdade. Mas nos relacionávamos bem. Eu gostava de suas histórias e do seu jeito anárquico e egocêntrico de ser (me divertia quando chegava à Redação e beijava nossa secretária, dona Vicentina, na boca). Logo que escrevi uma crítica sobre música brasileira, ele comentou em sua coluna, com elogios. Não esqueci –àquela altura, Tarso já era uma pequena lenda da imprensa.

◆

O primeiro número do Folhetim (que tinha o jornalista Nelson Merlin na função de editor-assistente e o cartunista Fortuna na direção de Arte) apareceu no dia 23 de janeiro de 1977, com chamada na primeira página. O caderno era anunciado como uma "revista em cores na Folha aos domingos".

Não chegava a tanto. A impressão era em papel jornal, muitas páginas não eram coloridas e o formato, o velho e bom tablóide sem grampo. Parecia muito mais o que realmente era: um suplemento que explorava, num veículo de grande porte, as características do Pasquim e da imprensa alternativa, muito forte entre leitores mais esclarecidos e politizados naquela época.

O Folhetim, como não poderia deixar de ser, se inclinava para temas, pautas e personagens típicos de um semanário político-cultural de esquerda, linha Tarso de Castro. Entrevistas com figurões do MDB autêntico, como Paulo Brossard e Pedro Simon, entrevistas com sociólogos, como Florestan Fernandes e seu discípulo Fernando Henrique Cardoso, conversas com grandes artistas da cultura nacional, como Chico Buarque e Tom Jobim, reportagens tipo "verdade" sobre casos como o de Angela Diniz, muitos cartuns, dicas e opinião.

O novo suplemento foi um passo importante para a Folha. Contribuiu para difundir a imagem de "esquerda" que o jornal ia adquirindo. Um diário da grande imprensa que publicasse, em 1977, um caderno dominical com jeito de Pasquim, com ex-colaboradores do Pasquim (Francis e Luiz Carlos Maciel, entre outros) e com um editor que fundara o Pasquim, dificilmente deixaria de chamar a atenção. Mesmo tendo passado por crises e rachas desde sua criação, em 1969, o semanário ipanemense era a grande marca da imprensa alternativa. Com poucos recursos, fizera história ao reunir um grupo sofisticado de colaboradores, alcançar boas vendas e mudar a linguagem da imprensa brasileira.

A "invasão do Pasquim" prosseguiu alguns anos depois, quando Sérgio Augusto e Ruy Castro passaram a escrever na Ilustrada. Não deixa de ser sintomático que a expressão "pasquinzão" tenha sido usada por alguns para designar o que seria o perfil da Folha na virada dos anos 70 para os 80. Um "jornalão" com jeito diferente. ◻

Chega o Folhetim

O primeiro número do Folhetim trouxe na capa o compositor Tom Jobim, 50, numa entrevista feita por Tarso, que posteriormente entrevistaria outros grandes nomes da cultura, como Sérgio Buarque de Holanda e seu filho Chico Buarque. O suplemento deu certo, mas Tarso deixou o jornal em 1978 para voltar apenas no início dos 80 como colunista. Foi sucedido por Aldo Pereira e Nelson Merlin. A partir de 1979, sob o comando de Oswaldo Mendes, o Folhetim ganhou uma espécie de conselho editorial, do qual faziam parte Rogério Cerqueira Leite, Carlos Guilherme Mota, José A. Guilhon Albuquerque, Tércio Sampaio Ferraz Jr., Joelmir Beting, Severo Gomes, Eunice Duhran, José P. da Santa Cruz, Miguel Reale Jr. e Paulo Archia Mendes da Rocha. Passando por reorientações editoriais no início da década de 80, o caderno ganhou enorme prestígio no meio acadêmico. Teve como editores, entre outros, Mario Sergio Conti, Rodrigo Naves, João Moura, Nelson Ascher, Marília Pacheco Fiorillo e Bernardo Carvalho (que chegou à Ilustrada em 1986, como repórter). Em 1989, o Folhetim deixa de circular, depois de 636 edições. No lugar, é criado o caderno Letras, dois anos depois substituído pelo Mais!

DUPLA COM FORTUNA

O cartunista Fortuna trabalhou com Tarso de Castro para criar o Folhetim; o suplemento dava espaço para humor e temas que fugiam ao mundo da cultura, como o caso Ângela Diniz (ao lado)

ARQUIVO PESSOAL

Tom Zé no espetáculo "The Rocky Horror Show"

MANOEL P. PIRES/FOLHA IMAGEM

O poeta Waly Salomão, autor de "Me Segura Qu'Eu Vou Dar Um Troço"

DIVULGAÇÃO

Bibi Ferreira em "Gota d'Água", de Chico Buarque, em 1975

1982 M. DAVI DE BARROS/FOLHA IMAGEM

O poeta, ensaísta e letrista Antônio Carlos de Brito, o Cacaso

WILSON MELO/ FOLHA IMAGEM

O diretor Antunes Filho e

eon Cakoff, organizador da Mostra de Cinema de
ão Paulo, criada em 1977; ele foi crítico da Ilustrada

GLOBO

Odorico Paraguaçu, interpretado pelo ator Paulo Gracindo em "O Bem-Amado" (1973), de Dias Gomes

acá Diegues (à direita) conversa com Betty Faria, José Wilker e
ábio Jr. nas filmagens de "Bye, Bye Brasil" (1979)

1983 LEWY MORAES/FOLHA IMAGEM

A poeta Ana Cristina Cesar, musa de uma geração

...cena de "Macunaíma", em 1978

A turma pós-meia oito

Depois de ensaios em anos anteriores, uma nova geração de estudantes entrou ruidosamente em cena também em 1977, quando se inaugura um ciclo de grandes manifestações estudantis, políticas e sindicais, que vai perdurar até a mudança do regime. Em pouco tempo, o silencioso protesto da Sé contra o assassinato de Herzog evoluíra para os atos públicos, greves e passeatas com megafones e caixas de som. A banda de música da revolução, que já havia dado as caras em greves anteriores, como a da Escola de Comunicação e Artes da USP, em 1975, afinava seus instrumentos, antecipando nas ruas as manifestações operárias que explodiriam, a partir de 1978, no ABC paulista, revelando ao país uma nova liderança sindical e política: o metalúrgico Luiz Inácio da Silva, o Lula. Muitos dos jovens jornalistas que ingressaram na Folha no início da década de 80 faziam parte dessa geração que recolocava em cena o movimento estudantil.

O motor militante da nova mobilização universitária eram organizações clandestinas de esquerda que haviam feito a crítica e a autocrítica da luta armada e disputavam, sob a forma de "tendências", a liderança do movimento. Batiam-se pelo controle das agremiações e tentavam articular uma agenda tática às suas longínquas e improváveis estratégias para derrubar a ditadura e transformar o Brasil numa república socialista.

Não havia uma coincidência perfeita entre essas organizações e as tendências que elas insuflavam. Em geral, tinha-se no topo um grupo fechado de militantes organizados, que indicava o caminho a seguir e as palavras de ordem a serem agitadas; logo abaixo, estava a chamada "massa avançada", formada pelos estudantes mais politizados, que participavam da vida da tendência; por fim, desfilava a grande "massa atrasada", o pessoal que vinha no empuxo, sem conhecer muito bem os meandros das discussões, mas disposto a manifestar o desejo de viver num país mais democrático e justo.

Em meados dos anos 70, o Partido Comunista Brasileiro (PCB), embora preservasse muito de seu prestígio entre intelectuais, artistas e estudantes, fora empurrado para o canto direito da assembleia estudantil, na companhia de sua sombra asiática, o PC do B, que no final da década abandonaria Mao Tsé-Tung em favor de Enver Hoxha –o pequeno Stálin albanês. O Partidão estava vinculado à tendência chamada Unidade, e o PC do B, à Caminhando.

Prosseguindo em direção à esquerda, encontravam-se as sobras da Ação Popular e do MR-8, que mantinham a Refazendo; por fim, correndo pela extrema, atuavam as organizações trotskistas e pequenos grupos leninistas radicais, como a PO e o MEP (presentes no Rio), resultado de inúmeros "rachas".

A principal corrente do trotskismo era a Liberdade e Luta (Libelu), muito forte em São Paulo, na USP. Estava ligada à Organização Socialista Internacionalista (OSI). A outra vertente era a Convergência Socialista, criada em 1978 pela Liga Operária, posteriormente Partido Socialista dos Trabalhadores Unificados (PSTU).

Esses agrupamentos se compraziam em disputar entre si torneios ideológicos bizantinos acerca dos caminhos da revolução socialista no Brasil, na América Latina e no mundo. Mas o grande divisor de águas deixava, de um lado, a extrema-esquerda e, do outro, o Partidão. Os laços históricos com o stalinismo e a União Soviética, a defesa de alianças com a burguesia nacional, a visão "etapista", o nacionalismo ranheta, tudo, enfim, parecia antiquado no Partidão aos olhos dos jovens simpatizantes dessa miríade de tendências que os velhos comunistas chamavam de "esquerdinha".

Nesses círculos mais radicais, em que PCB e PC do B eram rotulados de populistas e reformistas, enfatizava-se a luta de classes e não se aceitava a ideia de que o fim da ditadura devesse estender o tapete para o desfile da democracia burguesa no país. O regime precisaria ser derrubado e substituído por um governo de hegemonia operária, que se encarregaria de instaurar o processo de transição para o socialismo.

A participação nas eleições promovidas pelo regime era vista com desconfiança pelos grupos mais extremados. Trotskistas da OSI e leninistas revolucionários chegaram a defender o voto nulo no famoso pleito de 1978, para denunciar a "farsa" da ditadura burguesa e da "oposição consentida", representada pelo venerando MDB (Movimento Democrático Brasileiro).

A turma da Libelu era a mais liberal em assuntos de moral e comportamento e a menos nacionalista e convencional em cultura. Se você precisasse encontrar alguém na esquerda estudantil capaz de fazer um elogio ao disco "Araçá Azul", de Caetano Veloso, suas chances na Libelu seriam maiores.

Mas não só de discussões sobre reformismo, trotskismo e revolução socialista viviam os estudantes. Na década de 70 cresceu exponencialmente o interesse pela agenda pós-68: emancipação das mulheres e minorias, liberdade sexual, antiautoritarismo, pacifismo, ecologia e legalização das drogas –assuntos que raramente passavam pelas discussões oficiais da esquerda, em geral focalizadas na pauta estritamente política, sem tempo para tópicos secundários.

À medida que os anos avançavam e os fatos se precipitavam, o irrealismo radical das organizações revolucionárias foi-se desnudando, e uma opinião emergente de esquerda, mais compatível com a vida real, começou a ganhar contornos e a aglutinar um novo "campo". Em linhas gerais, essa opinião emergente poderia ser resumida na rejeição à política populista apoiada pelo Partidão, na crítica ao militarismo e na percepção de que um processo de mudança mais amplo, capaz de evitar a velha solução do acerto entre elites, exigiria a presença organizada da massa de trabalhadores e da sociedade civil. Por fim, tal processo de mudança, que incorporaria bandeiras socialistas, teria de ser liderado por uma esquerda capaz de dar respostas a novas situações.

A reivindicação por uma esquerda "nova", menos ortodoxa e mais moderna, continha uma outra, na realidade a mais importante: o reconhecimento do valor das liberdades e dos direitos humanos não apenas em oposição às ditaduras de direita, como a brasileira, mas também em contraste com a China e o bloco soviético.

Discussões sobre o que poderia vir a ser um "verdadeiro" socialismo democrático passaram a circular com mais intensidade naquele período. O regime cubano, que se mantinha como o mito revolucionário mais cativante para a esquerda brasileira, era visto por muitos como uma possibilidade de renovação. Apesar da desproporção entre as duas nações, que permitiu a Nelson Rodrigues comparar a ilha a uma "Paquetá vermelha", o país de Fidel guardava semelhanças sociais e culturais com o Brasil, e isso mobilizava as fantasias em torno da evolução de um socialismo tropical, solar, que redimiria a esquerda do brutalismo do Leste, frio e mecânico. Isso servia para alimentar o ânimo e também para responder à crescente rejeição aos horrores do totalitarismo soviético e às teses, cada vez mais correntes em meios esclarecidos, de que o marxismo-leninismo dificilmente levaria a algo diferente.

Entre as vozes que se empenhavam na modernização da pauta de esquerda, em São Paulo, estava a da sexóloga Marta Suplicy, que viria a se transformar em figura de proa do petismo. No início da década de 80, ela assinava sua coluna na Ilustrada, dividindo com a jornalista Irede Cardoso a defesa dos direitos da mulher. Irede Cardoso fora quem cobrira muitas das greves universitárias para a Folha, uma cobertura assídua, que despertou a atenção e a simpatia dos estudantes. □

> **"Se você precisasse encontrar alguém na esquerda estudantil capaz de elogiar 'Araçá Azul', suas chances na Libelu seriam maiores"**

1979 FOLHA IMAGEM

AGITO NO ABC

As greves operárias no final da década de 70 mudaram a cena política e revelaram uma nova liderança: o metalúrgico Luiz Inácio da Silva, o Lula

DIVULGAÇÃO

José Wilker, Jorge Amado e Sonia Braga nas filmagens de "Dona Flor e Seus Dois Maridos" (1976), de Bruno Barreto. Na página ao lado, Tarcísio Meira e Cláudio

TV GLOBO

Nacional-popular

Maior sucesso de público do cinema brasileiro, com mais de 11 milhões de espectadores, "Dona Flor e Seus Dois Maridos" reúne o best-seller "nacional-popular" Jorge Amado e artistas famosos da Globo. A emissora consolidou nos anos 70 uma plataforma de produção de teledramaturgia que atraiu atores e diretores que haviam participado do teatro de esquerda em anos anteriores

Dois mari-dos

Do ponto de vista cultural, o traço mais marcante e interessante da chamada geração 77 foi a antipatia pelo nacionalismo e pelo "populismo" identificados na produção de artistas da esfera do Partidão. Essas características, que vinham de longa data, permaneciam, apesar do chacoalhão tropicalista, incorporadas ao modo como grande parte do meio artístico entendia o papel da arte. Elas eram visíveis naquela espécie de "MDB da cultura" (a expressão é do jornalista Miguel de Almeida), cheia de respeitáveis medalhões, que exerceu grande influência na época –inclusive na Folha. Associava-se a essa visão crítica a resistência em conceber a estética como serva da política e, portanto, de avaliar as obras segundo critérios de correção ideológica.

Tudo isso denotava uma perspectiva mais internacionalista e, de certo modo, mais formalista da cultura. Contra o conteudismo da arte compromissada, valorizava-se a autonomia e a estrutura da obra –como se dizia à época, sob influência do estruturalismo. Malvistos pela esquerda, mas em voga na universidade, intelectuais como Foucault, Barthes, Deleuze, Lacan e Derrida, ao lado de novas disciplinas, como a semiologia e a linguística, ajudavam a fazer contraponto à análise marxista esquemática –em embates acadêmicos que muitas vezes, a bem da verdade, eram de amargar. Foi esse o último grande vento da cultura francesa, num ambiente que cada vez mais se voltava para o mundo anglo-saxão.

Àquela altura, a indústria cultural, tema potencialmente espinhoso para a juventude de esquerda, em especial os leitores da Escola de Frankfurt, era uma realidade em franca expansão. Assistiu-se ao longo da década de 70 a uma crescente organização da cultura, mesmo a produzida pela esquerda, em bases mercadológicas, com incentivo do Estado.

Embora o governo Médici tenha sido um período sinistro, foram anos de forte crescimento econômico, de investimentos e de elevação do consumo da classe média. Anos de "milagre brasileiro", como se dizia, e de consolidação de grandes estruturas empresariais, como a TV Globo, que montava uma inédita plataforma de produção nacional de entretenimento, forte o bastante para atrair atores, autores e escritores anteriormente ligados ao CPC (Centro Popular de Cultura), como Gianfrancesco Guarnieri, Dias Gomes, Mário Lago e Ferreira Gullar, entre outros.

Empresas multinacionais exploravam a próspera indústria fonográfica, que vendia do sambão de churrascaria a Bee Gees, de Tom Jobim a Secos & Molhados, de Jorge Ben a Led Zeppelin, passando por toda uma galeria de grandes talentos em atividade na música brasileira naqueles anos.

No cinema, além do estouro das pornochanchadas, assistia-se às tentativas de novos diretores e de remanescentes do cinema novo, com suporte da estatal Embrafilme, de atingir o grande público e organizar um mercado cinematográfico mais popular. Não se deve esquecer que o maior sucesso do cinema brasileiro até hoje é "Dona Flor e Seus Dois Maridos", de 1976, com mais de 11 milhões de espectadores. O filme, aliás, expõe muito bem o arranjo cultural que se buscava naqueles anos. O autor da história era Jorge Amado, monumento nacional-popular e best-seller do Partidão, com suas histórias sobre a alma e a sensualidade do povo brasileiro; a grande atriz era Sonia Braga, sex symbol da Globo; e o diretor, o estreante Bruno Barreto, que tinha como missão fazer algo de fácil absorção pelo grande público, diferente do cinema "difícil" dos anos 60, do qual seu pai, o fotógrafo e produtor Luiz Carlos Barreto, participara ativamente.

O chamado teatrão também prosperava, e produções de esquerda, como "Gota d'Água" e "Ópera do Malandro", de Chico Buarque, lotavam as salas.

Em meados da década, o mercado editorial

agitou-se como nunca, com o chamado "boom de 75", um florescimento de contistas, romancistas e jornalistas-escritores, ora voltados para relatos alegóricos, ora para o mote da "realidade brasileira".

Nas franjas desse sistema, produções alternativas e experimentais criavam novas perspectivas e conexões. Na literatura, uma onda de revistas e livros de poesia artesanais invadiu o país, criando mais fama no Rio, onde prosperou a chamada poesia marginal. Ainda que não se encaixasse exatamente nesse rótulo, Ana Cristina Cesar, que se suicidou em 1983, ficou conhecida como a mais glamourosa e talentosa representante da geração. Na verdade, "todo mundo" arriscava seus poemas naqueles anos, o que incluía os professores Antônio Carlos de Brito, o talentoso Cacaso, também letrista de música popular, e Roberto Schwarz, que, na realidade, fez melhor se tornando o grande crítico marxista do período (a propósito, seu ensaio "Cultura e Política, 1964-1969", publicado em 1970 na revista francesa Le Temps Modernes, circulou entre estudantes numa versão em português preparada por dois rapazes ligados à Libelu: Rodrigo Naves e Matinas Suzuki Jr.).

Na arte de vanguarda, estava em curso uma produção rigorosa e sofisticada, com nomes como Cildo Meireles, Waltercio Caldas, Tunga e José Resende, que receberiam, com o passar do tempo, amplo reconhecimento no circuito internacional. Uma revista importante, chamada Malasartes, marcou esse momento da arte contemporânea brasileira, com a participação desses artistas e de críticos como o carioca Ronaldo Brito.

No teatro, a principal novidade era o Asdrúbal Trouxe o Trombone, fenômeno carioca, cuja turma, que incluía Regina Casé e Luiz Fernando Guimarães, estava ligada a poetas, como Chacal, e a jovens músicos pop. Estavam em cena também os representantes da contracultura, do cinema marginal e das vanguardas poéticas dos anos 50 –que apareceram juntos na revista Navilouca, projeto de Torquato Neto e Waly Salomão, um cult editorial dos 70.

Ainda na área editorial, a imprensa alternativa, em meio a algumas grossuras, apresentava lances de sofisticação nas páginas culturais, como se via no "Movimento", com a participação de Maria Rita Kehl e José Miguel Wisnik, entre outros. Mas foi a seção de cultura do jornal Opinião, liderada pelo jornalista Júlio César Montenegro, crítico brilhante e divertido da política tradicional de esquerda e do nacional-popular, que exerceu mais influência sobre os jovens universitários que posteriormente assumiriam a Ilustrada e o Folhetim.

Nesse ambiente, não chegava a ser embaraçoso para um estudante da nova geração ouvir música em inglês, dançar rock, ver filmes americanos, fumar maconha, falar mal do Partido Comunista e, ao mesmo tempo, considerar-se de esquerda.

Na opinião de Otavio Frias Filho, foi justamente pelo pop internacional e pelo cinema americano que os estudantes do período Geisel teriam começado a "despolitizar a esfera artístico-cultural", dispondo-se "a aceitar a cultura industrial não como uma catástrofe, mas como um fato". "Ao migrar para a imprensa", diz ele, "parte dessa geração de estudantes politizados fez uma espécie de 'revolução' na cobertura de artes e espetáculos, ao encontrar os cadernos culturais congelados no repertório de resistência ao regime militar, no programa que essencialmente ainda era o nacional-popular do CPC". □

"Não chegava a ser embaraçoso para um estudante da nova geração dançar rock, ver filmes americanos, fumar maconha, falar mal do Partido Comunista e, ao mesmo tempo, considerar-se de esquerda"

Regina Casé, atriz de "Trate-me Leão" (1977)

No Asdrúbal e depois

Regina Casé, na foto acima, é a jovem e talentosa estrela do Asdrúbal Trouxe o Trombone, grupo que agitou a cena teatral nas décadas de 70 e 80. Dirigido por Hamilton Vaz Pereira, o Asdrúbal estreou profissionalmente em 1974, com "Inspetor Geral", de Gogol. Reunia atores como Luiz Fernando Guimarães, Evandro Mesquita e Patricia Travassos, que posteriormente seguiram carreiras individuais. Perfeito Fortuna, que também era da turma, criou o mitológico Circo Voador, no Rio, palco fundamental para o lançamento de bandas dos anos 80. Mais tarde, na Globo, Regina levaria ao ar o "Brasil Legal" da cultura das periferias, dos morros e das regiões

CÁSSIO VASCONCELLOS/FOLHA IMAGEM

Hamilton Vaz Pereira, diretor do Asdrúbal, em foto da década de 80, com Arrigo Barnabé, Patrícia Pillar, Cyro Menna Barreto, Lilian Breda Barreto e Lena Brito, no teatro Mars, em São Paulo (1988)

RESPOSTA À CARTA DO LEITOR QUE ACUSOU ESTE COLUNISTA DE SER ANALFABETO

PLÍNIO MARCOS
28 de março de 1977 – Ilustrada

Você tem razão, Juvenal, eu sou analfabeto. Aos quarenta e dois anos de idade, ainda não sei direito quando se tem de ir de "ss" ou de "ç".

Mas isso pra mim não conta muito, Juvenal, o Satírico. Porque pra mim cultura é saber ver. E eu vejo, vejo muito bem, meu caro Juvenal, o Satírico. Vejo, por exemplo, que os elitistas como você fazem tanta questão de que todos tenham correção gramatical, mas não percebem que o ensino em nosso país, apesar de haver quem jure o contrário, ainda é um privilégio de uma minoria. E essa minoria aprende a ciência e a técnica que lhe é transmitida por mestres que sabem que, se ensinarem seus discípulos a enxergar as coisas, serão sumariamente afastados da vida universitária, como foram vários expoentes em nosso país.

Pois é, meu caro Juvenal, o Satírico, leio e releio sua carta e concluo que você nem sabe o significado da palavra satírico. Mas deixa isso pra lá, Juvenal, o Satírico. O que quero contar é que os elitistas como você recebem a ciência e a técnica nas universidades, mas não recebem a visão e, por serem cegos, mais cegos do que todos, por serem vaidosos, resultam em tolos tecnocratas que, em nome dessa sabedoria, vão lesando nossa pátria, a pátria do povo, esmagando as manifestações espontâneas desse povo, a verdadeira cultura desse povo, cultura essa que tem que ser preservada a qualquer preço, porque um povo que não ama e não preserva suas formas de expressões mais autênticas jamais será um povo livre.

Mas é gente como você, meu caro Juvenal, o Satírico, que, elitizados por uma "cultura" de privilegiados, de posse de um diploma, vão constrangendo o povo. Saiba, Juvenal, o Satírico, que a cultura nas mãos dos poderosos constrange mais do que as armas. Mas, em mim, que de acordo com o seu ponto de vista sou analfabeto, não grudam mais as tentativas de me acanhar. Só mesmo na força bruta é que podem me deter. Isso porque, meu caro Juvenal, o Satírico, a força de minha comunicação vem da clara visão que tenho das coisas. Vejo bem, vejo claro, corro os riscos todos que tiver que correr, mas quando ocupo um espaço é pra justamente tentar fazer meu povo começar a espiar. E isso naturalmente incomoda os elitistas, como você, que não percebem como o nosso povo vai sendo mal-educado por elitistas, alguns até de talento, que alugam seus talentos pra quem deseja condicionar nosso povo aos sabores do modismo. Essa gente usa e abusa dos veículos de comunicação pra mal-educar o povo.

São os elitistas gente que sabe muito bem as regras do correto escrever, correto processo de influenciar um ser humano com a imagem, gente saída das universidades, gente que aprendeu a técnica, a ciência, mas não aprendeu a ética. E é em nome dessa cultura elitista, que lhes dá às vezes até o gabarito de gênios, que o povo vai sendo despejado de sua cultura autêntica, espontânea, passada de pai pra filho, ficando totalmente desarmado dessa defesa, transformando-se em reles massa de manobras dos interesses comerciais dos elitistas como você e dos donos do brinquedo.

Meu caro Juvenal, o Satírico, como você bem disse, minha formação é meio lá do cais do porto, essa foi a escola onde aprendi a ver as coisas. Eu aprendi numa rua de chão de terra firme por onde os trabalhadores, quando iam ganhar o pão, com o honesto suor do corpo, assobiavam as doces cantigas da liberdade. Foi lá que eu aprendi que os malandros fazem a moda, e o otário entra nela. E são vocês, elitistas da comunicação, que vêm fazendo a moda que envolve nosso ingênuo povo, desarmado de sua única defesa, que é a manifestação espontânea.

São cento e setenta filmes estrangeiros que são exibidos na televisão por semana. Esses filmes, meu caro Juvenal, o Satírico (no dia em que você consultar o "pai dos burros" e ver o significado da palavra satírico, juro que você vai passar a se assinar Juvenal, o Boboca, porque de satírico você não tem nada; você tem, meu caro Juvenal B. de Carvalho, é de elitista), mas esses filmes, além de esmagarem as manifestações espontâneas do nosso povo, desfigurando o nosso homem comum, ocupam o nosso mercado de trabalho e fazem com que os elitistas como você se descuidem dos aspectos culturais para cuidarem apenas do seu ridículo empreguinho. Mas isso é natural, meu caro Juvenal, o Satírico. Os elitistas de país subdesenvolvido são sempre intelectualóides marginais de classe média procurando ganhar status através da cultura. Do que eles chamam de cultura. O espaço acabou. Amanhã tem continuação, meu caro Juvenal. □

JOSÉ NASCIMENTO/FOLHA IMAGEM

MALDITO
O dramaturgo Plínio Marcos, autor de "Dois Perdidos numa Noite Suja" e "Navalha na Carne", foi colunista da Ilustrada no final da década de 70; abaixo, Plínio em foto de 1993, seis anos antes de sua morte

JUAN ESTEVES/FOLHA IMAGEM 31.10.1993

LIMITE

GLAUBER ROCHA

*3 de junho de 1978 – Ilustrada**

Finalmente vi "Limite", lendário filme de Mario Peixoto realizado em 1929/30 – e sinto que Paulo Emilio Salles Gomes não esteja vivo para comandar os debates que se travam entre KyneaztazeKrytykos sobre a especificidade criativa da Setima Syntezy das Artyz.

No meu livro "Revisão Crítica do Cinema Brasileiro" (1963) julguei "Limite" produto de intelectual burguês decadente: hoje penso a mesma coisa, compreendendo a dialetyka revolucionária gerada pelo sistema reacionário:

– A decadência é bela! – fala o ator Carmelo Bene no meu filme "Claro" (Roma, 1974) – tese confirmada pelo Kyneazta Rainer Fassbinder no Festival de Cannes 78: – Nosso Zystem se desintegra em cores, sons, com grande beleza et... parfois... dignidade...

DIVULGAÇÃO

Cena de "Limite", de Mario Peixoto

Machado de Assiz é decadente: Don Casmurro, Bentinho e Rubião sofrem e se acabam desesperados. Eztazys? Eztetyka? Não existem relações sexuais estéreis. Germynalya: Beleza, Prazer, Glorya, Transzendenzya são estágios superiores aos ciclos racionalistas das Artes Historicyztas: o psicologismo satírico de Machado suprime a dramatyka luta de classes em nome dos minuetos ritualísticos do Segundo Ymperyu e por isso interrompi a leitura de "Quincas Borba" e abri as delirantes páginas de "Palmeiras Selvagens", romance de William Faulkner que coloca o Heroy entre a Dor e o Nada. Dor, para Faulkner, é o Ser frustrado de Payxão: sem Amor, Dor. Entre o Nada suicidário e a Doramor (quase "Doramundo", obra-prima das letras amerykanaz), Faulkner prefere a Vidorida (sobrevivência na luta!).

Godard em "Acossado" (anos 60...) escolhe o Nada e Jean-Paul Sartre, quando escreveu o "Ser e o Neant", chupou esta Dyaletyka de Faulkner, porque o criador do Ezyztencyal Polytyko foi o primeiro civilizadeuropeu a descobrir (aussi Albert Camus) e interpretar fylozofykament o Pezadelo do Mississipy.

Georg Luckaz, teorico do estalinismo literario (e sua vitima sempre recuperavel...), nunca falou do sentido revolucionário da obra faulkneriana, ficando o Grande Tema á disposição dos formalistasedecadentistas.

Extranho á literatura brazyleyra, Faulkner foi absorvido pelos mexicanoseGabriel Garcia Marquez, Julio Cortazar, Jorge Luiz Borges.

Fluzynal: um texto sobre "Limite" deságua em Faulkner. Onde estão as fronteiras da razão? Pzykanalyze não é Dragão! A maioria das pessoas que conheço refuta a possibilidade de vir a ser "ANALYZADA" (Paulo Emilio foi analizado por Lacan durante o estalinismo) – como se a desneurotização significasse castração. È aquela patetyka frase de Mario Vargas Llosa num dêstes Congressos Literarios transversalmente organizados pela CIA em Universidades yankz:

– Mira, Rocha, tu, yo, nosotros!!! we must to be neurotyckz... – Mario explicava que somente a Dor da Neuroze era Seiva, Muza! Eu lhe respondia que era desneurotizado. Buenos!!! depois de "Deus e o Diabo na Terra do Sol"! Vomitar quilômetros de filmes: Paranoya, Pzykoze, Dramalya, Furor, Extaze...

"Limite" é um filmazcendente dum intelectual decadente: Metafyzyk, monta o Realyzmo à Abaztraxão ou – como disse Mario Pedrosa na saída da Sala FUNARTE, para cuja inauguração se projetou o filme – (O rio continua deliciosa provincia): – É Obra na qual a Forma supera o Conceyto!

Kynema itz Sonimage / MONTAGE: Mario Peixoto aos 19-20 anos realiza tudaquilo que os Kyneaztas desejam: Fluz-Imag-AZÃ-criar Emoção (comunication...) através montage de celulas vizuayz (O filme é do tempo mudo e se faz mal acompanhar por arranjos de Saty, Debôzy, Extravynk e Betove).

EMOÇÃO DE QUE AÇÃO? – num Barko três personagens: Mario filmonta fragmentos destas vidas

* Texto transcrito conforme grafia original

CÂMERA NA MÃO
O cineasta Glauber Rocha, autor de "Terra em Transe" (1967), foi convidado pelo jornalista Cláudio Abramo para escrever na Ilustrada

e os "FIC(KRY)CIONA": a decadência dos personagens é ressuscitada, ezplendor formal!

"Limite" pròximo a Faulkner: TEMPO FORA DO TEMPO: EZPAZEZTETYKONZTYTUCYONAL – Arte, Pratyka proibida.

Mario Peixoto, como nosso genial Lima Barreto, não conseguiu fazer outro filme, o Brazyl é impiedoso com seus filhos Santos, vivemos condenados pela teologia luzytana.

Kynema Brazyleyro está dando dinheiro?

Os filmes são piores que os filmes dos anos 60. Por isto "Limite" é revolucionàriaula de Montage pra tantos Kyneaztas incompetentes. Porque nossos filmes são Literários e Teatrais. Pornográficos, não pelo sexo, mas pelo MAU GOZT: Os Kyneaztas são ideologicamente pre-Romanezcux, daí a permanente burrice do Realyzm (e das Krytykas censórias).

Claro que a industrialização do Kynema Nacyonal vai destruir nossas perspectivas criativas. A Embrafilme, continuando no embalo Porno-Heztoricyzta, prostituirá nossos melhores Kyneaztas. E as multinacionais contratarão alguns Boyz para fotografar ah, direis, ouvir Estrelas da Broadway! Regride-se aos tempos da ATLANTIDA! Decadência!

A exibição de "Limite" desmistifica a Eztetyka da Embrafilme assim como a descoberta de "Ganga Bruta" (Humberto Mauro) derrubou nos anos 60 a chanchada e o Kynema "serieux" da Vera Cruz.

A Embrafilme limita a criatividade e a publicitada receitaè cascata: nosso Kynema continua pobre, censurado e, pior sintoma, perdendo a coragem, a Image/na/azão! □

"KyneaztazeKrytykos sobre a especificidade criativa da Setima Syntezy das Artyz"

"FAZE-REMOS" FILOSOFIA

GILBERTO VASCONCELLOS

Trechos de coluna publicada em 24 de setembro de 1979 – Ilustrada

"Diogo, mon chéri... eu não posso mais viver com meus nervos... Je t'aime."

Ela deixou, como Torquato Neto, um bilhete pro filho. Uma semana antes do suicídio, coincidência incrível, eu a revi no cinema Olympic, eu revi o filme de Godard "A Bout de Souffle", Jean lindíssima caminhando nos champs-exilés vendendo Herald Tribune... Herald Tribune... com um gostoso sotaque de americana que fala francês, cabelo bem curtinho, saia e blusa, o rosto límpido de artista adolescente. Depois que Jean Seberg se matou, o mundo ficou um pouco mais feio.

◆

AP/IMAGEPLUS

"A BOUT DE SOUFFLE" O ator Jean-Paul Belmondo e a atriz Jean Seberg no filme "Acossado" (1959), primeiro longa do cineasta franco-suíço Jean-Luc Godard

Aquilo que foi palavra de ordem do cinema novo brasileiro (fazer filmes e falar deles, conforme está escrito na publicação universitária Arte & Revista), é levado à risca em Paris: toda semana, mil discussões nos jornais e revistas. Agora mesmo, com o festival internacional do jovem cinema realizado em Hyeres, as controvérsias da época da nouvelle vague são retomadas, jovens cineastas fazendo filmes na cola de Wenders, Marguerite Duras e Robbe Grillet, contra a ideologia de Hollywood, que quer dar ao público a ilusão de que cinema é vida, arte que substitui para nossos olhos um mundo que corresponde aos nossos desejos. A moçada segue a tendência contrária, que vem desde Godard: um cinema é um cinema, exibindo o filme como sendo o que ele é na realidade –um filme. Eis a pergunta fundamental, que vale também pro cinema: quando você vê uma foto sua, uma foto de yourself, isso é ficção ou não? Essa sacada Susan Sontag não pegou, ainda que a capetinha de Nova York tenha começado seu "On Photography" citando uma cena do filme de Godard, "Les Carabiniers": colecionar fotografias é colecionar o mundo.

Uma tendência do jovem cinema, influenciada principalmente pelo "nouveau roman" de Robbe Grillet, é a oposição contra a era da psicanálise e do marxismo, outro sinal que ajuda a complicar ainda mais a complicada época na qual estamos todos patinando. A reação contra o marxismo e a psicanálise é a recusa da interpretação a qualquer preço e a resposta a tudo. Contra o vício de interpretar um cinema da falta de sentido, arte não é mais o delírio da interpretação da vida, como queria o poeta Aragon. A acusação de hermetismo não assusta ninguém, o cineasta se recusa a interpretar, ele não mostra as razões e tampouco explica o porquê da escolha de determinados componentes de seu filme. É o método do "vai botando o que pintar" sem se preocupar se isso ou aquilo se encaixa ou não dentro da luta de classes ou do complexo de Édipo. O didatismo na modernidade anda com prestígio abalado, expressão mental do desejo de dominar. You make my life um desastre, baby. Você tem 22 anos, eu 30, você me diz logo depois que talvez o negócio seja transar uma mulher, logo no primeiro dia, logo na primeira vez, é demais.

◆

Eu não vou botar aspas, ninguém se inspira em ninguém e todo mundo se inspira em todo mundo, o bode é que eu não tenho troco e não é fácil você ensinar a sublimar a garra que eu sinto de te tocar, só me resta virar aquilo que uma prima minha careta da Bahia queria que eu não virasse: um dirty old man gaiato. Eis os fatos: Fitzgerald significa New York, não China, muito haveria de ser dito sobre a descoberta da função moderna da citação, atribuída a Walter Benjamin. A fisionomia do baixo-astral é sempre fisionomia da necessidade total, a fissura de um carinha a fim de uma droga ou de uma presença. □

GERAÇÃO ESPONTÂNEA

FLÁVIO RANGEL

Trechos de coluna publicada em 28 de julho de 1978 – Ilustrada

Nasceu o primeiro bebê de proveta, seis anos antes de 1984.

Dou as boas-vindas a Louise, uma inglesinha de dois quilos e seiscentos gramas, mas não posso deixar de reconhecer que estamos cada vez menos importantes. Agora, a ciência já resolve sozinha o problema da reprodução.

Ao longo dos séculos, a humanidade tem perdido sua autoconfiança. Um homem da Idade Média considerava que o planeta era o centro do universo, e que ele era feito à imagem e semelhança de Deus. Pensava que havia um pacto entre ele e seu criador, selado pela arca da aliança. Aceitava o regime político absolutista, pois não questionava o direito divino dos reis. Se católico, cria no dogma da infalibilidade do Papa, mesmo que este fosse um Bórgia, e chegou a comprar indulgências que lhe garantissem o Paraíso, até que Martinho Lutero estragou o festim.

Não conseguiria resolver a questão fundamental que nos aflige até hoje –quem somos, de onde viemos, para onde vamos, o que estamos fazendo aqui–, mas tinha uma visão "certinha" da vida, da filosofia e da religião.

Aos poucos, certos rapazes foram complicando as coisas.

Galileo Galilei, um belo dia, avisou que não apenas não estávamos fixos no centro do universo, mas que éramos apenas uma pequena partícula entre bilhões de outras, zanzando em rotação e translação ao sabor de desígnios mais altos, profundos e desconhecidos. Foi, é claro, imediatamente preso e ameaçado de tortura. (...)

Darwin, com muito tato, comunicou à plateia que não apenas não éramos feitos à imagem e semelhança de Deus, mas que estávamos mesmo é próximos do macaco. Éramos dele primos-irmãos. Como não podia deixar de ser, sua teoria foi proibida em todos os colégios bem pensantes, foi xingado em verso e prosa, até que tivéssemos de nos conformar com tão precária evolução.

Assim como quem não quer nada, Marx avisou que as relações entre governantes e governados não eram o fruto da escolha do dedo de Deus, mas sim o resultado de complexas questões econômicas, de produção e consumo, de valor exato e de mais-valia –coisinhas um tanto complicadas, mas que lhe valeram a ira dos senhores desta terra, que alcunharam de "ideologia exótica" o resultado de um pensamento racionalista.

Depois veio Freud, que julgou conveniente nos comunicar uma coisa de não muito bom-tom: que tínhamos amor incestuoso pela nossa mãe e compulsivo ódio homicida pelo nosso pai. Ou, o contrário, chama-se o complexo de Electra ou de Édipo. (Sófocles, há dois mil e quinhentos anos, colocou na boca de Jocasta: "Quem, em sonhos, não dormiu com a própria mãe?")

Por elaborar a respeito, Freud foi vaiado pelos próprios colegas, teve o consultório apedrejado e os livros queimados, até que a humanidade engoliu o novo sapo e uma grande parte dela se deitou no divã, para descobrir aquilo que tem feito a fortuna de muitos psicanalistas e que, na última piada, faz com que a gente demore oito meses para se conhecer e oito anos para se conformar.

E Einstein, de passagem, avisou que tudo é muito relativo e, que em adequadas condições de velocidade, nem sequer o tempo existe.

Agora, depois que esses interessantes pensadores nos tiraram o tapete, a ciência talvez nos esteja retirando o último orgulho: a capacidade de nos perpetuarmos por nós mesmos, através de um instante de amor que nos enfeita a existência, através desse sentimento indefinido que é como a ternura de mãos se encontrando, o abandono de flores se abrindo, a alegria de um barco voltando, para citar apenas Dolores entre tantos milhares de poetas que tentaram captar-lhe a essência. Ou como a paz da criança dormindo: a paz de Louise.

Quando se suicidou, o ator George Sanders deixou apenas uma notinha escrita: "Já encheu". Quando li a notícia do bebê de proveta, não sei por que imaginei a cena de Carlitos em "Tempos Modernos", em que trabalhava como operário numa fábrica que produzia em série. Se nossos filhos, daqui pra frente, forem produzidos em série, acho que vai encher logo, logo.

Será que este artigo ficou um tanto pedante pruma sexta-feira? Bom, vou terminá-lo com uma citação de um desses "novos filósofos" franceses, já que a ideia está no ar:

"Deus morreu, Marx morreu, Freud morreu, e eu mesmo não estou me sentindo muito bem". □

AP/IMAGEPLUS

"Apocalipse Now" (1979), filme dirigido por Francis Ford Coppola, vencedor da Palma de Ouro em Cannes

FRANCE PRESSE AFP4

Marlon Brando em "O Último Tango em Paris" (1972) de Bernardo Bertolucci, filme sobre sexo e desilusão na França pós-68

AP/IMAGEPLUS

Cena do filme "Tubarão" (1975), de Steven Spielberg

1971 AP/IMAGEPLUS

O poeta chileno Pablo Neruda, que recebe o Prêmio Nobel de Literatura em 1971

AP/IMAGEPLUS

Cena do filme "Taxi Driver" (1976), de Martin Scorsese

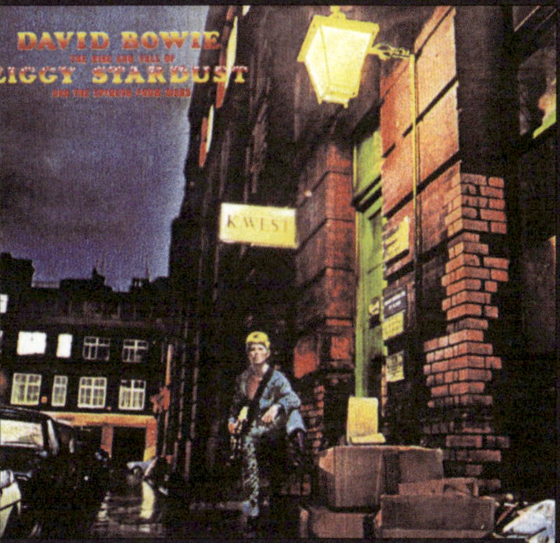

lendário LP “The Rise and Fall of Ziggy Stardust and he Spiders From Mars” (1972) de David Bowie

s atores Mark Hamill, Carrie Fisher e Harrison Ford, do rimeiro “Guerra nas Estrelas” (1977), de George Lucas

AP/IMAGEPLUS

Al Pacino e Marlon Brando em “O Poderoso Chefão” (1972), de Francis Ford Coppola

05.ABR.2005 REUTERS

O escritor norte-americano Saul Bellow, autor de “Herzog” (1964), que recebeu o prêmio Nobel de Literatura em 1976

10.JUN.1970 AP2

O jazzista Louis Armstrong, representante de uma geração que consolidaria o improviso no jazz, que morreu em 1971

lariel Hemingway e Woody Allen em cena do filme “Manhattan” (1979)

AP/IMAGEPLUS

A atriz Linda Blair em cena clássica do filme de terror “Exorcista” (1973), dirigido por William Friedkin

AMOR QUE MORRE

NELSON RODRIGUES
22 de dezembro de 1980 – Ilustrada

Esta crônica de Nelson Rodrigues foi enviada à Redação antes de seu internamento.

1. Amigos, estou batendo esta crônica e, ao mesmo tempo, ouvindo uma valsa linda, que o rádio do vizinho está tocando. Identifico a melodia. É uma valsa que não envelhece e que se chama "Quando Morre o Amor". Sempre a ouço com encanto e, mesmo, com uma certa mágoa. O que é bonito dói na gente. E só não concordo com o título. Nenhum amor tem, ao morrer, esta doçura evocativa, esta melancolia dilacerada. O título da valsa deveria ser: "Quando o amor nasce".

2. Eis a verdade: o amor que morre não deixa nenhuma nostalgia, e eu diria mesmo, não deixa nada. Ou por outra: deixa o tédio. O que nos fica dos amores possuídos e passados é simplesmente o tédio, talvez o ressentimento, talvez o ódio. Abominamos o ex-ser amado. Intimamente, nós o acusamos de ter destruído o nosso sonho. E vamos e venhamos: que coisa atroz é o amor que deixou de sê-lo. Mas o que eu queria dizer é o seguinte: há um equívoco na valsinha nostálgica.

3. Eu diria, ainda, que a morte de um amor é pior do que a morte pessoal e física. Só uma coisa espanta: que se possa sobreviver a um amor. Eu me lembro de um vizinho que tive, na minha adolescência. Era um rapaz igual a milhares, igual a milhões. De uma larga e irresistível simpatia humana. O seu "bom dia" não era polidez, mas amor. Pois bem, um dia, esse rapaz ama. Foi uma paixão de vizinhos. Aconteceu, então, o seguinte: ele entregou-se ao amor, pôs no amor a generosa tonalidade do seu ser.

4. Mas enquanto ele fazia um amor de ópera, com um certo halo de tragédia, a menina era uma superficial, uma frívola ou, como nós chamamos convencionalmente, uma "cabecinha de vento". Ela não sentia, no seu romance, o peso do sonho. Até que, uma tarde, na cidade, o rapaz a vê, de passagem, num táxi, com um homem casado. O que houve, nele, antes da dor, foi o espanto. Disse para si mesmo: "Ela me trai. Eu sou traído". E o pior é que não sofria. Voltou para casa com a alma vazia de desespero. Essa impossibilidade de sofrer foi o mais duro dos castigos.

5. Que faz o rapaz? Chega em casa, tranca-se. E, diante do espelho, mete uma bala na cabeça. A princípio, todos deduziram: "Matou-se por amor". Depois, entretanto, descobriram, em cima de uma mesinha, um bilhete. Lá estava escrito: "Morro porque deixei de amar". A rua, o bairro ou a cidade sentiu nessas palavras finais uma espécie de canto da solidão infinita. Eis a verdade: quem experimenta o verdadeiro amor já não sabe viver sem ele.

6. Cabe então a pergunta: pode-se saber quando um amor morre ou, por outra, quando o amor começa a morrer? Nem sempre são as grandes causas que liquidam o amor. Às vezes, ou quase sempre, o que decide é a soma de pequeninos motivos. Um incidente mínimo pode valer mais que um insulto grave, uma ofensa mortal. Por exemplo: um bate-boca. Eu vos digo que é no primeiro bate-boca que o sentimento amoroso começa a morrer.

7. Contei, aqui mesmo, nesta coluna, o caso daqueles namorados da Tijuca (da Tijuca ou da Haddock Lobo, não me lembro bem). Era um amor de novela, de filme. "Nasceram um para o outro", diziam. E era tal o agarramento que, certa vez, no cinema, o vaga-lume incidiu sobre eles a lanterna. Houve ali um pequeno escândalo, felizmente abafado. Mas como eu ia dizendo: todo mundo estava convencido de que nada alteraria aquele amor, assim na terra como no céu. Até que, uma tarde, ele tem uma pequenina impaciência com a bem-amada, e deixa escapar um "não chateia".

8. Parece pouco. E foi muito, foi tudo. Essa interjeição ordinária, essa expressão vil era uma mácula definitiva. Naquele justo momento, o amor adoeceu para morrer. Todos os fracassos matrimoniais vêm da soma –re-

25.ABR.1977 FOLHA IMAGEM

O ANJO PORNOGRÁFICO
Nelson Rodrigues escreveu na Ilustrada por um breve período, entre o fim dos anos 70 e o início dos 80, e enviou o texto aqui reproduzido pouco antes de sua morte, no dia 21 de dezembro de 1980; a coluna foi publicada postumamente

pito– da soma de todos os "não chateia", de todos os "não amole", que vamos largando pela vida. A mulher que é simplesmente chamada de "chata" teria preferido uma ofensa mais grave e mais brutal.

9. Eu sempre digo que não é na recepção do Itamarati que devemos ser perfeitos. Não. Devemos reservar o melhor de nós mesmos, de nossa delicadeza, de nossa cerimônia, de nosso charme, para a mais secreta intimidade do lar. É menos grave chamar de "chato" um embaixador, um ministro, do que o namorado, a noiva, a esposa, o marido. Se respeitássemos o nosso amor, não seríamos tão solitários e tão malqueridos. □

"O amor que morre não deixa nenhuma nostalgia, não deixa nada. O que nos fica dos amores possuídos e passados é simplesmente o tédio, talvez o ressentimento, talvez o ódio"

16.ABR.2001 REUTERS 2

A banda de punk Ramones, que iniciou a carreira em meados dos anos 70

DIVULGAÇÃO

Capa do LP "4" (1974), de Jorge Mautner

DIVULGAÇÃO

Capa do LP "Secos & Molhados" (1973)

AGÊNCIA EFE

Bob Marley, que lançou o reggae mundialmente

DIVULGAÇÃO

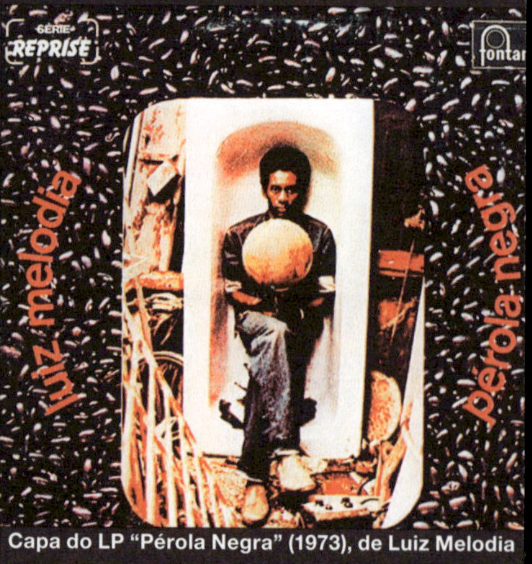

Capa do LP "Pérola Negra" (1973), de Luiz Melodia

DIVULGAÇÃO

Capa do LP "Entradas e Bandeiras" (1976), de Rita Lee & Tutti Frutti

1972/FOLHA IMAGEM

Chico Buarque, com bigodinho 70

O grupo de punk rock inglês Sex Pistols

SILVIO FERREIRA/FOLHA IMAGEM

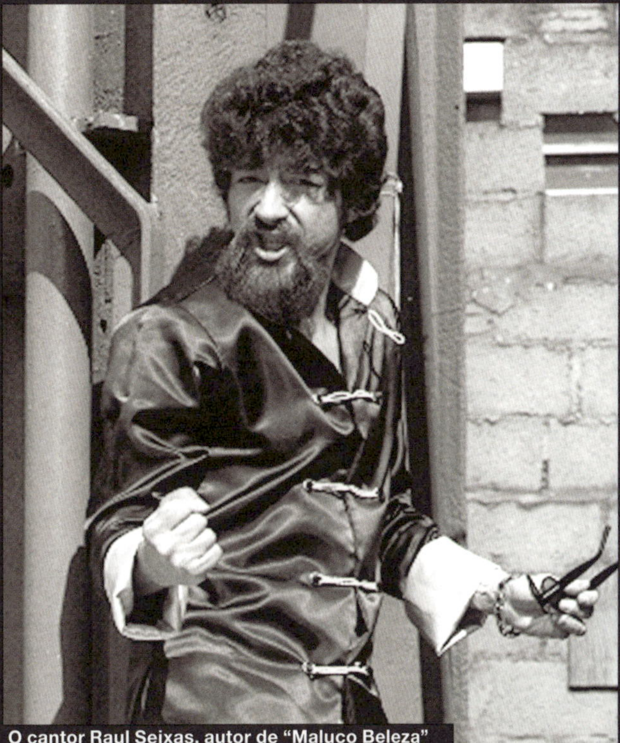

O cantor Raul Seixas, autor de "Maluco Beleza"

“

O DIA EM QUE A ILUSTRADA ESQUECEU O OSCAR

HELÔ MACHADO

Entrevista ao autor em março de 2008

A festa do Oscar de 1981 seria numa segunda [30 de março], como era costume. Eu tenho certeza porque eu não ia trabalhar no sábado e no domingo. O Moacir Amâncio, meu sub, ia fechar. Na sexta-feira eu combinei com o Orlando Fassoni [crítico de cinema] de ele levar a matéria na Redação. Acontece que ele não levou. Pediu para buscarem na casa dele, no sábado.

Eu deixei um bilhete para o Moacir, dizendo que tinha Oscar, que era preciso buscar a matéria de apresentação da festa na casa do Fassoni. Bom, aconteceu uma loucura. Não sei direito o que houve, o cara foi, não tinha ninguém em casa, e depois o Moacir acabou esquecendo. O resultado é que não demos nada da festa do Oscar na segunda!

Bem, estou lá na minha casa, sem saber de nada, dormindo, sete horas da manhã de segunda, e toca o telefone. Era o Boris Casoy: 'Você enlouqueceu? Você está na rua!' Eu falei: 'Boris, o que aconteceu? Nem peguei o jornal', 'Vá pegar o jornal', ele disse. Saí correndo, peguei o jornal, abri, puxei a Ilustrada e falei 'Gente! O que é isso?!' Fiquei louca. O Boris disse: 'Olho-da-rua. Não precisa nem ir para o jornal'. Desliguei, tomei um chuveiro, pus uma roupa e fui para a Folha feito

louca. Cheguei lá, liguei para o Moacir Amâncio e falei 'Moa, eu vou ter que demitir você e vou me demitir em seguida, entendeu? A Ilustrada esquecer o Oscar é impossível!'.
Veio a reunião diária de editores, e foi aquele clima, as pessoas me olhando, pensando 'pô, a Helô é louca...'. Uma tragédia, uma tragédia! O Boris entrou, fez uma cara e disse: 'Com você eu não falo nunca mais'. Uma coisa medonha. Pensei que eu deveria apresentar logo minha demissão, dizer que estava mandando meu sub embora e sair de uma vez do jornal que eu amava tanto... Fui falar com o Boris e ele disse que não queria tocar no assunto naquela hora. Fui para minha mesa e pensei, 'bom, vou tocar o jornal de amanhã, mas vou embora, vou pegar minhas coisas e perguntar ao Boris se ele quer que eu fique mais um dia até ele arrumar alguém'.
Nisso, o Boris passa pela minha mesa e fala assim: 'Helô, acho que você deve ter ligação com a CIA'. Eu falei: 'Boris, o que é isso!? Fala baixo. Eu estou tão envergonhada hoje'. Foi então que ele deu a notícia: 'Helô, não vai ter a festa do Oscar hoje. Vai ser amanhã. Foi adiada porque o presidente Reagan foi baleado'.

▸ 1970

NO CINEMA

□ Morre o grande cômico Oscarito, que fez dupla famosa com Grande Otelo. Atuou em chanchadas como "Matar ou Correr", de Carlos Manga.

□ Estreiam "O Conformista", de Bernardo Bertolucci; "Love Story", de Arthur Hiller; "Aeroporto", de George Seaton; e "Tristana", de Luis Buñuel.

NA TV

□ A Copa do Mundo do México é o primeiro grande evento esportivo a ser exibido ao vivo para o Brasil. Marchinha "Pra Frente Brasil" é ouvida em todos os cantos do país.

□ Estreia o "Programa Flávio Cavalcanti", na TV Tupi.

□ Inaugurada a TV Gazeta, da Fundação Cásper Líbero, em São Paulo (25.jan.).

□ Estreia a novela "Irmãos Coragem", de Janete Clair, na Globo. Reunia as duplas Glória Menezes e Tarcísio Meira, e Cláudio Marzo e Regina Duarte (8.jun.).

□ Estreia "Faça Humor, Não Faça Guerra", na Globo, com esquetes encenados por Jô Soares e Renato Corte Real (31.jul.).

□ A TV Excelsior é extinta (30.set.).

□ Estreia o programa "Topo Gigio Especial", na Globo, com Agildo Ribeiro e o famigerado ratinho, que logo ganha fama de gay (28.nov.).

□ Estreia "Som Livre Exportação", na Rede Globo, apresentado por Ivan Lins e Elis Regina (3.dez.).

NA ESTANTE

□ O sociólogo Fernando Henrique Cardoso escreve com o chileno Enzo Faletto o livro "Dependência e Desenvolvimento na América Latina". A chamada teoria da dependência aponta para uma nova dinâmica da expansão capitalista em países periféricos por meio da associação entre setores da burguesia interna e do capital internacional.

□ O ensaio "Dialética da Malandragem", de Antonio Candido, é publicado na Revista do Instituto de Estudos Brasileiros da Universidade de São Paulo. Análise de "Memórias de um Sargento de Milícias", romance de Manuel Antônio de Almeida, torna-se referência para estudos sobre a cultura brasileira.

□ Acontece em São Paulo a 1ª Bienal Internacional do Livro (ago.).

NA MÚSICA

□ Paul McCartney anuncia em abril o fim da banda mais famosa do planeta, os Beatles, e lança seu primeiro disco solo, "McCartney". "Let It Be", último LP do grupo, é lançado um mês depois.

□ Tim Maia lança seu primeiro LP. As canções "Azul da Cor do Mar" e "Primavera" estouram nas rádios.

□ Morre, em 18 de setembro, de overdose, o cantor e guitarrista norte-americano Jimi Hendrix, que completaria 28 anos em novembro. Também de overdose, morre Janis Joplin, aos 27 anos. Oito meses antes, ela passara uma temporada de férias no Brasil (4.out).

□ "BR3", de Antônio Adolfo e Tibério Gaspar, vence o 5º Festival Internacional da Canção Popular (18.out.).

▸ 1971

NO CINEMA

□ É lançado "Como Era Gostoso o Meu Francês", de Nelson Pereira dos Santos, com Jeanne Moureau.

□ "Laranja Mecânica", de Stanley Kubrick, é proibido no país. Só seria liberado em 1978, em cópias nas quais foram aplicadas bolinhas pretas sobre as genitálias dos corpos nus. Também são lançados "Klute, o Passado Condena", de Alan J. Pakula; "Operação França", de William Friedkin; "Trafic", de Jacques Tati; "Morte em Veneza", de Luchino Visconti.

□ A ditadura proíbe realização do Festival de Cinema de Brasília, que só será retomado em 1975.

NA TV

□ Estreia a novela "O Cafona", de Bráulio Pedroso, dirigida por Daniel Filho e Walter Campos, na Globo. É a primeira a produzir uma trilha sonora internacional (24.mar.).

□ Estreia "Minha Doce Namorada", na Globo, escrita por Vicente Sesso e dirigida por Fernando Torres e Régis Cardoso. Regina Duarte torna-se a "namoradinha do Brasil" (19.abr.).

NA ESTANTE

□ Publicado "Sargento Getúlio", de João Ubaldo Ribeiro.

□ O escritor chileno Pablo Neruda recebe o prêmio Nobel de Literatura.

□ Publicado "Romance d'A Pedra do Reino", de Ariano Suassuna.

□ Toma posse na Academia Brasileira de Letras o escritor, tradutor e lexicógrafo Antônio Houaiss (27.ago.).

NA MÚSICA

□ Morre o compositor russo Igor Stravinsky, autor de "Sagração da Primavera" (6.abr.).

□ A cantora de jazz norte-americana Ella Fitzgerald se apresenta no Teatro Municipal de São Paulo (jun.).

□ Morre Jim Morrison, o venerado vocalista da banda norte-americana The Doors. A causa oficial é ataque cardíaco, mas há especulações sobre overdose e até assassinato. (3.jul.).

□ Morre dormindo em sua casa, no Queens, em Nova York, o genial trompetista, cantor e ator Louis Armstrong, personagem maior do jazz e da cultura musical do século 20 (6.jul.).

□ É realizado, em Nova York, o Concerto para Bangladesh, comandado pelo ex-Beatle George Harrison e pelo citarista Ravi Shankar. Pioneiro dos concertos politicamente corretos que viram moda no mundo pop (ago.).

□ Estreia em Nova York a ópera-rock "Jesus Cristo Superstar", de Andrew Lloyd Weber e Tim Rice (out.).

□ A banda Led Zeppelin lança seu quarto disco, com músicas como "Rock & Roll", "Black Dog" e "Stairway to Heaven" (nov.).

□ Chico Buarque lança "Construção".

□ Gal Costa lança "Fa-tal – Gal a Todo Vapor", gravado ao vivo no Rio. O show marcou a época pós-tropicalista do "desbunde" e da contracultura. Teve direção de Waly Salomão, cenários de Luciano Figueiredo e Oscar Ramos, e participação do guitarrista Lenny Gordin.

□ Gilberto Gil grava no exílio seu "disco inglês", com "Nega (Photograph Blues)", "Mamma" e "Crazy Pop Rock" (com Jorge Mautner), entre outras. Anos depois, lançado nos EUA, o disco foi considerado pelo New York Times um dos melhores do rock mundial.

▸ 1972

NO PALCO

□ Entra em cartaz "A China É Azul", de José Wilker, dirigida por Rubens Corrêa, no Rio de Janeiro.

NO CINEMA

□ Morre no auge da fama a atriz Leila Diniz, aos 27 anos, em decorrência de um acidente de avião na Índia, em 14 de julho. Trabalhou em novelas e em filmes como "O Donzelo" (1970), de Stefan Wohl, e "Azyllo Muito Louco" (1970), de Nelson Pereira dos Santos. Linda, com comportamento transgressivo, causou polêmica ao falar de sua vida íntima em entrevista ao Pasquim, em 1969, e ao ser fotografada grávida, de biquíni.

□ É lançado "Quando o Carnaval Chegar", de Cacá Diegues, e os internacionais "O Discreto Charme da Burguesia", de Luis Buñuel; "O Poderoso Chefão", de Francis Ford Coppola; "O Último Tango em Paris", de Bernardo Bertolucci; "Garganta Profunda", de Gerard Damiano; "O Destino do Poseidon", de Ronald Leame; "Gritos e Sussuros", de Ingmar Bergman; "Tudo o Que Você Sempre Quis Saber Sobre Sexo e Tinha Medo de Perguntar", de Woody Allen.

NA TV

□ No dia do aniversário do golpe militar, vai ao ar a primeira transmissão oficial em cores do país. O evento veiculado é a Festa da Uva, em Caxias do Sul (31.mar.).

□ "O Primeiro Amor", da Globo, é a primeira novela a ter merchandising (24.jun.). Na mesma emissora, "Selva de Pedra", de Janete Clair, é recordista de audiência (8.out.).

□ "Hello Crazy People" estreia na Globo, com apresentação do DJ Big Boy (1.jul.).

□ O infantil "Vila Sésamo" entra no ar na Globo e na Cultura. A partir de 1974, a adaptação brasileira é transmitida apenas pela Globo (12.out.).

NA ESTANTE

- Lançado "Me Segura Qu'Eu Vou Dar um Troço", do poeta Waly Salomão. Escrito durante a prisão do autor no Carandiru por porte de drogas.
- Morre o crítico e ensaísta Edmund Wilson, aos 77 anos. É autor de "Rumo à Estação Finlândia", surpreendente best-seller no Brasil, na década de 80 (12.jun.).

NA MÚSICA

- Caetano Veloso retorna ao Brasil do exílio londrino (jan.) e lança o LP "Transa". Gilberto Gil retorna em fevereiro e junta-se ao parceiro em show no Teatro Municipal, do Rio. Lança o LP "Expresso 2222".
- Compacto com "Águas de Março", de Tom Jobim, sai encartado no Pasquim (mai.).
- Os Rolling Stones lançam o álbum "Exile on Main Street".
- O cantor inglês David Bowie lança o álbum "The Rise and Fall of Ziggy Stardust and the Spiders from Mars" (jun.).
- O grupo Novos Baianos lança o LP "Acabou Chorare", que se torna um clássico da música popular da década de 70 (nov.).
- O poeta e letrista Torquato Neto suicida-se, aos 28 anos, no Rio. Foi um dos principais talentos de sua geração, com participação no tropicalismo e parcerias musicais com diversos compositores. Sua obra foi reunida no livro "Os Últimos Dias de Paupéria", em 1973. Seu suicídio assombrou as novas gerações (10.nov.).
- Maria Bethânia lança o disco "Drama – Anjo Exterminado", produzido por Caetano Veloso (dez.).

▸ 1973

NO PALCO

- O musical "Calabar", de Chico Buarque e Ruy Guerra, é censurado dias antes da estreia.
- Entra em cartaz no Rio "Greta Garbo, Quem Diria, Acabou no Irajá", de Fernando Mello, dirigida por Léo Jusi. Com Raul Cortez e Nuno Leal Maia (29.jun.).
- Estreia "Apareceu a Margarida", de Roberto Athayde, monólogo com o qual Marília Pêra inicia carreira internacional, no ano seguinte (4.set.).

NO CINEMA

- São lançados os filmes "O Exorcista", de William Friedkin; "Golpe de Mestre", de George Roy Hill; "American Graffiti – Loucuras de Verão", de George Lucas; e "Amarcord", de Federico Fellini.
- Primeira edição do Festival de Gramado premia "Toda Nudez Será Castigada", de Arnaldo Jabor (10 a 14 de jan.); o filme ganha Urso de Prata em Berlim (fev.).
- Na entrega do Oscar, Marlon Brando recusa o prêmio de melhor ator em protesto contra o tratamento da indústria cinematográfica aos índios (27.mar.).
- Morre o ator Bruce Lee, astro de filmes de artes marciais (20.jul.).

NA TV

- Surge a vinheta de assinatura da TV Globo, o famoso plim-plim.
- Estreia a novela "O Bem-Amado" (TV Globo), de Dias Gomes, com Paulo Gracindo. É a primeira em cores (24.jan.).
- Estreia o "Fantástico", na Globo (5.ago.).
- "A Buzina do Chacrinha", com Abelardo Barbosa, vai ao ar na Tupi (28.out.).

NA ESTANTE

- "O Arquipélago Gulag", de Alexander Soljenitsin, denuncia a repressão totalitária na União Soviética.
- Morre o escritor J.R.R. Tolkien, aos 81 anos, autor do épico "O Senhor dos Anéis" (2.set.).
- Morre o poeta chileno Pablo Neruda, aos 69 anos (23.set.).
- Morre o poeta W.H. Auden, aos 66 anos (29.set.).

NA MÚSICA

- O cantor e compositor norte-americano Lou Reed lança o disco "Berlin".
- Morre o instrumentista, compositor e arranjador Pixinguinha (Alfredo da Rocha Viana Filho) (17.fev.).
- O grupo inglês Pink Floyd lança "The Dark Side of the Moon" (mar.).
- O cantor James Brown se apresenta no Teatro Municipal de São Paulo (27.mar.).
- Censura proíbe a apresentação das músicas "Cálice", de Chico Buarque e Gilberto Gil, e "Samba da Esperança", de Toquinho e Vinicius de Moraes, no show Phono73, em São Paulo (mai.).
- Raul Seixas lança "Krig-Ha Bandolo"; Luiz Melodia lança seu primeiro disco, "Pérola Negra"; Milton Nascimento lança "Milagre dos Peixes"; e João Bosco estreia com o LP "João Bosco".
- O grupo Secos & Molhados lança disco homônimo e estreia show em São Paulo. Formado por Ney Matogrosso, João Ricardo, Gerson Conrad e Marcelo Frias, se transforma num fenômeno pop (12.dez.).
- "Maracatu Atômico", de Jorge Mautner e Nelson Jacobina, é gravada por Gilberto Gil. Em 1996, é relançada por Chico Science & Nação Zumbi.

NAS ARTES

- Morre o pintor espanhol Pablo Picasso, aos 91 anos (8.abr.).
- Morre o artista carioca Ivan Serpa (19.abr.).
- Morre Flávio de Carvalho, um dos nomes mais interessantes do modernismo (4.jun.).

▸ 1974

NO PALCO

- Estreia profissionalmente no Rio o grupo Asdrúbal Trouxe o Trombone, com a peça "O Inspetor Geral", de Gogol. Participam do grupo, entre outros, os atores Luiz Fernando Guimarães, Regina Casé, Evandro Mesquita, Perfeito Fortuna e Patrícia Travassos. O diretor é Hamilton Vaz Pereira.
- Morre o dramaturgo, escritor e ator Oduvaldo Vianna Filho, aos 38 anos. Ligado à intelectualidade e à dramaturgia de esquerda, Vianinha é um dos idealizadores do espetáculo "Opinião" (17.jul.).
- A companhia de dança Ballet Stagium inicia temporada regular no Teatro Municipal de São Paulo (29.mai.).
- O russo Mikhail Baryshnikov torna-se o primeiro bailarino do American Ballet Theather, em Nova York.

NO CINEMA

- São lançados "Chinatown", de Roman Polanski; "O Poderoso Chefão 2", de Francis Ford Coppola; "Inferno na Torre", de Irwin Allen e John Guillermin; "O Enigma de Kaspar Hauser", de Werner Herzog; "O Massacre da Serra Elétrica", de Tobe Hooper; "A Conversação", de Francis Ford Coppola; e "Lancelot du Lac", de Robert Bresson.
- A revista Visão publica elogios de Glauber Rocha a Golbery do Couto e Silva e aos rumos da ditadura militar. As declarações de Glauber causam enorme polêmica entre artistas e intelectuais (mar.).
- Roberto Farias assume a Embrafilme. É a primeira vez que um cineasta chega à direção do órgão (28.ago).

NA ESTANTE

- A revista experimental Navilouca, projeto de Waly Salomão e Torquato Neto, é publicada com trabalhos de artistas e poetas como Hélio Oiticica, Rogério Duarte, Duda Machado, Ivan Cardoso, Décio Pignatari e os irmãos Augusto e Haroldo de Campos. Curiosidade: José Simão, que se tornaria colunista da Ilustrada, também está presente na revista.
- Morre o poeta, ensaísta e jornalista Cassiano Ricardo, aos 78 anos (15.jan.).

NA MÚSICA

- Jorge Ben lança "A Tábua de Esmeralda", que se torna um dos discos mais cultuados da música brasileira.
- O conjunto musical alemão Kraftwerk, precursor da música eletrônica, lança "Autobahn".
- Show do roqueiro norte-americano Alice Cooper reúne 50 mil pessoas no Anhembi, em São Paulo (mar.).
- São lançados os discos "Cartola", primeiro trabalho solo do compositor, e "Alvorecer", da cantora mineira Clara Nunes (jun.).
- O guitarrista Eric Clapton grava "I Shot The Sheriff", de Bob Marley, e contribui para a popularização do reggae (jun.).
- O grupo Secos & Molhados se desfaz logo após lançar seu segundo LP e depois de vender mais de 500 mil cópias do primeiro disco (ago.).
- Morre, no Rio de Janeiro, o compositor e violonista Donga (Ernesto Joaquim Maria dos Santos), que gravou o primeiro samba, "Pelo Telefone", em 1917 (25.ago.); morre, em Porto Alegre, Lupicínio Rodrigues, autor de clássicos como "Nervos de Aço" (27.ago.).

▸ 1975

NO PALCO
□ Estreiam "Ubu Rei", de Alfred Jarry, com Asdrúbal Trouxe o Trombone; "Rocky Horror Show", de Richard O'Brien, dirigido por Rubens Corrêa (14.fev.); e "Pano de Boca", primeiro texto dramático de Fauzi Arap, com direção de Antônio Pedro (16.jul.).
□ Morre o ator e diretor Eugênio Kusnet, estudioso da obra de Stanislavski, ligado ao Oficina (29.ago.).
□ Também estreiam "Ricardo 3º", em montagem de Antunes Filho, com Juca de Oliveira e Lélia Abramo (28.set.), e a peça "Gota d'Água", de Chico Buarque e Paulo Pontes, dirigida por Gianni Ratto, com Bibi Ferreira (26.dez.).
□ É fundado o Grupo Corpo.
□ Realiza-se importante ciclo de debates no Teatro Casa Grande, no Rio

NA ESTANTE
□ Publicado o romance experimental "Catatau", de Paulo Leminski.
□ Lançada a revista Poesia em Greve, que reúne jovens poetas de São Paulo. Editada por Júlio Plaza, Régis Bonvicino, Lenora de Barros e Pedro Tavares de Lima.
□ Publicado "Museu de Tudo", de João Cabral de Melo Neto.
□ Publicado "Lavoura Arcaica", de Raduan Nassar.
□ Morrem o poeta, escritor e crítico Murilo Mendes, aos 74 anos (13.ago.), e o escritor Erico Verissimo, aos 69 anos (28.nov).
□ É lançado "Vigiar e Punir", do filósofo francês Michel Foucault.

NA MÚSICA
□ A cantora mineira Clara Nunes lança "Claridade"; Rita Lee, com o grupo Tutti Frutti, lança "Fruto Proibido", com a faixa "Esse Tal de Rock Enrow", parceria com o futuro best-seller Paulo Coelho.

NO CINEMA
□ "Tubarão", de Steven Spielberg, tem lançamento simultâneo em todo o país e mais de 13 milhões de espectadores.
□ São lançados "Um Estranho no Ninho", de Milos Forman, com Jack Nicholson; "Dersu Uzala", de Akira Kurosawa; "Monty Python e o Cálice Sagrado", de Terry Gilliam e Terry Jones; e "Profissão: Repórter", de Michelangelo Antonioni.
□ "O Poderoso Chefão 2" ganha o Oscar (8.abr.).

NA TV
□ Estreia "Os Trapalhões", na Tupi.
□ Vai ao ar a novela "Gabriela", na Globo, com Sonia Braga como protagonista (14.abr.).
□ A novela "Roque Santeiro", de Dias Gomes e Aguinaldo Silva, é censurada antes de ir ao ar. Estreia só em 24 de junho de 1985.
□ O presidente Geisel outorga a concessão da TV Continental do Rio a Silvio Santos, que passa a se chamar TVS Rio.

□ John Lennon lança o álbum "Rock'n Roll" (21.fev.); a cantora norte-americana Patti Smith lança "Horses"; a banda inglesa Queen lança "A Night At The Opera" (nov.).
□ Estreia no Canecão, no Rio, show de Chico Buarque e Maria Bethânia, que gera o álbum "Chico Buarque & Maria Bethânia ao Vivo" (jun.); Gilberto Gil e Jorge Ben também lançam LP juntos; Caetano Veloso lança "Qualquer Coisa" e "Joia" (ago.); Elis Regina estreia o show "Falso Brilhante" (dez.).

NAS ARTES
□ É publicada a revista Malasartes, que reúne colaboradores como Waltercio Caldas, Cildo Meireles, José Resende e Carlos Zílio, além do crítico carioca Ronaldo Brito.

▸ 1976

NO PALCO
□ O grupo Corpo estreia o balé "Maria Maria", de Milton Nascimento (música), Fernando Brant (texto) e Oscar Araiz (coreografia) (2.abr.).
□ Entra em cartaz "O Santo Inquérito", de Dias Gomes, dirigida por Flávio Rangel, no Rio; e, em São Paulo, a peça "Seria Cômico... Se Não Fosse Sério", de Friedrich Dürrenmatt, direção de Celso Nunes, com Fernando Torres e Fernanda Montenegro (20.out.).

NO CINEMA
□ "Dona Flor e Seus Dois Maridos", de Bruno Barreto, baseado em Jorge Amado, ultrapassa a marca de 11 milhões de espectadores, a maior bilheteira da história do cinema brasileiro; "A Queda", de Ruy Guerra, ganha o Urso de Prata em Berlim.

NA ESTANTE
□ Clarice Lispector ganha o primeiro prêmio no 10º Concurso Literário Nacional de Brasília, pelo conjunto da obra.
□ O poeta Ferreira Gullar recebe o prêmio de poesia da APCA por "Poema Sujo".
□ "Zero", de Ignácio Loyola Brandão, é proibido.
□ O grupo de poetas e músicos Nuvem Cigana, que reúne, entre outros, Chacal, Charles e Ronaldo Bastos, lança o primeiro Almanaque Biotônico Vitalidade. O grupo, ligado à chamada poesia marginal carioca, promovia happenings, com leitura de poemas e números de rock.

□ São lançados os filmes brasileiros "Xica da Silva", de Cacá Diegues; "O Casamento", de Arnaldo Jabor; e os internacionais "Rede de Intrigas", de Sidney Lumet; "Rocky, um Lutador", de John G. Avildsen; "Taxi Driver", de Martin Scorsese; e "Carrie, a Estranha", de Brian de Palma.
□ Morre, em 2 de agosto, o diretor austríaco Fritz Lang, de "Metropolis" (1927) e "O Vampiro de Düsseldorf" (1931).

NA TV
□ Morre o ator e humorista Manoel de Nóbrega. Criou o programa "Praça da Alegria", em 1956 (17.mar.).
□ Estreia "Saramandaia", de Dias Gomes, dirigida por Walter Avancini, na Globo. O realismo fantástico chega às novelas (3.mai.).
□ Estreia "Escrava Isaura", que torna a atriz Lucélia Santos internacionalmente conhecida (11.out.).
□ Mario Prata escreve "Estúpido Cupido", para a Globo.

NA MÚSICA
□ É lançado "Meus Caros Amigos", de Chico Buarque.
□ O show "Doces Bárbaros", com os baianos Gilberto Gil, Caetano Veloso, Gal Costa e Maria Bethânia estreia no Anhembi (24.jun.).
□ Show de Gil no colégio Equipe, em São Paulo, gera discussões com estudantes, que vaiam e cobram do cantor postura de esquerda.
□ Stevie Wonder lança "Songs in The Key of Life", disco que, em 77, ganharia o prêmio Grammy de álbum do ano (set.).
□ O compositor e instrumentista Egberto Gismonti lança "Corações Futuristas" (out.).

NAS ARTES
□ Morre o pintor Emiliano Di Cavalcanti. O cineasta Glauber Rocha filma o velório. O filme "Di" é posteriormente vetado no país por decisão judicial a favor de um pedido da família (26.out.).

▸ 1977

NO PALCO
□ Estreia, no Rio, o musical infantil "Os Saltimbancos", com adaptação e trilha sonora de Chico Buarque e direção de Antônio Pedro. Com Marieta Severo no elenco.
□ Entra em cartaz o musical "Teatro do Ornitorrinco Canta Brecht e Weill", dirigido por Cacá Rosset, em São Paulo.
□ Estreia a peça "Trate-me Leão", no Rio. É o espetáculo de maior êxito do Asdrúbal Trouxe o Trombone (15.abr.).

NO CINEMA
□ "Di", de Glauber Rocha, ganha prêmio Especial do júri no Festival de Cannes.
□ "Os Embalos de Sábado à Noite" revela John Travolta. A trilha dos Bee Gees faz história na disco music.
□ Estreia "Guerra nas Estrelas", primeiro filme da saga de George Lucas.

□ São lançados os filmes nacionais "Tenda dos Milagres", de Nelson Pereira dos Santos; "Lúcio Flávio, o Passageiro da Agonia", de Hector Babenco; e os internacionais "Noivo Neurótico, Noiva Nervosa", de Woody Allen; "Contatos Imediatos do Terceiro Grau", de Steven Spielberg; "Os Duelistas", de Ridley Scott; "O Ovo da Serpente", de Ingmar Bergman; "Esse Obscuro Objeto do Desejo", de Luis Buñuel; e "O Amigo Americano", de Wim Wenders.
□ Acontece em São Paulo a 1ª Mostra Internacional de Cinema, organizada por Leon Cakoff, no Masp.
□ Morre Charles Chaplin, criador de Carlitos (25.dez.).
□ Morre Paulo Emilio Sales Gomes. Crítico, escritor e ensaísta, influenciou a crítica e o cinema brasileiros.

NA TV
□ Estreia o "Sítio do Picapau Amarelo", na Globo (7.mar.).
□ Inaugurada a Rede Bandeirantes (set.).

NA ESTANTE
□ O ensaísta Roberto Schwarz publica "Ao Vencedor as Batatas", volume de ensaios sobre Machado de Assis.
O livro traz o texto "As Ideias Fora do Lugar".
□ Morrem o escritor russo Vladimir Nabokov ("Lolita"), aos 78 anos (2.jul.), e o poeta americano Robert Lowell, aos 60 (12.set.).
□ Toma posse na ABL a escritora Rachel de Queiroz, autora de "O Quinze", a primeira mulher a ser eleita para a Academia (4.nov.).
□ Morre Clarice Lispector, aos 51 anos. Nascida na Ucrânia, chegou ao Brasil com dois meses de idade. É autora, entre outros, de "Perto do Coração Selvagem", "A Maçã no Escuro", "Laços de Família" e "A Hora da Estrela" (9.dez.).

NA MÚSICA
□ A banda de rock Vímana, com Ritchie, Lulu Santos e Lobão, lança compacto com as músicas "Zebra" e "Masquerade"; Iggy Pop lança o disco "Lust for Life".
□ Morre em acidente de automóvel, no Rio, a cantora e compositora Maysa (Figueira Monjardim), que celebrizou canções como "Ouça" e "Meu Mundo Caiu" (22.jan.).
□ Gilberto Gil lança "Refavela" (jul.).
□ Morre Elvis Presley em sua mansão em Memphis (16.ago.).
□ Os Sex Pistols lançam "Never Mind the Bollocks", o clássico do punk rock (out.).
□ A banda punk The Ramones lança "Rocket To Russia" (nov.).
□ Inaugurada a discoteca Studio 54, em Nova York (26.abr.).
□ Morre a cantora lírica Maria Callas (16.set.).

▸ 1978

NO PALCO
□ Estreia o musical "Evita", produzido por Robert Stigwood, nos palcos londrinos e depois na Broadway.
□ O diretor João Bethencourt recebe o prêmio Governador do Estado pela encenação de "O Doente Imaginário", de Molière.
□ Estreia o musical "A Ópera do Malandro", de Chico Buarque, adaptação da "Ópera dos Três Vinténs", de Bertolt Brecht e Kurt Weill. Dirigido por Luiz Antônio Martinez Corrêa (ago.).
□ Artistas realizam um ato de repúdio à censura na escadaria do Teatro Municipal de São Paulo (17.ago.).
□ Estreia a peça "Macunaíma", baseada na obra de Mário de Andrade, dirigida, em montagem histórica, por Antunes Filho (20.set.).
□ Morre Zbigniew Ziembinski, aos 70 anos. O diretor polonês chega ao Brasil em 1941 e é responsável pela célebre primeira encenação de "Vestido de Noiva", de Nelson Rodrigues, em 1943 (18.out.).

NO CINEMA
□ "A Dama do Lotação", de Neville d'Almeida, com Sonia Braga, tem a segunda maior bilheteria na história do cinema nacional.
□ "Os Trapalhões na Guerra das Estrelas", de Adriano Stuart, marca início do sucesso do grupo junto ao grande público.
□ Christopher Reeve interpreta o Super-Homem em "Superman, o Filme", de Richard Donner. O voo convence.
□ São lançados "Chuvas de Verão", de Cacá Diegues, e "Tudo Bem", de Arnaldo Jabor.

NA TV
□ Com Sonia Braga e Antônio Fagundes, estreia a novela "Dancin' Days", na Globo. Escrita por Gilberto Braga e dirigida por Daniel Filho, Gonzaga Blota, Denis Carvalho, Marcos Paulo e José Carlos Piéri. Faz estrondoso sucesso e marca época, surfando na onda das discotecas (10.jul.).
□ Carlos Alberto Ricceli interpreta, na TV Tupi, o índio Aritana, personagem da novela homônima de Ivani Ribeiro (13.nov.).

NA ESTANTE
□ É publicado "O Pai de Família e Outros Estudos", reunião de ensaios de Roberto Schwarz, entre eles, "Cultura e Política, 1964-69". O texto, publicado na França em 1970, foi avidamente lido pela esquerda universitária, artistas e intelectuais. Foi citado por Caetano Veloso na letra de "Love, Love, Love", no LP "Muito", desse mesmo ano.
□ A poeta Adélia Prado recebe o Prêmio Jabuti por "O Coração Disparado"; publicado o primeiro romance de Roberto Drummond, "O Dia em que Ernest Hemingway Morreu Crucificado".
□ "Um Copo de Cólera", de Raduan Nassar, recebe o prêmio de melhor ficção da APCA.

NA MÚSICA
□ Rita Lee e Gilberto Gil lançam "Refestança", que reúne os dois em show que marcou época.
□ Bob Marley, popstar global do Terceiro Mundo, lança o álbum "Kaya".
□ Acontece o 1º Festival Internacional de Jazz de São Paulo, com mais de 120 músicos brasileiros e estrangeiros (set.).
□ Milton Nascimento lança o álbum duplo "Clube da Esquina nº 2", que inclui as músicas "Maria, Maria" (com Fernando Brant) e o poema de Carlos Drummond de Andrade, "Canção Amiga", musicado pelo compositor (nov.).
□ Morre o cantor e compositor de samba Candeia (Antônio Candeia Filho) (16.nov.).

▸ 1979

NO PALCO
□ A peça "Rasga Coração", de Oduvaldo Vianna Filho, escrita em 1972, é liberada pela censura.
□ Morre um dos maiores atores do teatro brasileiro, Procópio Ferreira, pai de Bibi. Durante os 60 anos de carreira, atua em praticamente todos os palcos, representando mais de 500 personagens (18.jun.).

NO CINEMA
□ Entra em cartaz "Bye, Bye, Brasil", de Cacá Diegues, com música de Chico Buarque, um dos filmes mais importantes da década.
□ São lançados "Manhattan", de Woody Allen; "Nosferatu, o Vampiro da Noite", de Werner Herzog; "Alien, o Oitavo Passageiro", de Ridley Scott; "Apocalypse Now", de Francis Ford Coppola; "A Vida de Brian", de Terry Jones; e "Mad Max", de George Miller.
□ Morre o ator norte-americano John Wayne, eterno cowboy norte-americano (11.jun.).

NA TV
□ Estreia o programa "Abertura", criado e apresentado, em ritmo performático, por Glauber Rocha, na TV Tupi.
□ Lançado o programa "PopClips", na Warner Cable de Nova York, que três anos depois se torna a MTV.
□ Paulo Autran faz sua estreia em novelas em "Pai Herói", de Janete Clair, na Globo (29.jan.).
□ Estreia a série "Carga Pesada", de Dias Gomes e Gianfrancesco Guarnieri, com Antônio Fagundes e Stênio Garcia (22.mai.).
□ Estreia "Malu Mulher". A série da TV Globo, de Aguinaldo Silva, Doc Comparato, Antônio Carlos Fontoura e Leopoldo Serran, procura fazer um retrato mais moderno da mulher brasileira. Regina Duarte e Dennis Carvalho formam o casal protagonista (24.mai.).

NA ESTANTE
□ É publicado com grande sucesso o livro "O Que é Isso, Companheiro?", de Fernando Gabeira, que narra a experiência do jornalista como militante da luta armada.
□ "Anarquistas Graças a Deus" marca a estreia de Zélia Gattai na literatura.
□ Eleito para a Academia Brasileira de Letras o jornalista mineiro Otto Lara Resende (3.jul.).
□ Morre a poeta americana Elizabeth Bishop, aos 68 anos (6.out.).

NA MÚSICA
□ Sony lança o Walkman, primeiro tocador de fitas cassetes portátil.
□ Proibida "O Meu Amor", de Chico Buarque (jan.).
□ A ópera "La Traviata" estreia temporada no Municipal do Rio, com direção do italiano Franco Zefirelli (mar.).
□ Morre a pianista brasileira Guiomar Novaes (7.mar.).
□ "O Meu Sangue Ferve Por Você", de Sidney Magal, atinge a marca de 1 milhão de cópias vendidas (abr.).
□ Morre, no Rio, o compositor Humberto Teixeira, autor, entre outras, de "Asa Branca" e "Paraíba", ambas em parceria com Luiz Gonzaga (3.out.).
□ O grupo inglês The Clash lança o disco "London Calling" (dez.).

NAS ARTES
□ A Bienal de Arte de São Paulo perde o caráter competitivo com a extinção das premiações. Entre os destaques, estão obras do alemão Joseph Beuys.

NA POLÍTICA
□ Promulgada a Lei da Anistia, em 28 de agosto, acelerando o retorno de exilados.

po

os menu-
dos no

der

FOLHA IMAGEM

Caio Túlio Costa e o incrível terminal de computador da década de 80

FOLHA IMAGEM

Otavio Frias Filho em passagem pelo "paste up"

FOLHA IMAGEM

Matinas, de borboleta

1986 FOLHA IMAGEM

Marcos Augusto Gonçalves

Renata Lo Prete

FOLHA IMAGEM

Andrea Fornes

FOLHA IMAGEM

Leão Serva, pauteiro da Ilustrada e secretário de Redação

O diagramador Joca Pereira e o crítico de cinema Inácio Araujo

FOLHA IMAGEM

O repórter Miguel de Almeida

Antonio Gonçalves Filho

FOLHA IMAGEM

Barbara Gancia

Um jatinho na mão e umas ideias na cabeça

Caio Túlio Costa foi o primeiro jornalista da geração de 77 a assumir um posto de comando na Folha. Formou-se pela Escola de Comunicação e Arte da Universidade de São Paulo, em 1979, e tinha 27 anos no final de 1981, quando foi convidado a pisar pela primeira vez na Redação de um grande jornal. Não sabia, na prática, como se produzia e fechava um caderno como a Ilustrada.

Pisar o quarto andar da Folha naquela época era uma experiência sensorial digna de nota. O chão era inteiramente revestido de pastilhas coloridas, material que também recobria as paredes e o teto do salão por onde se distribuíam as mesas dos jornalistas. Do alto pendiam os fios dos aparelhos telefônicos, que ainda eram pretos e pesados. Não havia ar-condicionado e ao fundo ouvia-se um ruído que já deixou de existir nas Redações –o bater das teclas das máquinas de datilografar.

No ano em que foi contratado, Caio lançou o livro "O Que é Anarquismo", pela coleção Primeiros Passos, um estrondoso sucesso da editora Brasiliense, da qual Luiz Schwarcz era diretor editorial. Caio tinha um humor peculiar, temperado por uma desorientadora dose de cinismo. Era muito magro, gaguejava e mostrava vocação para organizar e comandar. "Sempre foi uma pessoa forte na operação. Nos jornais estudantis, ele era de fechar, de ir à gráfica, de olhar, de cobrar matéria", recorda Matinas Suzuki Jr.

Antes de chegar à Folha, ele trabalhava no jornal Leia Livros, uma publicação de resenhas e cultura ligada a Caio Graco Prado, o proprietário da Brasiliense. Cláudio Abramo era o secretário-geral do Leia. "Ele dizia que preferia o título de secretário-geral porque tinha dado certo no Vaticano e no Kremlin", lembra Caio.

Os dois davam-se bem. O jovem jornalista admirava a altivez, a autoridade e o humor do secretário-geral, que o chamava de Túlio. Era influenciado por seu estilo e parecia gostar disso. Na Folha, havia ocasiões em que parodiava Cláudio, encenando alguma de suas idiossincrasias –como vetar fotografias de Pelé na primeira página.

Em 1980, no Leia, por sugestão de Cláudio, Caio propôs a Otavio Frias Filho que resenhasse um livro de Celso Lafer, "Hannah Arendt: Pensamento, Persuasão e Poder", lançado em 1979, pela Paz e Terra. Foi atendido, e o texto, publicado. Otavio enviou a Caio um cartão de agradecimento. Ele tinha uma impressão distante, mas positiva do editor do Leia, e acreditava que um jornalista novo, vinculado à cena intelectual de sua geração, poderia fazer bem à Ilustrada.

Sem Tarso de Castro e no contexto que se seguiu ao caso Diaféria, o caderno, sob o comando de Helô Machado, trafegava regularmente pela faixa de artes e variedades. Fassoni, Jefferson del Rios e João Marcos Coelho permaneciam como críticos e Vladir Nader, escritor e fundador da revista Escrita, era redator. O jovem Gabriel Priolli fora convidado para escrever sobre TV, acentuando o anacronismo da coluna da veterana Helena Silveira; Francis e Flávio Rangel permaneciam lá, e a eles se reunia, por um breve período, o colunista Nelson Rodrigues, contratado por Boris Casoy. Mas, nas palavras do próprio Boris, faltava alguma coisa:

"A Helô Machado era uma moça fashion, sem ideologia, que fechava o caderno. Mas o que era a Ilustrada? A Ilustrada não era cultural, tinha espasmos culturais. Tinha coisas mais intelectualizadas, mas vinha lá o cara de uma agência e vendia aquelas matérias sobre a história dos castelos da Inglaterra ou a moda do chapéu não-sei-o-quê, que começou na Suíça. Isso era assim, já vinha de antes, do próprio tempo do Cláudio, é o histórico, fazia parte do contexto daquele momento".

Em questões políticas, Helô era uma exceção à regra que também fazia parte do "contexto daquele momento" –a forte politização das Redações. De supostos ou verdadeiros agentes infiltrados da ditadura a jornalistas de esquerda de diversos matizes, o ambiente era atravessado por relações de atração e repulsa política. Conspirava-se e cochichava-se pelos cantos e corredores. Como dizia Paulo Francis, os jornalistas eram de esquerda "quase que por ofício". Chegou-se a registrar, na Folha, reclamação pelo fato de a direção colocar lado a lado ou em posições de chefe e subordinado pessoas filiadas a partidos clandestinos inimigos ou que neles se encontravam hierarquicamente acima de seus superiores no jornal.

A escolha de Boris Casoy para substituir Cláudio Abramo teve o dom de unificar a esquerda na Redação, ao menos no primeiro diagnóstico. Ele estudara no Mackenzie, havia sido assessor de imprensa de Cirne de Lima, ministro da Agricultura de Médici, e teve seu nome citado pela revista O Cruzeiro como um dos possíveis membros do Comando de Caça aos Comunistas –o que sempre negou e desafiou que provassem. A dedução era óbvia: saía Cláudio, o herói da esquerda, enxotado pelos militares, e entrava o braço da direita, que implantaria uma nova linha na Folha, mais conservadora e oficialista.

Não foi o que aconteceu. A Folha contornou o risco maior e avançou, mostrando arrojo sem paralelo na campanha pelas Diretas, na passagem de 1983 para 1984. Não é de mais lembrar que se deveu a Boris ("embora digam que foi o Cláudio, o que não é verdade", queixa-se ele) a contratação dos repórteres Clóvis Rossi e Ricardo Kotscho, símbolos do jornalismo político da redemocratização.

Em finais de 81, por sugestão de Otavio, Boris entrou em contato com Caio Túlio, convidou-o para uma conversa e propôs-lhe o cargo de editor da Ilustrada.

A contratação representou um divisor de águas, o início de uma mudança importante na cobertura de cultura da Folha –e também os primeiros passos de uma trajetória que levaria o jornalista a secretário de Redação, primeiro ombudsman da imprensa brasileira e executivo responsável pela implantação do portal UOL, do qual foi diretor-geral.

No ano em que esteve sob sua direção, a Ilustrada tornou-se mais ágil, mais sintonizada com o mercado e mais atenta aos temas de relevância intelectual. "O Caio foi um cara que deu um rumo ao caderno. Eu senti que no comecinho ele estava um pouco perdido dentro da Redação e senti também que ele se deu bem comigo. A gente tinha uma afinidade, os dois são virginianos, a gente gostava de ser virginiano... Eu, na verdade, tô cagando para isso, mas era legal a nossa relação", lembra Angeli.

Uma das pessoas que ajudou Caio a se encontrar na Redação da Ilustrada foi o diagramador Jair de Oliveira, que todos considerávamos, durante anos, o verdadeiro editor do caderno, pois dominava todas as rotinas, reclamava e dava ordens –só faltava demitir quem ele achava que não servia.

Caio levou para a editoria alguns amigos da ECA e da Libelu: Mario Sergio Conti (que já estava na Folha como setorista da Câmara Municipal e assumiu o Folhetim, que passou à esfera da Ilustrada), Matinas Suzuki Jr., Renata Rangel e Rodrigo Naves (que substituiu Conti no Folhetim quando Caio já deixava a editoria).

O repórter Antonio Gonçalves Filho tinha chegado pouco tempo antes, assim como Miguel de Almeida, um nome assíduo e polêmico da reportagem. Havia ainda Sérgio Augusto, contratado por Boris, e Tarso, que voltara a atacar como colunista, obtendo logo grande repercussão.

O espaço de Tarso na página 2 atraía muitas atenções, e ele, embora lido pela Direção do jornal, gozava de ampla liberdade. Com frequência, aliás, publicava comentários sobre a própria Ilustrada, elogiava e criticava artigos, falava bem ou mal do editor ou mandava recados para um colega colunista. Foi o caso, por exemplo, de Miguel de Almeida, que, em 1983, estreou como titular de uma coluna chamada Painel da Ilustrada.

Era uma "tripa", no alto da página 2, entre as colunas de Tavares de Miranda e Tarso. É fato que, logo no primeiro dia, Miguel, ao saudar os leitores, provocou: "Muito prazer: aqui estou eu. À direita, Tarso de Castro. À esquerda, Tavares de Miranda". No dia seguinte, no pé de sua coluna, Tarso publicou uma nota: "Viver em cidade grande tem um problema: não se pode escolher vizinho. Viver em página de jornal, pasmem, é a mesma coisa. Sorry".

Em 82, juntou-se a esse animado clube um outro estudante da ECA, que havia passado ao largo da agitação estudantil. Seu nome era Petrônio Flávio Escobar França de Andrade. Foi contratado ao responder a um anúncio para redator e tradutor. Ficaria famoso como Pepe Escobar, o jornalista que levou para a área pop da Ilustrada um tipo de crítica sofisticada, idiossincrática, anglófila e "pós-moderna", que se tornou marca registrada do caderno. Algo desse espírito de Pepe apareceu em críticos que vieram depois, como Álvaro Pereira Jr. e André Forastieri (do Folhateen, mas

"Pepe Escobar levou para a área pop um tipo de crítica sofisticada, idiossincrática, anglófila e 'pós-moderna', que se tornou marca registrada do caderno"

Um jatinho na mão e umas ideias na cabeça

também colaboradores da Ilustrada), Lúcio Ribeiro, e mesmo Luís Antônio Giron e Pedro Alexandre Sanches –mais ligados à música popular brasileira. Giron, em 1985, assinou uma crítica à pianista Magdalena Tagliaferro que causou polêmica. João Marcos Coelho, crítico de jazz e de música erudita da Ilustrada, diz que ficou "puto" com o autor –de quem, segundo ele, veio a se tornar amigo. Até um abaixo-assinado foi organizado em defesa da veterana pianista. "Acho que foi o único manifesto que o Eleazar de Carvalho e o Isaac Karabtchevsky, que eram jurados de morte, assinaram juntos", diz João Marcos. Ele conversou com o secretário de Redação, Caio Túlio Costa, sobre o assunto, e pediu demissão: "A Magdalena pode ter um infarto, morrer, se ela ler essa crítica, eu disse ao Caio. E ele me respondeu que se isso acontecesse ele daria na Primeira Página. Eu falei que não escrevia mais e fui embora".

◆

Naqueles anos, ao mesmo tempo em que a Folha continuava atraindo jornalistas reconhecidos, começava um forte movimento de renovação de quadros, que em poucos anos derrubaria a faixa etária da Redação, mudaria seu perfil sociológico e levaria a postos de chefia jovens profissionais ambiciosos, com o característico "drive" da militância, que encontrariam surpreendente liberdade para propor e imprimir suas ideias na Folha. Como diz Pepe Escobar, 25 anos depois, referindo-se à Ilustrada, "tínhamos um jatinho nas mãos e podíamos pilotá-lo".

É verdade que as condições para voar eram muitas vezes ruins e havia pressa, impaciência e cobrança. A própria direção da Folha referia-se à rotina da Redação como "um Vietnã". Nem todos suportavam o ritmo, muitos às voltas com tarefas para as quais não haviam sido preparados. A rotatividade naqueles anos tornou-se vertiginosa, como mostram números reunidos no livro "Mil Dias" (Publifolha, 2005), de Carlos Eduardo Lins da Silva, que fez dupla com Caio Túlio na Secretaria de Redação e participou de perto da implantação do chamado Projeto Folha. Em 1984, 116 jornalistas (32%) foram demitidos ou pediram demissão do jornal. Em 1985, foram 142 (44%); e em 1986, 187 (55%). Nesse processo, os proprietários da Folha decidiram reinvestir na Folha da Tarde, que ganhara fama de reduto de jornalistas ligados aos porões da ditadura. Coube a Adilson Laranjeira comandar a renovação do jornal, que absorveu nomes da Folha, como o crítico Orlando Fassoni.

A renovação não visava apenas afastar da Redação, como sugerem alguns, os jornalistas cuja atuação política parecia deletéria à cúpula do jornal. O objetivo maior, estratégico, era trocar o software, levar para a Folha gente com olhos voltados para o futuro e com novas referências, fosse de esquerda ou não. A maioria, sem dúvida, continuou sendo (o PT, como se sabe, angariou muitas simpatias entre jovens jornalistas a partir de sua fundação, em 1980). Leão Serva, que foi um criativo pauteiro e dinâmico editor-assistente da Ilustrada (posteriormente, secretário de Redação), lembra ter sido convidado, no final de 1982, para uma reunião com o intuito de levantar novos nomes:

"O Matinas me encontrou no Natal de 82 e me disse que o Otavio queria fazer uma reunião e que meu nome estava incluído. O André Singer era o editor de Artigos e Eventos, e eles, Otavio e André, acho que juntamente com o Caio e o Matinas, tiveram a ideia de fazer uma puta seção de livros. E queriam pegar o pessoal da geração deles, alguns até um pouco mais novos, que estavam saindo da faculdade. A reunião foi no auditório da Folha. Não lembro de todos, mas estavam lá a Sonia Mindlin, o Gesner de Oliveira Sobrinho, o Durval Figueira Filho, hoje advogado, e o Luís Francisco Carvalho Filho, também advogado, que já era colaborador".

Naquele mesmo final de 1982, Caio deixava a Ilustrada para assumir a Secretaria de Redação. Tinha pela frente um projeto estratégico: a informatização do jornal, que modificaria todo seu fluxo produtivo. E a mudança começaria justamente pela Ilustrada. Vivia-se a pré-história da era digital e as dificuldades foram tremendas. Os fechamentos atrasavam e as edições saíam com muitos erros (sim, ainda é assim, mas foi muito pior). No andar de baixo, sobrevivia o "paste up", seção fordiana onde as páginas eram montadas sobre pranchas, na base da cola e do estilete. Editores e assistentes desciam depois do fechamento para tentar sanar, na última hora, algum dos muitos problemas que certamente haviam passado.

Matinas, naturalmente, substituiu Caio no comando da Ilustrada, e Renata Rangel tornou-se sua sub. Ele assumiu no início de 1983. Foi o grande editor de cultura, o mais imaginativo, ambicioso e antenado de todos, naqueles anos vertiginosos em que a Folha despontou como a grande novidade da imprensa brasileira e a Ilustrada como o caderno mais lido, amado e odiado do país.

No final de 83, por indicação de Rodrigo Naves, ele me convenceu a deixar o Rio para ser seu editor-assistente, cargo que assumi em fevereiro de 1984. Eu o havia conhecido –juntamente com Caio e Rodrigo Naves– no segundo semestre de 1977, quando participávamos das discussões para a criação de um jornal alternativo intitulado Beijo, uma articulação de Julio Cesar Montenegro, o ex-editor de cultura da última fase do jornal Opinião, que tinha fechado as portas em abril daquele ano.

O Beijo funcionava de maneira peculiar, na linha da autogestão: todas as 40 pessoas que se cotizaram e venderam assinaturas para iniciar o jornal apareciam no expediente como diretores. Ninguém ganhava nada e tudo era discutido e resolvido em reuniões infindáveis. Durou seis números.

Direta ou indiretamente, os antigos colaboradores do Opinião e os recém-chegados ao Beijo influenciaram a Ilustrada. Para citar alguns deles, além de Caio, Matinas e Rodrigo: o sociólogo Gilberto Felisberto Vasconcellos (que foi editorialista da Folha e colunista da Ilustrada), os críticos de cinema Jean-Claude Bernadet e Sérgio Augusto, o jornalista Wilson Coutinho (que posteriormente foi repórter e crítico de arte da Ilustrada), a poeta Ana Cristina Cesar, o professor e poeta Cacaso, o crítico de arte Ronaldo Brito, o artista Waltercio Caldas, os ensaístas Laymert Garcia dos Santos e Stella Senra, além de um tipo ímpar, egresso da luta armada, o sociólogo Fernandinho Mesquita –que também escrevia numa revista alternativa dessa área, chamada Cine Olho.

"Essa turma tinha uma reflexão sobre jornalismo cultural" diz Matinas. Nessa reflexão, era corrente a ideia de que a intervenção no plano da linguagem poderia ser mais interessante e subversiva do que a simples explicitação de conteúdos políticos em formatos consagrados. Nessa linha, o pessoal do Beijo mantinha uma relação lúdica com os elementos da linguagem jornalística, como uma maneira de relativizar e "denunciar" os mecanismos que confeririam objetividade e verdade ao conteúdo da imprensa. Isso se traduzia, por exemplo, na autonomia da informação visual em relação à textual, na diagramação heterodoxa, na seleção de títulos e na própria feitura dos artigos.

Na verdade, o pessoal da ECA, que fora vanguarda na greve de 1975, já havia exercitado muitas dessas ideias num incrível jornal estudantil chamado Avesso. Um de seus números mais interessantes trazia uma enorme fotografia de Mao Tsé-Tung e versos de "Uma Estadia no Inferno", de Rimbaud. Era uma crítica ao culto à personalidade, mas desavisados viram um sinal de que o movimento estudantil estava se radicalizando em direção ao maoísmo.

Um dos editores do Avesso, Rodrigo Naves, levou ao Folhetim algumas dessas características –não por acaso ele lembra com especial carinho de um número do suplemento cujo tema de capa era o falso [ver página 252].

◆

Entre 1984 e 1987, Matinas e eu nos revezamos como editores da Ilustrada. Ele passou um período dirigindo a Sucursal do Rio e eu, trabalhando na reportagem. Inácio Araujo veio a se reunir aos "300 críticos de cinema" que existiam na Redação da Folha (na boutade de Paulo Francis) e também Leon Cakoff (que o mesmo Francis chamava de Boris Karloff). Ruy Castro e Leão Serva já haviam sido contratados em 1983 –Leão, curiosamente, para substituir Geraldo Leite, do grupo Premeditando o Breque, que assinava uma coluna sobre rádio. Ele era, em seus 24 anos, mais um dos garotos dinâmicos que chegavam à Barão de Limeira. Andréa Fornes, Renata Lo Prete, Lilian Pacce e Márion Strecker Gomes eram algumas das garotas. Andréa foi redatora, repórter e editora-assistente da Ilustrada. Renata se tornou ombudsman e uma grande jornalista política. Lilian começou como assistente de Tarso de Castro em sua coluna e depois se transformou numa grande estrela do jornalismo de moda. Márion, que foi crítica de arte, nos sucedeu como editora do caderno em 1988. Ocupou diversos cargos na Folha e depois migrou para a área digital, tornando-se diretora de conteúdo do UOL.

Em 1984, quando Otavio Frias Filho deixou o Conselho Editorial e assumiu a direção de Redação, a piada estava pronta: passamos a ser chamados de Menudos pelos jornalistas mais rodados. Os Menudos fizeram boas piruetas com o jatinho que tinham nas mãos. E elas não tardaram a chamar a atenção. Em setembro de 1985, a revista Veja São Paulo dedicou sua capa ao êxito da Folha e tratou a Ilustrada como "um capítulo à parte". Na reportagem, Matinas dizia ao jornalista Roberto Pompeu de Toledo que o caderno se dirigia "sobretudo aos jovens" e afirmava que São Paulo estava se tornando "a vanguarda cultural do país". □

FOLHA IMAGEM

Brazil, a Redação

Otavio Frias Filho costuma referir-se ao filme "Brazil" (1985), de Terry Gilliam, quando passeia pela sede da Folha, na alameda Barão de Limeira, com suas complexas interligações entre prédios diferentes, seus meandros imprevistos e seus contrastes visuais, que nos convidam a transitar por cenografias kafkianas e imagens perturbadoras de um futuro orwelliano. Bem, a foto nesta página, de início da década de 80, mostra como era a Redação da Folha recoberta de pastilhas multicoloridas, com os fios dos telefones pendendo do teto e as mesas que embutiam as máquinas de escrever.

"

CAPÍTULO À PARTE

Trechos de reportagem de capa da Veja São Paulo sobre a Folha, em 16 de setembro de 1985

A Ilustrada é um capítulo à parte em qualquer consideração sobre a Folha –um espaço aberto à aventura, que lembra as tradições da imprensa alternativa das décadas de 60 e 70. A heterodoxia começa pela parte gráfica, mais solta e cheia de invenções que as outras partes do jornal. E termina no conteúdo dos textos, em que os autores têm licença para o exercício do personalismo e da iconoclastia. Espantoso é que um espírito como o de Pepe Escobar conviva, nas mesmas páginas da Ilustrada, com o veterano Tavares de Miranda. Na verdade, porém, o espanto fica mais por conta do leitor. Entre os próprios jornalistas a convivência é perfeitamente pacífica. Desde julho responsável pela frequentada seção de notas curtas que antes atendia pelo nome pernóstico de 'Estilo e Prazer', Ruy Castro costuma bradar a Tavares, quando chega à redação: 'Poeta José, como vai?' José Tavares de Miranda responde: 'O que há de novo?' E Ruy Castro completa: 'Muita galinha e pouco ovo'.

”

“Preocupação mercadológica é falar com autoridade e agilidade sobre o que está acontecendo”

Entrevista com **CAIO TÚLIO COSTA**

Caio Túlio Costa, nascido em 1953, foi o primeiro editor na Ilustrada egresso da chamada geração de 1977. Formou-se na ECA, da Universidade de São Paulo, em 1979. Foi editor do semanário Leia Livros, de onde saiu para editar a Ilustrada. Ficou no cargo de dezembro de 1981 a dezembro de 1982, período em que o caderno começou a passar por mudanças importantes. Tornou-se, a seguir, secretário de Redação, foi correspondente da Folha em Paris, ombudsman e diretor-geral do UOL, cargo que deixou em 2002.

Como era o ambiente jornalístico quando você chegou à Ilustrada?

O caderno era mais lento. Eu levei para a Ilustrada um olhar diferente e uma ideia de agilidade. Fazia um mês que eu estava na Ilustrada quando o Elias Canetti ganhou o prêmio Nobel de literatura. Praticamente ninguém na Ilustrada sabia direito quem era o Elias Canetti. Eu sabia. E isso era parte do nosso problema: não havia conhecimento para certas coisas e não havia agilidade. Se eu pedisse para alguém fazer um artigo sobre o Canetti até sairia, mas não para amanhã, só para o domingo.

A Ilustrada foi ficando mais agressiva, passou a criticar coisas que jamais criticaria, passou a estar muito mais atenta a questões mercadológicas. Eu achava que o caderno tinha que se posicionar logo, colocar o leitor em sintonia com o que estava acontecendo. Quando eu falo em preocupação mercadológica, é neste sentido: falar com autoridade e agilidade sobre o que estava acontecendo do ponto de vista da cultura.

Para isso foi preciso montar uma nova equipe?

Sim, eu logo fui atrás de gente nova, como o Mario Sergio Conti, que trabalhava na Folha como setorista da Câmara Municipal. Era um puta jornalista mal aproveitado Eu cheguei para o Boris Casoy e falei: “Boris, é o seguinte, esse cara é o melhor estudante da ECA, o cara mais inteligente da minha turma, eu quero trazer esse cara para a Ilustrada”. E o levei. Foi redator e acabou assumindo o Folhetim, que ficava sob minha responsabilidade. Depois dele veio o Rodrigo Naves, que foi muito importante para dar continuidade às mudanças. A principal medida que tomamos em relação ao Folhetim, e eu acho que aí tinha a orientação estratégica do Otavio e do sr. Frias, foi torná-lo mais palatável para a academia, porque o Folhetim do Tarso de Castro era muito voltado para o mundo da imprensa alternativa.

Qual era sua relação com o Matinas Suzuki Jr.?

Eu o conhecia da faculdade. Ele estava casado com uma moça da cidade dele, Barretos, e decidiu voltar para lá. Até então, ele dava aula na PUC. Como ia sair, me ofereceu as aulas, e eu peguei. Um ano depois, eu já estava na Ilustrada como editor, e ele me ligou dizendo que queria voltar para São Paulo. Eu o contratei para cobrir férias, depois o efetivei como redator e, logo em seguida, como subeditor. É um dos jornalistas mais geniais que a gente teve. Mais tarde, quando eu tirei férias, ele ficou editando a Ilustrada. Fez um senhor trabalho, uma Ilustrada centenas de vezes superior à que eu tinha feito, do ponto de vista da qualidade, da vivacidade etc.

Nós todos éramos muito críticos não só em relação à ditadura como em relação à esquerda tradicional consubstanciada no Partidão. E também éramos muito críticos em relação à grande maioria das pessoas que estavam ali na Folha, que eram ligadas a uma esquerda mais conservadora ou eram pessoas ultrapassadas, acomodadas.

Que tipo de sinalização você recebia do Otavio Frias Filho?

Eu acho que ele queria exatamente tirar da Ilustrada aquele ranço nacionalista e aquela despreocupação em relação ao mercado. O Leia, apesar de ter sido um jornal feito por pessoas de esquerda, estava literalmente pautado pelo mercado editorial. Era um jornal da editora Brasiliense e se preocupava em falar dos lançamentos, os de maior aceitação para o público e os mais importantes do ponto de vista intelectual. Eu dava os lançamentos quando eles aconteciam. Já a Ilustrada falava de um disco três meses depois de ter saído... Ao mesmo tempo que eu estava voltado para o mercado, estava voltado também para as questões intelectuais mais prementes e internacionais. Eu lembro de um almoço que tive com o Otavio. Foi ótimo, uma conversa estratégica muito boa. Ele reforçou toda a preocupação em relação aos critérios editoriais que eu usava na Ilustrada, mostrando que estávamos de acordo.

A preocupação técnica e empresarial do sr. Frias, de comprar máquinas novas, informatizar e aplicar controles sobre o processo de produção do jornal de certa forma migrou para a Redação quando o Otavio assumiu a direção? Você vê esse paralelismo?

Eu acho que o sr. Frias teve um papel importantíssimo nisso. O jornal tinha muitos erros. O jornal era mal escrito, mal revisado, malfeito. E isso gritava aos olhos. Principalmente quando você comparava com o Estadão, que era um jornal muito bem-feito, que tinha um padrão de qualidade muito maior. O que o sr. Frias dizia era o seguinte: nós precisamos fazer um jornal que tenha para o jornalismo a mesma qualidade que a Rede Globo tem para a televisão. Ele era muito impactado pela qualidade técnica da Rede Globo. E isso, de certa forma, se traduziu nas métricas, nas diversas medidas que o jornal passou a fazer, estatísticas sobre quantidade de erros, tamanho de textos, uso de fotos, quantos títulos por edição etc.

Isso também se consubstanciou no processo de avaliação dos jornalistas. Foi o primeiro jornal que implantou um processo sistemático de avaliação naqueles moldes. O Datafolha também se inscreve nesse contexto. A editoria de Esportes, por exemplo, passou a trabalhar muito com estatísticas. Houve até um exagero, a Folha virou uma espécie de refém das pesquisas.

O Cláudio Abramo achava aquilo ridículo, criticava muito. No meu livro sobre o trabalho de ombudsman, "O Relógio de Pascal", faço uma piada com isso. Qual seria a manchete dos principais jornais se o mundo acabasse. A da Folha seria: "O mundo acaba; 50% da população discorda". Mas havia contradições também, porque ao mesmo tempo que o discurso da Folha era de modernização, de critérios, de métricas etc., o jornal ainda guardava, e acho que ainda guarda, muita coisa arcaica. Mas o sr. Frias sempre teve um olho muito avançado. O Cláudio dizia que ele era um dos homens mais inteligentes que ele tinha conhecido. Eu acho que ele era um homem inteligentíssimo.

Após um ano na Ilustrada, você foi convidado para ser secretário de Redação. Por quê?

Pela coragem de mudar e renovar. E pela visão mais mercadológica. O sr. Frias dava muita força e pressionava muito no sentido de renovar. Ele queria que renovasse, renovasse, renovasse... Era o que eu estava fazendo. No caso da minha passagem para a Secretaria de Redação, tem um dado que eu acho importante. A Redação ia começar a ser informatizada e o jornal não poderia colocar, para comandar a informatização, um jornalista mais antigo, porque haveria reação. Mesmo se o sujeito estivesse a favor, não faria com o mesmo entusiasmo de um cara mais jovem. Tanto que a gente começou a informatização pela Ilustrada. Se não fosse a Ilustrada, o jornal não teria se informatizado tão rapidamente quanto se informatizou.

Naquele momento, em 1981, 1982, onde estava a Folha?

Era o segundo jornal de São Paulo. O grande jornal de São Paulo era o Estado. A grande frase do sr. Frias era que no Estado os oficiais eram melhores do que os donos. E ele achava que na Folha o dono era melhor do que os oficiais. Era uma frase que ele usava muito. E todo o esforço dele era para melhorar a oficialidade, os editores e jornalistas em geral. Ele achava a Redação pouco agressiva, pouco técnica e muito ideológica. □

GERAÇÃO PRÉ-MURO

MIGUEL DE ALMEIDA

Entrevista ao autor, em março de 2008

"Nós somos a geração do pré-Muro de Berlim. A gente pega o momento da decadência e já estava dando uma banana para aquela ideologia toda. E a gente não achava que o Miguel Arraes ia salvar o mundo ou que o Lula ia salvar o mundo ou que o Brizola, voltando ao Brasil do exílio, ia ser a redenção. De modo algum. Naquela época, você não podia falar mal do Chico Buarque porque você era a favor da ditadura. Não podia falar bem do Roberto Carlos porque você era de direita. E isso não era verdade. O mundo era muito fácil para esses caras que representavam aquele MDB cultural da esquerda. Eles instrumentalizavam a cultura. Mas a gente gostava também do Brasil. A gente falava do Godard, do Truffaut, do Canetti, mas também do João do Vale e do Guilherme de Brito. A voracidade era muito grande. Mas logo começou a se prenunciar uma chatice imensa no jornalismo cultural, aquela coisa burocrática: todo ano um disco do Caetano, todo ano um livro do fulano, uma coisa chata, aborrecida."

FOLHA DE S. PAULO

ilustrada

Pato Donald

O mais famoso pato do mundo vai comemorar meio século na próxima semana

FOLHA DE S. PAULO

O que você precisa levar ao Rock in Rio

Mercury chegou, Nina Hagen vem hoje

ilustrada

FOLHA DE S. PAULO

Um casarão muito louco

ilustrada

O Balé de Stuttgart chega hoje a SP

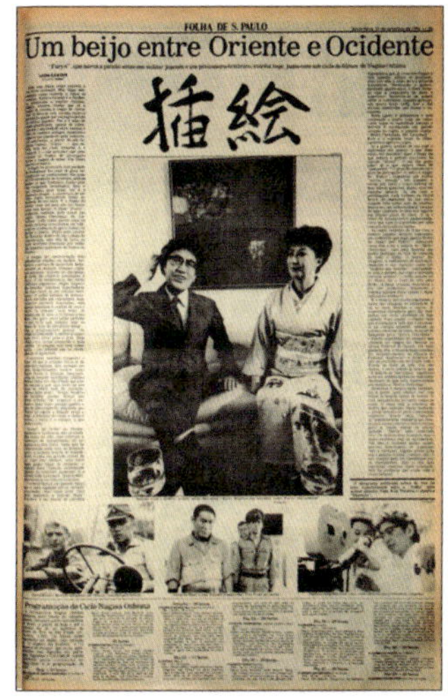

FOLHA DE S. PAULO

Um beijo entre Oriente e Ocidente

插絵

Acima, capas da Ilustrada com o logotipo em posições variadas (e uma versão escrita em japonês, por ocasião do lançamento do filme "Furyo"); na sequência abaixo, capas correspondentes às reformas gráficas de 1988, 1996, 2000 e 2006

Dança com logos

Antes fixo no alto da página, o logotipo da Ilustrada passou a "dançar" nos anos 80, sem ter um lugar determinado. Mas, em 1988, voltou a fixar-se, agora logo abaixo de "caixas", que chamavam para outros assuntos do caderno. As "caixas" foram introduzidas em todos os cadernos da Folha na reforma gráfica de 1988 , quando Lenora de Barros era editora de Arte do jornal. Em 1996, a designer Eliane Stephan comandou uma reforma mais abrangente. Em 2000, novas mudanças foram introduzidas pelo designer Vincenzo Scarpellini. Em 2006, o escritório de Mario García , com a colaboração do então editor de Arte da Folha, Massimo Gentile, repaginaram o jornal, sob a coordenação do jornalista Melchíades Filho

"Fúria Cega" entra em cartaz na quinta-feira

Levantamento do DataFolha traz destaques de 89

Formatinho da Abril passa por reformulação

ilustrada

'Dance music' e muita MPB devem dominar mercado do disco no país

Área erudita bate recorde de vendas

Estúdio Eldorado realiza festival no 2º semestre

FOLHA ilustrada

O estorvo Planet Hemp

O cantor Marcelo D2, 29, nascido no morro do Andaraí (RJ), fala sobre pop militante e os eternos problemas que seu grupo enfrenta com a polícia

Falta de polícia cancela shows no Nordeste

Maconha e cocaína são comuns na MPB

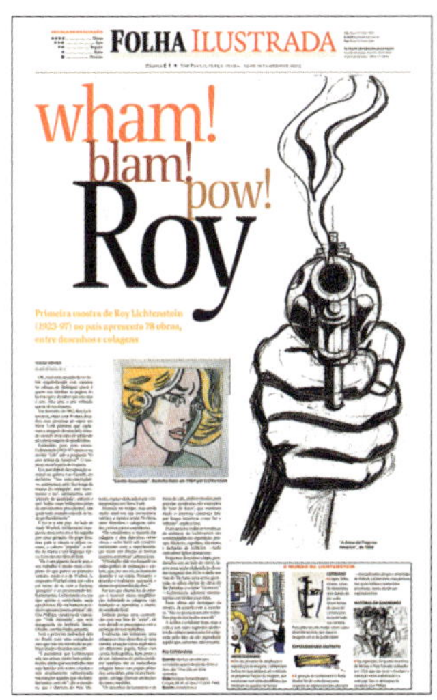

FOLHA ILUSTRADA

wham! blam! pow! Roy

ilustrada

FOLHA DE S.PAULO

105 milhões

a volta dos mortos-vivos

Rock, broa de milho e videoteipe

Herbert Vianna usava uma camisa branca de mangas curtas, com colarinho abotoado, bermuda estampada, óculos vermelhos e tênis. O palco por onde ele se movia com sua guitarra era enorme, mas o power trio Paralamas do Sucesso vinha se agigantando a cada canção. Bi, de topete, no baixo, e Baroni, na bateria, usavam a mesma estampa da bermuda de Herbert. New wave tropical. A massa, que havia chegado de todos os cantos do país, atraída pelas bandas internacionais do Rock in Rio, vibrava com os meninos brasileiros, que tocavam antes do sol se pôr.

Depois da sequência "Mensagem de Amor", "Assaltaram a Gramática" e "Patrulha Noturna", Herbert dirigiu-se ao público: "Ontem foi escolhido o novo presidente do Brasil. E a gente vai ver aquela careca na TV por um bom tempo. A gente espera que alguma coisa de bom seja feita, já que não sabemos escolher presidente e escolheram pela gente". Gritos, vaias, assobios. O cantor anuncia, então, "Inútil", o hino do colega paulista Roger, do Ultraje a Rigor. A turba enlouquece.

Em janeiro de 1985 estávamos no nublado alvorecer da Nova República, o período em que um civil sucederia o ciclo de ditadores militares, mas ainda escolhido pelo Colégio Eleitoral. A emenda Dante de Oliveira, propondo eleições diretas, tinha sido derrotada em 1984. Assim narrou Clóvis Rossi, na Folha:

"A emenda Dante de Oliveira, que prevê eleições diretas já para a Presidência da República, foi rejeitada esta madrugada pela Câmara dos Deputados, embora tivesse recebido maioria de votos a favor (298 a 65), insuficiente, entretanto, para se atingir o quórum de dois terços exigido para alterações da Constituição. Faltaram 22 votos.

A emenda recebeu substancial apoio da bancada do PDS (54 votos), o que demonstra o quanto a tese das diretas-já penetrou no partido oficial, como reflexo da mobilização popular".

Perdidas as diretas, Tancredo Neves, o "careca" a que Herbert se referia, vencera Paulo Maluf no voto indireto e seria presidente da República. O final da história todos conhecem. É um clássico da tragédia brasileira. Tancredo adoece, morre, e José Sarney, seu vice na chapa, assume a Presidência.

O cenário, para quem tinha sonhado com uma revolução, pelo voto que fosse, era constrangedor. Sarney, um ex-político do partido da ditadura, compartilhava o poder com Ulysses Guimarães, o grande líder do PMDB, que articulava a transição democrática no Congresso. Ainda levaria algum tempo até que a democracia política fosse restabelecida no país.

Uma prova disso, na área cultural, foi o fato de o primeiro governo pós-generais ter cedido a pressões da Igreja Católica e censurado, em 1986, o filme "Je Vous Salue, Marie", de Jean-Luc Godard [ver página 167].

O caso foi uma festa para a Ilustrada, que chegou a publicar uma espécie de fotonovela, reproduzindo fotogramas do filme em duas páginas espelhadas. Roberto Carlos apoiou a decisão do governo e recebeu uma bronca de Caetano Veloso, em artigo publicado na seção "Tendências/Debates". Perry White, o editor do Planeta Diário, decretou em sua coluna na Ilustrada: "Ajoelhou, tem que Godard!".

White era uma recriação cômica do editor do jornal do Super-Homem, cujo título, Planeta Diário, fora surrupiado por uma brilhante turma de humoristas do Rio (Hubert, Reinaldo e Cláudio Paiva), que depois, com o pessoal da Casseta Popular (Bussunda, Beto Silva, Marcelo Madureira e Hélio de la Peña), formou o Casseta & Planeta. Faziam um humor escrachado e politicamente incorreto, que não poupava esquerda, direita, poderosos ou oprimidos. Em 1988, eles apresentaram um show memorável

–Bussunda fazia Tim Maia e Hubert cantava "Garota de Ipanema", na voz de Paulo Francis.

Herbert Vianna e Bussunda já não pertenciam à turma de estudantes que fez greve e passeata nos anos Geisel. Os dois nasceram depois de 1960 e faziam parte da chamada geração 80, o pessoal que pegou a ditadura em fase terminal e não parecia muito interessado nas conversas dos medalhões dos anos 60, que "mandavam" na cena cultural. Queriam partir para outra, tirar essa gente da frente. O Brasil aos poucos se abria, a globalização avançava, o socialismo real balançava, novas tecnologias surgiam e as articulações no campo cultural naturalmente se reciclavam.

"Neste cenário, não fazia mais sentido que os líderes culturais fossem os mesmos da década de 60", diz Matinas Suzuki Jr. "Eles foram importantes, eram pessoas de peso, mas tínhamos um outro país emergindo."

No outro país que surgia, as bandas de rock proliferavam, influenciadas pela new wave, pelo pós-punk e pelo início da música eletrônica –ao mesmo tempo que ecoavam em São Paulo os acordes da Lira Paulistana, a onda musical vanguardista de Arrigo Barnabé e Itamar Assumpção. No teatro, o Ornitorrinco, de Cacá Rosset, fazia sucesso, e Gerald Thomas entrava em cena na ponte Brasil-Nova York, com montagens para fazer barulho e revelar novas estrelas, como Bete Coelho –impressionante em "Um Processo".

Era a época também do "Olhar Eletrônico", nome de um programa de TV e da produtora que simbolizou o interesse da nova geração em renovar a linguagem televisiva. O repórter Ernesto Varela, vivido por Marcelo Tas, e seu câmera Valdeci (Fernando Meirelles) pintavam e bordavam em entrevistas e reportagens hoje antológicas. Além deles, Tadeu Jungle, Walter Silveira e Alê Primo faziam parte da turma dos videomakers, essa nova categoria que entrava em cena. Meirelles também foi diretor do Rede Folha, um programa que levava ao ar, na TV aberta, chamadas para as notícias que sairiam no dia seguinte na Folha.

Na arte, também surgiam novos nomes, voltados para a pintura (a "Transvanguardia" estava bombando) ou para os desdobramentos das experiências conceituais dos anos 70: Nuno Ramos, Rodrigo Andrade, Carlito Carvalhosa, Fábio Miguez, Jac Leirner, Leda Catunda, José Leonilson, Adriana Varejão, Luiz Zerbini, Sérgio Romagnolo e Beatriz Milhazes eram alguns dos mais atuantes. Muitos deles estavam na mostra "Como Vai Você, Geração 80?", realizada em julho de 1984, na Escola de Artes Visuais do Parque Laje, no Rio. Outros despontaram logo a seguir.

Esse boom de artistas foi aos poucos encontrando espaço em coleções, como a de João Sattamini, e em galerias como as de Raquel Babenco, Luisa Strina, André Millan e Regina Boni, dona da São Paulo, a maior e a mais bonita de todas daquela época. Alguns anos depois, surgiria a figura fundamental de Marcantonio Vilaça, marchand que apostaria como ninguém na internacionalização da arte contemporânea brasileira.

No mercado editorial, Luiz Schwarcz deixava a Brasiliense para criar a Companhia das Letras, imprimindo um novo padrão ao setor, que se agitava e colocava em circulação novos e velhos títulos, internacionais e nacionais, num movimento ao mesmo tempo de atualização e renovação. A publicidade crescia e também mudava –e a criação da W/Brasil, de Washington Olivetto, era um claro sinal disso. Fotógrafos como Bob Wolfenson, Vânia Toledo e J.R. Duran entravam em cena, e jovens estilistas lançavam moda, como Jorge e Ana Kaufman, Reinaldo Lourenço e Glória Coelho.

"O início da década de 80 é o início de um período no qual São Paulo deixa de representar aquele lado provinciano do Brasil e começa a assumir um papel importante na cultura e no lançamento de tendências"

Rock, broa de milho e videoteipe

Tudo indicava que São Paulo, sempre vista como cidade provinciana em relação ao Rio, assumia mesmo, naqueles anos, um papel de vanguarda, como Matinas Suzuki Jr. havia declarado à reportagem da Veja. É ele quem relembra:

"O início da década de 80 é o início de uma grande mudança cultural no país, um período no qual São Paulo deixa de representar aquele lado provinciano do Brasil e começa a assumir um papel importante na cultura e no lançamento de tendências. Basta dizer que no meio dos anos 80 você tem pela primeira vez um jornal de São Paulo sendo lido com muito interesse no Rio de Janeiro. A Folha, que fez a importantíssima campanha pelas eleições diretas, chegou a ser o primeiro jornal de muita gente na zona sul carioca, pessoas que liam a Folha e que depois iam ler o JB ou o Globo. Ou pessoas que não queriam ler o Globo, e liam a Folha e o JB. À medida que os direitos democráticos eram restabelecidos, surgia um Brasil novo, que era muito visível em São Paulo. Eram os metalúrgicos do ABC que entravam em cena, fruto de um capitalismo que havia crescido e se modernizado. Pela primeira vez se fundava um partido de massas no país que nascia de baixo para cima. O setor de serviços, característica de uma economia mais moderna, também crescia na cidade. A inauguração do Sesc Pompeia, projetado pela Lina Bo Bardi, é um marco não só na arquitetura, mas como um novo conceito de centro de atividades culturais que estava nascendo e depois se espalhou pela cidade e por outros lugares do Brasil. É também em São Paulo que se começa a valorizar mais o design. A cidade emerge nos anos 80 como a capital da moda brasileira (a Costanza Pascolato fazia uma página semanal de muito interesse na Ilustrada) e também a capital gastronômica (o Silvio Lancellotti foi quem começou a escrever sobre gastronomia no caderno, com muita repercussão). Nós tínhamos ainda a Mostra de Cinema, do Leon Cakoff, que trazia para o Brasil, naquela época, na base de muita luta e em condições precárias, o novo cinema internacional, quebrando o esquematismo da oposição entre cinema brasileiro e cinemão americano".

Enquanto as novidades apareciam no mercado e nos circuitos alternativos, a Nova República contava com a adesão da frente ampla da cultura, com seus conhecidos intelectuais e artistas de esquerda. Sarney no poder não estava no cenário de ninguém, mas era o que tínhamos. Se servisse de consolo, o oligarca maranhense, impiedosamente criticado por Paulo Francis e pelos editoriais da Folha, tinha lá suas veleidades artísticas e intelectuais. Era escritor e até conhecia Glauber Rocha, a quem havia convidado para registrar sua posse como governador, em 1966 –o que resultou no interessante curta-metragem "Maranhão 66".

Foi uma época de modernidades, mas também de populismo e broa de milho –expressão utilizada por Ziraldo Alves Pinto, o novo presidente da Funarte, num documento que mais parecia um programa de cultura nacional-popular para ser implantado na Nova República. A Ilustrada pegou o documento e bombardeou, numa ruidosa intervenção jornalística, que teve à frente Matinas Suzuki Jr. e Leão Serva [ver página 127]. Chico Buarque também não escapou ao aceitar um convite do governo Sarney para participar de um grupo que iria reestruturar os critérios da Censura. Precisou se explicar, defendendo-se da "garotada do rock" que o criticara.

"Uma das coisas que marcaram os primeiros anos desta nova Ilustrada foi justamente a crítica sistemática ao oficialismo cultural", diz Matinas. "Criticamos muito a Embrafilme, que dominava o cinema brasileiro, criamos debates em torno da chamada cultura da broa de milho e de questões como a reforma da Censura. Nossa postura, que talvez ainda fosse marcada pelo vanguardismo que herdávamos do trotskismo e da militância na imprensa alternativa, foi de combater duramente esses anacronismos culturais".

Ao mesmo tempo que polemizava e dava atenção ao que era cult, a Ilustrada precisava continuar avançando na cobertura do mercado cultural, cuja variedade e oferta só aumentavam, de Hollywood aos Menudos (os verdadeiros), passando por novelas, bares, restaurantes, best-sellers e locação de vídeos. Esse mix de cultura alta e baixa, politizada e despolitizada, pop e cult, contribuiu de certa forma para acentuar o traço "pós-moderno" da Ilustrada, num momento em que o conceito entrava em circulação não apenas na arquitetura, mas em outras frentes do debate cultural. Caía muito bem nesse contexto um certo interesse retrô que marcou a década de 80, seja na redescoberta de filmes de Humphrey Bogart e romances de Dashiell Hammett [ver página 158], seja na retomada de notas musicais dos anos 50.

Nesse território, Ruy Castro e Sérgio Augusto reinavam na reportagem. Sabiam tudo e muito mais sobre aquilo que ainda estávamos descobrindo –o jazz, a literatura, o cinema, a cultura, enfim, dos anos 30, 40, 50. De fato, aconteceu naquele momento um encontro realmente ímpar de talentos e gerações na Ilustrada, tendo como pano de fundo uma convergência de fatores políticos e econômicos bastante favorável à mudança.

◆

Esse leque editorial, que incluía ainda colunismo social e horóscopo, como nos tempos das variedades, também traduzia um movimento que iria acelerar com a normalização democrática do país –a crescente influência do leitor "consumidor" sobre o leitor "cidadão". □

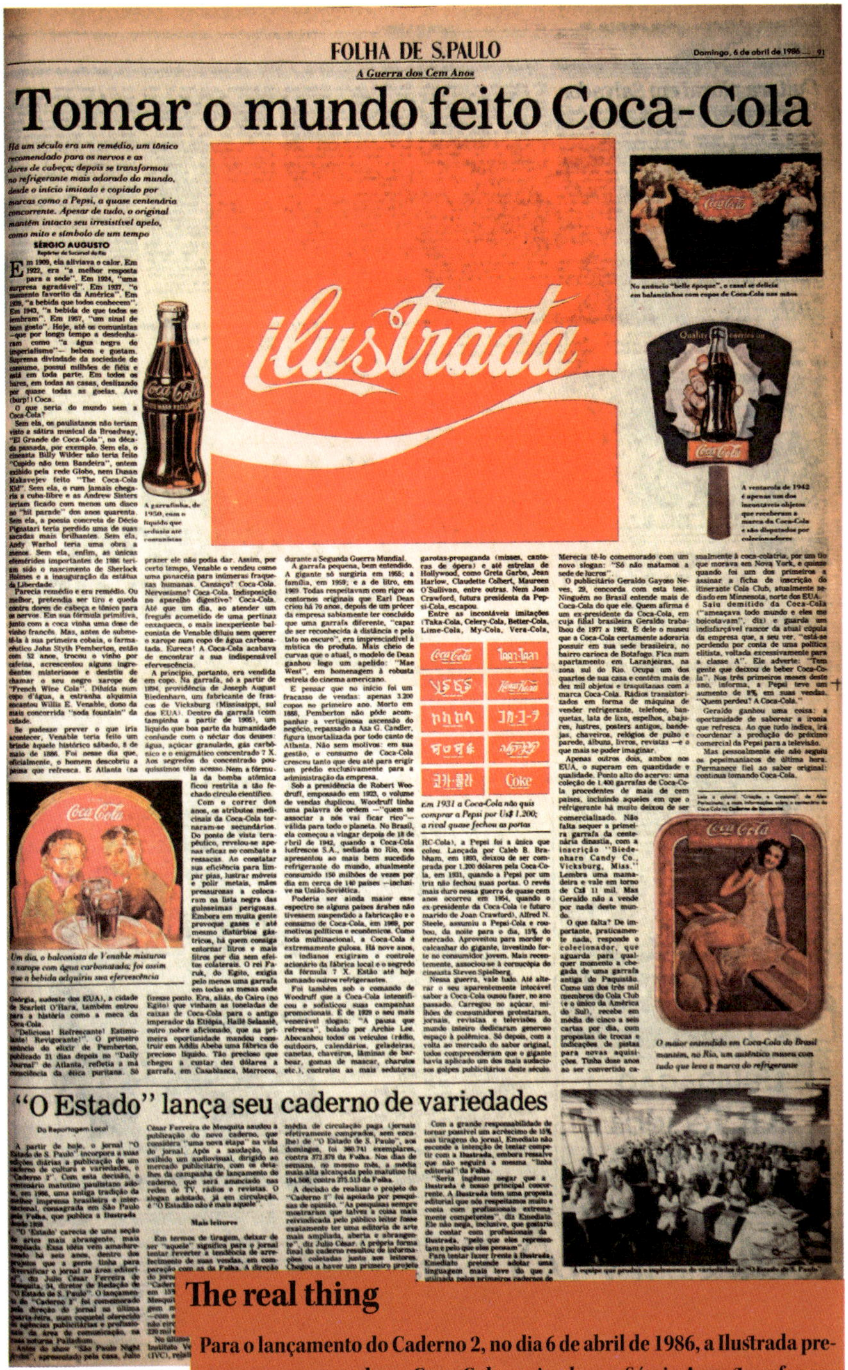
FOLHA DE S.PAULO

Domingo, 6 de abril de 1986

A Guerra dos Cem Anos

Tomar o mundo feito Coca-Cola

"O Estado" lança seu caderno de variedades

The real thing

Para o lançamento do Caderno 2, no dia 6 de abril de 1986, a Ilustrada preparou uma capa sobre a Coca-Cola, assinada por Sérgio Augusto, e fez seu logo mimetizar a marca do refrigerante. A ideia (aliás, bastante pop) era brincar com o fato de o Estado estar lançando uma cópia, uma espécie de Ilustrada 2, e reafirmar que a coisa de verdade estava na Folha

HOMERO SÉRGIO/FOLHA IMAGEM

Cabeça selvagem

Herbert Vianna, Bi Ribeiro e João Barone

Cheios de energia e flertando com o visual new wave, Paralamas do Sucesso e Titãs foram duas das principais bandas do rock da década de 80. Com o passar dos anos sofreram perdas e enfrentaram momentos difíceis, mas sobreviveram (e até se apresentaram juntos em 2008). Os discos "Selvagem", do Paralamas, e "Cabeça Dinossauro", dos Titãs, marcaram o ano de 1986. Em reportagem da Ilustrada sobre "Cabeça", Arnaldo Antunes, então com 25 anos, dizia que a banda ainda não havia conseguido passar em seus discos "a força das apresentações ao vivo". "Desta vez conseguimos um resultado que nos satisfez", declarou Sérgio Britto, à época com 26 anos. A geração 80, que começou se apresentando em palcos como o do Circo Voador, no Rio, ou do programa "Fábrica do Som", de Tadeu Jungle, em São Paulo, encontrou no rock uma linguagem propícia para dar seu grito de liberdade em relação a um Brasil que ia ficando para trás

1986 FOLHA IMAGEM

DINOSSAURO NA CABEÇA

Os antigos reis do planeta

Os Titãs: Sérgio Britto, Tony Bellotto e Charles Gavin (em pé); Arnaldo Antunes, Paulo Miklos, Marcelo Fromer, Nando Reis e Branco Mello; ao lado, página da edição da Ilustrada do dia 25 de junho de 1986, com reportagem sobre o lançamento do LP "Cabeça Dinossauro"

“A Ilustrada não criou grandes novidades, mas ela se abriu para canalizar as coisas novas”

Entrevista com **MATINAS SUZUKI JR.**

Matinas Suzuki Jr. nasceu em Barretos (SP), em 1954. Estudou filosofia e jornalismo na USP, foi editor da Ilustrada de 1983 a 1984, e de 1985 a 1986, secretário de Redação e editor-executivo da Folha. Posteriormente trabalhou na editora Abril, foi presidente do IG e diretor-geral da rede de jornais Bom Dia.

No que se refere à visão de jornalismo cultural, qual foi o traço marcante da geração que assumiu a Ilustrada no início dos anos 80?

O que esse grupo trouxe de muito forte foi a ideia de que o jornalismo cultural deveria intervir na cultura. O jornalismo deveria ser um interlocutor cultural. Você era crítico e participante ao mesmo tempo. Acho que isso foi um traço marcante dessa geração. Nós criamos uma linha de tensão com o populismo, o nacionalismo, o PC e o PC do B na cultura. Se você está criticando, você está interferindo, em nome de uma visão mais internacionalista, em nome de uma visão mais realista do mercado.

Nós tínhamos uma visão do mercado menos ingênua. O mercado sempre foi um dado para a nossa geração. Já o populismo fingia que não existia mercado. O populismo dizia: ame essa música, ame o brasileiro, defenda o nacional, e pronto. As relações de mercado ficavam escondidas. Para nós não, o mercado era um interlocutor. Ao mesmo tempo que você polemizava com a esquerda por um lado, e criticava a cultura oficialesca por outro, também tinha a relação com o mercado. Tensionávamos em alguns aspectos, aderíamos a algumas coisas e criticávamos outras. Onde você fazia uma integração maior com o mercado? Na chamada área de serviço do jornal. Você tinha que dar os lançamentos na área cultural, tinha que dar o que estava acontecendo na área de entretenimento e diversão. Nesse momento você estava realmente se integrando ao mercado.

O surgimento de bandas de rock ficou muito marcado como uma característica da cultura da década de 80 e da cobertura da Ilustrada. Isso é uma simplificação?

As gerações mais recentes formaram a ideia equivocada de que a década de 80 foi apenas do rock. Esta é uma visão pequena da história. Foi uma época de renascimento cultural muito forte. O rock foi um aspecto de um momento muito rico, do qual fez parte a própria renovação do jornalismo no Brasil. Não há dúvida de que houve uma renovação da música brasileira com o rock dos anos 80, e de que a Ilustrada foi um dos veículos que mais destaque deu ao movimento. Mas a cultura do rock era vista por nós dentro de um leque de coisas que incluía o cinema de vanguarda, a arte multimídia e algumas tendências existenciais e comportamentais.

Tudo isso, sem que houvesse um projeto determinado, acabou convergindo para a Ilustrada, um caderno cujo grande mérito era estar aberto para as novidades. Se eu for falar em termos de jornalismo, a Ilustrada não criou grandes novidades, o que ela fez foi se abrir para canalizar as coisas novas que estavam acontecendo. Você tinha um caldeirão de coisas acontecendo e a gente estava com o radar ligado para captar. E com disposição para provocar.

Olhando retrospectivamente, talvez uma das grandes falhas da Ilustrada neste período tenha sido dar menos destaque para as manifestações teatrais, o que causou revolta entre diretores e atores. Ali estava se consolidando, por exemplo, o trabalho do Antonio Bivar e do Ornitorrinco, do Cacá Rosset, que teve, entre outras coisas, a importância de manter Brecht vivo no Brasil. Em parte, quem se queixava tinha razão, mas, em parte, a Ilustrada estava registrando e se abrindo para um mundo de mudanças que não paravam de ocorrer.

A gente fez muita coisa por ignorância, mas a Ilustrada teve um quê de imprensa alternativa dentro da grande imprensa, que foi muito bom, porque arejava o jornalismo. Não havia um clima de caderno de cultura com "c" maiúsculo, de sacralização da cultura. Ninguém sabia o que a Ilustrada iria dar na capa. Você podia dar capa para um autor que interessava a duas pessoas ou você podia dar capa para os Menudos. Essa liberdade de não ter um modelo, de não ter uma fórmula pronta, foi uma das riquezas daquele período. E a gente tem que lembrar que o jornal é feito para o dia, não é feito para a história. A Ilustrada abriu as janelas do jornalismo cultural para uma série de coisas que não se viam, que não se falavam. E a prova de que as pessoas queriam isso é que a Ilustrada se transformou num sucesso de público.

Você era um leitor da Escola de Frankfurt, mas ao mesmo tempo a indústria cultural era um fato, e trabalhávamos nela. Como você viveu essa ambiguidade?

Eu era fã de carteirinha da Escola de Frankfurt. Em toda discussão tinha que pôr lá a indústria cultural no meio, a história de que as relações de troca estavam escondidas no universo da cultura. Na verdade, essa relação com a Escola de Frankfurt sempre foi meio torta para todo mundo que lidava com a vida cultural. Eu escrevia sobre música popular, e não dava para você ser um adorniano convicto escrevendo sobre música popular. Também não dava para ser um adorniano convicto se interessando pela indústria cinematográfica...

Na prática, o negócio foi sofrendo adaptações, porque o dia-a-dia ficava inviável com a Escola de Frankfurt. O que este grupo trouxe de muito forte foi a ideia de que o jornalismo cultural deveria intervir na cultura. O jornalismo deveria ser um interlocutor cultural. Você era crítico e participante ao mesmo tempo. Acho que isso foi um traço marcante desta geração.

Na década de 80 surgiu também a onda yuppie, que nos pegou um pouco, porque, afinal, éramos jovens profissionais urbanos.

É verdade. Os anos 80 têm um lado yuppie. A cultura yuppie é uma cultura cínica num certo sentido, que não acredita em nada, acha que o mercado resolve tudo. Por outro lado, vivíamos também um lado de uma nova cultura "de maldição", que depois foi se perdendo. Você tinha os novos malditos no cinema, Jim Jarmusch, a nova geração independente, de onde sai Wim Wenders; você tem o pós-punk, os roqueiros dark, os suicidas, os melancólicos, você tem essa tensão entre o conformismo e a rebeldia, que não é uma luta política demarcada como foi na década de 60, mas é uma oposição ao mercado. O mercado chega, começa a se instaurar, mas ele não domina tudo. Provoca uma reação. Os independentes e malditos são parte dessa reação.

Em São Paulo, os malditos se reuniam em lugares como o Carbono 14 e o Madame Satã. Havia um certo clima de niilismo no ar.

A Ilustrada valorizou muito isso. Mais uma vez, não se sustenta o estereótipo de que o caderno era só rock, yuppies e globalização. Eu escrevi um texto contra o ceticismo, que chamei de "juveniilismo" [ver página 124]. Esse texto é uma confusão ideológica, mas tentava pegar as reflexões filosóficas e o que estava acontecendo na juventude em termos de atitude, de comportamento. Hoje seria impensável um caderno dar uma capa para um texto desse tipo.

Gostaria que você falasse sobre o Francis. Ele tinha muitos traços que vieram a fazer parte de um certo "espírito da Ilustrada". Mas a fase final dele na Folha é muito criticada pela agressividade em relação ao Lula e pelos comentários racistas. Qual a sua avaliação?

Em primeiro lugar eu acho que a visão do Francis hoje é vítima do politicamente correto. Se o politicamente correto não tivesse crescido tanto, acho que essa visão seria talvez mais amena. Não que ele não tenha dado motivos, mas hoje essa questão é muito mais forte do que ela era no momento. Hoje eu acho que dificilmente alguém teria coragem de escrever algumas coisas que ele pôs no jornal. Naquele momento, quando você volta e se coloca no contexto, é um pouco diferente. É preciso colocar as coisas nos lugares certos, no momento certo. Ele foi virando no texto um cara mais conservador. Do ponto de vista econômico, totalmente conservador. Do ponto de vista político, cada vez mais. Mas tem muita coisa que só ele tinha coragem de falar, que mostrava o lado ridículo do Brasil, a jequice, a coisa atrasada.

A importância do Paulo Francis para o jornalismo é enorme. Ele trouxe o "jornalismo de autor" para a grande imprensa. Ele também dessacralizou a linguagem na grande imprensa -no final, às vezes, havia trechos quase incompreensíveis, ele foi se desligando totalmente das preocupações com a sintaxe.

Só que a gente no Brasil prefere contemporizar, deixar a coisa mais barata, criar relações cordiais. Ele comprava essas brigas. Infelizmente, a imprensa não tem mais polêmica de alto nível.

Uma outra característica que a Ilustrada incorporou foi o humor. O próprio Francis, o Ruy Castro, o Miguel de Almeida, o Sérgio Augusto, tinham textos bem-humorados. Para não falar do Angeli, do Glauco, do Perry White e, logo depois, do Simão...

Eu acho que a imprensa brasileira no geral é mais séria do que deveria ser. Falta humor na imprensa. Se você olhar, o grande jornalismo sempre esteve ao lado do humor. A revista mais intelectualizada do mundo é a New Yorker, e o fundador dela dizia que ela era uma revista humorística. Durante a recessão dos EUA, a única coisa que ele ficava falando lá na redação era "gente, não vamos perder o humor, o país está quebrado, mais do que nunca as pessoas precisam do bom humor". A imprensa, desde o início, foi muito censurada, e usava o humor como uma maneira de falar indiretamente sobre as coisas. Ela já nasceu meio contaminada por esse recurso.

O Brasil teve essa tradição de grandes caricaturistas, de revistas engraçadas. Eu sempre acho que a imprensa tem que ter humor. O humor é um tipo de inteligência da qual você não pode prescindir. O Tarso de Castro trouxe o humor para a Ilustrada. Essa talvez seja uma das grandes coisas do Tarso, tudo o que ele fez sempre tinha humor junto. E, por nossa sorte, a gente acabou tendo alguns dos melhores caras de humor na imprensa de todos os tempos no Brasil, como o Angeli, o Glauco, o Simão. Por um período, nós publicamos uma coluna do Planeta Diário, que era ótima, trazia a renovação do humor na imprensa. O Angeli está entre os mais importantes cartunistas brasileiros de todos os tempos. O Simão está ligado a uma tradição oral, o texto dele é muito mais próximo do esquete de rádio, do humor do teatro de revista, com aquele duplo sentido, aquela alegria de brincar com a linguagem. É um humor muito difícil de se fazer em jornal no Brasil. É incrível que ele tenha se mantido tanto tempo. Isso se deve ao mérito dele de acompanhar a pauta jornalística, ele está sempre em cima do tema do momento.

Quando o Otavio assumiu e veio o chamado Projeto Folha, que ficou de início muito identificado com o Manual da Redação, houve reações, até um abaixo-assinado de repórteres especiais. Na Ilustrada, no entanto, não houve essa reação.

A Ilustrada era encarada como uma espécie de ponta avançada do Projeto Folha. Eu lembro que, um pouco antes desse abaixo-assinado, saiu uma matéria na IstoÉ derrubando o Caio, me derrubando, e já dando os nomes das pessoas que iam ocupar os nossos lugares. Essa turma já tinha até plantado que o seu Frias estaria de acordo em acabar com aquela "Primavera de Praga", que eram as mudanças em curso. Eu fiquei chocado de ver meu nome, de ler que eu seria demitido da Ilustrada. O curioso é que hoje todo mundo se diz inocente, ninguém assume a liderança do abaixo-assinado. Mas essas pessoas chegaram ao ponto de conseguir plantar uma matéria num outro veículo, o que revela um grau de articulação. Eu não via nada no Manual que pudesse atrapalhar o tipo de jornalismo que a gente fazia. O Manual, na verdade, era mais voltado para o noticiário, para o jornalismo de hard news do que para o tipo de cobertura que a Ilustrada fazia. Eu, no calor da hora, era muito identificado como sendo da turma que estava fazendo o Manual, embora tivesse tido uma participação quase que zero em tudo isso que se chama de Projeto Folha. O projeto é mais do Otavio, do Caio e do Carlos Eduardo.

Foi uma maneira de tentar dar um padrão mais homogêneo para o jornal, de sustentar um piso de qualidade...

O projeto do Manual era maior do que apenas uma questão de texto, de estilística, embora também fosse uma questão de texto. Mas o Manual também trazia uma ética, uma visão de jornalismo, e uma série de informações importantes. Todo manual de estilo de grandes publicações tem o seu lado normativo, porque cada veículo escreve de um jeito diferente do outro. Mas, olhando para o passado, vejo que a questão não era apenas do texto –que era de fato ruim. Mas a apuração também era fraca. Muitas vezes se ouvia uma fonte só, não se pesquisava o assunto, não se ia a fundo. Nos fundamentos do jornalismo, a coisa estava errada. Você somava a apuração ruim com um texto absolutamente mambembe, cheio de adjetivos, cheio de advérbio, com muito pouca informação. E eu acho que quando você estabelece a necessidade do lide informativo, como aconteceu na imprensa americana, você começa a forçar que a apuração mude. Passa a ser pirâmide invertida, passa a ser obrigatório dar o mais importante em cima. Isso forçou uma mudança de comportamento. Hoje você tem uma visão mais madura, que te permite variar mais, desde que tenha informação, detalhes, coisas de relevância, boa observação, pesquisa. Essa mudança foi necessária, foi importante.

Como você vê hoje a possibilidade de um veículo catalisar e atrair atenções rapidamente, como aconteceu com a Folha nos anos 80?

Eu acho que a grande mudança não está propriamente no jornal; está no leitor. Hoje em dia os interesses estão muito dispersos. Hoje temos centenas de canais de televisão. A internet é um mundo, nunca se editou tanto livro no Brasil, nunca vimos tanto filme em cartaz, tantos eventos acontecendo ao mesmo tempo. As rádios digitais nos EUA oferecem dezenas de opções musicas. Isso não acontece por acaso. Os interesses não convergem para um único tipo de música, para um único tipo de cinema. A Globo está perdendo audiência. Por quê? Porque as pessoas estão mudando. A tendência é histórica. A Globo pode fazer o que ela quiser na programação, mas ela não vai mudar a tendência geral, as pessoas hoje têm interesses particularizados.

Esse é um dado do mundo do capitalismo financeiro e de serviços. A vida das pessoas mudou, esse é o grande dado. Para discutir se o jornalismo vai mudar e como vai mudar, você tem que levar em conta, antes de tudo, o que está acontecendo com a vida das pessoas.

O jornal é um produto da era industrial, da cultura padronizada. É um jornal para milhões de pessoas falarem do mesmo assunto. Isso está ficando cada vez mais problemático e mais difícil. Qualquer novo modelo tem de levar isso em consideração. E isso para mim é o grande desafio: como é que você vai fazer as pessoas terem um interesse comum. Em alguns momentos isso vai acontecer, como na eleição para presidente da República ou na Copa do Mundo. Mas isso não resolve o dia-a-dia. Eu acho que para tentar construir hoje um projeto que pretenda ter alguma hegemonia é preciso entender bem o que está passando com as pessoas. Não adianta achar que o jornal sozinho vai resolver esse problema. □

"A cultura yuppie é uma cultura cínica num certo sentido, que não acredita em nada, acha que o mercado resolve tudo. Por outro lado, vivíamos também uma cultura 'de maldição', que depois foi se perdendo"

FOTOS: 06.JAN.2006/BRUNO MIRANDA/FOLHA IMAGEM

Renovação paulistana

A inauguração do Sesc Pompeia, em 22 de janeiro de 1982, foi um dos marcos do ambiente de renovação cultural de São Paulo na década de 80. Surgia ali, no projeto de Lina Bo Bardi (à direita), um tipo de centro cultural que se multiplicaria nos anos seguintes

JUAN ESTEVES 27.DEZ.1992/FOLHA IMAGEM

Ilustrada

Vida nova para a velha fábrica

JUVENIILISMO, A DECADÊNCIA NA MODA

MATINAS SUZUKI JR.
10 de agosto de 1985 – Ilustrada

"De onde nos vem esse mais sinistro de todos os hóspedes?"
Nietzsche

Chamo de juveniilismo a um disperso, mas cada vez mais potente movimento de negativismo que se espalha principalmente entre os jovens de Sampa. É difícil situar precisamente os contornos espirituais, estéticos e comportamentais deste novo niilismo, deste processo de nadismo renovado, mas não se pode deixar de perceber a silhueta de sua sombra projetando-se, cada vez mais, sobre a parede da nossa vida moral e espiritual.

Embora o alvo seja móvel, não é difícil localizar alguns pontos de multiplicação da nova onda de pintar o mundo com as cores da melancolia. As influências são diversas (e, por que não reconhecer, poderosas): um certo gosto pela maldição romântica –e suas ramificações contemporâneas– que passa pelo culto da imagem de putrefação existencial difundida pelo encantamento do ritmo dissoluto da vida "noir" de poetas e escritores; uma espécie de neodecadentismo cultivado sofisticadamente na "avant garde" da música pop; um vago terror nas entranhas das cores expressionistas da jovem pintura; uma reciclagem do viver penumbrista; o hábito redivivo de usar roupas negras; e por aí vai. Mas, sobretudo, uma alergia orgânica a qualquer sinal de otimismo ou orgulho telúrico.

Pode-se dizer que a Ilustrada tornou-se uma das tribunas deste propagandismo da vida sem esperança do capitalismo terminal (a expressão é deles). Alguns traços são comuns: uma época que desfertilizou o solo para a semeadura de qualquer ética e qualquer ação que valha a pena; e, na estética, uma repulsa às manifestações artísticas que não emanam senão da podridão humana. Mas não se pode dizer que o juveniilismo seja um movimento coerente e articulado, porque o jovem militante niilista não reconhece companheiros: os outros são o inferno, e a radicalidade negativista só existe em mim. Portanto, não há identidade possível entre dois juveniilistas: tudo se passa como no confronto cara a cara entre dois sedutores, onde não há possibilidade de relação, de mistura e de superação, como no exemplo da foto de Cid Charisse que ilustra este artigo, o jogo entre a música e a mulher –os dois perfeitos sedutores– é mais combate do que encontro. Dois sedutores, frente a frente, reduzem a estratégia mesma da sedução ao nada.

OBSCURANTISMO

As raízes políticas deste movimento são, na Europa, a superação da crítica do Estado pela crítica do Poder –desfigurado por todas as instituições (e também pelas discussões sobre a vontade de servir e a dialética senhor/escravo)– que chega aos teóricos contemporâneos do niilismo, basicamente Jean Baudrillard e Jean-François Lyotard. Um pensamento, no "capitalismo energúmeno", que já desacreditou inclusive do limite desesperado do agir político, o terrorismo; este tornou-se um cúmplice do involuntário do sistema, já que a morte é indiferente. Mas em uma frase de Baudrillard encontramos a chave para entender o tipo de comportamento da publicidade juveniilista: "A violência teórica, não mais a verdade, é o único recurso que nos resta". Não coloca-se em questão o esclarecimento do mundo (coisa da "ilumistificação"), mas uma agressividade de linguagem (e quem acompanha as páginas da Ilustrada sabe bem o que significa essa brutalidade retórica: um violento ataque –mesmo que ilegítimo, mesmo ausente de fundamentação– a qualquer aparência de positividade do mundo contemporâneo).

O nosso pessimismo dente-de-leite é, portanto, menos um dispositivo real do que uma simulação, uma persona (Baudrillard ainda: "O niilismo, da maneira insólita, é inteiramente realizado não mais na destruição, mas na simulação e na dissuasão"). O charme da radicalidade melancólica não passa de um exercício de cinismo: não são radicais nem existencialmente, nem esteticamente. No viver, operam um verdadeiro orgasmo com a experiência de destruição da vida alheia: delírio com o suicídio de um escritor, com um ato de terrorismo gratuito, com a profanação e decadência da vida de um ídolo etc. A destruição, a queda do Outro (se for alguma celebridade, tanto melhor pelo caráter simbólico) é tomada como exemplar, como uma espécie de emblema virtual da própria autodestruição –autodestruição que permanece no terreno seguro da metáfora, da construção de uma linguagem. Ou seja: a destruição do poeta é um mito que alimenta o convite ao tédio, ao álcool, às drogas etc. A sua morte é a possibilidade da celebração, da encenação de um ritual funesto que, no entanto, não ultrapassa os limites confortáveis da representação.

VISÃO ROMÂNTICA DA ARTE

Do ponto de vista artístico, o juveniilismo faz pose de crítica radical ao mercado, mas é fácil perceber que não existe nenhuma espessura nesta radicalidade estética. Seu circuito de referências são ainda os estereótipos do romantismo: o espontaneísmo da criação, a obra de arte como um jorro (ou vômito, como eles preferem) direto do inconsciente, os fantasmas da criação, a experiência poética como uma provação do mal etc. Mas há um conservadorismo formal e uma preocupação conteudista evidente –e tudo é desculpável, desde que o artista aposte sua cabeça com o diabo. Como não existe uma verdadeira radicalidade artística sem radicalidade formal, seu discurso compõe-se de uma oratória delirante sobre a importância de ler a literatura B americana, de ver os filmes de segunda classe etc. Seu foco de interesse é sempre a última novidade do mercado, em geral algo inatingível pelo consumidor brasileiro de cultura: o último lançamento da transvanguarda do rock de Londres, o "dernier cri"

FOLHA DE S. PAULO

Juveniilismo, a decadência na moda

O uso de roupa negra, o gosto pela literatura maldita e pela dissolução da vida, aliado a um internacionalismo militante, formam o novo espírito negativo da juventude

MATINAS SUZUKI JR.

ilustrada

Diário da corte

PAULO FRANCIS

"A radicalidade melancólica não passa de um exercício de cinismo: não são radicais nem existencialmente, nem esteticamente"

JUVENIILISMO, A DECADÊNCIA NA MODA

cinematográfico alemão ou do leste europeu (americano também serve), o design milanês, a tecnomoda japonesa...

Enfim, tudo se passa como se a fruição da verdadeira cultura estivesse no domínio de um alto repertório de informações sobre as pontas de lança dos modismos internacionais que, quando passam pela alfândega brasileira, diluem-se necessariamente, perdem o seu sentido original de inovadores culturais, tornam-se descartáveis, corrompíveis etc. O novo deve ser obrigatoriamente algo inacessível ao mercado nacional, este Deus destruidor de radicalidades artísticas. Quem leva a sério a sua virulência verbal contra o mercado brasileiro de produtos culturais pode pensar que são alunos exemplares de Adorno: mas a necessidade da ferocidade discursiva nasce mesmo da própria fragilidade da sua relação com este mesmo mercado, que tentam esconder. Na verdade, funcionam como o radar do mercado brasileiro captando as ondas da moda universal. Mas fingem que não sabem disso. Agem no próprio vácuo da indústria cultural e, pra valer, estão atrasados com relação ao conselho de Lyotard para o abandono do terrorismo da atitude crítica, "profundamente racional, profundamente adequada ao sistema, profundamente reformista: a crítica se mantém na esfera do criticado, pertence-lhe, supera apenas um termo de posição, não a posição dos termos".

INTERNACIONALISMO OPACO

Cabe ainda uma observação: no seu artifício de criticar radicalmente a produção cultural brasileira como o fundo do poço da verdadeira cultura, esquecem de observar alguns dos verdadeiros criadores radicais locais, mais radicais (raiz do homem, lembre-se) do que a maior parte do rock internacional que propagandeiam ou o cinema que consideram imperdível. Apenas para citar três exemplos domésticos: a arte (não-arte?) de Hélio Oiticica, o cinema (não-cinema?) de Julio Bressane, a música popular (?) de Arrigo Barnabé. Sob este aspecto, o internacionalismo é tão opaco quanto o nacionalismo brejeiro, seu espelho invertido. Aqui, novamente o encontro de dois sedutores, novamente o nada.

Evidentemente, o filósofo de cabeceira dos garotos niilistas é Nietzsche (uma de suas diferenças fundamentais com relação ao estradeirismo contracultural dos 70 é o cultivo da informação cultural e dos avanços da razão civilizatória). Não vem ao caso saber se eles realmente leem Nietzsche, até porque não se sabe mesmo quem é o bom leitor nietzschiano. Nietzsche, que evidentemente tem pouco a ver com o niilismo, dizia que o "sucumbir se apresenta como um se-fazer-sucumbir". Mas a ideia de que o nirvana cultural é inatingível (está no exterior) tem algo a ver com a opinião do filósofo de que para o niilista é preciso condenar este mundo que tem o nada como vir-a-ser e que se compreende que está sendo burlado por esta vida, mas que se é impotente para não se deixar burlar. A diferença dele com os novos pensadores niilistas é que, para ele, é necessário que a ambientação histórica do pessimismo seja a indigência social. De qualquer forma, é preciso pensar nas observações do professor Gérard Lebrun e do poeta Antonio Cicero de que não se deve cultivar Nietzsche como um filósofo do ceticismo, pois o seu ceticismo não tem nada a ver com uma "paralisia do querer", sem contar a "vontade de potência".

Um século depois, o renascimento do niilismo entre os jovens brasileiros? A História não se repete, honey, mas parece que começa sempre no mesmo lugar. □

UM IDEÁRIO CONFUSO

MATINAS SUZUKI JR.
17 de agosto de 1985 – Ilustrada

O bazar de sandices culturais que Ziraldo Alves Pinto, presidente da Funarte, enviou ao ministro da Cultura, Aluísio Pimenta, contém seis equívocos básicos –além dos que deles derivam–, a saber:

1. Embora ele se coloque na perspectiva de defensor impoluto da cultura do povo, seu projeto revela uma visão senhorial e autoritária do que sejam manifestações culturais das classes subalternas, como se pode ver nas frases que estão em seu projeto: "Nós temos que fazer parte do povo e mostrar para ele, sem querermos ser os donos da verdade, os caminhos que estão à sua frente e que ele nem vê"; "Nós temos apenas que fazer sua cabeça! De acordo, é claro, com a vontade do povo. Que, em termos de Cultura, ainda não foi despertado em nossa História"; "O povo brasileiro não conhece e não sabe avaliar o que seja pintura! O povo brasileiro não conhece a sua pintura! O povo brasileiro não tem o hábito de visitar exposições. O povo brasileiro, na verdade, não tem nem hábitos". E por aí vai.

2. Uma visão altamente bairrista e favorecedora de projetos para algumas cidades de Minas Gerais, principalmente as cidades de Peçanha (terra do ministro da Cultura. Ziraldo: "Acho da maior simpatia e do maior propósito que o primeiro gesto da Funarte seja mandar para a terra natal do professor Pimenta os instrumentos para a Banda de Peçanha. E gostaria de estudar com o senhor uma outra maneira de iniciarmos ali alguns projetos pioneiros para as cidades do Interior"), Caratinga (terra do próprio Ziraldo: "É que o povo de Caratinga também já apareceu na jogada...") e a criação da Escola Superior de Música de Juiz de Fora. É isto que ele chama de "interiorização da cultura", uma de suas prioridades.

3. Uma visão ultrapassada, diluidora e superficial do que é o fato cultural, expressa em definições do tipo: "Que se faz Cultura quando se faz tempero, sua broa de milho ou seu pato no tucupi"; "Que um quadro é bom e que uma canção é boa, porque o homem vira um animal se não inventa"; "Cultura é transporte"; "Tempero é cultura"; e por aí vai.

4. A apresentação de projetos descabidos do ponto de vista de uma concepção geral do processo cultural, sem contar a improbabilidade de sua realização. São eles: uma pesquisa para descobrir por que não ganhamos dinheiro com a exportação de bens culturais – música, pintura, literatura (quem lê isto pode acreditar que a exportação de bens culturais depende única e exclusivamente da vontade nacional); o bar da Funarte; um sindicato nacional de quadrinhos, do tipo americano, gerado pela Funarte; o Museu da Cara do Brasil; escola de críticos de arte; e por aí vai.

5. As ideias culturais do presidente da Funarte são fundamentais em primarismos filosofantes e absurdos teóricos do tipo: "Nosso país sem História" (qual História?); "Que a sociedade tem que protestar e que protestar não é quebrar um supermercado, mas, apenas, escolher (quando um homem escolhe, ele já está protestando)"; "Não se faz História sem Geografia. Todos nós temos que ter um lugar de onde partir. Se não, como vamos ter um lugar onde chegar?". E por aí vai.

6. O projeto de Ziraldo, pelo menos, faz uma revelação importante: há muita gente ociosa na Funarte e nas secretarias estaduais e municipais de Cultura. O cidadão Ziraldo Alves Pinto, como presidente de um organismo estatal, tem obrigação de denunciar os nomes ociosos e quanto custa para o Estado este desperdício de funcionários. Até para ser fiel a uma das prioridades de seu projeto, que é a defesa do consumidor de cultura, e não a do produtor. □

> "Uma visão ultrapassada, diluidora e superficial do que é o fato cultural, expressa em definições do tipo: 'Tempero é cultura'"

“Acho que está havendo uma recuperação da ideia de caderno de variedades”

Entrevista com **LEÃO SERVA**

Leão Pinto Serva, nascido em 1959, foi repórter e editor-assistente da Ilustrada antes de se tornar secretário de Redação da Folha. Foi correspondente do jornal em Londres e cobriu a guerra na antiga Iugoslávia. Publicou, em 1994, o livro "A Batalha de Sarajevo" (Soritta). Posteriormente, trabalhou no Jornal da Tarde e no portal IG.

Você fez, nos anos 90, uma pesquisa sobre primeiras páginas da Ilustrada. Que visão geral você teve?

A Ilustrada tinha antigamente uma função de caderno de leitura, um caderno mais de "variedades", como se dizia. Ela podia dar uma matéria, por exemplo, com o político da semana ou um artigo de ciência, de urbanismo, de trânsito, o que fosse. Depois ela foi ganhando um perfil mais cultural, já nos anos 70. Mas eu acho que, nos anos 80, a contribuição daquela geração, digamos, Caio, Matinas, você, foi dar uma identidade cultural à Ilustrada e dar uma autonomia à cultura dentro do jornal. Hoje em dia eu acho que está havendo, de certa forma, uma recuperação da ideia de variedades.

Na década de 80 começou a haver uma afirmação da cultura como tema relevante para o jornal. Ao longo do ano de 82 isso foi ficando mais claro e, em 83, a Ilustrada já faz mudanças importantes nesse sentido, como passar de duas para quatro as páginas de livros.

Você, que foi também um excelente pauteiro da Ilustrada, como vê a questão da agenda nos cadernos de cultura?

Naquela época, a gente tinha uma necessidade de fazer pautas bem diferentes e do contra. A ideia geral era "vamos fazer uma coisa que os outros não vão fazer". Ou "vamos fazer mais cedo que os outros ou diferente dos outros". De preferência os dois. Hoje eu acho que o jornalismo cultural é muito alavancado pelas agendas do mercado, as estreias, os lançamentos. Uma outra vertente da pauta da Ilustrada naquela época era pegar um alvo e atacar. Um episódio marcante foi a decisão do Matinas de criticar a política cultural do governo Sarney, que ficou apelidada de "cultura da broa de milho" [ver página 127]. Ele pegou um documento do Ziraldo, que estava na Funarte, propondo uma série de coisas. O texto dizia que broa de milho também era cultura. O documento era meio um consenso da esquerda da Nova República, e nós fizemos uma campanha totalmente agressiva.

Você era o repórter que cobria esse assunto, não?

Era, mas sempre em contato direto com o Matinas. Houve um episódio muito divertido. O ministro Pimenta foi almoçar na Folha, e eu, por absoluta coincidência, tinha ido fazer uma sessão de fotos minhas para uma revista. Eu usava uma calça verde e uma camisa amarela. Saí de lá assim e fui trabalhar. Quando cheguei, me avisaram que o ministro estava almoçando no jornal, que era para ficar atento. Bem, o que aconteceu? O sr. Frias mandou servir de sobremesa uma broa de milho... Era uma coisa bem-humorada, para pacificar, mas podia ser vista pelo ministro como um pouco agressiva. Para piorar, quando o ministro está deixando a sede do jornal, eu apareço para entrevistá-lo vestido de verde e amarelo. Parecia que era de propósito, para tirar um sarro do nacionalismo dele!

Que outros traços você acha que foram importantes para o êxito da Ilustrada?

Naquele período eu acho que a gente também fixou um certo primado gráfico. Nem o Caio Túlio é um artista gráfico, nem você, nem o Matinas, nem eu. Mas, objetivamente, havia um primado gráfico. A gente queria uma resolução gráfica marcante, que se diferenciasse do jornal, e isso gerou algumas capas fortes. O mérito, diga-se, era dos nossos diagramadores, como o Joca Pereira e o Jair de Oliveira. Eram pessoas que tinham uma formação cultural e pessoal boa, mas não tinham feito curso de artes gráficas nos EUA ou na Espanha, como passou a se fazer depois. Foram eles que viabilizaram aquela tentativa de arrojo gráfico.

Hoje a capa, em geral, mostra o arrojo gráfico das agências de publicidade...

(*Risos*) É... Mas voltando, eu acho o máximo aquela capa da Coca-Cola, que demos no dia em que o Caderno 2 estreou [ver página 115]. Teve também uma vez que fizemos o logo da Ilustrada em japonês. Lembro de uma capa que eu fiz, com o Drácula, muito legal... Enfim, isso virou uma marca forte do caderno.

Como você vê hoje a posição dos jornais diante das novas mídias, que despertam o interesse dos mais jovens?

Para a minha filha, por exemplo, não existe no universo dela a ideia de ler um jornal. Ela não sabe como funciona um jornal. Outro dia a gente ligou da rua pedindo para ela procurar um filme, e ela na hora de procurar pensou direto em ir para o computador. Ela não pensou no jornal, nem na revista. E os jornais continuam muito ligados ao noticiário que a internet deu antes. Quando eu trabalhava no IG, a ideia era dar de noite a página do jornal do dia seguinte, de forma que quando você abrisse a porta do seu apartamento e visse a Folha, você dissesse "que merda, igualzinho". Esse era o lema em 2001. Em 2008 os jornais continuam da mesma forma: "Plano dos EUA prevê maior reforma desde a crise de 29". Todas as notícias são velhas, e o jornal continua sendo noticioso. Esse aspecto é dramático. Em compensação, o jornal pode fazer o que a Folha já fez muito bem, que é ligar as coisas para o leitor e apontar o que é principal. Isso a internet não consegue fazer, porque ela atira para todo lado. □

"Naquela época, a gente tinha uma necessidade de fazer pautas bem diferentes e do contra. A ideia geral era 'vamos fazer uma coisa que os outros não vão fazer'. Ou 'vamos fazer mais cedo que os outros ou diferente dos outros'. De preferência os dois"

FOLHA DE S. PAULO

A cultura da broa de milho

Um ideário confuso

ilustrada

Librandi diz que não há verba

Entre agora no Pique da Copa.

Garanta seu lugar na Torcida Oficial do Brasil no México.

A Seleção já carimbou o passaporte. Vamos fazer a corrente pra frente outra vez.

Últimas Vagas. Aproveite.

BROA
Reportagem de capa sobre a chamada "cultura da broa de milho", projeto nacional-popular da época da Nova República

NEON-REALISMO

MATINAS SUZUKI JR.
22 de agosto de 1985 – Ilustrada

Tudo se passa no neon-realismo como no olhar secreto e pleno de desejo –portanto perverso– através de um colorido celofane ("fane" vem do grego phan, fazer aparecer). Usei a expressão neon-realismo para definir o filme "O Fundo do Coração", de Coppola, pensando nesta estética que quer se apresentar como o rosto moderno do mundo, com suas articulações nas artes plásticas, na publicidade, na fotografia e na televisão. O prefixo neon é empregado tanto no sentido vaporoso do gás-luz, como no lusco-fusco imaginário do novo.

O gás nobre descoberto por Ramsay, em 1898, não é –como se poderia supor– o único suporte material desta vertente imagética de nossos dias, embora seja o seu lampejo mais atrativo, largamente utilizado nos anúncios, nos cenários cinematográficos, na escultura, na decoração... Mas podemos incluir o monocromatismo da luz do laser nos filmes e nos shows, e também o uso fotográfico disseminado do "polarizador", um filtro que intensifica as cores primárias, torna-as chapadas, de inspiração super-realista (presente na publicidade da televisão, nas fotos de moda e em um filme como "Paris, Texas", de Wim Wenders).

Não haveria uma contradição insolúvel entre o fluorescente apelo articuloso do neon e o realismo exagerado do efeito "polarizador"? Creio que os dois convergem para o mesmo vácuo ilusionista de um imaginário (esta estética não suporta o som) que apoia-se em si mesmo –assim como não existe nada por trás de uma tela de cinema. O emprego reiterado do neon cria a imagem do futuro como uma vaga sensação nostálgica de algo localizado no passado; o suprarrealismo fotográfico sugere a imagem do futuro como um eterno presente. O primeiro é um jogo sombrio de meio-tom, sem nitidez; o segundo, o foco claro de cores escandalosas. No limite, duas formas de aparecer-no-mundo e não de estar-no-mundo; assim, mesmo em seus momentos admiravelmente sublimes, não perdem o trânsito de convite à simulação, de fetiche de um outro mundo que na verdade é este mesmo –sem falar na sua imperdível ligação original com a troca. O conceito de estética empregado aqui é excessivo, pois trata-se com mais propriedade de técnicas: não há forma artística, mas superposição de imagens.

Na arte, o verdadeiro anúncio luminoso é outro, até porque não existe nenhuma fascinação à toa. □

O FUNDO DO CORAÇÃO
Frederic Forrest e Nastassja Kinski em cena do filme "O Fundo do Coração" (1982), de Francis Ford Coppola –sonho e fantasia à luz de neon

DIVULGAÇÃO

FASCÍNIO FORMAL FAZ A ILUSÃO DO MODERNO EM TV

NELSON PUJOL YAMAMOTO

22 de agosto de 1985 – Ilustrada

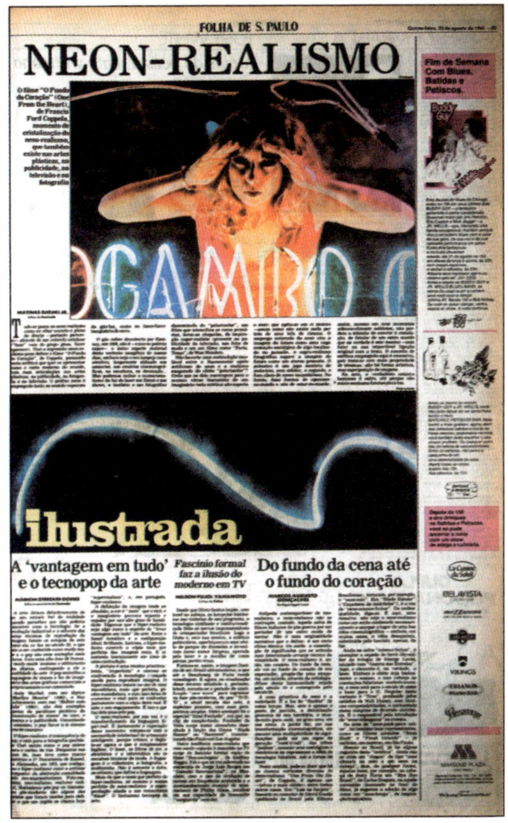

FOLHA DE S. PAULO

NEON-REALISMO

ilustrada

A 'vantagem em tudo' e o tecnopop da arte

Fascínio formal faz a ilusão do moderno em TV

Do fundo da cena até o fundo do coração

UM GÁS NOBRE

Em matéria de capa na Ilustrada, Matinas Suzuki Jr., Márion Strecker Gomes, Nelson Pujol Yamamoto e Marcos Augusto Gonçalves analisavam a estética "neon-realista" (termo cunhado por Matinas), que era uma manifestação pós-modernista

Desde que Sílvio Santos impôs, com lamê na cabeça, os lampejos luminosos nas vinhetas de seu programa, a tecnologia cintilante e institucionalizada titila os nervos impressionáveis do telespectador brasileiro. Logo a Globo e, em sua esteira, a estética publicitária aperfeiçoaram esse efeito de parque de diversões e investiram numa maior limpeza, operada pelo laser e pela escolha de cores parcas, porém vivas.

Formou-se, assim, a imagem ilusória de um Brasil ultramoderno, a que até o Beaubourg de Paris rende vassalagem. E agora, na atualização desse recurso estudado e, portanto, kitsch, encosta-se o período de mistificação new wave para ingressar na fase pós-moderna, de que "Ti-Ti-Ti", a atual novela das sete, é espécime pioneiro, com suas perspectivas amplas. Outro exemplo foi o especial "Sinal Fechado", em que, no clipe da canção-título, Paulinho da Viola surge numa atmosfera desenhada à feição dos filmes "Blade Runner" ou "Hammett", transformando São Paulo em Los Angeles.

Outra tendência neon-realista que vem sendo copiada à exaustão na TV surge do fascínio formal vazio do filme "Koyaanisqatsi", de Godfrey Reggio. Foi o que se viu sobretudo na entrevista de Jorge Luis Borges em "Conexão Internacional", na Manchete, com o uso da evolução de nuvens em frequência acelerada e o acompanhamento musical do minimalismo de Phillip Glass, infalível em sua capacidade de transmitir "vanguarda" sem dor. □

Paulo Francis visita a Redação da Folha em 1989; acima, o colunista com a jornalista Renata Lo Prete

Francis, o polemista da Corte

wa

FOTOS: NOV.1989 CARLOS GOLDGRUB/ FOLHA IMAGEM

aal!

PAULO FRANCIS POR ELE MESMO

PAULO FRANCIS

9 de janeiro de 1986 – Ilustrada

Meu dia. Eleanor Roosevelt, mulher de Franklin, tinha uma coluna com este título, "Meu dia", que era publicada por "n" jornais, claro, sem que Eleanor, paradigma de todas as virtudes liberais, auferisse o lucro, que dedicava a negros, crianças destituídas, mães solteiras e outras pessoas merecedoras de caridade. Meu pai achava a coluna ridícula e me deu pra ler. Concordei e se eu quisesse exporia os motivos aqui, mas me pergunto se esta rara concordância entre pai e filho não se deve, em parte, a outra atitude que herdei dele, um profundo desgosto de falar de mim mesmo. Há, há, dirão, mas ele não faz outra coisa. Pode ser, agora quem define o que é falado sou eu, a parte de mim que quero expor.

Toda manhã leio pilhas de telegramas da UPI, o New York Times, Washington Post, Wall Street Journal, assino os três e, à tarde, espio o Boston Globe e o Los Angeles Times, o que, falando nisso, encerra o capítulo imprensa nos EUA. Ninguém precisa ler mais nada. Sou, claro, leitor de Sunday Times, The Observer, Financial Times, Sunday Telegraph, The New Yorker, The Nation, The London Times, The Guardian, Le Monde Hebdomadaire, Monthly Review, Harper's, New York Review of Books, London Review of Books, Euromoney, Wharton Econometrics e várias outras newsletters, que não vou enumerar, do que meus inimigos concluirão que estas são de onde eu copio minhas coisas. Amém.

Leio muito rápido. Sábado, li três livros, inteiros, sem pular nada, é verdade que um deles comecei lendo pelo fim. É meu costume ler, em parte ou ao todo, três livros no mínimo por semana. Sempre leio mais do que isso, porque releio certas obras que revejo com olhos novos, renovados pela experiência. Mas por prazer, serei franco, leio exclusivamente thrillers, estou no momento terminando obras completas de Ruth Rendell, ela e P.D. James são sem dúvida as melhores vivas, do gênero, e Proust e Stendhal.

Já li o livro de Proust mais vezes do que posso computar, porque passei noites "febris" lendo certas passagens adormecendo com o livro na mão. Leio Proust em inglês, falando nisso, porque meu francês não dá para o original, ainda que eu tenha mandado comprar a edição que estão preparando em Paris, revista e corrigindo todos os erros das anteriores. Como sei o livro de cor, ou, ao menos, as passagens que me interessam, como a "abertura", que é o maior ensaio literário já escrito (à parte resumir em 35 miraculosas páginas todos os temas e indicar todas as personagens principais do romance), vou poder ler no original (li a primeira vez o livro em português, numa boa tradução, havia gente como Mario Quintana e Drummond) o que é talvez o único romance totalmente satisfatório (dou a vocês de presente todos os russos e americanos. Alguns são ok. Os franceses são absolutos. Não me acho ainda competente para escrever um ensaio sobre Proust, mas me devo e aos leitores um sobre Flaubert). Esses são prazeres, de que excluo os poetas. Poetas são sempre, em última análise, sinistros, ou estarei mais deprimido do que de costume? As duas coisas, provavelmente. No meu tempo de universidade se falava de "atravessar" um grande autor. Nunca achei que fosse a palavra para os romances de que gostei, mas os poetas que me impressionaram me feriram fundo. São essencialmente criaturas negativas. E talvez ridículas. Isso não é profissão normal. Pode haver grandeza única, mas Platão estava certo em querer bani-los da República.

◆

E o que tem isso tudo que ver com meu dia? Mas só tem. Vivo do meu superego. Leio um jornal menos pela notícia (rara). Um exemplo de notícia, que é para valer: Wall Street Journal notou outro dia, em 1983, ano de recessão (é importante notar isso), o governo dos EUA gastou US$ 641,7 bilhões em benefícios sociais, o que vem a ser 19,4% do PIB. No último ano de Carter, 1979, os gastos sociais foram de 17.9% do PIB. E no entanto se diz que Reagan cortou os benefícios sociais. Você lerá isso acima, ouvirá de mil políticos etc. do que pelas mensagens dos poderosos que não há teoria que faça você aprender a discernir. É preciso ter vivido com atenção.

◆

É pela manhã que faço uma análise do dia, completando com telefonemas a algumas pessoas que me dão informações. Mais uma vez, não há fórmulas. As pessoas tentam usar você. Você tenta usá-las. E não há possibilidade de franqueza total. Mais franco do que eu, sinceramente, não conheço (não digo que não haja). Chego ao extremo de discutir com meu público aquilo sobre o que não formei ainda opinião, mas é um fato que a humanidade não resiste a muita realidade, frase que é aqui atribuída invariavelmente a T.S. Eliot, mas que é, na minha experiência, de Pirandello (e pressentida, se não explicitada, por quem já viveu um pouco). Às vezes me divirto compondo uma coluna exclusivamente de escândalos sobre pessoas públicas. Nunca vou escrevê-la, provavelmente. Seria divertido, mas excessivamente cruel e, noves fora, não prestaria qualquer serviço a quem quer que seja, exceto a inimigos pessoais destas pessoas. O que não escrevi sobre Jânio Quadros, na campanha, por exemplo, e que sei, com certeza, é muito mais escandaloso do que escrevi. De resto, há muitos anos só ataco intelectualmente. É quase sempre indigno o ataque pessoal.

Almoço sempre depois de gravar para a televisão. Me dizem que mais e mais me imitam em comerciais. Não me importo que me satirizem em programas humorísticos. "I can take it as well as I can dish it out", como dizem e manterei no original. Mas exploração comercial, como começaram a dizer no Estado Novo, "não se esqueça dos meus 10%", e mais uma vez quero dizer quanto admiro Raymundo Faoro pela entrevista que deu à Senhor, como o admirei quando combatia a ditadura, por dizer que o PMDB quer criar um Estado Novo. É um homem honrado. Saboreiem esta palavra velha, de velhos, como Faoro e eu. Honrado.

Perguntei a um velho amigo, comuna escrachado e militante, se não sentia saudades dessas palavras, como honradez, vergonha, essas burguesices, e ele admitiu que sim, porque a conversa era particular. Outro comuna, que faz sempre questão de se declarar tal, e íntimo amigo, Ênio Silveira, ao ouvir o pau que desanquei em Fidel Castro, pré-escrevê-lo, me disse que esqueci que o que resta à maioria da humanidade é esperança, o que, dito no auge da fúria emocional da nossa conversa, não soou ridículo como por escrito. Pode ser, como diria Brizola, outro amigo no desvio, mas caio de pé, na realidade.

Outro dia desencavaram a entrevista que fiz com Brizola, neste jornal, em 1978, quando havia risco em publicá-la, antes da adesão em massa à democracia e à "Nova República". Faria de novo, se houvesse algum jornal como a Folha, com a coragem de publicá-la, mas a diferença entre eu e aquele Paulo Francis é que eu faria, hoje, esta entrevista com Maluf, se o deportassem, como é o desejo de tanta gente. Descubro-me, 55, um liberal extremado, em matéria de opinião. Que todas as flores floresçam como disse o "Grande Nadador", Mao, mas talvez esta piada já esteja muito distante da juventude de hoje.

◆

A mim me resta o que o grande livro de Edmund Wilson, "Patriotic Gore", relido sábado, sugere. Só o que podemos fazer é tentar ser profissionais com alguns princípios de comportamento, honradez, vergonha, recusa da crueldade e exploração contra outras pessoas, dizer o que pensamos, já que minha profissão é dizer. Não pensem que sou um eremita. Sinto muita saudade dos velhos amigos (amigos profundos só os temos na nossa geração), mas me dou com bastante gente aqui, saio o suficiente, para surpresa minha, que conferi para escrever este artigo, ter visto precisamente 59 peças de teatro e 104 filmes em 1985 (estes últimos às vezes três num dia, nas cabines que os relações públicas nos propiciam). Não bebo mais, mas até que tomei uns drinques no fim de ano sem maiores consequências (quando eu bebia mesmo, virava personagem de Pinter, engraçado no palco, um chato insistente em pessoa). Já viajei praticamente o mundo todo (por algum motivo obscuro, nunca fui aos países escandinavos. Estarei perdendo alguma coisa?).

Trabalhar é o que resta, o que sobra da afeição daqueles poucos que qualquer pessoa exigente aceita e espera ser aceitado de volta. Não acredito que uma pessoa intelectualmente adulta aceite realmente ideologias e religiões, a não ser como Ênio Silveira por um problema de libido dispersa, vulgo, em alguns casos, "banzo" de fraternidades cristãs, sim, porque a origem do humanismo é Cristo, nunca se falou disso antes dele, havia códigos de conduta limitados a elites (mais em vigor do que imagina a maioria das pessoas), religiões a que o indivíduo se entregava impotente (como o velho e comovente senhor de escravos, Jó, da Bíblia) e, claro, a afeição mais difícil de definir e de se convencer, a animal. No fim de qualquer dia me pergunto se fui suficientemente honesto comigo mesmo. Autocrítica, sem Stálin. E, como escreveu Saul Bellow, "você sabe... você sabe... você sabe...". Leio à noite e gostaria de ir para o sul no inverno. Um romancista e um poeta como fecho. Acho ok o que der e vier. □

Metralhadora giratória

Franz Paul Trannin da Matta Heilborn. Com este nome nasceu Paulo Francis, em 1930, no Rio de Janeiro. Foi um dos mais importantes jornalistas do país. De crítico de teatro (e também de TV, no Última Hora) a colunista da Ilustrada, passou pelo Diário Carioca, pelo Correio da Manhã, editou a lendária revista Senhor, foi uma das referências do Pasquim e se tornou correspondente popstar da Globo. Escreveu "Cabeça de Papel" (1977), "Cabeça de Negro" (1979) e "O Afeto que se Encerra" (1980), todos publicados pela Editora Francis.

Convidado por Cláudio Abramo, estreou na Folha em 1975, como freelance enviado à Espanha para cobrir a morte de Franco. Logo foi contratado e passou a escrever para a Ilustrada (e Folhetim), quando sua vocação para polemista chegou ao ápice. Suas colunas, os "Diários da Corte", eram leitura obrigatória para os que o amavam e para os que o odiavam. Consagrou a expressão "waaaaal", que retirou de uma gravação de Ezra Pound (o poeta americano pronunciaria a palavra "well" dessa maneira em um de seus poemas). De jovem trotskista, Francis foi migrando para posições políticas, econômicas e culturais conservadoras, processo que experimentou com certo barulho, acentuando seus novos pontos de vista com o conhecido talento para provocar o leitor e criar controvérsia.

"Sem dúvida, ele era uma baita atração da Ilustrada. Se você quiser chamar de carro-chefe, você chame. Ele fazia a diferença", diz Caio Túlio Costa, que manteve com Francis uma longa e acalorada polêmica, quando desempenhava a função de ombudsman.

Para muitos na Redação, o polemista da corte era um mito. Mas nem todos o viam com entusiasmo. Rodrigo Naves avalia que "quando fomos para o jornal, em 83, 84, ele já não era visto por nós como uma pessoa avançada, embora tivesse aquela coisa desabusada, aquela graça, aquela iconoclastia".

Seus ataques a Lula e suas tiradas racistas contra nordestinos, baianos, negros, brasileiros, o que fosse, incomodavam muita gente –o que não é de espantar. Mesmo quando em elogios, não perdia a oportunidade: "Acho Babenco um cucaracha útil", escreveu sobre o cineasta, que fez sucesso nos EUA com "Pixote" (1981) e "O Beijo da Mulher Aranha" (1985).

Para Matinas Suzuki Jr., é provável que a onda do politicamente correto tenha agravado o juízo que muitos acabaram fazendo de Francis, deixando em segundo plano sua grande importância para o jornalismo brasileiro e sua coragem de expor sem meias palavras o ridículo e a jequice da vida brasileira. Tendo a concordar com essa visão, embora tenha muitas vezes me chocado com algumas colunas de Francis. Era, no entanto, um admirador –e conhecê-lo foi uma das coisas inesquecíveis em minha vida.

Enquanto escreveu na Ilustrada (ele deixou a Folha em 1990), poucos escaparam de sua metralhadora giratória. Sua pena atacou de cineastas que supostamente cheiravam cocaína e compravam apartamentos com verbas da Embrafilme a representantes da arte contemporânea, como Cildo Meireles, passando por scholars, como Davi Arrigucci Jr., e cantores populares, como Caetano Veloso –para não mencionar uma longa lista de políticos, escritores, atores etc.

Com Caio Túlio Costa, o debate teve início quando o então ombudsman, que inaugurava o cargo na Folha e na imprensa brasileira, voltava-se para a cobertura das eleições de 1989, polarizadas por Lula e Collor. Caio dizia que a Folha havia adquirido fama de jornal petista e, para tentar evitar que essa reputação se consolidasse entre os leitores, havia dedicado uma chamada na Primeira Página a um artigo de Francis, publicado na Ilustrada, com críticas ao candidato do PT:

"Como mostrar que não é petista sem provocar reações de que então 'colloriu'? Nesta semana, até a incontinência verbal de Paulo Francis (como define o jornalista Sérgio Augusto) foi chamada em auxílio na tarefa de isolar a imagem petista. Mas, se a operação foi bem-sucedida, o problema é saber como o jornal vai manter-se numa corda-bamba, cujo equilíbrio é precário porque baseado tanto na destreza do equilibrista quanto nas palmas e vaias da plateia".

Ao comentar a intervenção do articulista, o ombudsman apontava uma "diferença sutil entre o jornalista Paulo Francis que escreveu nas seções de Exterior, ou Economia, e o da Ilustrada":

"Ali, no caderno de artes e espetáculos, ele tem uma coluna de uma página, duas vezes por semana, coisa única na imprensa brasileira. Ele conquistou esse espaço por força de suas ideias e de um texto tonitruante. Paulo Francis é talvez o único jornalista brasileiro sobre o qual todos os leitores têm uma opinião. A favor ou contra, mas uma opinião. Mesmo os que o detestam o leem. Recebi telefonemas de leitores sugerindo que a Folha deixe de publicá-lo. Atendi a uma delegação de negros pedindo que a Folha censure suas afirmações preconceituosas. Para fazer esses pedidos, é necessário lê-lo. Ninguém passa indiferente por seu texto. Não se deve cobrar jornalismo nesse tipo de artigo que o Francis faz. Ali ele é mais o Francis ficcionista, o cronista dos tempos. Diz besteiras e coisas sábias. Escreve o que muitos pensam e não ousam falar em voz alta. É preconceituoso, vulgar, chuta alguns dados, é o Paulo Francis de sempre –irreverente e destemido. No seu artigo publicado ontem no caderno Diretas-89, por exemplo, chamou Collor de 'fedelho'. Sei que vou receber telefonemas amanhã sobre isso. Francis não tem compromisso com ninguém, a não ser com sua cabeça, cuja memória e capacidade de reflexão poucos brasileiros possuem igual".

O comentário de Caio foi pessimamente recebido pelo colunista, que não hesitou em contra-atacar com fúria:

"Caio Túlio Costa foi um bocado condescendente comigo domingo passado. Me pergunto se tem currículo ou gabarito para isso. Acho que não tem, não. Ele talvez considere esta fraqueza, 'incontinência verbal', uma frase suburbana, lugar-comum, que tomou emprestado de Sérgio Augusto. Para mim é linguagem de macho.

Que faz falta na prosa sem vida, às vezes (ou quase sempre?) incompreensível da imprensa brasileira de hoje, mais preocupada com paginação e ficar em cima do muro, do que informar e contestar os poderes do dia. E estou habituado à franqueza da imprensa dos EUA, em que, se eu tivesse dez centavos por vez que Reagan foi chamado de 'débil mental', estaria rico, ou que Bush foi chamado de 'débil', ponto, 'wimp', idem. A imprensa brasileira, com exceções antiquadas como eu, parece escrita e elaborada no Clube das Vitórias Régias. Caio Túlio Costa está ensinando jornalismo mal aos jovens da Folha. Se digo 'besteiras', como ele escreve, que aponte as besteiras. Se 'saco dados', que idem. Até os elogios de Caio Túlio me caíram mal. Ser chamado de 'irreverente', really, a essa altura da minha vida profissional. O leitor não só nunca encontrará essa palavra num texto meu, como pergunto: a que se deve ser reverente? A Ribamar, a esse nome de polvo e ponta-esquerda, esse semi-analfabeto, com o charme discreto do proletariado, que é Lula? Ele, de resto, que não é 'patrulha' de si próprio –como Caio Túlio parece ser de Lula. A menina que me leu o que escreveu ao telefone se babava de satisfação com os ataques a mim, me deu uma boa resposta. Que eu estou há tanto tempo fora do país que não entendo mais de Brasil. Valeu, como se diz em televisão. Quem vive no século 19 mental que é o Brasil de hoje acaba se acostumando e raciocinando nos termos dessa bobagem tamanho família. (...)

Como a linguagem de Caio Túlio é imprecisa, quero deixar bastante claro que não fui 'chamado em auxílio', o que quer que isso signifique em português, para mudar a imagem supostamente petista (eu diria 'petelha') deste jornal. Li o que me é possível tragar sobre os resultados da eleição e por minha conta enviei à Ilustrada minha opinião sobre Lula, a meu ver, plenamente fundamentada em fatos incontestáveis, tais como: se ele for eleito, o país ficará ainda mais paralisado em greves do que está, isolado do mundo, e corre o sério risco de se tornar o Sudão da América do Sul".

A polêmica entre os dois ocupou oito artigos. Não faltaram ataques pessoais de ambas as partes. O embate só veio a ser encerrado com a decisão da Direção de Redação da Folha de recorrer ao Manual e publicar lado a lado os últimos textos de cada um. □

"Seus ataques a Lula e tiradas racistas contra nordestinos, baianos, negros, brasileiros, incomodavam muita gente"

ANA OTTONI

Questão de conceito

O artista Cildo Meireles foi um dos alvos de Paulo Francis, que chamou uma de suas esculturas, exposta no MoMA, em 1990, de "monstruosidade, horrenda, coisa de picareta, de demagogo populista, típico do que chamam de pós-modernismo". A trajetória estética de Meireles prosseguiu com êxito e ele se tornou um dos artistas conceituais mais prestigiados do mundo. A foto nesta página, que mostra o artista na instalação "Fontes", foi feita em 2000, para a coluna de Mônica Bergamo, por ocasião de uma retrospectiva no Museu de Arte Moderna de São Paulo. Em outubro de 2008, ganhou grande mostra na Tate Modern, em Londres

ENFIM CAETANO VELOSO, MAS SÓ POR CINCO DIAS

MIGUEL DE ALMEIDA
5 de outubro de 1983 – Ilustrada

A impagável coletiva já beirava seu final, lindas meninas (não jornalistas) com olhos derramados em cima do ídolo, quando Caetano Veloso soltou uma frase capaz de dar esperanças a centenas de corações:

– Meu negócio agora é sexo e amizade. Acho esse negócio de amor uma coisa muito chata.

Uma feia ainda rebateu com frase antológica:

– Uma coletiva de imprensa com Caetano Veloso não encontra semelhanças com quaisquer outros artistas: sempre são impagáveis. A qualquer movimento seu, todos riem. É com sinceridade. Todos ali estavam presentes para saberem informações sobre seu espetáculo "Uns" (a partir de hoje até domingo, às 21h, no Palácio das Convenções), muito bombardeado no Rio de Janeiro, mas elogiado em Montreaux, Nova York e Roma. Roteiro estabelecido, Caetano Veloso mostrará canções do novo disco, algumas antigas, tocará violão no meio do show, certamente dirá alguma coisa, a Outra Banda da Terra como grupo de apoio.

Os assuntos jogados para Veloso, em suas coletivas, nunca se prendem a aspectos puramente estéticos, ou somente culturais. Ali se conversam dúvidas metafísicas e muitos expõem íntimas questões existenciais. Alguns trazem perguntas guardadas por longos meses dentro do bolso –e outros soltam frases feitas esperando um efeito bombástico. Ele sempre acontece: todos riem e se sentem inteligentes. A economia e a política, temas que Caetano faz questão de dizer que não entende nada, ponteiam as perguntas. É interessante certo grau de intimidade insinuadoporalgunsentrevistadores, eles querendo notícias até do filho do artista (alguém, na coletiva, dá sinais de preocupação com o futuro do menino, vejam só). Caetano se porta de maneira simpática, sorridente, compreende o Brasil e certos brasileiros. É complacente. Em momento algum, porém, deixa de fazer o jogo. Ele gosta da brincadeira. Quem não gosta?

Ele está numa ponta do sofá, cercado por dezenas de jornalistas, fotógrafos tropeçando em frouxos cadarços, cliques dispersos sobre seu rosto sorridente. É gozado: ali existem apenas alguns profissionais de imprensa, as demais pessoas são companheiras dos jornalistas e se comportam como tal: olhos fixos (molhados) nos mínimos gestos do ídolo, rindo de qualquer cena (até quando ele diz estar sonado dão risadas) e achando que a partir daquele instante fazem parte da História. As perguntas dos profissionais também velejam em doces elogios, nunca atrás de uma resposta, mas de uma amizade. É o lado cordial do brasileiro de Sérgio Buarque de Holanda.

São fragmentadas as perguntas, como as respostas, todas surgindo somente dentro do contexto da coletiva. As frases correm soltas, como os assuntos. Sim, parece uma tarde em Itapoã. Conversa de baianos, uma maldade cercada sempre de um simpático sorriso. Morde-e-assopra.

Caetano ainda parece ressentido com as críticas negativas recebidas no Rio, no princípio do ano. Escreveram que o show estava péssimo, sem ritmo, sem empolgação –e ele achou o espetáculo ótimo, gostoso, bem embalado, muito alegre. E até falou palavrões. O que foi reprovado por quem escreveu as críticas.

–Eu falei alguns palavrões, apenas– conta ele. E acharam isso indecoroso. Quando pequeno, eu não dizia palavrão algum. Depois, ouvi algumas mulheres dizerem os palavrões. E agora, o meu filho. É algo tão comum...

Alguém dá um aparte (sim, aparte, é um clima de assembleia):

–E eram palavrões comuns. Você não inventou nenhum.

–Pois é– respondeu Caetano.

Duas ou três palavras de pessoas diferentes atravessaram a sala, e Caetano se posiciona melhor:

–Acho que essa Maria Helena Dutra deveria ser desempregada o mais urgente possível– diz ele da crítica do Jornal do Brasil, que não gostou de seu espetáculo.

Sorrisos povoam a pequena sala. Ninguém contra-argumenta sobre suas respostas, os assuntos se alternam com a rapidez dos cigarros acesos e devorados (em especial pelas mulheres nervosas: ali está um ídolo). Alguém se

1973 FOLHA IMAGEM

"Agora o Francis me desrespeitou. Foi desonesto, mau-caráter. É uma bicha amarga. Essas bonecas travadas são danadinhas"

O cantor e compositor Caetano Veloso em 1973

ENFIM CAETANO VELOSO, MAS SÓ POR CINCO DIAS

recorda do filme "Tabu", de Julio Bressane, onde Caetano faz um papel. E fazem uma pergunta original:

– Você gostou de se ver no filme?

Caetano descruza as pernas e emenda:

– Gostei. Estava meio canastrão, não? De qualquer jeito, eu e o Mick Jagger somos ruins como atores.

A referência a Mick Jagger lembra a uma outra pessoa a entrevista de Caetano Veloso no programa "Conexão Internacional", a pedra rolando das mãos do ídolo ali exposto. Caetano diz:

– Com o Mick Jagger eu estava muito tímido. Sabe, dele eu sou supertiete. E fiz questão de dizer isso a ele, que estava tímido e que gostava muito dele.

– Você se achou bem no programa – uma voz soa na sala.

– Sim, me achei. Gostei do programa.

Em seguida, alguém lê um trecho de uma entrevista de Taiguara em que Caetano é descrito como alguém gago diante de Mick Jagger. Caetano chuta a bola:

– É hilário. Bem mais engraçado que o Paulo Francis.

Sim, Caetano Veloso está chateado com Paulo Francis, que o andou chamando de "maltrapilho e de ET-baiano". O motivo do artigo foi justamente a entrevista de Jagger a Caetano e a complacência da crítica em não reconhecer as pilhérias do inglês sobre o baiano. Caetano inicia a polêmica (será saudável, eu espero):

– Eu não quero gostar mais dele. Gostava, não gosto mais. (Gostava porque lia a revista Senhor, no final dos cinquenta, início dos sessenta, lá em Santo Amaro da Purificação, onde Francis escrevia de teatro e outros assuntos.)

– Agora o Francis me desrespeitou. Foi desonesto, mau-caráter.

Uma gracinha de alguém escapa aos meus ouvidos, mas Caetano emenda:

– É uma bicha amarga. Essas bonecas travadas são danadinhas.

Outro tema que martelava os entrevistados é a tal brasilidade, ou o diabo que seja isso. (No texto que leram sobre Taiguara, o ex-compositor falava da afirmação do Brasil como potência.) Caetano:

– Eu não estou nessa, de que o Brasil irá se firmar como país. É uma coisa que abandonei ainda em 67. É um complexo de subdesenvolvido, vivendo em um país subdesenvolvido.

Lá na frente, tantas perguntas depois (seguidas de sorrisos), Caetano diria algo bonito sobre o mesmo assunto:

– Acho que a gente tem de estar aberto, pra fora. Não podemos ficar curtindo o bode brasileiro, um gigante falido chamado Brasil.

Alguém deseja notícias de suas viagens (não perguntam quem arrumou as malas). Caetano se apresentou em Nova York, Roma e Montreaux. De Nova York ele fala mais:

– O crítico do Times falou muito bem do espetáculo. Disse que a música brasileira só encontra rivalidade na americana e na inglesa. Ele escreveu da diversidade, qualidade da MPB.

Avança a entrevista (coletiva) e muitos já se sentem em casa, apesar de ainda manterem o corpo rijo, pernas cruzadas, olhos fixos em Caetano. No entanto, não faltam intimidades.

– O Moreno vai cantar no seu espetáculo? – perguntam.

(O Moreno, no caso, é filho de Caetano, ainda um garoto.) Caetano dá notícias domiciliares:

– Eu não sei ainda. Depende é do Moreno. Ele é um mau aluno, mas escreve coisas boas. Moreno gosta de mexer com vídeos – diz Caetano.

Certa canseira (ou intervalo) acomete os entrevistadores. Olhares se cruzam, Caetano ali disposto a dizer coisas, a ser perguntado. Diz por vontade própria:

– Poxa, mas o Brasil vai sumir? E a Rede Globo, todos esses prédios, o que vai acontecer com tudo isso?

A coletiva começa a se dispersar com um sujeito indagando em tom sério sobre o lado feminino de Caetano Veloso. (A coisa é engraçada, não?) Caetano começa dizendo que nunca usou a expressão de "meu lado feminino".

– Também não sei se o Chico Buarque fica no lugar de uma mulher para escrever as canções do feminino. Leio o que ele diz nas suas entrevistas. Quanto ao Gil, a coisa acontece de outra maneira.

As perguntas (curiosas) em tom sério continuam e a coletiva vai se dispersando, todos levando pra casa um pedaço de lembrança do ídolo. Uma delas martela certas cabecinhas: – Meu negócio é sexo e amizade. □

O show "Uns", criticado no início do ano no Rio, mas bem recebido no exterior, estreia hoje no Anhembi, onde fica até domingo.

Pajé contra pajé

No dia 25 de junho de 1983, Paulo Francis publicou na Ilustrada um texto intitulado "Caetano, pajé doce e maltrapilho". Era uma referência ao compositor baiano, que havia participado de uma entrevista com Mick Jagger no programa "Conexão Internacional", da Rede Manchete, conduzido pelo jornalista Roberto D'Ávila, com a participação de Walter Salles atrás das câmeras (ele ainda não se tornara o famoso cineasta de "Central do Brasil").

D'Ávila convidara Caetano para participar da conversa com o líder dos Rolling Stones. O autor de "Tropicália" era visto por muitos como uma versão brasileira dos grandes astros pop internacionais dos anos 60, com a vantagem de ser também considerado um artista-intelectual. Para Francis, no entanto, esse status parecia problemático. O colunista elogiava Caetano, considerava-o até melhor do que Jagger como compositor, mas criticava o fato de ele falar "de tudo com autoridade imediatamente consagrada pela imprensa, que é mais deslumbrada do que o público". Para ele, transformado em "totem", Caetano teria se apequenado diante de Jagger no "Conexão Internacional":

"É evidente, por exemplo, que Mick Jagger zombou várias vezes de Caetano na entrevista na TV Manchete. O pior momento foi aquele em que Caetano disse que Jagger era tolerante e Jagger disse que era tolerante com latino-americanos (sic), uma humilhação docemente engolida pelo nosso representante no vídeo".

O colunista também fez reparos a uma pergunta feita por Caetano a Jagger sobre o lugar do rock na história da música. "Essa pergunta simplesmente não se faz em televisão, ou até em jornal. É de um amadorismo total. Só serve para seminários de 'comunicação' no interior da Bahia. Não é uma pergunta jornalística. Jagger começou a debochar aí."

O artigo não provocou uma resposta imediata de Caetano. Ele não enviou ao jornal um artigo, como se poderia supor. Mas, aqui e ali, em entrevistas, foi falando do assunto. Convidado a manifestar-se sobre o caso na coletiva para o show "Uns", em São Paulo, em outubro de 1983, chamou o jornalista de "bicha amarga". Francis retrucou em sua coluna:

"Duas sorridentes cascavéis deste caderno me comunicaram hoje que Caetano Veloso me agrediu numa coletiva. Outro tema de debate: cantor de samba fazendo show vale uma coletiva? Por quê? Bem, fiz críticas culturais ao estilo de personalidade de Caetano, o flagelado milionário de 'boutique', servil como um escravo diante do condescendente Mick Jagger. São críticas, certas ou não, mas culturais. Qual é a resposta de Caetano? Diz que sou uma bicha amarga e recalcada. É puro Brasil. Ao argumento crítico, o insulto pessoal. Mas o insulto é o próprio Caetano. Afinal, o que ele quer dizer é que sexualmente sou igual a ele, e usa isso como insulto."

A temperatura esquentou e a Ilustrada fez uma enquete sobre quem faria a cabeça dos intelectuais e descolados da época. Francis ou Caetano? O caderno ouviu de José Guilherme Merquior a Casagrande, passando por Henfil e José Arthur Giannotti [ver página 144]. Curiosamente, Caio Túlio Costa, que ainda não era ombudsman, mas secretário de Redação da Folha, ficou com Francis. Mais tarde, ele também teria um entrevero com Caetano, ao criticar o filme "Cinema Falado" (1986), lançado pelo compositor. □

"Diz que sou uma bicha amarga e recalcada. É puro Brasil. Ao argumento crítico, o insulto pessoal. Mas o insulto é o próprio Caetano. Afinal, o que ele quer dizer é que sexualmente sou igual a ele"

QUEM FAZ MAIS A SUA CABEÇA: PAULO FRANCIS OU CAETANO VELOSO

RUY CASTRO*

8 de outubro de 1983 – Ilustrada

** Com colaboração de Âmbar de Barros*

É a polêmica do século. Ou a deste fim de semana –por aí. A cidade está acompanhando, entre perplexa e apaixonada, a briga entre o jornalista Paulo Francis, correspondente da Folha em Nova York, e o cantor e compositor Caetano Veloso, pelas páginas deste caderno. Há algumas semanas, Paulo Francis criticou a entrevista que Caetano realizou com Mick Jagger no programa "Conexão Internacional", da TV Manchete, classificando de reverente e submissa a postura de Caetano diante do complacente líder dos Stones. Caetano não gostou e, numa entrevista coletiva nesta terça-feira, rompeu publicamente com Francis, a quem sempre admirou, chamando-o de "bicha amarga" e "boneca travada". A resposta de Paulo Francis foi publicada na edição de quinta, em que ele devolve a Caetano os epítetos e lamenta que um argumento cultural seja respondido com insultos.

Tsk, tsk. Mas a briga existe e não se fala em outra coisa. Espera-se que ela sirva pelo menos como base de discussão sobre o conceito do intelectual no Brasil, a liberdade de expressão e a maior ou menor qualidade da nossa atual produção artística. Afinal, ambos têm mais do que cacife para isso. São pessoas corajosas, inteligentes e talentosas. E estão entre os intelectuais e artistas que mais fizeram cabeças neste país nos últimos 20 anos. Quem faz mais a sua cabeça: Paulo Francis ou Caetano Veloso? Esta foi a pergunta que a Folha fez a várias pessoas influentes. Eis as respostas.

(E, ah sim, antes que eu me esqueça: nenhum dos dois é bicha.)

AUGUSTO DE CAMPOS, *poeta e tradutor*: "Não tem dúvida: sou 100% Caetano".

JÚLIO MEDAGLIA, *maestro e um dos inventores do tropicalismo*: "Neste momento, Paulo Francis é mais criativo. Ultimamente, Caetano só tem feito boleros".

DÉCIO PIGNATARI, *poeta e professor de literatura*: "Os dois fazem igualmente a minha cabeça. Paulo Francis é um homem claramente ideológico e às vezes incursiona no terreno artístico. Caetano é o contrário".

MINO CARTA, *jornalista e editor da revista Senhor:* "Com respeito por ambos, nem um nem outro".

GILBERTO BRAGA, *autor de novela "Louco Amor"*: "Pela emoção, Caetano. Pela razão, Paulo Francis. Mas, pelo que andam dizendo um do outro, eu poria os dois de castigo durante uma hora".

CARLOS BRICKMAN, *jornalista, editor de economia da Folha*: "Entre os dois, graças a Deus fico com Millôr Fernandes".

HENFIL, *cartunista*: "Paulo Francis. Pela sabedoria, pelo compromisso com as outras pessoas e pelo seu orgulho de ter sido preso por suas ideias, enquanto Caetano se envergonha disso. Caetano diz que não lê jornais, mas é capaz de citar o dia e a página de qualquer jornal que tenha falado dele, mesmo que seja a 'Gazeta de Nanuque'. E eu gosto mais da música do Francis".

BELISA RIBEIRO, *apresentadora do programa "Canal Livre"*: "Caetano. Porque, por ele, dá para a gente se apaixonar".

ZÓZIMO BARROZO DO AMARAL, *colunista*: "Paulo Francis. Eu faço parte da macaquice do auditório dele".

FÁBIO MAGALHÃES, *secretário da Cultura municipal*: "Nenhum dos dois".

JOSÉ ARTHUR GIANNOTTI, *filósofo e professor*: "Os dois não fazem nem o meu pé, quanto mais a minha cabeça".

CARLITO MAIA, *publicitário*: "Quem faz a minha cabeça é o Goulart, que me corta o cabelo".

FLÁVIO GIKOVATE, *psicanalista*: "Caetano Veloso. Sem comentários".

JOÃO CÂNDIDO GALVÃO, *jornalista, editor-assistente de Veja*: "Paulo Francis, porque é mais paradoxal. Caetano anda muito óbvio".

SÓCRATES, *jogador do Corinthians e da Seleção*: "Admiro os dois como profissionais destacados em suas respectivas áreas, mas nenhum deles faz a minha cabeça. Aprecio informações do Paulo Francis, gosto de muitas músicas do Caetano, mas nenhum deles influi na minha maneira de pensar ou agir".

CASAGRANDE, *centroavante do Corinthians*: "Caetano Veloso. É um poeta. Gosto também do comportamento dele, que é agressivo com a sociedade. Aliás, como o meu".

MARÍLIA GABRIELA, *apresentadora do programa "TV Mulher"*: "Quando eu quero poesia, prefiro Caetano. Quando quero bom jornalismo, prefiro Paulo Francis".

JOÃO DÓRIA JR., *presidente da Paulistur*: "Nenhum dos dois. Mas eu prefiro a doçura musical do Caetano à acidez redacional do Paulo Francis".

ANGELI, *cartunista*: "Eu misturo os dois. Pego o lado doce do Paulo Francis e o ferino do Caetano".

GERALDO MAYRINK, *jornalista, editor-assistente de IstoÉ*: "Paulo Francis – porque, pelo menos, nunca pediu a minha cabeça, como fez o outro. Além disso, Francis se tornou um dos maiores entertainers do nosso show business".

EDUARDO MASCARENHAS, *psicanalista*: "Caetano, claro, porque tem mais humor, talento e arte que o sr. Paulo Francis. Caetano já me faz a cabeça há 15 anos. Já o sr. Paulo Francis, no que respeita a subjetividade, é extremamente primário. Mas eu não sei como andam os interiores do sr. Paulo Francis".

WASHINGTON OLIVETTO, *publicitário*: "Que país mais chato este, em que os inteligentes brigam e os burros andam de mãos dadas!".

ANTONIO MASCHIO, *ator e proprietário do Spazio Pirandello*: "Paulo Francis, sem dúvida. É um homem do mundo. Caetano, quando muito, é um homem do Brasil. Se todas as bichas do Brasil fossem 'travadas' como o Paulo Francis, este país estaria muito melhor".

CLODOVIL, *costureiro*: "Eu, hein? Nesse angu, eu não me meto!".

APARÍCIO BASÍLIO DA SILVA, *escultor e perfumista*: "Paulo Francis. É um conselheiro literário formidável".

PIETRO MARIA BARDI, *diretor do Museu de Arte de São Paulo*: "Na minha ideia, é Paulo Francis, hoje o maior, mais atual, mais vivo, mais inteligente e mais inventivo escritor brasileiro".

TÃO GOMES PINTO, *jornalista da Folha*: "Caetano Veloso".

CAIO TÚLIO COSTA, *jornalista, secretário da Redação da Folha:* "Entre a razão e a emoção, eu fico com Paulo Francis".

MARTA SUPLICY, *sexóloga*: "Eu gosto dos dois, mas nenhum faz a minha cabeça".

TAVARES DE MIRANDA, *colunista social da Folha*: "Quem faz a minha cabeça é Jesus Cristo".

RUBENS GERCHMAN, *artista plástico*: "Paulo Francis. Ele está há anos no centro da ação –sempre no front".

JOSÉ GUILHERME MERQUIOR, *diplomata, ensaísta e acadêmico*: "Não gosto da expressão 'fazer a cabeça'. Acho-a alienada. Quem faz as minhas ideias, com muita dificuldade, sou eu mesmo. Não tenho nada a considerar sobre esses dois personagens".

THOMAZ FARKAS, *produtor cinematográfico e empresário*: "Os dois me fazem a cabeça, cada qual do seu jeito".

HELENA SILVEIRA, *jornalista e colunista da Folha*: "Quem me faz a cabeça é Anthonio Carlos, meu cabeleireiro. Admiro Paulo Francis como colega, gosto de Caetano com restrições. Guru é coisa que já era".

JOSÉ ROBERTO AGUILAR, *artista plástico*: "Caetano é meu amigo, moramos três anos juntos em Londres. Mas o Francis também é genial e seus livros são monumentais. O problema do Francis é que ele é de uma geração que só ouve jazz e música clássica, e passou a largo da geração do rock. Assim, fica reduzindo tudo a uma coisa de 'lumpenproletariat'. Mas o rock não é só isso. O rock já tem sua literatura e sua cultura".

> "Quem me faz a cabeça é Anthonio Carlos, meu cabeleireiro. Admiro Francis como colega. Gosto de Caetano com restrições"

CARLOS VOGT, *linguista e professor da Unicamp*: "Gosto da música do Caetano e acho divertida a destemperança com que escreve Paulo Francis".

JOSÉ MIGUEL WISNIK, *professor de literatura*: "Cada um de nós faz a sua própria cabeça, mas as sete faces do Caetano ressoam mais em mim do que a cabeça de papel do Paulo Francis".

JULIO BRESSANE, *cineasta*: "Minha cabeça é feita pelos dois. A região que Caetano ocupa, que é a da poesia e onde habito, é a maior. Mas o Paulo Francis, que é hoje o maior articulista do Brasil, também ocupa uma região imprescindível. Inclusive já começamos a trabalhar juntos numa adaptação para o cinema do seu romance 'Cabeça de Papel'".

ZIRALDO, *teatrólogo e humorista*: "Sou Caetano. Mas não assumo".

MILLÔR FERNANDES, *pensador e humorista*: "Olhem, não me meto em briga de baianos". □

"Jornalistas adoram Adorno. Será por masoquismo?"

Entrevista com **CAETANO VELOSO**

Caetano Veloso, nascido em 1943, é um dos artistas brasileiros que mais se apresentam para o debate com os veículos de comunicação. De sua geração, talvez apenas Glauber Rocha, que também foi jornalista, tenha mostrado a mesma disposição. Nesta entrevista, ele comenta a polêmica com Francis e fala sobre a Ilustrada e a indústria cultural.

Como você vê hoje a polêmica com o Paulo Francis?

Eu fiz a entrevista com Mick Jagger, a pedido do Roberto D'Ávila, e voltei. O Paulo Francis, acho que viu aquilo antes, em algum lugar, e escreveu uma matéria que esculhambava comigo. Eu li o artigo na Ilustrada num avião, indo para a Europa. Ele centrava o ataque num problema curiosamente nacionalista, terceiro-mundista, latino-americanista: cobrava de mim um heroísmo político face a uma suposta agressão do Mick Jagger à América Latina.

O Paulo Francis botou um negócio que não houve. O Roberto D'Ávila perguntou ao Mick Jagger se ele tinha interesse em conhecer pessoas novas, algo assim, não lembro qual era a pergunta. E ele falou "yes, especially in Colombia". Isso era uma piada com o dono da casa, que era o Julio Santo Domingo, que é colombiano, amigo do Mick Jagger e do Waltinho Moreira Salles, que era o produtor do programa, que estava ali. O Mick fez essa piada e deu uma olhadinha para o Julio Santo Domingo. O Julio Santo Domingo era muito bonito. Eu, como gosto de sexo e desprezo drogas, na minha cabeça achei que aquilo tinha uma conotação sexual. Depois perguntei ao Waltinho Moreira Salles se aquilo era um flerte –e ele achou que não, que era uma referência à cocaína. Eu acho que Waltinho estava certo, infelizmente.

E o Francis veio me cobrar uma atitude de esquerda nacionalista, terceiro-mundista, latino-americanista, logo ele que, em pouco tempo, já estava a fim de destruir tudo isso.

Você acha que a crítica do Francis tinha algo a ver com as críticas que você recebeu do pessoal do Pasquim?

Nem todos, porque o Tarso morreu meu amigo. Coincide com a saída do Tarso uma atitude agressiva contra nós. Quando nós chegamos de Londres, imediatamente, houve um número consagrador em homenagem a mim, encomendado pelo Tarso, celebrando a minha volta. O Glauber escreveu que eu era um gênio. Todos, até o Paulo Francis escreveu, com aquele negócio dele, mas dizendo que a gente tinha trocado bilhetes na cadeia, o que é verdade, e gozando meu português, porque eu tinha usado uma ênclise, ele tinha uma mania de um português muito direto, desembaraçado, coloquial, mas ao mesmo tempo forte. O Glauber, aliás, fez uma grande profecia, em Londres, na minha casa. Ele falou "e o Pasquim?". Eu disse "eu acho meio ipanêmico, mas eu gosto, eu admiro muito o Paulo Francis e o Millôr, sempre adorei, esses caras são inteligentes". Ele falou: "É, mas você está enganado, ali só quem tem coração e lealdade é o Tarso de Castro. Paulo Francis e Millôr Fernandes não têm". É chato falar de uma pessoa morta, porque você não pode comprovar. Se você quiser não bote isso. Mas ele me disse, estou lhe dizendo.

O Millôr deu uma porrada em mim e na Dedé [Gadelha, com quem foi casado], falando na Veja dessas pessoas que você "não sabe quem é homem, quem é mulher, como Caetano e Dedé". Totalmente desrespeitoso, antipático. Deu também no Chico. Mas fiquei na minha, nunca respondi, nunca disse nada. E teve aquele negócio de nos chamar de "baihunos" e todo mundo sacanear.

Anos depois, veio o Francis. Acho que havia um problema, um ressentimento daquele grupo, Paulo Francis, Millôr, Ivan Lessa... Não que eles tivessem uma coisa consciente, mas eu já fla-

23.MAI.2008 LUCIANA WHITAKER/FOLHA IMAGEM

grei que foi isso: eles se sentiram mal pelo Brasil ter crescido e terem surgido pessoas em lugares diferentes, como eu, da Bahia, ou o Chico, de São Paulo. Não era aquele grupinho do Rio, aquela geração que sabia de tudo, que sabia o que se conversava no Algonquian e o resto dos brasileiros não sabia. Eles preferiam que continuassem não sabendo. Ou que se adequassem a eles.

O Glauber, vou dizer, se adequou. Brigou com o Paulo Francis muito cedo, num artigo incrível publicado no Jornal do Brasil, viu tudo, nunca deixou de ver. Depois, sabidamente, naquela conspiração de criar o mito do cinema novo e o próprio mito, ele se uniu a Paulo Francis, que ele não era bobo. O Paulo Francis era muito inteligente, muito sagaz, e vou dizer, esculhambou com o cinema novo, arrasou com o cinema novo depois que Glauber morreu.

No artigo, ele falava que eu era maltrapilho, uma insinuação de quem mora na metrópole e acha que sabe como o pessoal de rock se veste, de terno, cabelo curto, ninguém usa mais essas coisas. E ele terminava dizendo "esse rapaz morreu". Isso é a última frase do artigo! Eu nunca mais li, mas lembro. Isso é uma demonstração cabal de raiva, de vontade de que aquela pessoa não existisse.

Agora, era muito inteligente, culto, era bom na TV, um cara que nasceu para isso e que ficava nesse ambiente de cultura popular pontificando. Mas se sentia ameaçado porque via pessoas até da música popular, como Chico Buarque e Caetano Veloso, dando opinião, entrando e influenciando as pessoas, orientando o gosto. Eu acho que houve uma ciumeira por causa disso, por parte deles todos. Eu não entendi imediatamente, mas fui percebendo e vi que era isso.

O Jaguar foi em minha casa em Salvador, e não só me pediu desculpas como me disse que toda aquela hostilidade contra nós partia do Millôr. A Dedé ficou com raiva do Jaguar, eu também achei chato... O Ziraldo também me pediu desculpas, disse que aquilo era uma tolice. Desculpei todo mundo...

"Eu estava na agenda da Ilustrada, mas eu achava inacreditavelmente desproporcional que a Ilustrada não desse o espaço, a importância e o peso devidos a Milton Nascimento, Chico Buarque e Maria Bethânia"

E você respondeu chamando o Francis de bicha travada?

Eu não respondi logo. Foi quando eu voltei da Europa. Respondi muito engraçado, dizendo que era uma bicha travada, dando aquele diagnóstico, daquelas figuras como ele dos anos 50. Que para mim tem uma pinta de bicha travada mesmo. O que não tem nada de mau...

COMEÇO DA POLÊMICA
Página com artigo de Paulo Francis criticando Caetano Veloso

FOLHA DE S. PAULO — Sábado, 25 de junho de 1983 — ILUSTRADA — 51

Para beber

Sérgio Paula Santos

Sob chuva ou neve, vinhos excepcionais

Quando há alguns anos iniciamos nossa colaboração regular na imprensa sobre vinhos e bebidas em geral, longe estávamos de supor que o vinho alemão viesse a ser, como hoje é, o vinho estrangeiro mais consumido no Brasil.

Em 1977 importamos em numeros redondos 19.400 caixas de vinho alemão contra 310.000 do Chile, 124.000 de Portugal, 41.500 da Itália e 38.300 da França, em 1982 inverteu-se a situação: foram importadas 130.000 caixas de vinho alemão, contra 100.000 de chileno, 40.000 de italianos, 39.000 de francês e 28.000 de português (*). Em sete anos, a Alemanha passou do sexto para o primeiro lugar destacado na importação nacional.

Modismo ou não, essa é a realidade atual. Exatamente por isso, por pouco conhecido entre nós na época, pouco divulgado e pouco consumido, abordamos então em nossas matérias apenas generalidades sobre esses vinhos — as regiões produtoras, os principais tipos, alguns vinhedos famosos no país etc.

Hoje, o consumidor nacional, mais informado, já procura detalhes da produção. Para a divulgação e consumo do vinho alemão entre nós contribuiram decididamente a ação de algumas firmas importadoras especializadas, idôneas, arrojadas e conhecedoras do ramo

Quando residente na Alemanha, intrigava-me no outono a grande preocupação dos vinhateiros com seus "Oechsle"

Todos se perguntavam quantos "Oechsle" teriam ou viriam a ter seus vinhos...

Sabemos que em 100 kg de uva temos em média 4 kg de engaço, 15 kg de cascas, sementes e matérias sólidas e 81 kg de suco, ou mosto. O volume da parte liquida ou mosto é variável dependendo da densidade, pesando 100 litros de mosto de 106 a 112 kg.

Os principais componentes do mosto são: água (700 a 880 gr/litro), hidratos de carbono (glicose e levulose — 50 a 150 g de cada/litro) e ácidos orgânicos, principalmente tartárico e málico. É de fundamental importância para o enólogo a determinação dos teores de açúcar do mosto, entrando aí o "Oechsle". Essa determinação pode ser feita por meios quimicos (como se determina a glicose na urina por exemplo) ou por meios físicos, pela densimetria, no caso, com um mostimetro, que nada mais é que uma haste de vidro de peso constante e graduada segundo o tipo de escala utilizada, que se introduz no mosto a ser medido. Entre nos usa-se, como na Itália, o mostimetro Babo (que na realidade é o de Klosterneuburg), na França e Guyot e na Alemanha o Oechsle.

Christian Ferdinand Oechsle (1774-1852) fisico e ourives de Pforzheim foi quem construiu em 1835 o primeiro e o mais simples dos densimetros, que possibilitou ao vinhateiro medir o teor

Marisa Dias Costa

Caetano, pajé doce e maltrapilho

Paulo Francis,
de Nova York

Se a intelectualidade oficial no Brasil e representada por bacharéis como Roberto Campos, e é, não é difícil entender por que a juventude se rende a alguém como Caetano Veloso. Tudo é preferível ao pedantismo, à auto-satisfação mascarada de bonomia e humor, à cara selvagem de Campos. Crianças, como animais, sabemos, "sentem" os bichos ainda que não saibam o que pretendem.

Caetano, claro, é um compositor de talento, ainda que não crie músicas que sobrevivam sem ele, como Tom Jobim e Chico Buarque fazem. E é na minha opinião um cantor que sabe como ninguém unir e valorizar ritmos brasileiros e os subprodutos populares que vieram do "jazz cool" e do "bebop", esses dois marcos da história da música popular.

Quando não o vejo, gosto. E até vendo no palco, nos tempos pós-golpe de 1964-1968, era uma presença poderosa, naquela minirrenascença que foi a reação das chamadas classes artísticas ao advento do urubu Campos e outros tecnocratas, pela mão militar. Nada saiu que perdurasse dessa "mini", talvez porque o Brasil seja um pais de "máxis". Mas a "mini" foi "legal". Quem viveu, sabe.

Mas Caetano não era então um totem. Não falava de tudo com autoridade imediatamente consagrada pela imprensa, que é mais deslumbrada do que o público em face dele. É evidente, por exemplo, que Mick Jagger zombou várias vezes de Caetano na entrevista na TV Manchete. O pior momento foi aquele em que Caetano disse que Jagger era tolerante e Jagger disse que era tolerante com latino-americanos (sic), uma humilhação docemente engolida pelo nosso representante no video. E não só ele. Li duas matérias, uma na "Folha" e outra no "Jornal do Brasil", em que as duas repórteres prostradas como sempre ficam diante de Caetano, citaram essa resposta ofensiva sem acharem nada de mais. O totem não pode errar. É Deus na carne humana. Daí a origem tribal de Jesus Cristo.

O primeiro totem foi Frank Sinatra. Não quero dizer que antes dele (década de 1940) não houvessem cantores, sem falar de estrelas de Hollywood, que o público jovem não adorasse. Mas Sinatra literalmente iniciou o fenômeno de adolescentes tendo ataques de histeria em público, para horror do filósofo Theodor Adorno, exilado nos EUA, que viu nisso uma forma de totalitarismo cultural, em que a massa se submerge sensorialmente a um ruidoso cavalheiro de microfone, como alemães caíram sob a "hipnose" de Hitler. E Adorno só pegou o início da histeria dos anos 60. John Lennon, filósofo, eros encarnado, Paul McCartney, escritor, o rock como filosofia de vida, etc. O pobre Caetano não é bem dessa corrente (que deverá chegar ao brasil pelos meus cálculos em 1990). Na mesma entrevista, ele fez uma pergunta que deve ter dado ao amável e brilhante Roberto D'Ávila vontade contida de matá-lo. E aquela de "como você situa o rock na história da música?" D'Ávila e companheiros (Fernando Barbosa Lima e Walter Moreira Salles Jr.) afinal idealizaram a entrevista, um grande evento jornalístico em TV. Caetano é uma atração. Ninguém resistiria incluí-lo. Mas essa pergunta simplesmente não se faz em televisão, ou até em jornal. É de um amadorismo total. Só serve para seminários de "comunicação" no interior da Bahia. Não é uma pergunta jornalística. Jagger começou a debochar aí. Estava deliciado com a figura década de 1960 de Caetano. A moda agora é a de Jagger, cabelo curto e roupa simples, sem adornos. Começou aqui e na Europa em 1970. No Brasil chegará também nos 1990? E foi nesse charme perverso que Jagger, que lê tudo, não disse a Caetano que rock não é música (ver obras completas de Ellen Willis, entrevistas com Janis Joplin, etc.), mas uma manifestação de vida, ou, clichê abominável, de estilo de vida. Willis sempre se refere desdenhosamente aos "music boys". Uma leitura ocasional como a minha é do "Rolling Stone" deixaria isso claro. Mas no Brasil é difícil... Sabemos tudo.

Caetano é melhor compositor e cantor do que Jagger. Mas não fez nada comparável a "The Citadel", cuja letra terrível foi adotada pelos soldados americanos no Vietnã, como hino de desespero. E por que não pode? Quando me lembro que Caetano, esse doce de coco é conterrâneo de Antônio Conselheiro, tremo, tremeria, se ainda conseguisse. Mas ele prefere fazer o que chamei outro dia de "maltrapilho estilizado", simbolizar a miséria raquítica do baiano e interiorano brasileiro, para efeito de mero consumo visual, enquanto muito agradavelmente acaricia as fantasias de amor ilimitado que fazem o narcisismo da classe média confortável no Brasil, um conforto por que pagam cerca de 100 milhões de brasileiros no nosso "Alagados" nacional. Não é que eu queira que ele faça música "engajada". A poesia nada faz acontecer, notou Auden, e concordo, sempre concordei, me forçando muito na época do meu engajamento. Mas isso, essa ciência, é bem diferente do que adular os privilegiados.

Jagger, claro, é um farsante. Aquele sotaque de Londres (e não "cockney", que é outra coisa) e pose, pois Jagger é de classe média e estudou na London School of Economics, onde se falasse assim seria rudemente corrigido. É uma pose, uma imitação de tresh dos Beatles, estes sim autenticamente proletários. Mas está zombando quando diz que subiu por sorte. Ninguém sobe por sorte. Não dá para escrever neste jornal de família como se sobe no mundo do "rock". Jagger tem pelo menos 150 milhões de dólares, segundo meus banqueiros, mas fala de "algum dinheirinho". Essa grana aplicada legalmente dá 1,5 milhão de dólares por mês, depois dos impostos, ou no "negro", 1 bilhão e 200 milhões de cruzeiros por mês até a próxima desvalorização.

Mas talvez eu esteja errado em querer uma entrevista. D'Ávila prudentemente não prometeu nada (e a introdução deve ter sido gravada depois. Sempre é em TV). Está certo, porque o público em geral quer ver e consumir símbolos, totens sem tabus. Não é à toa que Jagger é tolerante com latino-americanos.

Caetano, atacado pela imprensa do Rio, num "show" no Canecão, declarou que nada vai mudar, mas que gostaria de mudar a imprensa. Tem toda a razão. Quem é a imprensa, que o adula dia e noite, à custa de consideráveis artistas não chegados ao "kitsch", para de repente criticá-lo? Basta que Caetano apareça, no palco e no video. Não precisa fazer nada. E para ser adorado. Deve ter havido um tempo em que ele foi um ser humano vulnerável, sensível, certamente foi esse o Caetano que parou na Polícia do Exército do Rio em 1968. Mas se me permitem uma de Roberto Campos, pego uma paráfrase de Eliot de uma paráfrase de outro autor e encerro: "Mas isso foi em outro país e aquele rapaz morreu."

Cartas

Profundidade e argúcia

Uns são muitos que, leitores da "Folha" como eu, jamais conseguem enfrentar — por absoluto desinteresse — a maior parte dos artigos publicados na coluna "Tendências/Debates" deste jornal. E uns são muitos que, como eu, tiveram a enorme satisfação de ler na edição de 21 de junho, abaixo da "desindexação" e do "achatamento" do sr. Papa Júnior, a matéria mais que demais de José Miguel Wisnik (este sim um verdadeiro papa jr.: polaco-católico-democrático do litoral), onde nossa cena política e cultural vem tratada com a maior profundidade e argúcia, e sob um prisma capaz de trazê-la claramente aos olhos (e aos ouvidos) de todos, cuja banda da terra é outra. Esperam assim uns leitores que a "Folha" dê continuidade a essa experiência gratificante — e uns, acreditem, são muitos

Sr. Michel Lahud (Capital-SP)

Ainda não confirmado

"Com relação ao artigo de Lígia Sanches — 'Feliz Ano Velho' — no teatro e no cinema — publicado nesta "Folha" no dia 24/06/83, gostaria de esclarecer que não há qualquer acerto para a produção do filme que tem meu livro como base argumental, seja com Hector Babenco, seja com Roberto Farias.

"O que posso dizer com relação a realização de tal filme, é que estou trabalhando há três meses no seu roteiro juntamente com Roberto Gervitz, que irá dirigi-lo.

"Por estarmos nesta fase de trabalho, não foi iniciada a escolha dos atores. Pretendemos ter o roteiro finalizado até outubro de 1983, para que as filmagens sejam iniciadas no próximo ano.

"Pediria que fosse esclarecido esse mal-entendido e agradeço desde já a gentileza."

Sr. Marcelo Rubens Paiva (Capital — SP)

Até ele vai gostar

"Excelente a sua crônica-reportagem (de Ricardo Kotscho) sobre Mário Quintana. Tão boa que até ele vai gostar...Cumprimento-o."

Sr. Aécio Mennucci (Capital — SP)

Solução das "Cruzadas"

"Há mais de 10 anos sou assinante da "Folha", e tenho a absoluta certeza que o que vou sugerir é de interesse da maioria dos leitores.

"Gosto muito de fazer as "Cruzadas" encontradas na "Ilustrada", e quase nunca fico sabendo suas soluções mesmo sabendo que as encontro no número seguinte. A explicação é fácil: Quando de posse da "Folha" de hoje, a outra ou já está no sótão ou no lixo, e não me interessa ficar guardando jornais de ontem.

"Agora pergunto: por que a solução das "Cruzadas" é emitida no número seguinte? Será que é para obrigar o leitor não-assinante a comprar o número seguinte? Ou para não dar ao leitor condições de burlar a si próprio espiaando antes a solução? Ou será que é para chatear mesmo o leitor, obrigando-o a rebuscar no número anterior a solução das "Cruzadas"?

Caetano, como você vê o crescimento da indústria cultural no Brasil, a Globo, essa vitória do mercado?

Eu não sou frankfurtiano. Eu acho que quando os artistas eram posse do príncipe ou do papa não estavam em melhor situação do que sendo posse do mercado.

A Ilustrada sofreu influência da Escola de Frankfurt, o Matinas Suzuki Jr. foi frankfurtiano, o Gilberto Vasconcellos, o Roberto Schwarz...

Eu acho Adorno "inteligentérrimo", mas eu acho que jornalista tende a gostar muito de Adorno. Você sabe que até o Álvaro Pereira Jr., que é o emblema do paulo-francismo da juventude contra Caetano, imitando os ingleses, já "trans-ilustrada", cita o Adorno! Citou Adorno textualmente contra o Legião Urbana! Eu acho que isso é um sintoma... E há uma contradição, porque Adorno odiaria esse mundo do jornalismo. Ainda mais dos segundos cadernos, que é o mundo do entretenimento, da indústria da cultura. O Adorno odiaria isso. Mas os jornalistas adoram Adorno. Será uma coisa masoquista? Talvez o Contardo Calligaris possa dar uma explicação!

Uma das características da Ilustrada em meados dos anos 80 era uma visão internacionalista, mas você discordava da agenda do Pepe Escobar como discorda do Álvaro Pereira Jr. Por que essa bronca?

O Pepe foi o primeiro imitador desses críticos ingleses. Mas vou lhe dizer uma coisa que já era quase tão clara quanto me é hoje. Não é que eu quisesse tomar uma atitude em defesa da produção local por uma paixão nacionalista. Era porque eu achava, como acho ainda hoje, que esses críticos e esse tom estavam numa perspectiva irrealista.

O Brasil se tornaria, e já estava se tornando, e agora está mais claramente se tornando, e há de se tornar muito mais, importante. As coisas que a gente estava fazendo nos anos 60 são vistas hoje pela vanguarda do rock'n'roll internacional como informativas de primeira ordem, até em alguns desses tablóides mais esnobes ingleses... O rock é engraçado. Era o lixão do comercial nos anos 50 e deu aquele upgrade com os Beatles e os Rolling Stones, que chamou o Bob Dylan, assim como chamou também os brasileiros. O Bob Dylan era folk, desprezava o rock, a turma dele toda desprezava. Eles respeitavam mais a bossa nova. Você vê na contracapa do disco dele, quando já está passando para o rock, a referência ao João Gilberto. E na autobiografia está lá, até Carlos Lyra e Roberto Menescal ele cita o nome.

Eu estava na agenda da Ilustrada, mas eu queria estar com Milton, Chico, Bethânia, porque esse aspecto nunca para mim poderia faltar, eu estando. É claro que eu estava na agenda da Ilustrada porque eu, como o Gil também, tinha uma coisa de interesse pelo internacional, que já vinha desde o tropicalismo, que nós mantínhamos. Depois foram empurrando a gente para o negócio de MPB, que era uma área que nos rejeitava. Hoje em dia esse pessoal rockinho empurra a gente para a MPB. Eu não sei nem que porra é MPB, entendeu? Não existe MPB. Eu sou muito admirador da Ilustrada, mas eu achava que era inacreditavelmente desproporcional que a Ilustrada não desse o espaço, a importância e o peso devidos a Milton Nascimento, Chico Buarque e Maria Bethânia, pelo menos esses três. Não dava para ser como era. Eu disse isso a Matinas algumas vezes, disse isso de público umas poucas vezes e a você suponho que algumas vezes também. Depois de um tempo, aquilo já me parecia insuportável.

Mas havia naquele momento um interesse da Ilustrada de virar a página daquele nacionalismo atrasado, da frente ampla da cultura, da MPB careta...

Eu sei disso tudo. Mas você quer que eu lhe conte uma cena que para mim revela muito? Quando eu vim de Londres para o aniversário de casamento de meus pais, por uma concessão da ditadura conseguida pela Bethânia, com ajuda de Chico Anysio, eu cheguei, fui preso, não podia dar entrevista, não podia cortar o cabelo, não podia cortar a barba e era obrigado a fazer dois programas de televisão, o do Chacrinha e o "Som Livre Exportação". Quando eu entrei no "Som Livre Exportação" foi uma ovação, estava lotado. Como eu vinha de Londres, a garotada esperava que eu tivesse mais próximo do Led Zeppelin do que o Ivan Lins estava. Mas eu cantei "Adeus Batucada", da Carmen Miranda, ao violão. Eu sabia que seria um tanto chocante, mas que o choque poderia resultar em alguma coisa de aprofundamento dessas questões. A plateia demonstrou decepção, murchou.

Esse episódio revela que, na verdade, a opinião média pública das pessoas que pretendiam estar por dentro estava mais inclinada para o Led Zeppelin do que para a Carmen Miranda. Então a Ilustrada, nesse sentido, era um tanto redundante. Estava respondendo a um público que demandava isso. □

"O Glauber brigou com o Paulo Francis muito cedo, num artigo incrível publicado no Jornal do Brasil. Depois, sabidamente, naquela conspiração de criar o mito do cinema novo e o próprio mito, ele se uniu a Paulo Francis. E Paulo Francis esculhambou com o cinema novo depois que Glauber morreu"

AP/IMAGEPLUS

Cena de "E.T. – O Extraterrestre" (1982), de Steven Spielberg

DIVULGAÇÃO

O ator William Hurt, em cena do filme "O Beijo da Mulher-Aranha" (1985), de Hector Babenco, agraciado com o Oscar de melhor ator em 1986

AP/IMAGEPLUS

Cena do filme "Fanny e Alexander" (1982), do cineasta sueco Ingmar Bergman

DIVULGAÇÃO

O diretor Hector Babenco dirige o menino Fernando Ramos da Silva, durante as filmagens de "Pixote – A Lei do Mais Fraco", de 1981

07.AGO.1985 ROGERIO CARNEIRO/FOLHA IMAGEM

O jazzista Chet Baker em visita ao Brasil em 1985; o músico seria tema de um documentário de Bruce Weber em 1988

AP/IMAGEPLUS

Cena de "Blade Runner" (1982), de Ridley Scott, que virou cult

músico Tom Waits, e os atores John Lurie e Roberto Benigni em cena do filme "Daunbailó" (1986), interpretando os personagens "gauches" de Jim Jarmusch

13.OUT.1989 CRIS BIERREMBACH/FOLHA IMAGEM

A 13ª Mostra Internacional de Cinema em São Paulo (1989)

Cena de "Brazil" (1985), de Terry Gilliam

"

SPIELBERG PARA TODAS AS IDADES

OTAVIO FRIAS FILHO

Trecho de artigo publicado em 20 de maio de 1988, no Folhetim

Visto assim ao revés, no 'negativo', depois que arte e técnica se acumpliciaram para trocar de papel, o mercado do cinema revela a sua estrutura e os caminhos que o objeto de arte percorre ao ser absorvido nela. Em outras palavras, é uma contribuição de Spielberg não somente ao cinema, mas à compreensão da época atual o fato de o seu filme até aqui mais 'artístico' expressar as formas estruturais de mercado que aprisionaram a obra de arte cinematográfica. O mérito pessoal de 'O Império do Sol' é que ele explicita as leis da impessoalidade do cinema de Spielberg.

◆

Ao desenvolver seus temas [...], esse cinema exprime algo de mais geral –uma melancolia da época, o afã de perseguir afinidades em lugares ausentes, imaginários, como a galáxia de origem dos simpáticos extraterrestres de 'Contatos Imediatos' ou as coincidências inacreditáveis do enredo de 'Caçadores da Arca Perdida', que se complica na geografia colonial de uma história ainda contemporânea, mas já passada, inatingível. ”

19.NOV.1986 ROGERIO CARNEIRO/FOLHA IMAGEM

Dupla dinâmica (epa!)

Ruy Castro e Sérgio Augusto formavam, ao lado de Paulo Francis e Tarso de Castro, a ala Pasquim da Ilustrada na década de 80. Craques em jornalismo cultural, levavam para o caderno a experiência e o cosmopolitismo da melhor imprensa carioca, como o Correio da Manhã, a revista Senhor e o Jornal do Brasil. Numa época em que o 150 Night Club, do Maksoud Plaza, em São Paulo, trazia grandes nomes do jazz, e algumas vertentes do cinema americano tornavam-se cult para os mais novos, eles levavam aos leitores informação sofisticada e divertida

SERGIO ANDRADE/FOLHA IMAGEM

FOTOS: FOLHA IMAGEM

Porrada!

Em 30 de outubro de 1984, a Ilustrada publicou reportagem relatando um incidente na Redação da Folha, que envolvia roqueiros paulistas e o crítico Pepe Escobar (assinalado, na foto acima, com um círculo vermelho). Dizia o texto:

"Representantes de 12 bandas de rock –entre elas Garotas do Centro, Voluntários da Pátria, Ira!, Inocentes e Metrópolis– estiveram na Redação da Folha no final da tarde de ontem, com o objetivo de manifestar seu desagrado quanto aos artigos do jornalista Pepe Escobar, na Ilustrada. Motivados pelo texto 'Desventuras do rock paulista' (28/10/84), solicitaram uma discussão mais ampla da questão, com a presença do jornalista, suspensa, entretanto, devido à momentânea exaltação dos queixosos. Ânimo exaltado, o vocalista do Ira!, Marcos Valadão (o 'Nasi'), tentou partir para a agressão física, contida pelos seus companheiros. Assim que começou o tumulto, agentes de segurança do jornal se aproximaram, mas não foi necessária sua intervenção"

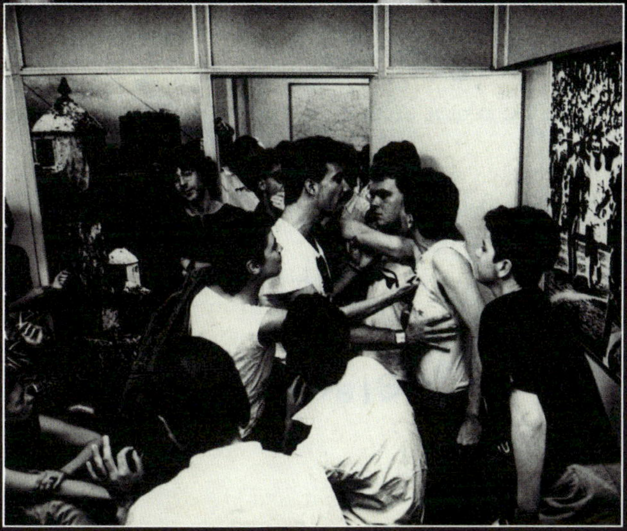

"O jornal tem que ser entre-tenimento também"

Entrevista com **RUY CASTRO**

Ruy Castro chegou à Ilustrada em 1983 e deixou a Folha em dezembro de 85. Permaneceu um período como colaborador e ingressou numa bem-sucedida carreira de escritor. Colaborou com diversos veículos e retornou à Folha, em 2007, na coluna Rio, da página 2. É autor, entre outros, de "Chega de Saudade", "O Anjo Pornográfico" e "Ela é Carioca", editados pela Companhia das Letras.

O que era a Folha para você, quando começou a trabalhar na Ilustrada?
Eu lia o Francis e o Sérgio Augusto, mas não creio que fosse um leitor regular do jornal. Quando cheguei à Folha percebi uma coisa engraçada, havia na Redação uma enorme bancada de veteranos do Correio da Manhã. Tinha o Oswaldo Peralva, tinha o Galeno de Freitas, tinha o próprio Francis, o Newton Rodrigues, o Sérgio Augusto...
A Ilustrada, quando cheguei, estava fazendo coisas diferentes. Tinha uma liberdade muito grande, inclusive em relação à paginação, que não precisava seguir o resto do jornal. Havia uma irresponsabilidade maravilhosa e muito humor nas pautas. O fato é que aquilo funcionava e a resposta era imediata, o artigo saía hoje de manhã e, ao meio-dia, já tinha gente ligando para o jornal, elogiando, comentando. Eu circulava muito à noite naquela época, e em todo lugar que eu ia era paparicado.
Uma coisa boa que eu acho que fiz pela Ilustrada foi levar meu universo do Rio para o jornal. Eu tinha ligações, por exemplo, com o Eduardo Mascarenhas, que estava toda hora na Ilustrada, com o Millôr Fernandes, com uma quantidade enorme de fontes cariocas para as quais eu ligava da Redação. Acho que isso ajudou a dar uma arejada no repertório humano da Ilustrada.

Você e o Sérgio Augusto tinham o gosto também pela cultura americana, o que foi interessante, especialmente numa época meio retrô, como a década de 80.
Olha, na verdade, eu repudio um pouco essa classificação de americanófilo. E o Sérgio também não aceitaria. Na verdade, nós –eu pelo menos– fui da geração que participou dessa transição da francofilia para a americanofilia. Eu aprendi francês antes de aprender inglês. Eu fui a Paris quatro anos antes de ir a Nova York. Houve um certo momento em que eu lia muito mais francês do que inglês. Mas acho que São Paulo é que propiciou um pouco mais dessa "americanice". Em São Paulo, você fica mais voltado para os Estados Unidos. E eu vi logo de cara que no meu "stocking trade" tinha um monte de garrafa boa para vender. De fato, houve esse revival, depois de uma década de 70 muito difícil, com uma péssima imagem dos americanos, por causa do Vietnã. Mas ainda havia também naquele momento muito interesse por Godard e pela nouvelle vague, por exemplo, que eram cultura francesa.

Você acha que o sucesso da Ilustrada naquele momento está ligado a uma maior presença de São Paulo no palco cultural?
Na verdade, São Paulo sempre foi o grande mercado. Nunca criou nada, mas comprava tudo. Não é um fenômeno recente. Se você pegar o meu livro "Chega de Saudade", a bossa nova na verdade era mais vendida em São Paulo do que aqui no Rio. A pessoa que mais poderia falar sobre isso é o Telmo Martino. O Henfil também foi para São Paulo. E várias outras pessoas também. O Telmo, no Jornal da Tarde, foi o grande desbravador, porque ele era muito debochado, era muito inteligente, escrevia muito bem, era mortal nas definições dele, com aquela classe, aquela elegância da aristocracia de Botafogo, algo completamente desconhecido em São Paulo.
Eu acho que, de certa forma, o Rio te seduz e São Paulo te suborna. Não tem problema. É assim. É um mercado. E, naquela época, muito árido em talentos locais.

Talvez por sua longa experiência em revistas, seu texto deu à Ilustrada um toque diferente, pouco usual.

A pauta da Ilustrada naquela época não se prendia tanto à agenda, o que é uma característica de revista mensal. Você ter esse amplo escopo temático, não precisar ficar em cima do fato. A gente seguia o que estava acontecendo, mas inventava pautas, escrevia o que a gente tinha vontade de escrever. Acho que a Ilustrada pegou o leitor no contrapé, ele não estava esperando por aquilo. E adorou. Acho que compete aos cronistas serem uma excrescência dentro dos jornais. E a Ilustrada tinha esse papel de cronista. O jornal não pode ser inteiro a mesma coisa. Você não pode passar o jornal inteiro falando do passarinho ou da borboleta. Mas aquele tipo de leveza e de irresponsabilidade da crônica deveria contaminar um pouco o jornal de vez em quando.

Os jornais não têm obrigação de serem chatos. O texto de Redação de jornal se compõe de duas coisas, embora só se dê valor a uma, que é informação; outra é entretenimento. O jornal tem de ser entretenimento também.

Como era sua relação com o Tarso, você que também foi do Pasquim?

O Francis me levou para o Pasquim logo no começo. Ele falou de mim para o Tarso e fui lá. O Tarso me recebeu muito bem, eu comecei a colaborar imediatamente, e aí não sei o que aconteceu –nós brigamos. Eu juro que não me lembro o motivo. Deve ter sido uma coisa grave, mas não tinha mulher no meio, isso posso te garantir. Eu fiquei uns 10 anos de mal com o Tarso. Ia nos lugares e não falava com ele. Até que um dia, no enterro do jornalista Darwin Brandão, ele veio falar comigo. Quando eu entrei na Folha, ele fazia aquela coluna na página 2, e ficava numa salinha à parte. Ele tinha um enorme poder naquele espaço. Hoje talvez fosse uma coisa impensável. Era uma das provas de que a Folha daquela época foi de fato quase que uma extensão do Pasquim. Acho que foi até um pouco de provincianismo permitir que ele tivesse tanto poder. O Francis, também, tinha quase que um enclave dentro do caderno, o jornal dele. Por que deu certo? Porque eram pessoas realmente especiais. O Tarso, com todos os defeitos que tinha, e que eram muitos, tinha sua graça. E o Francis nem se fala. Eu só lamento que ele tenha gerado uma certa quantidade de pseudo-Francis...

Uma outra faceta da Ilustrada naquele período era uma certa simpatia em relação aos poetas concretos. Você os conheceu bem, não?

Eu conheci tanto Décio Pignatari quanto o Augusto de Campos no Rio, em 68. Eu tinha grande admiração por todos eles. O concretismo é uma coisa muito para jovens. Todo jovem tem uma tendência a se fascinar por aquilo. O Augusto colaborou frequentemente no Correio da Manhã porque o Francis gostava. O Francis tinha um certo desprezo por eles pelo jeito provinciano, mas gostava. Em 68, foi importante, para mim, conhecê-los, sob vários aspectos. Lembro que eu morava no Solar da Fossa, e o Augusto me chamou ao telefone. "Ruy Castro, aqui fala Augusto de Campos, estou aqui com o Zé Lino Grünewald, quero muito te conhecer"... Fomos jantar no espanhol El Faro, em Copacabana. A minha coleção de concretismo autografada é fabulosa, tem cada livro espetacular! E o Décio dava aula na Esdi [Escola Superior de Desenho Industrial] toda quarta-feira. Ele ia para o Rio e depois passava em casa, levava uma garrafa de vinho, eu chamava outras pessoas e ficávamos lá até 4, 5 da manhã, conversando.

A gente tinha uma relação bastante próxima, mas depois fomos nos afastando. Mais tarde eu quebrei completamente a aura dos concretistas, comecei a achar o Oswald de Andrade um idiota e a não gostar daquela presunção de desvalorizar tudo que veio antes. Comecei a ter uma visão antipática, mas continuei tendo uma relação de amizade. Na Ilustrada, até por causa da liberdade que havia, e pelo meu temperamento mais anárquico, comecei a bolar umas pautas que não respeitavam tanto os concretistas. Traduzi, por exemplo, uma página das "Galáxias", do Haroldo de Campos, para o português (*risos*). □

NESTE FILME, O INÍCIO DA LENDA BOGART

RUY CASTRO
2 de janeiro de 1984 – Ilustrada

Em primeiro lugar, eu não dormiria cedo esta noite se fosse vocês. A Globo vai exibir, às 00h35, o melhor filme de detetive de todos os tempos: "Relíquia Macabra". Em segundo lugar, "Relíquia Macabra" é apenas o título idiota que um brasileiro idem inventou para rebatizar "O Falcão Maltês", o grande romance que Dashiell Hammett escreveu em 1930, do qual saiu este filme com que John Huston estreou como diretor em 1941, e que talvez seja o seu melhor dos melhores até hoje. E, em terceiro, foi o filme que finalmente revelou um ator que, até então, já tinha feito –acreditam?– 42 filmes, para os quais quase ninguém tinha dado bola: Humphrey Bogart.

E com certa razão: em quase todo esse monte de filmes, Bogart morria inevitavelmente no último rolo –baleado, metralhado ou eletrocutado– e nunca beijava a mocinha no fim. Que futuro podia ter um ator assim? Pois os fãs de "Casablanca", de dois anos depois, que fiquem sabendo: o futuro –ou a eternidade, o mito e o culto, o que vocês quiserem– de Humphrey Bogart começou com "O Falcão Maltês". Sam Spade, o detetive criado anos antes por Dashiell Hammett, só podia ter sido Bogart. E, a partir daí, ficou sendo. O próprio Bogart tornou-se Sam Spade por uns tempos, em termos de temperamento, na vida real. Depois, polvilhou com uns toques de Rick Blaine, o personagem de "Casablanca", e tornou-se –pelo menos na fantasia de todos nós– o Humphrey Bogart que todos nós gostaríamos de ser. Inclusive ele.

OBRA-PRIMA DE HAMMETT

Então estamos combinados: o que vai ser exibido hoje com o nome de "Relíquia Macabra" chama-se, para quem sabe das coisas, "O Falcão Maltês". É o único caso do cinema de um filme célebre mais conhecido pelo pseudônimo. E o melhor de "O Falcão Maltês", tanto na literatura como no cinema, é que ele decretou a vitória do prazer contra a pretensa seriedade. Assim que saiu em livro, o romance de Dashiell Hammett simplesmente inaugurou toda literatura policial americana que vocês leem hoje em Ubatuba, e sem a qual Ubatuba não teria tanta graça –sabem, Mickey Spillane, Shell Scott, aquelas coisas. Todos netos de Sam Spade, embora eu duvide que Spade, se os tivesse lido, pudesse conter o vômito.

E, sem Spade, Phillip Marlowe, o detetive de Raymond Chandler, e Lew Archer, o detetive de Ross MacDonald, nunca teriam existido. O que teria sido uma lástima. E sabiam que Hemingway cansou de dizer que devia muito de seu estilo seco e cortante a Dashiell Hammett? Pois é. É ótimo quando alguém oriundo da cultura oficial vem a público e declara que sua fonte inspiradora saiu da cultura "menor" –tira um pouco da empáfia das pessoas. Pena apenas que Hemingway não tivesse a cabeça de Hammett para escrever tão bem.

E é bom saber também que "O Falcão Maltês" (vulgo "Relíquia Macabra") revelou um dos três melhores diretores do cinema americano dos anos 40. (Os outros dois: Orson Welles, com "Cidadão Kane", e Preston Sturges, com "Papai por Acaso".) James Agee e Dwight MacDonald, os dois melhores críticos americanos de sempre, souberam ver não apenas o talento de Huston, mas também o que, sob a aparente irresponsabilidade de um filme envolvendo detetives, gângsteres e mocinhas, tinha a ver com as profundas contradições da cabeça de um homem como Sam Spade –que podia ser você ou eu, desde que nós fôssemos detetives particulares, com 1,90m de altura e vivêssemos em São Francisco nos anos 30, como descrito no livro. E, claro, tivéssemos o charme de Humphrey Bogart –o qual não tinha mais do que 1,65m na realidade, o que não o impediu de conquistar aquela moça que ainda não tinha entrado na história, chamada Lauren Bacall. E agora eu vou contar a história do filme –o que não interferirá em absolutamente um grama do orgasmo que vocês terão ao assisti-lo.

AP/IMAGEPLUS

Humphrey Bogart (1899-1957)

TRAMA INTRICADA

"Relíquia Macabra" (née "O Falcão Maltês") começa quando Sam Spade e Miles Archer, sócios numa agência de detetives particulares de São Francisco, são contratados por uma jovem srta. Wonderly, para seguir um homem chamado Floyd Thursby. Archer é assassinado durante o trabalho e Thursby também é morto na mesma noite. A gostosíssima srta. Wonderly, confessando que seu verdadeiro nome é Brigid O'Shaughnessy, diz a Spade que está em perigo e lhe pede a ajuda. Ele não tem nenhum motivo especial para protegê-la, exceto pelo fato de que Bridgid é um avião, e até os detetives mais fortes vacilam. Assim, concorda em manter o nome dela fora do caso e evitar que a polícia a procure.

Aos 15 minutos do primeiro tempo, Spade é visitado por um cidadão chamado Joel Cairo, que menciona a morte de Thursby e lhe oferece 5 mil dólares para encontrar a estatueta de um falcão negro. Spade comunica a oferta a Brigid, e esta insiste em ver o tal Cairo. Ela parece saber onde está o falcão. Spade descobre que uma terceira pessoa, um gordo milionário e sinistro, chamado Casper Gutman, também quer a estatueta. Spade vai procurá-lo e fica sabendo a história longínqua e o valor incalculável do falcão –da sua origem na ilha de Malta até a sua possível localização em São Francisco.

Gutman procura o falcão há 17 anos e, para se apossar dele, não hesitará em matar –ou mandar Wilmer, seu jovem comparsa, fazer o serviço. Uma pista leva Spade ao

NESTE FILME, O INÍCIO DA LENDA BOGART

navio La Paloma, vindo de Hong Kong, ao capitão Jacobi, que traz a estatueta. Mas o navio é incendiado nas docas de São Francisco, e Jacobi não aparece. De volta ao escritório, Spade encontra o capitão, baleado várias vezes, mas que ainda consegue lhe passar o falcão. Spade guarda o pássaro em local seguro e volta a seu apartamento, para aquele repouso que até os detetives de ficção merecem. Mas lá estão Brigid O'Shaughnessy, Joel Cairo, Casper Gutman e o idiota do Wilmer.

UMA HISTÓRIA BANAL

Gutman diz a Spade que Wilmer matou Thursby e Jacobi. Spade concorda em vender-lhe o falcão, mas ainda precisam apresentar alguém à polícia, para livrar o caminho para os outros. Spade sugere entregar Wilmer, e Gutman aceita. Spade faz com que sua secretária Effie Perrine leve a estatueta ao apartamento. Ao examiná-la, Gutman descobre que aquele falcão é falso e, na confusão, Wilmer escapa. Refeito da decepção, Gutman propõe a Cairo continuarem a busca ao falcão, nem que leve mais 17 anos. Após um acordo de cavalheiros, Spade deixa-o sair, mas telefona à polícia e revela os seus nomes. Minutos depois, Wilmer matará Gutman. A sós com Brigid, Spade conclui que ela matou seu sócio e, resistindo a uma terrível tentativa de sedução, também a entrega à polícia.

Aparentemente, só uma história banal de detetive, mulheres e bandidos, não é? Mas a grande literatura está cheia de histórias banais. Se você conseguiu ler "Ulisses" –ou, está bem, "O Nome da Rosa"– até o fim, sabe disso. Quem não leu o livro viu o filme na época e saiu do cinema imitando os tiques de Humphrey Bogart no papel de Sam Spade. Para muitos, é uma surpresa saber que "O Falcão Maltês" de 1941, com Bogart, já era a terceira filmagem do livro de Hammett. As outras duas, a de 1931, com Bebé Daniels (chamada "Dangerous Female"), e a de 1936, com Bette Davis ("Satan Was a Lady"), foram pouco vistas, muito menos lembradas e jamais surgirão numa Sessão Coruja. E, pelo visto, não estão fazendo muita falta.

ELENCO DE PRIMEIRA

O sucesso do filme de Bogart se deveu principalmente a seu diretor, John Huston, o único capaz de enxergar o óbvio ululante: o de que o livro de Dashiell Hammett (que será relançado em português, em março, pela Abril Cultural, nas bancas, e pela Brasiliense, nas livrarias) já era um perfeito roteiro e não precisava ser melhorado.

Para que o "O Falcão Maltês" fosse o chamado melhor film noir até hoje, o elenco contribuiu até dizer chega. Humphrey Bogart como Sam Spade –pode haver melhor?– Mary Astor como Brigid O'Shaughnessy, Peter Lorre como Joel Cairo, Sidney Greenstreet como Casper Gutman, Elisha Cook Jr. como Wilmer. De quebra, nas pontas, Ward Bond, Barton MacLaine e nada menos que Walter Huston, pai de John, no papel do capitão Jacobi. Eu posso? Já não reúnem elencos assim como antigamente –e, pensando bem, para quê, com esses personagens de hoje?

O falcão maltês bateu asas e voou, e foi visto pela última vez pousado sobre uma antena de TV. □

OH, NÃO, OS BONS TEMPOS VOLTARAM

RUY CASTRO

6 de maio de 1985 – Ilustrada

Os "bons tempos" voltaram. Isso, por enquanto, quer dizer que, "faute de mieux", até que a "Nova República" se assuma, fomos culturalmente devolvidos à década de sessenta. Em certos casos mais radicais, até mesmo à década de cinquenta. Os menores de vinte anos devem estar achando ótimo –afinal, não é sempre que a nação é matriculada num supletivo maciço e gratuito como esse. Já os maiores de quarenta estão pensando seriamente em tirar férias em Osaka ou Malibu, e só voltarem quando essa onda retrô tiver passado. Eles já viram esse filme antes, só que em preto-e-branco, e sabem como termina.

Os anos sessenta e cinquenta foram aqueles em que todo mundo era "feliz" e não sabia.

Mas as coisas daquele tempo, de volta hoje, têm tanto sabor de déjà vu quanto a própria expressão déjà vu. Se não morrermos de tédio antes, um dia voltaremos a 1985.

Capa do LP "Ronaldo Foi pra Guerra", de Lobão, lançado em 1984

NEW RETRÔ

A Embrafilme e o Banco Nacional estão promovendo em São Paulo uma retrospectiva dos filmes de Glauber Rocha, "Glauber por Glauber", no Cinearte. Todos do tempo em que se fazia cinema brasileiro com uma ideia na cabeça, uma câmera na mão e os aplausos do bonequinho do Globo. Os atores daqueles filmes teriam se contentado com um cheeseburger por dia de filmagem, e dispensado o resto. Ziraldo vai relançar o "Saci Pererê". Zé Trindade volta à televisão. "Tubarão 3" ressuscita o cinema em 3-D. E "Cabra Marcado para Morrer" renasce das suas próprias cinzas de 1964.

Poetas como Ferreira Gullar e Thiago de Melo estão de novo na moda. E, como antes, sempre com um poema já pronto no bolso, para qualquer eventualidade. Bellini, o "grande capitão" da Copa de 1958, está de volta à Seleção. E até o "cruzeiro novo" ameaça voltar, com seus três zeros a menos. Para não falar de Juscelino Kubitschek, que estrelará notas de Cr$ 100 mil. E quem mais senão Oscar Niemeyer projetará o futuro Palácio da Cultura, em Brasília? Nunca 1985 se pareceu tanto com 1955.

OLD LOOK

Até mesmo no visual dos grupos de rock brasileiro. Com aqueles cabelos e roupas, todos parecem ter saído das capas daqueles antigos 45 rpm. Via Prince, o bigodinho de Little Richard, modelo 1956, começa a infestar o Radar Tantã. Sem falar na volta da "Jovem Guarda". Se as letras desses compositores parecem antigas, é porque são escritas com Parker 51, um item daqueles dias que hoje tem sido disputado a tapa pela moçada. E, exatamente como aconteceu em 1962, as rádios e gravadoras brasileiras já estão se preparando para importar de novo a bossa nova –só que, desta vez, de Londres, onde ela acaba de ser "redescoberta". Se isso acontecer, não será surpresa para esta coluna se até Nara Leão voltar às paradas.

Por falar em bossa nova, a "Nova República" é a própria "bossa nova" da UDN no poder. Um de seus líderes em 1963 era um jovem deputado cujas iniciais são José Sarney. O que terá acontecido a ele? Naquele tempo, falava-se muito também em reformar a constituição. E, como hoje, o Brasil também era governado pelo vice-presidente. Estão vendo como "plus ça change, plus c'est la même chose"? E, num espetacular retorno à 1950, Jânio Quadros candidata-se à prefeitura de São Paulo.

Deve ser por isso que a "Nova República" não quer nem ouvir falar em diretas. Afinal, elas foram coisas do ano passado. □

OS 10 MELHORES WESTERNS

RUY CASTRO
12 de maio de 1984 – Ilustrada

Para comemorar os 80 anos do cinema-western, o Centro Campestre do Sesc (av. Manoel Alves Soares, 1100) organizou um "Festival Bang-Bang", que começa amanhã com a exibição de "O Grande Roubo do Trem" e "Os 40 Ladrões". E sempre que uma TV, cinemateca ou cineclube ameaça promover um festival de faroestes, eu saco o talão de cheques e corro ao videoclube mais próximo, para alugar todos os westerns que o programador do tal festival deixou de fora. Por alguma razão, eles insistem em ignorar uma batelada de filmes que, por vários motivos, desde a ênfase do "psicológico" até a quantidade de tapas, tiros e flechas incendiárias –divertem, educam e instruem.

A caretice da maioria desses festivais ficou mais revelada do que nunca, agora que um número considerável de pessoas poderá tornar-se o programador dos seus próprios "festivais", a partir de um videocassete. O que poderá impedi-los de ver os melhores filmes do cinema, do gênero que preferirem, será o desconhecimento desta ou daquela obra. Bem, pelo menos no caso do western, este problema agora está resolvido.

A Ilustrada consultou seus especialistas, críticos, "ratos" de cinemateca e jornalistas ligados de alguma maneira à curtição cinematográfica, e pediu-lhes que elegessem os 10 melhores bang-bangs, todos do primeiro time. Com esta lista na mão (e mais as listas individuais dos "eleitores"), você poderá pressionar o programador do seu vídeo ou do seu cineclube preferido com autoridade, exigindo o filme xis ou ípsilon. Se ele se recusar a atendê-lo, chame o Robert Mitchum.

EIS OS MAIORES BANG-BANGS

"Os Brutos Também Amam"
(Shane), de George Stevens, 1953.
"No Tempo das Diligências"
(Stagecoach), de John Ford, 1939.
"O Homem que Matou o Facínora"
(The Man Who Shot Liberty Valance), de John Ford, 1962.
"Rastros de Ódio"
(The Searchers), de John Ford, 1956.
"Onde Começa o Inferno"
(Rio Bravo), de Howard Hawks, 1959.
"Johnny Guitar"
(Johnny Guitar), de Nicholas Ray, 1954.
"Matar ou Morrer"
(High Noon), de Fred Zinnemann, 1952.
"Meu Ódio Será Tua Herança"
(The Wild Bunch), de Sam Peckinpah, 1969.
"Paixão dos Fortes"
(My Darling Clementine), de John Ford, 1946.
"Vera Cruz"
(Vera Cruz), de Robert Aldrich, 1953.

QUEM VOTOU EM QUAIS

PAULO FRANCIS, *correspondente da Folha em Nova York*: **1.** "Minha Vontade é Lei" (Warlock), de Edward Dmytryk, 1958; **2.** "O Homem que Matou o Facínora"; **3.** "No Tempo das Diligências"; **4.** "Consciências Mortas" (The Ox Bow Incident), de William Wellman, 1943; **5.** "Forte Apache" (Fort Apache), de John Ford, 1948; **6.** "E o Bravo Ficou Só" (Will Penny), de Tom Gries, 1968; **7.** "Os Brutos Também Amam"; **8.** "O Homem de Virgínia" (The Virginian), de Victor Fleming, 1929; **9.** "Sete Homens e um Destino" (The Magnificent Seven), de John Sturges, 1960; **10.** "O Passado Não Perdoa" (The Unforgiven), de John Huston, 1960.

SÉRGIO AUGUSTO, *da nossa equipe de reportagem*: **1.** "Rastros de Ódio"; **2.** "Paixão dos Fortes"; **3.** "No Tempo das Diligências"; **4.** "Rio Vermelho" (Red River), de Howard Hawks, 1948; **5.** "Johnny Guitar"; **6.** "Onde Começa o Inferno"; **7.** "O Preço de um Homem" (The Naked Spur), de Anthony Mann, 1953; **8.** "Winchester 73", de Anthony Mann, 1950; **9.** "Os Brutos Também Amam"; **10.** "Reinado do Terror" (Terror in a Texas Town), de Joseph H. Lewis, 1958.

INÁCIO ARAUJO, *crítico da Folha*: **1.** "Onde Começa o Inferno"; **2.** "Rastros de Ódio"; **3.** "Homem Sem Rumo" (Man Without a Star), de King Vidor, 1954; **4.** "Paixão de Bravo" (The Lusty Man), de Nicholas Ray, 1952; **5.** "The Shooting", de Monte Hellman, 1967; **6.** "Eu Matei Jesse James" (I Shot Jesse James), de Samuel Fuller, 1949; **7.** "Entardecer Sangrento" (Decision at Sundown), de Budd Boetticher, 1957; **8.** "O Diabo Feito Mulher" (Rancho Notorius), de Fritz Lang, 1952; **9.** "O Preço de um Homem"; **10.** "Vera Cruz".

GETTY IMAGES

Cena do filme "Os Brutos Também Amam", de George Stevens

LUCIANO RAMOS, *crítico da Folha*: **1.** "O Diabo Feito Mulher"; **2.** "Johnny Guitar"; **3.** "Onde Começa o Inferno"; **4.** "A Última Caçada" (The Last Hunt), de Richard Brooks, 1956; **5.** "Flecha Partida" (Broken Arrow), de Delmer Daves, 1950; **6.** "No Tempo das Diligências"; **7.** "Duelo ao Sol" (Duel in the Sun), de King Vidor, 1946; **8.** "Sem Lei e Sem Alma" (Gunfight at the O.K. Corral), de John Sturges, 1959; **9.** "Quando os Homens são Homens" (McCabe and Mrs. Miller), de Robert Altman, 1971; **10.** "Os Brutos Também Amam".

RUY CASTRO, *da nossa equipe de reportagem*: **1.** "O Homem que Matou o Facínora"; **2.** "No Tempo das Diligências"; **3.** "Os Brutos Também Amam"; **4.** "Paixão dos Fortes"; **5.** "Rastros de Ódio"; **6.** "O Matador"; **7.** "Meu Ódio Será Tua Herança"; **8.** "Conspiração do Silêncio" (Bad Day at Black Rock), de John Sturges, 1955; **9.** "A Marca do Zorro" (The Mark of Zorro), de Rouben Mamoulian, 1940; **10.** "Johnny Guitar".

JOÃO MOURA JR., *editor do Folhetim*: **1.** "O Último Pôr-do-sol" (The Last Sunset), de Robert Aldrich, 1961; **2.** "Os Brutos Também Amam"; **3.** "Johnny Guitar"; **4.** "Galante e Sanguinário" (3:10 to Yuma), de Delmer Daves, 1957; **5.** "O Homem que Matou o Facínora"; **6.** "Matar ou Morrer"; **7.** "Um de Nós Morrerá" (The Left-Handed Gun), de Arthur Penn, 1958; **8.** "Quando os Homens São Homens"; **9.** "Duelo de Gigantes" (The Missouri Breaks), de Arthur Penn, 1976; **10.** "Vera Cruz".

OS 10 MELHORES WESTERNS

ORLANDO L. FASSONI, *da nossa equipe de reportagem*: **1.** "Os Brutos Também Amam". **2.** "Rastros de Ódio"; **3.** "O Homem que Matou o Facínora"; **4.** "Matar ou Morrer"; **5.** "Onde Começa o Inferno"; **6.** "A Noite da Emboscada" (The Stalking Moon), de Robert Mulligan, 1968; **7.** "Consciências Mortas"; **8.** "Meu Ódio Será Tua Herança"; **9.** "Vera Cruz"; **10.** "No tempo das Diligências".

FERNANDO MORGADO, *coordenador da Agência Folha*: **1.** "Os Brutos Também Amam"; **2.** "Rastros de Ódio"; **3.** "Matar ou Morrer"; **4.** "Meu Ódio Será Tua Herança"; **5.** "No Tempo das Diligências"; **6.** "Pistoleiros do Entardecer" (Guns in the Afternoon), de Sam Peckinpah, 1962; **7.** "A noite da Emboscada"; **8.** "Onde Começa o Inferno"; **9.** "A Face Oculta" (One-Eyed Jacks), de Marlon Brando, 1961; **10.** "Era Uma Vez no Oeste" (C'Era una Volta il West), de Sergio Leone, 1968.

PEPE ESCOBAR, *crítico da Folha*: **1.** "Johnny Guitar"; **2.** "Os Brutos Também Amam"; **3.** "Onde Começa o Inferno"; **4.** "No Tempo das Diligências"; **5.** "Pat Garrett e Billy the Kid" (Pat Garrett and Billy the Kid), de Sam Peckinpah, 1973; **6.** "Lonesome Cowboys" (inédito no Brasil), de Andy Warhol, 1968; **7.** "Três Homens em Conflito" (The Good, the Bad and the Ugly), de Sergio Leone, 1966; **8.** "O Homem que Matou o Facínora"; **9.** "Sete Homens e um Destino"; 10. "Forte Apache".

AP/IMAGEPLUS

ADILSON LARANJEIRA, *administrador da Folha da Tarde*: **1.** "Rastros de Ódio"; **2.** "Os Brutos Também Amam"; **3.** "O Homem que Matou o Facínora"; **4.** "Minha Vontade é Lei"; **5.** "Vera Cruz"; **6.** "Sem Lei e Sem Alma"; **7.** "No Tempo das Diligências"; **8.** "Meu Ódio Será Tua Herança"; **9.** "Sete Homens e um Destino"; **10.** "Da Terra Nascem os Homens" (The Big Country), de William Wyler, 1958.

JOSÉ TRAJANO, *editor de Esportes da Folha*: **1.** "Os Brutos Também Amam"; **2.** "No Tempo das Diligências"; **3.** "Paixão dos Fortes"; **4.** "O Homem que Matou o Facínora"; **5.** "Meu Ódio Será Tua Herança"; **6.** "Vera Cruz"; **7.** "Matar ou Morrer"; **8.** "Onde Começa o Inferno"; **9.** "Rastros de Ódio"; **10.** "Matar ou Correr", de Carlos Manga (com Oscarito e Grande Otelo), 1954.

RENATO POMPEU, *redator da Folha*: **1.** "Winchester 73"; **2.** "Duelo ao Sol"; **3.** "O Homem que Matou o Facínora"; **4.** "No Tempo das Diligências"; **5.** "Meu Ódio Será Tua Herança"; **6.** "A Estrada da Santa Fé" (The Santa Fe Trail), de Michael Curtiz, 1940; **7.** "A Face Oculta"; **8.** "Pôquer de Sangue" (5 Card Stud), de Henry Hathaway, 1968; **9.** "Butch Cassidy" (Butch Cassidy and the Sundance Kid), de George Roy Hill, 1969; **10.** "Rio Vermelho".

FERNANDO PASSOS FERREIRA, *da nossa equipe de reportagem*: **1.** "Matar ou Morrer"; **2.** "Os Brutos Também Amam"; **3.** "Vera Cruz"; **4.** "Winchester 73"; **5.** "No Tempo das Diligências"; **6.** "Meu Ódio Será Tua Herança"; **7.** "Dívida de Sangue" (Cat Ballou), de Elliot Silverstein, 1965; **8.** "Sol Amarelo" (Yellow Sky), de William Wellman, 1948; **9.** "O Homem que Matou o Facínora"; **10.** "A Face Oculta".

"SHANE" NA CABEÇA

Usando aquele clássico critério de apuração (atribuir 10 pontos ao 1º colocado de cada lista, nove para o 2º e assim por diante), a soma dos pontos deixou "Os Brutos Também Amam" (Shane) léguas à frente dos outros. Comendo poeira, vieram quatro filmes de John Ford, que reinventou o western em 1939 com "No Tempo das Diligências" (por sinal, o vice-campeão) e depois fez uma série de obras-primas que todo mundo adora adorar.

"Os Brutos Também Amam" resiste bem na sua telefunken, mas, na tela larga do cinema, o choque é quase indescritível. Provavelmente é o mais "clássico" de todos os faroestes: Alan Ladd é o pistoleiro regenerado que protege uma família de estancieiros contra a invasão dos criadores de gado e seus jagunços e, no meio da história, experimenta uma paixão impossível pela mulher do patrão. Onde foi que você já viu essa história antes? Só que, neste filme, a trama é o que menos importa, e sim os efeitos.

George Stevens, o diretor, era um mestre do detalhe. Na sequência em que Jack Palance, todo de preto, no papel de Wilson, dispara contra Elisha Cook Jr., o espectador sente o impacto do barulho do tiro. Claro: Stevens dublou o estampido com um tiro de canhão. A rua da cidade onde se reúnem os bandidos só tem casas de um lado –como pareciam ser as cidades do Oeste da época. E é inesquecível a cena em que Jack Palance entra no saloon pela primeira vez e um cachorro dormindo num canto põe o rabo entre as pernas e foge, como se estivesse diante do próprio demônio.

O elenco (Alan Ladd como Shane, Jean Arthur, Van Heflin, Brandon de Wilde, Ben Johnson e os demais citados) seria impecável, se não fosse por Ladd. Ele podia ser um bom ator, quando ninguém estava olhando, mas, diante de uma câmara, era difícil dizer se ele estava vivo ou morto. Curiosamente, a sua apatia deu certo naquele papel porque, quando ele acorda e começa a distribuir socos e tiros sob os acordes triunfais de Victor Young, você vibra e pula na cadeira como se voltasse àquelas matinês dos sábados de antigamente. Amar "Shane" é ter 12 anos para sempre.□

O ÍCONE

Na página ao lado, o ator John Wayne (centro) em cena do filme "No Tempo das Diligências", de John Ford

O GÊNERO MAIS POPULAR DO CINEMA

INÁCIO ARAUJO

12 de maio de 1984 – Ilustrada

A guerra contra os índios, sem dúvida; mas também a abertura de ferrovias ou linhas telegráficas, o surgimento do arame farpado, a corrida do ouro, a Guerra Civil: nenhum desses assuntos é estranho ao faroeste, como também não o são Jesse James e seus algozes, os traiçoeiros irmãos Ford, o pistoleiro que sofre de gangrena em "Pistoleiros do Entardecer", os xerifes que lutam para manter a Lei e a Ordem, os fazendeiros que se opõem aos criadores de gado. Todos estes temas, assuntos e personagens compõem o universo deste que foi seguramente o mais popular e o mais duradouro dos gêneros cinematográficos.

E o mais cinematográfico também, se acreditarmos no crítico André Bazin, para quem "o western nasce do encontro entre uma mitologia e um meio de expressão". A mitologia, como se sabe, diz respeito à conquista do Oeste pelo homem branco e também à força, coragem e rudeza necessárias ao empreendimento. Mas mesmo o mito não pode se passar de certas verdades históricas, como o fato de os Estados Unidos, no início do século passado, terem cerca de 7 milhões de habitantes, população que pulou para 76 milhões no final do século. Só a imigração contribuiu para um crescimento de 32 milhões de habitantes na população americana. Um excedente significativo, que precisava se expandir para além das antigas treze colônias.

Por um lado, tratava-se de resolver um problema social, por outro de propor a liberdade e o ato civilizatório como epopeia, tal qual dá a entender a propaganda dos anos 1830/40: "Go west, young man, go west".

O Oeste começaria a virar lenda ainda no século passado, com alguns de seus personagens célebres passando a viver em pessoa, nos teatros ambulantes, suas próprias histórias (casos de Billy the Kid ou dos irmãos Ford). A Saga do Oeste, contudo, não atingiu sua grandeza nem no teatro, nem na literatura, mas no cinema, "como se –enfatiza Bazin– as dimensões da imagem se confundissem, enfim, com as da imaginação".

História de conquista, a do Oeste focaliza também um mundo temporariamente desprovido de leis, onde o mais forte trata de impor a sua ao mais fraco. Nessa medida, o herói moral se mostrará mais do que nunca necessário, desde os primórdios. Tateando, o cinema chega em 1939, com "No Tempo das Diligências", à plena maturidade na abordagem do Oeste, ainda segundo Bazin: "John Ford chegava ao perfeito equilíbrio entre os mitos sociais, a evocação histórica, a verdade psicológica e a temática tradicional".

Após a Segunda Guerra, é possível situar o nascimento do "meta-western", faroeste que com vergonha de ser ele mesmo tenta justificar sua existência por um interesse suplementar: "ele exige que o espectador reflita para admirá-lo", como diz Bazin, que cita "Shane/Os Brutos Também Amam", de George Stevens, como exemplo mais típico da tendência, mas que também poderia falar dos maneirismos introduzidos por Peckinpah em "Meu Ódio Será Tua Herança". Isso não quer dizer, contudo, que o velho faroeste "onde o talento sempre será posto a serviço da história e não do que ela significa" tivesse morrido, como prova "Johnny Guitar", de Nicholas Ray, ou dos veteranos como Ford, Allan Dwan e tantos outros.

Se a demonstração do grande crítico francês é exemplar, num ponto ele parece ter se equivocado: ao prever que o faroeste sobreviveria ao tempo de forma mais ou menos indefinida. Os anos 1960 testemunharam uma decadência do gênero que coincidiu com a diminuição da influência dos Estados Unidos no mundo. Contam-se nos dedos os westerns memoráveis feitos após 1965: a América começava a duvidar de seus mitos e o resto do mundo também. O cinema como grande espetáculo popular começava, mais ou menos ao mesmo tempo, a entrar em declínio, e com ele agonizava o "cowboy". □

AJOE-LHOU, TEM QUE GODARD

PERRY WHITE*

2 de março de 1986 – Ilustrada

** Perry White é diretor-presidente de O Planeta Diário (nas bancas) e produtor do filme "Je vous s... de quatro"*

Na semana passada, aceitei o generoso convite desta Folha para assistir à polêmica fita de Godard na sessão-promoção (pagando apenas metade do ingresso) realizada nas confortáveis dependências do cine-privê do Folhão de S.Paulo.

Para evitar o assédio das gatinhas desta Folha, "as repórteres que não estão no mapa", ávidas de opiniões inteligentes e prazer, preferi manter-me incógnito sob o manto sagrado de uma fantasia de papa, toda em lamê dourado com apliques de pedras semipreciosas, intitulada "Esplendor e Glória da Inquisição no Mundo Encantado que o 'Criador Criou ôôô!'", Assim, sob identidade secreta, pude assistir tranquilamente à obra godardiana. A lamentar apenas as cutucadas que levava do senador Paulo Francis, que na poltrona de trás resmungava exigindo que tirasse meu chapéu papal, e o inconveniente José Celso Martinez Corrêa que, em voz alta, pedia ao deputado Paulo Maluf dinheiro para comprar pipoca.

Ao terminar a sessão, parti imediatamente para o meu retiro espiritual na praia do Quiabo, onde, entre velas e orações, entreguei-me a uma meditação b... profunda e submeti-me a autoflagelação por ter assistido à herética película sem o certificado da Sunabb (Superintendência Nacional dos Bispos do Brasil).

Purificado, pude então tecer minhas primeiras impressões sobre a controvertida produção franco-montora, já esquentando os tamborins para o Banho de Língua à Fantasia que será realizado no rio Tietê Espíndola, ziriguidum, telecoteco, squindô squindô, amém!

Sem dúvida alguma o mago Godard continua em plena forma, exibindo sua maestria e total domínio das imagens, principalmente na sequência em que a imagem de São Benedito tenta suicídio se atirando do alto da geladeira.

Mas o filme como um todo se ressente de uma posição filosófico de quatro mais definida do cineasta, que fez sua opção preferencial pelo caminho marítimo mais fácil para as índias tailandesas de Solange Joubert.

Isso, no entanto, não impede que o cinéfilo cristão possa apreciar as belas cenas de corridas de bigas na quadra de basquete e os sensacionais efeitos especiais do Mar Vermelho se abrindo para que Maria pudesse praticar seu "morey-boogie" na boa.

Uma fita que certamente agradará ao fanático mais exigente. ▫

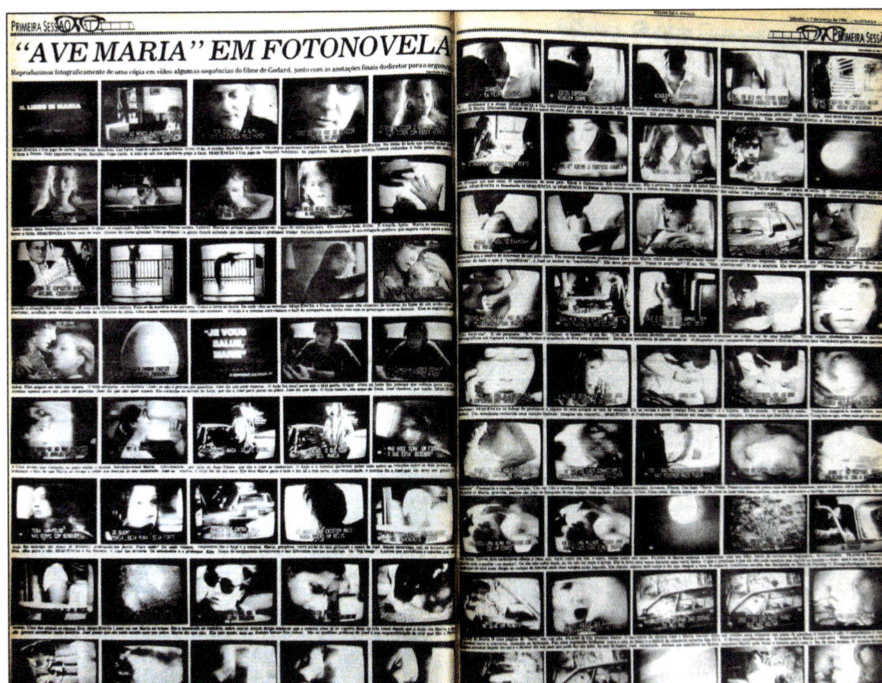

PRIMEIRA SESSÃO

"AVE MARIA" EM FOTONOVELA

FOTONOVELA

A Ilustrada publicou, em 1986, duas páginas espelhadas com fotogramas do filme "Je Vous Salue, Marie", de Godard, vetado pelo governo Sarney; o colunista Perry White, da turma do Planeta, não perdoou

"A Ilustrada foi uma ressurreição, nos anos 80, de coisas maravilhosas"

Entrevista com **SÉRGIO AUGUSTO**

Jornalista e crítico de cinema, Sérgio Augusto, carioca, nascido em 1942, trabalhou nos principais veículos da imprensa brasileira a partir de 1959. Foi um dos principais nomes do Pasquim, escreveu no Correio da Manhã, na revista Senhor, no Jornal do Brasil e no semanário Opinião, entre outros. Entrou na Ilustrada em 1982 e deixou o jornal em 1996.

Foi o Paulo Francis quem te indicou para a Folha?

Foi. Eu estava na IstoÉ, tinha deixado a revista, e o Paulo Francis soube disso. Ele buzinou, ligou para mim e disse que havia conversado com o Adilson Laranjeira, o chefe da Agência Folha. Disse que o Adilson me lia desde a época do Correio da Manhã, que também era um cinéfilo e que eu precisava ligar para ele. Tudo bem. Liguei para o Adilson, muito simpático no telefone, falamos sobre cinema, e ele marcou uma ida minha a São Paulo para encontrarmos o Boris Casoy, que naquela época chefiava a Redação. Eu fui a São Paulo, fiquei conhecendo o Boris, que eu não conhecia pessoalmente. "O Francis teve essa ideia maravilhosa", ele disse.

Inicialmente ele queria que eu fizesse duas vezes por semana na Ilustrada uma página de crítica da mídia, como eu fazia no Pasquim. Eu falei "olha, Boris, no Pasquim ficava legal, mas aqui já teve a coluna "Jornal dos Jornais", do Alberto Dines, que, aliás, surgiu até depois da minha coluna no Pasquim, que não era propriamente uma crítica de mídia, mas me deu muitos inimigos".

Eu me lembro que no Pasquim eu livrava muito a cara da Folha, porque a Folha era, dos grandes jornais, o que se comportava, pelo menos naquela época, na segunda metade da década de 70, com mais dignidade, com mais coragem diante da situação política. E eu raramente tinha alguma coisa contrária à Folha. Mas, se eu fosse fazer crítica de mídia na Folha, uma hora eu teria que esculhambar o próprio jornal. No Pasquim, quando eu fiz isso, me demitiram. E aí eu não topei.

E o que ele propôs?

Ele propôs então que eu escrevesse sobre o que eu quisesse na Ilustrada, duas vezes por semana. Eu falei "ótimo, sobre o que eu quiser?". Ele disse: "Sobre o que você quiser, evidentemente mais voltado para cultura, para cinema, mas também pode ser outro assunto". E me mandou procurar o Caio Túlio Costa, que era o novo editor da Ilustrada. O Caio conversou comigo e me deu uma dica: além do domingo, escrever às quintas, porque era um dia de muita leitura. Ele estava saindo em férias e disse que, a partir daquele dia, eu deveria me entender com o sub dele, que se chamava Matinas Suzuki Jr. A primeira vez que eu ouvi esse nome, achei engraçado... Opa! Parece motocicleta! Obviamente, eu não conhecia o Matinas.

Comecei a escrever uma espécie de crônica, totalmente livre, sobre qualquer assunto. Trabalhava em casa, no Rio, numa época terrível, porque você não tinha nem fax, né? O Francis ainda tinha um telex no apartamento dele em Nova York, imenso, e escrevia direto no telex, coisa que eu jamais poderia imaginar... Mas eu ia para a Redação, levava meu texto. Depois ficava corrigindo por telefone a versão que tinha sido digitada, cheia de erros.

Você antes lia a Folha?

A Folha não existia para mim. E eu sempre digo que fui muito mimado pelo destino em termos profissionais, porque, de 1959 para cá, eu estive em todas as coisas mais interessantes que surgiram. Trabalhei no Correio da Manhã, com o Cony e o Otto Maria Carpeaux, no Jornal do Brasil, no Pasquim, na Veja, na IstoÉ, no Opinião. Eu cheguei a escrever na revista Senhor, que foi um marco, em 1963. Evidentemente, eu tive a honra de, além disso, ter ido para a Folha na época em que ela se projetou. Antes, a Folha era um jornal quase que de província para mim, um jornal do interior. Quando o Francis foi para lá, eu já conhecia melhor –porque a Folha passou a existir a partir no momento em que o Cláudio Abramo faz aquela reforma, em meados dos anos 70. É quando se começa a ouvir falar da Folha.

A Folha recebeu a geração de vocês, que a gente respeitava muito, ficava até constrangido de ter que exercer o papel de editor, e recebeu a nossa, que saiu da universidade no final dos 70. O convívio foi bom, não?

A Folha realmente foi um estuário. A primeira garotada que chegou, o Caio, o Matinas, você, era uma garotada que sabia das coisas. Vocês sabiam com o que a gente estava lidando, e me dava a impressão de que, quando não sabiam, corriam atrás. E a Ilustrada pegou. Foi uma ressurreição, na década de 80, de todas aquelas coisas maravilhosas que haviam acontecido na imprensa carioca nos anos 50 e 60. Não há a menor dúvida de que isso aconteceu na Ilustrada. E ela botou uma bermuda, ficou ágil, ficou moleque.

Esse momento, aliás, coincide com a decadência da imprensa carioca, com a queda do JB, num momento em que O Globo era um jornal que não tinha importância.

Eu vou usar uma imagem que parece meio depreciativa, mas é como se a Folha ou a Ilustrada tivessem ido a uma liquidação de alto nível e tivessem comprado um abajur que foi do Jorge Guinle, uma peça rara aqui, outra ali. É um pouco cabotino dizer isso, porque eu faço parte, mas tinha o Francis, o Tarso de Castro, o Flávio Rangel, o Ruy Castro... Era um "Pasquinzão". Não sei quem foi que usou essa expressão primeiro, não me lembro mais. Mas era isso.

São Paulo estava em alta naquele momento.

São Paulo estava numa maré de ascensão. Estava tudo muito concentrado em São Paulo e essa efervescência toda de São Paulo a Ilustrada pegou. Pegou o bonde na hora certa. A Folha entrou para a história com a campanha das Diretas e por causa daquela coisa bem liberal. De repente você tinha artigo do Delfim Netto, que era o ex-czar da economia da ditadura, você tinha o Reis Veloso, o José Guilherme Merquior, e tinha também os contrapontos, as opiniões opostas... Quem dera que o Brasil tivesse agora um polemista de direita como o Merquior; hoje é o Olavo de Carvalho... Mas a Folha passou a ser importante até para muita gente no Rio. As pessoas assinavam e queriam que o jornal tivesse a programação cultural do Rio, um serviço para o carioca. Eu, como jornalista, recebia muito retorno, muitos comentários sobre o que eu escrevia.

E o que te incomodava no jornal?

Me incomodava muito a total falta de imaginação dos títulos. Tipo "morreu o comediante". E a dada altura passou a ser obrigatório ter verbo na ativa nos títulos. Eu também implicava com o excesso de didatismo, e isso eu falo de cadeira, porque eu tento ser o mais didático possível. Mas acho que há certos limites, senão você começa a tratar o leitor como burro, idiota. E eu tenho também certas coisas... Eu não admito que, a certa altura da vida, alguém da Redação venha me ensinar a escrever. Se eu faço um parágrafo grande, é porque é importante que seja daquele tamanho. E, se eu faço uma linha só, uma palavra só por parágrafo e abro de novo, ali tem um ritmo, eu escolhi fazer assim. Eu acho que fixar tamanho de parágrafo, esse tipo de coisa, uniformiza demais. O Manual da Redação é útil numa Redação que só tenha pilotos amadores. Ele tem serventia para iniciantes, mas é preciso confiar no taco dos mais tarimbados.

Você saiu da Folha em 1996, ficou 14 anos...

Foi um longo tempo, um período muito bom. Quando eu saí, o Francis deu uma nota na coluna dele. Dizia que minha saída marcava "o fim de uma época do jornalismo cultural". Dizia que depois da morte do Paulo Emilio restava eu. E terminava assim: "Acabou o asfalto". Esse "acabou o asfalto", volta e meia eu uso, porque eu acho uma frase ótima. Acabou o asfalto, agora vou ter que pegar chão de terra... □

ELE É MAIS POPULAR DO QUE CRISTO

PEPE ESCOBAR

Trecho de artigo publicado em 18 de julho de 1984, na Ilustrada

"Jesus Cristo escolheu direitinho. Examinou milhões de candidatos. Ficou com um neguinho de Indiana, magro, tímido, corpo de boneco, cheio de swing, trabalhando duro desde os cinco anos de idade. JC foi bater um papo com outras divindades para armar sua 'rentrée'. Recebeu sugestões de Afrodite, Shiva, Zeus, Osíris. Lúcifer tomou uma ponte aérea e foi lhe dar umas lições de soul e funk. JC botou os pezinhos voadores de Mercúrio –o mensageiro dos deuses–, cortou a barba hippie, trocou a bata branca por uma roupinha brilhante (sugestão luciferiana), molhou o cabelo, passou uma maquiagem e caiu na dança.

Michael Jackson/JC chegou arrasando. Bastou gravar um LP e três vídeos. Deu no que deu. Em um ano e meio, fez o que ninguém conseguiu em dois mil anos. Manteve, é claro, algumas características básicas. Um fenômeno, um exemplo para a humanidade.

Mas adaptou-se aos novos tempos. Afinal, era um longo caminho do Sermão da Montanha à era do videoclipe."

15.OUT.1993 CÉSAR ITIBERÊ/FOLHA IMAGEM

Globalização pop

03.NOV.1993 CÉSAR ITIBERÊ/FOLHA IMAGEM

Michael Jackson e Madonna são símbolos do pop globalizado dos anos 80, mas só vieram se apresentar no Brasil na década seguinte, em 1993. O estouro da carreira solo de Jackson aconteceu com "Thriller", álbum lançado em novembro de 1982 que arrebentou em vendas e se tornou um marco da cultura pop. Chegou ao primeiro lugar entre os mais vendidos dos EUA em fevereiro de 1983 e permaneceu lá por 37 semanas, um recorde. Madonna bombou com "Like a Virgin", do final de 1984. Entre os modernos mais "cabeça", discutia-se qual dos dois realmente merecia consideração, o negro que embranquecia ou a menina abusada e malhada. A maioria –mais sábia– se divertia com os dois

“Podia comparar o Clash com o anarquismo, botar Cioran com The Who”

Entrevista com **PEPE ESCOBAR**

Petrônio Flávio Escobar França de Andrade, o Pepe Escobar, chegou à Ilustrada em 1982, com 28 anos, depois de se inscrever num concurso para redator e tradutor. O mais "pós-moderno" dos críticos da Ilustrada, ele reunia sofisticação e agressividade em críticas e artigos que transitavam do pop à alta cultura. Seu estilo acabou se tornando uma espécie de marca registrada do caderno e influenciou novos críticos. Deixou a Folha em 1986.

O que você fazia antes de chegar à Ilustrada?
Eu tinha voltado da Europa, depois de várias viagens, e fui trabalhar no Masp, fazendo a Mostra de Cinema com o Leon Cakoff. Não pagavam nada, mas pelo menos eu me divertia, falava com o mundo inteiro, trazia filmes e no intervalo das sessões botava Talking Heads para tocar... a plateia adorava.

Você lia a Folha?
Eu era leitor porque meus pais assinavam a Folha e o Estadão. Algumas coisas eu acompanhava regularmente na Folha, em especial os correspondentes estrangeiros. Eu lia o Gerardo de Mello Mourão, o Osvaldo Peralva e, obviamente, o Francis. E também lia o Cláudio Abramo. Quando comecei, o Caio Túlio era o editor da Ilustrada. Eu fui trabalhar na Redação, não na reportagem, mas eu tinha liberdade pra fazer as minhas matérias. Logo que cheguei escrevi sobre pós-modernismo e rock. Ninguém falava em pós-modernismo. O artigo saiu no domingo e na segunda já tinha um rebuliço, gente que começava a ligar, um impacto imediato.

Como era a Redação quando você chegou?
Era tudo muito precário, não tinha máquina de escrever para todo mundo, aqueles fios caindo do teto, parecia o oeste da África, o Senegal ou o Mali. O prédio era todo empastilhado, um calor infernal. Era uma redação insalubre. A Redação da Ilustrada era pequena. Devia ter 10, 12 pessoas. A Agência Folha, que era onde ficavam os repórteres do jornal, parecia uma coisa stacanovista. No começo, eu escrevia minhas matérias em casa, porque eu não conseguia me concentrar naquela Redação.

E qual era a tua agenda naquela época?
Eu queria escrever sobre o que eu queria ler, que era o que não tinha na imprensa brasileira. O que estava acontecendo no mundo, especialmente em cinema, música e literatura. Também artes e teatro, mas fundamentalmente cinema, música e literatura. Era tudo que eu tinha vivido na Europa e nos Estados Unidos quando ainda existia uma ditadura militar no Brasil. Havia uma defasagem entre a experiência da Europa e dos EUA e o que se via aqui, com censura, com a mediocridade imposta pelos militares, com o fato de muitos dos cérebros terem se exilado.

Além de ser um país fechado, não existia a tecnologia de comunicação que existe hoje.
Justamente. Basicamente, eu pensava: quero escrever sobre Allen Ginsberg, sobre beats, sobre romantismo alemão, sobre rock'n'roll, sobre Patti Smith e novas tendências. Coisas que não víamos na imprensa brasileira, ninguém escrevia sobre isso. Queria fazer uma elegia do Godard, uma página sobre o Antonioni, coisas assim. Quando eu entrei na Ilustrada, vi que era possível e me defrontei com aquela página em branco do Hemingway: putz, dá pra fazer tudo aqui!

Houve uma confluência de fatores favoráveis naquele momento?
Sim, a decadência da ditadura e a emergência de uma nova geração ambiciosa e talentosa. Toda aquela garotada que estava lá, aquele nosso grupo, era muito boa, todo mundo tinha um puta drive e todo mundo estava trabalhando muito. A gente podia trabalhar 15, 16 horas por dia, tinha um espírito militante na Ilustrada. A gente queria fazer um caderno tão bom quanto um caderno americano. E tinha o pessoal mais velho, os caras que a gente lia, como o Francis. Essa confluência histórica foi perfeita. A gente queria e podia equiparar um caderno cultural do Brasil ao que os babacas do New York Times faziam ou ao que os ingleses e os franceses faziam nas revistas especializadas.
Havia ali uma gana coletiva, não só a agenda individual de cada um dos garotos, como todos competindo entre si, especialmente pela capa. Isso era muito legal. É uma coisa que não vi depois em Redação nenhuma. Eu só vi esse espírito na Ilustrada dessa época. Não tinha competição. O Estadão era nulo. Depois se viu forçado a fazer o Caderno 2, e mal, aliás, porque copiaram mal a Ilustrada. Eu, inclusive, participei desse erro, porque eles me contrataram, numa época em que eu estava fora do Brasil. Achei que seria uma nova aventura, como se fosse uma nova Ilustrada, mas era muito ruim, brega, jeca.

De uma maneira geral, a agenda cultural da mídia, que vinha da época da abertura, era muito careta, pautada pelos temas da velha esquerda.
Exatamente. Era "vamos falar bem da Elis Regina". Para você ter uma ideia, no primeiro dia que eu botei a palavra rockabilly na capa da Ilustrada foi uma comoção, porque ninguém sabia o que era rockabilly. "Por que um negócio desse, esquisito, anglófilo, na Folha?" Era bem complicado. Mas foi muito interessante, porque todo esse processo, na minha opinião, era acompanhado de um projeto de caráter didático. A gente tinha uma preocupação didática, no sentido de mostrar para os leitores o que estava acontecendo. Queríamos tirar esse atraso dos últimos 20 anos, o atraso desde 68, na verdade. Daí o fato de muitos de nós termos sido acusados de elitistas, vendidos, colonizados.
As novas gerações não sabem, mas quem acompanhou a Ilustrada nessa época hoje pode ver, com maturidade, que houve essa dimensão didática, um trabalho cultural coletivo, de situar o leitor no começo dos anos 80. Eu me sentia como se tivessem aberto as cataratas do Iguaçu... Eu podia falar de drogas, de literatura maldita, de escritores à beira do suicídio, comparar o Clash com o anarquismo, botar Cioran numa matéria sobre o The Who... Isso é que foi legal. Foi uma puta trip, eu fazia o que eu queria, a liberdade era absoluta.

E foi a primeira vez que você pisou num grande jornal?
Foi a primeira vez que eu pisei num grande jornal, como quase todos ali. E tínhamos um jatinho nas mãos. E a gente podia pilotar esse jatinho para onde a gente quisesse. Era só garotada que estava pilotando o jatinho.

Que tipo de público a Ilustrada formou?
A geração um pouco mais nova nos lia e nos levava a sério. Eles eram o nosso público, o pessoal que começou a estourar culturalmente no fim dos 80 e começo dos 90. Gente que faz parte da elite brasileira hoje, em todos os setores. Muitos devem ter ficado perplexos com o que liam, mas o retorno que a gente recebia era forte. Tudo que saía na capa da Ilustrada virava lei no dia seguinte. Tudo: modos de vestir, coisas para ouvir, vídeos que ninguém tinha ouvido falar etc. Chegou uma hora que o público da Ilustrada ia desde a menina de calcanhar sujo e hipernacionalista até o pós-tudo, o pós-punk, os moderníssimos.

Você provocava muitas reações. Houve até um grupo de roqueiros que foi à Redação te cobrar satisfações. O Nasi, da banda Ira!, foi te dar um soco...
Isso não tem a menor importância. Muita gente reagia. Leitores mandavam cartas, outros telefonavam fazendo ameaças, outros, quando me viam na noite de São Paulo, queriam tirar satisfações,

tinha de tudo. Tinha gente que falava "olha, baixa o nível, porque a gente não entende o que você escreve". As coisas mais estúpidas.

Você também teve um desentendimento com o Mario Sergio Conti, que te deu um soco numa festa de aniversário do Caio Túlio Costa.
Olha, a história do Mario Sergio foi uma besteira, foi um mal-entendido entre os dois. Realmente eu criticava a Veja na Ilustrada porque eu considerava uma revista medíocre, e a cobertura cultural deles eu ainda considero totalmente medíocre. Se ele tinha alguma discussão cultural sobre esse aspecto, acho que a gente deveria ter conversado. O problema do Brasil, em crítica de cultura, que foi uma coisa que a Ilustrada levou às últimas consequências, é que todo produtor cultural criticado leva para o ponto de vista pessoal; para ele é como se você estivesse enfiando uma perfuradora no DNA dele.

Você era uma pessoa muito atenta para o que estava se passando na cena internacional, mas ao mesmo tempo parecia muito blasé em relação às coisas feitas no Brasil, não é?
Não acho. Um monte de gente fala "ah, é colonizado, só fala do que está acontecendo fora, parece que tudo que acontece no Brasil é uma merda...". Mas o meu crivo era a qualidade em si, não tinha fronteira. A Blitz, por exemplo, era muito ruim. Os Paralamas, não. O critério era muito simples, o Oscar Wilde falava isso: um livro é bem ou mal escrito. O meu critério era um critério Oscar Wilde. Eu nunca tive preconceito contra nada brasileiro, pelo contrário. Eu queria que começassem a surgir aqui coisas tão boas como as que estavam sendo feitas em outros lugares, em diversas áreas.

Você era um admirador do Francis e dava umas piscadas de olho para ele nos seus textos, usava às vezes expressões da época dele, como "do balaco". Não estou dizendo que você se inspirava nele como o Daniel Piza, por exemplo, mas você o admirava, não?
Sim, eu piscava para ele de admiração. Quanto ao Piza, desculpe, mas não vale a pena, é um medíocre, I'm sorry, e pode colocar isso on the records.
Bom, o caso do Francis foi interessante, porque eu acho que a partir mais ou menos do meio dos anos 80 foi como se ele tivesse sagrado uma pequena geração de escolhidos, os filhos do Francis. E eu tive o privilégio de estar entre esses. Num simples almoço com o Francis, a abrangência de assuntos e a qualidade da análise era um negócio extraordinário. Era como você estar com um cara do nível de um Gore Vidal, de um Norman Mailer. E ele era brasileiro!

Pepe, qual era a cena de São Paulo underground que você considera a mais interessante na primeira metade dos 80?
O lugar era o Carbono 14. A cena, do meu ponto de vista, era o Carbono, uma mistura do Paradiso, do Milky Way, com pub londrino, com Nova York e uma coisa meio francesa, decadente...

E um toque boliviano?
É, um toque boliviano e também bastante Marianne Faithfull, da época do Brian Jones, especialmente no sótão... Mas eles traziam tudo que interessava em vídeo e em música. Era incrível. Eles trouxeram, me lembro, o "Performance", do Mick Jagger, um filme antológico do começo dos anos 70, que nunca tinha passado aqui. Eles mostravam antes, a gente via o filme e dava a crítica no dia da projeção. Você chegava lá e estava lotado. Os leitores entupiram o Carbono para ver o "Performance".
O Carbono era especial, um centro cultural underground em São Paulo que depois foi replicado. O Madame Satã veio depois, era uma cópia mais mainstream. O Carbono era bem hardcore. Rolava

muita droga, rolavam barras pesadas variadas, a polícia baixava lá às três da manhã, ia gente em camburão... Vários artistas plásticos que depois ficaram famosos passavam a noite lá durante a semana. E alguns que hoje são chefs de gastronomia eram rockabillies ou punks do Carbono.

Essa cena paulistana influenciou o Rio, a ponto de ter sido aberto lá um lugar da noite chamado Crepúsculo de Cubatão...

Mas foi depois, e era, afinal, reflexo do Carbono, que tinha também noites góticas. O Rio tinha uma cena mais aberta, tinha o Circo Voador, era um pouco mais cool, mais relax. Em São Paulo era um negócio mais negro, mais subterrâneo.

O Carbono chegou a reunir numa festa 2.000 pessoas, o que era um negócio grande naquela época. E chegou uma hora que o underground foi passando para o mainstream e virou uma cena enorme. A noite em São Paulo em 84, 85, era um negócio alucinante. Tinha quatro, cinco coisas que você não podia perder toda noite. A cidade começou a atrair gente do Rio e até estrangeiros começaram a vir para cá. Rolava algo na linha "São Paulo está acontecendo". Eu lembro que, quando eu passava por Paris, os caras sabiam o que estava rolando em São Paulo e queriam vir. O pessoal da revista Actuel já tinha uma ligação com São Paulo forte. É impressionante isso. Em três anos, a polaridade cultural do Brasil virou de ponta-cabeça e São Paulo passou a se expor como um centro interessante para o resto do mundo.

Você acredita que no mundo das novas mídias é possível repetir uma experiência como a da Ilustrada, de você ter um foco que concentre as atenções, aponte e crie tendências?

Com o peso que a Ilustrada teve de concentrar, disseminar e traduzir o que estava acontecendo não só no Brasil como no mundo, acho que nunca mais. Os jovens jornalistas que participaram desse processo são privilegiados, porque acho que a gente participou de um dos últimos momentos desses em todo o mundo. Um exemplo análogo, do começo dos anos 80, era o grupo jovem do Libération, que era o jornal da garotada na França. Hoje o jornal foi comprado por um dos Rothschild e virou uma piada. E a garotada que cresceu lendo o Libé nem pega no Libé mais hoje. E a nova garotada não pega em jornal nenhum.

Hoje, notícia e novidade, você vai em blogs e em sites. O último lugar que você vai é no jornalismo diário. Você pensa na década de 80, quando a gente sentava numa Redação insalubre, batendo à máquina com uma folha de papel para tentar dar uma tradução do que estava acontecendo no mundo para os leitores, e quando você pensa hoje, que basta abrir o computer e o mundo inteiro aparece na sua frente... É brutal!

Gostaria que você falasse sobre o episódio em que foi apontado um plágio que você fez de um texto da Rolling Stones, em 83.

Espera aí, vamos colocar no contexto. O contexto era de experimentalismo total, anarquismo e drogas. Um dia eu estava lá, louco, e falei "ah, vou fazer uma matéria borgiana". E eu copiei uma matéria da Rolling Stone, botei umas coisas no meio e fiz um negócio baseado num conto do Borges. Quem leu a minha resposta entendeu tudo. Foi uma coisa de louco, estava alucinado, e decidi experimentar. Eu usava muita coisa, de várias fontes. Algumas coisas eram pastiche, outras eram inspiradas e, dessa vez, fiz um negócio que era um plágio, mas não era um plágio. Era uma homenagem ao Borges. E ninguém entende. Quer dizer, teve gente que entendeu no mesmo dia. Eu tinha amigos literatos em São Paulo que falaram "aquele teu negócio lá parecia um negócio do Borges". Na verdade, não teve muita repercussão, porque isso não foi identificado como um plágio puro e simples. □

"Mas o meu crivo era a qualidade em si, não tinha fronteira. O critério era muito simples, o Oscar Wilde falava isso: um livro é bem ou mal escrito. O meu critério era um critério Oscar Wilde. Eu nunca tive preconceito contra nada brasileiro"

GUITARRAS CONTAM AS NOVIDADES DO FRONT

PEPE ESCOBAR

22 de agosto de 1982 – Ilustrada

No princípio era o tédio.

Depois criou-se o punk. Cérebro: Malcolm McLaren, anarquista/situacionista remanescente de Maio de 68 ("Burgueses, vocês não entenderam nada"). História: revolta estética e política, baseada em um complexo de contradição que a sustentaram esteticamente e condenaram politicamente. Meio: rock and roll. A única cultura, levada em conta pelos jovens no nível mundial, fonte de estilos na moda, na língua e no sexo. Conexões: ao se mostrar que rock'n'roll é apenas um elo mais faiscante da ordem estabelecida, sua desmistificação abre mágica, a possibilidade da desmistificação das estruturas da Lei.

Rock: cadáver apodrecido (velhos mestres dos anos 60 contaminados por doença virtualmente única na cultura jovem pós-James Dean: não morreram enquanto eram jovens). Rock: falsa consciência. Imagem congelada. Corte. Foco. Guitarrista abre linha de fogo cobrindo a investida da raiva do cantor, enquanto a seção rítmica obriga-os a um mergulho sob pressão. Resposta ao congelamento totalitário do mundo moderno. Música como sua versão. Executores/carrascos: The Sex Pistols Strip Tease: a música está nua, acariciada por velocidade, ruído, fúria e júbilo maníaco.

É a guerra. A munição vem dos fornecedores certos: Chuck Berry, a barreira de som de Phil Spector, a tradição Mod de Who e Small Faces, a divina decadência do Velvet Underground, o apocalíptico psicótico Iggy Pop, Jonathan Richman and The Modern Lovers, os hippies radicais MC5, o enigmático camaleão Bowie, rebeldes, pioneiros, primitivos e profetas sem crédito. E dos extintos New York Dolls ("Qual é a política do tédio"), arrogantes, autodestrutivos, transformando revolta em estilo antes de desaparecerem à maneira de James Byron Dean: inevitável, trágica e perfeita.

Há um ar de marketing de fantasias sadomasoquistas em certos flats radical/chique de Londres. Escavando os subterrâneos, os Sex Pistols –delinquentes proletários dependentes do Serviço Social– bombeiam suas fantasias de escape e pilhagem aos clubes do SoHo. Hostilidade cínica. Catalização de um indiscriminado retorno do reprimido, trabalhado em forma, estilo e direção. O punk triunfa sobre o negro devolvendo-lhe os espelhismos na cara, estilhaçados. Mostra que a cultura dominante é um truque barato, o resultado de uma economia sadomasoquista. Forma um exército: proletário, cabelos curtos, consciente das roupas. Olhar cortante, gestos bruscos. Cabelos tesourados/vaselinados/espetados. Narizes escorrendo, encharcados de anfetamina, mangas arregaçadas. Uma massa de energia bruta reprimida encontra seu Anti-Cristo quando afoga-se a cerimônia da inocência e o poema de Yeats volta a ser emblema da época.

"Eu sou um Anti-Cristo/ eu sou um anarquista/ não sei o que quero/ mas sei como conseguir". Johnny Rotten com uma bomba nuclear nas mãos: sua raiva. E a dirige contra o lugar certo: o centro do poder. Ele e sua banda soam como desesperados, dementes, destrutivos, deprimidos. Claro que o rock sempre flertou com a violência como metáfora. Rotten destruiu a pose, substituindo-a pela realidade. Só poderia atiçar a plateia com cascatas de ódio, cuspindo e vomitando letras como se fossem urina de rato, dançando como um cadáver apodrecido pendurado em um caixão, olhos vítreos flamejantes, carne pálida decorada com pontas de cigarro, lábios ressequidos pela anfetamina, ocultos com desprezo selvagem, avançando para uma jugular –às vezes literalmente.

Histeria no Establishment. Cínica, tão cínica quanto a provocação. Punk começa atacando a vacuidade do mundo pop, e numa escalada na guerra de posições, de repente bombardeia todas as mistificações por trás do amor, da família,

6.MAR.2003 DAVID HANDSCHUH/AP

Mark Jones, Joe Strummer, Topper Headon e Paul Simonon, do Clash, após chegarem a Nova York, em maio de 1981

da sociedade de classes, do capitalismo e da própria noção de progresso –a mistificação definitiva da sociedade pós-industrial. Isto podia ser aceito de estudantes "enragés", mas vindo do mundo pop era... ahn... curioso, não é, honey? Contra-ataque com a indústria pesada de sempre: recuperação, marketing. Fria ironia: punk elevado à Viabilidade Comercial na Estrutura Capitalista Corporativa. Começa a se desintegrar uma economia libidinal alternativa, com poder de fogo em compactos de 45 rpm ilustrados por grafismos Dadá (identificando o comprador com o punk como movimento, e não com um conjunto em particular), shows em pequenos clubes e revistas/manifesto. Choque. Fogo cruzado.

AMOR E REVOLTA ALIMENTAM MÁQUINA DE GUERRA

1977. Clash de Setes, Clash de culturas. Clash em dois momentos. 1) Oxford Street, Londres, no porão/fogão do 109 Club. Pé sobre pé, cotovelo na barriga, cerveja, sal, suor e ocasionalmente sangue. The Clash, tocando músicas de seu primeiro álbum, saído na primavera (meses antes do álbum dos Pistols), fazem o copidesque contemporâneo do tédio pop, irrelevância da América, frustração e violência, revigorando a seiva vital do rock e incorporando a antipolítica apocalíptica do reggae. Todos concordam: talvez seja esta a grande banda punk, e não os Pistols. 2) O salão barroco do Paradiso, Amsterdã. O microcosmo da Europa, os eternos viajantes sem destino da Amerika e um obscuro latino presenciam um golpe de dados: o Clash havia racionalizado o ethos punk, e ultrapassando suas contradições e paradoxos (a começar pelo parodoxo Rolling Stones: "O que pode fazer um garoto pobre/ a não ser tocar em uma banda de rock"), com garra e sarcasmo, mergulhava em um som próprio, premiado de rockabilly e rhythm'n'blues de New Orleans.

Corte transversal. Janeiro de 78, EUA, no San Francisco Winterland (dez anos atrás, o Olimpo do ácido). Johnny Rotten dissolve todas as contradições pelo abandono, na linha de Lautréamont e Rimbaud. Troca a vanguarda por um acidente aéreo cifrado, emergindo algum tempo

GUITARRAS CONTAM AS NOVIDADES DO FRONT

depois do desastre tão próximo do anonimato quanto possível. Ato de heroísmo, estilo e timing perfeito.

A Clashpolítica está só contra o mundo, esquerda ortodoxa apenas na superfície: na raiz está o humanismo de Joe Strummer –o filho do funcionário diplomático que abandonou seu grupo, o "101" (número da câmara de tortura do "1984", de Orwell) para fundar o núcleo do grupo– o coração sentimental de Mick Jones e os músculos de Paul Simonon e Topper Headon. Os Pistols eram destruidores, simbolistas, metafísicos. The Clash, partisans, retóricos, poetas políticos. Queriam agredir o sistema, não as bases sociais da realidade. Os Pistols queriam destruir o rock como mito e fato. O Clash queria transformar o rock. Utopia: um passo além, viagens, a organização da nova comunidade punk, provendo-a de espírito e consciência.

Clash, no 3º momento. Victoria Park, abril de 78. Final da passeata por Londres contra o National Front, o partido neonazista, reunindo 80 mil pessoas (a maior manifestação desde o final da 2ª Guerra). No palco, mesclam o rítmico jamaicano com o redemoinho punk, produzindo um som denso, complexo quase proibitivo. Ao vivo, "Complete Control" –um manifesto sobre a liberdade artística produzido pelo bruxo jamaicano Lee Perry– soa como um dos mais poderosos rock pesados de todos os tempos.

Mas o Establishment ri. O Times se dá ao luxo (decadente) de dar uma nota pretensamente elegante. Mantida a ilusão da rebeldia punk, e com o uso das velhas cenouras retiradas do congelador –dinheiro/sexo/drogas/fama–, a indústria da música tinha obturado os dentes podres que a incomodavam, transformando-os em produtores de renda. No more heroes (Stranglers)? White Riot (Clash)? Anarchy (Pistols)? Um show interessante. Não percam a próxima atração.

Os quatro ex-frustrados proletários param e pensam. Gravamos. O Álbum. Somos O Grupo. Há quem nos considere os novos Stones. Não vamos cair nessa. No máximo, somos uma das boas bandas do nosso tempo. Agora viramos O Padrão. À nossa volta estão todos esses new waves querendo ganhar o mundo ao preço de perder suas almas. Que nos resta? Afinar nossa máquina de guerra. Vamos invadir os EUA.

Em Londres, um dos jornais de música publica uma reportagem antológica, "A última gangue do oeste deixa a cidade". O Clash nos EUA é messianismo puro: tentar infiltrar um pouco de paixão neste povo "cinzento", como define Joe Strummer. Segue-se "London Calling" –uma história do rock para ser entendida em qualquer latitude, explodindo em rockabilly, rhythm'n'blues primitivos, jazz, folk e reggae enquanto desfilam policiais, bandidos, ídolos de cinema, anarquistas espanhóis, turistas radical/chique, jovens amantes, ditadores, punks de meia-idade, rebeldes que caem direto em armadilhas despercebidas. O disco é bom, bonito e barato. É demais para a Amerika.

Movimento exato. O Clash sempre se esforçou para definir corretamente um problema e dar um passo certo no momento certo. A que preço? O de não serem tão perigosos quanto parecem. Ou como eram os Pistols. Os Pistols romperam todos os limites. Era sua essência, estava no buraco negro do centro de sua música: um desejo lascivo de destruir todos os valores. Johnny Rotten foi o mais aterrorizante cantor da história do rock. Por isso essa tal história foi esfaqueada e rasgada em duas partes: antes e depois da possessão demoníaca de "Holidays in the Sun", que faria Poe exultar, ou "Anarchy in the U.K.". A beleza do gesto de Johnny Rotten está na sua aproximação a um enigma humano, onde convivem o assassinato, o pensamento e o gozo, trocando carícias incessantes. Na sua abjeção, foi sujeito e vítima, balançando-se numa efervescência de paixão e fragmentos de linguagem e som: seu estilo, ponto convergente de toda ideologia, tese, interpretação, mania, coletividade, ameaça, ou esperança. Uma esperança brilhante e perigosa –com a qual o Clash sempre flertou, ficando à beira do abismo– frágil reverso de um niilismo radical que só pode se dissolver nas profundezas onde nada mais existe. Música, ritmo, pulsão vital, segue fazendo o Clash –suas armas são a esperança, as excursões, "Sandinistas" e "Combat Rock"– por um preço previamente acertado. Com Johnny a história foi diferente. Johnny foi à guerra. Um dia, quando olhou o vazio, descobriu que o vazio olhava de volta.

ENTRE O POÇO E PÊNDULO

O rock de combate –antecipado por este jornal e que estará em todas as lojas na primeira quinze-

"O Clash sempre se esforçou para definir corretamente um problema e dar um passo certo no momento certo. A que preço? O de não serem tão perigosos quanto parecem"

na de setembro– começa com uma convocação: "Este é um serviço de utilidade pública... com guitarras!", e termina, pelo menos esta ofensiva, com uma assinatura "A morte é uma estrela".

Doze músicas tentam compor uma atrevida fusão de idiomas pop multinacionais e refletir a incansável energia da vida nas ruas e guetos da multiétnica capital do mundo.

Com um comercial de orçamento limitado nas mãos de um diretor experiente, muda a paisagem no ritmo da montagem. Busca verdades cotidianas, não-eternas. Converte moralismo em neo-realismo.

Parece ambicioso o plano de guerra. E é, sob o signo da concisão, "Sandinista", o álbum anterior, que carregava uma militância subliminar, realçada por uma batida altamente dançável. "Combat Rock" é "Sandinista" reduzido para 40 minutos, sem tanta militância, mas com a batida ainda mais versátil. Sofistica-se definitivamente a estrutura musical e exterminam-se a anfetamínica energia bruta e as harmonias punk na tripla linha de frente. Há quem ainda se revolte. Não custa lembrar Nina Hagen: o futuro é agora.

Muitas vezes, a mente coletiva do Clash funciona mais rápido do que sua habilidade para expressar ideias coerentes: caem vítimas de uma embaraçosa ingenuidade. Mesmo assim produzem napalm suficiente para perturbar a psique do Sistema.

E quando um certo ranger metálico de guitarras invade nosso espírito...

Pelo menos 80% de "Combat Rock" tem um poder de destruição comparável ao das armas químicas fabricadas pelos bem-pensantes. "Know Your Rights"é uma carta de direitos da ONU à disposição do homem das ruas, com Joe Strummer quase conseguindo cantar como Dylan em seus tempos de porta-voz de geração, e o som se alimentando do melhor rockabilly travestido. Em "Car Jamming", Strummer está embasbacado descobrindo Lauren Bacall em um engarrafamento de trânsito: uma fantasia indulgente. Mas quando explode "Should I Stay or Should I Go", ressuscitam todos os deportados até o nono círculo do inferno: é a "You Really Got Me" dos anos 80, rhythm'n'blues que fuzila a espinha. Até esquecemos que Strummer não é um cantor como Sting, do Police. O recado vale também para os latinos: Jones e Simonon repetem em espanhol, no background, as frases ameaçadoras/sensuais de Strummer. O disco pega fogo. As guitarras invadem a Meca em "Rock the Casbah", um boogie/disco com intervenções percussivas e funkadelismos: arma para desestabilizar a Arábia feudal. "Red Angel Dragnet" volta a Nova York: impressões inglesas da faísca da vida noturna americana. Fascínio romântico. "Straight to Hell" despreza a sutileza. Seu recado "vão direto para o inferno, garotos" em meio a uma percussão influenciada pelo reggae dá a versão do paraíso via cocaína, venenos e desenganos.

O efeito de "Overpowered by Funk" nos deixa como se tivéssemos sido atropelados por uma locomotiva ou beijado um relâmpago. Percussão telegráfica, sintetizadores sutilíssimos, guitarras circulares nos carregam por uma interminável noite metropolitana pós-moderna. A partir daí até o final, o disco é um verdadeiro caleidoscópio: bronzeados atômicos, flautas, sax, free jazz improváveis sobre percussões tribais, reggae invadindo Necrópolis, guetos, mesclando drogas e política internacional, a cidade inoculada por uma cadência de passos de soldados, e "Death is a Star" resolvida como uma melancólica "bar room song" conduzida por piano de saloon. A morte pode ter o sabor da plácida tarde no campo.

Neste momento, "Combat Rock" é um disco vital. Romântico. Inocente. Emociona-nos. Esta inocência pode ser nossa última esperança de salvação. "Combat Rock" deve funcionar para que sejam introduzidos no Brasil –o que dependerá também da inteligência das gravadoras– o som mais representativo desta época –Talking Heads, Gang of Four, Bush Tetras, Lounge Lizards, Human League, Tom Verlaine, Ian Dury, Magazine, Siouxsie, Motels são apenas alguns exemplos. O Clash, como os Pistols, abriu caminho para todos esses grupos. Saiu do subterrâneo para se esgueirar pelas superfícies policiadas da civilização. Foi incorporado pelas cotidianas manhãs cinzentas da tolerância. Mas não se recusa a continuar produzindo armas para uma lenta sabotagem. É um estímulo que elas ainda funcionem muito bem em nossas máquinas de guerra. □

19.OUT.1994 CRIS BIERRENBACH/FOLHA IMAGEM

Renato Russo, líder do Legião Urbana

19.MAR.1987 ALEXANDRE TOKITAKA/FOLHA IMAGEM

O cantor e compositor Rog
Moreira, do Ultraje a Rigor

03.OUT.1988 ZECA GUIMARÃES/FOLHA IMAGEM

O cantor Prince, durante apresentação
Madison Square Garden, Nova York

REPRODUÇÃO

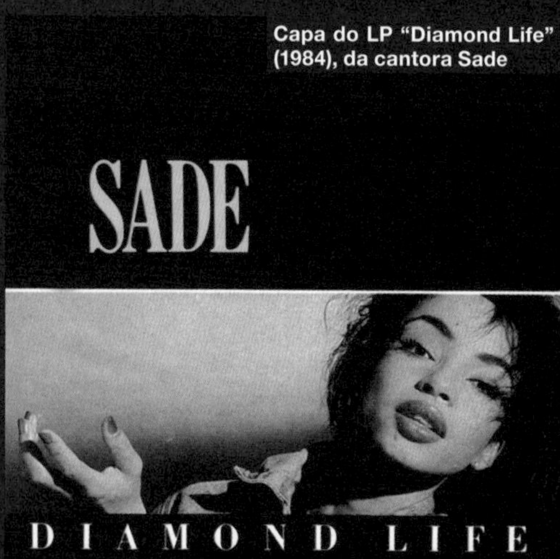

Capa do LP "Diamond Life" (1984), da cantora Sade

29.MAR.1987 PAULO WHITAKER/FOLHA IMAGEM

O grupo The Cure assiste ao jogo entre Vasco X Bangu no Maracanã

cantora e compositora Marina Lima, estrela pop nos anos 80

24.NOV.1988 CHICO FERREIRA/FOLHA IMAGEM

Componentes do grupo inglês New Order, durante turnê no Rio de Janeiro em 1988

26.OUT.1983 DAVI/FOLHA IMAGEM

s músicos Arrigo Barnabé e Itamar Assumpção

Cazuza (ao centro) com o seu Barão Vermelho

PARÁBOLA PARA DOIS JORNALISTAS DESLOCADOS

SÉRGIO AUGUSTO
12 de janeiro de 1985 – Ilustrada

São desprovidos de fundamento os rumores de que a Folha deslocaria os jornalistas Cláudio Abramo, Paulo Francis e Tarso de Castro para a cobertura do Rock in Rio, neste fim de semana. Tal ideia, contudo, passou pela cabeça de alguns editores da casa, que, de brincadeira, também sugeriram que Pepe Escobar fosse enviado a Brasília para acompanhar de perto e comentar a reunião do Colégio Eleitoral, na próxima terça-feira. Como este jornal é bem menos ousado do que os seus leitores imaginam, todos ficaram em seus respectivos lugares: os comentaristas políticos com o Colégio e os roqueiros com o rock. Mas, na era da informática, tudo é possível. Até saber o que Paulo Francis escreveria sobre o Rock in Rio e Pepe Escobar sobre a eleição indireta para presidente da República. Consultamos um computador a respeito, e ele, depois de alimentado com alguns quilos de artigos de Francis e Pepe, nos forneceu os textos que a seguir publicamos em absoluta primeira mão.

DE VOLTA À BARBÁRIE

A Ilustrada me pede algumas linhas sobre o rock no Rio. Querem uma análise de "outsider". Por que não pedem aos vendedores de chicletes e outras quinquilharias para adolescentes, que vão ficar do lado de fora do rockódromo? Mas vá lá. Aqueles a quem os deuses querem enlouquecer primeiro enviam a um festival de roque. Chega?

Adorno dizia que se César Bórgia ressuscitasse (em 1945) se chamaria Adolf Hitler. Eu acho que, além de matar gente, ele organizaria um festival de rock a 40 graus à sombra. Tchecov reclamava que era impossível a um homem de talento ser sóbrio e delicado num país como a Rússia. Eu me pergunto se uma pessoa medianamente civilizada pode ser qualquer coisa pouco além de troglodita numa cidade com rock por todo canto e um calor de matar zulu.

E há o problema da identidade cultural. Quando ouço falar em metal pesado, a coisa mais nova que me ocorre é a orquestra de Les Brown. Iron Maiden, para mim, é heroína de histórias em quadrinhos. Como Heavy Metal. Rod Stewart tem algum parentesco com aquele corredor da Fórmula-1? Os nossos (vossos) roqueiros eu simplesmente desconheço. Outro dia, um desses tipos brejeiros que parecem vir a "Noviorqui" só para invadir a minha privacidade me perguntou pelo telefone se eu tinha "um disco do Pepeu e da Baby". Tive de me conter para não estrangular vicariamente a minha gata que estava no colo. Na minha casa não entra disco de ninguém que se chame Pepeu e muito menos Baby. E nem Lulu, que no meu tempo era nome de cachorro.

Dizem que essa tal de Baby vai se apresentar de baby-doll e grávida de oito meses. De baby-doll, tudo bem, ao menos é um trocadilho, que é o máximo em matéria de humor de que esses idiotas da subcultura rock são capazes. Mas grávida só teria graça se ela se chamasse Rosemary, e não Dinorah ou coisa que o valha. Me informam que o festival abre com Erasmo Carlos. Deste eu me lembro. Pensei que já estava no Retiro dos Artistas.

Elba Ramalho é boazuda. Numa de minhas idas ao Brasil a vi de relance num desses shows da TV que mais parecem um mafuá psicodélico de segunda. Elba canta como um soprano estrangulado por um cabra de Lampião. Meu amigo Telmo Martino a definiu à perfeição como "A Vingança do Agreste". Nada tenho a acrescentar.

Leio que o pessoal do partido daí caiu de pau no festival por achá-lo comercial demais e sem os astros "revolucionários" do rock (existem?). Quem te viu, quem te vê. Quando estava aí, o rock era anátema para os nossos comunas. Mas bastou os euros consagrarem a vampira Nina Hagen (esta me torrou os países baixos num programa da cable-TV que fui obrigado a ver para não ser descortês com uma amiga) para a moça (prefiro a Carolyn Jones na "Família Adams") servir à "causa" com os seus grunhidos. Se aparecesse no meu prédio de noite, seria presa pelo porteiro, como aliás aconteceu com um punk (ou new wave) na semana passada.

A melhor definição de rock que conheço é de Julius Horowitz, em "Natural Enemies" (que vocês não leram, evidentemente, e nunca será editado aí): "A vida é um disco quebrado. Rock é sobre isso". Tirem as suas conclusões. E agora me deixem em paz porque eu, como o personagem de "Otherwise Engaged", quero ouvir o último disco de Wagner que comprei. (Paulo Francis)

THE RECORD OF THE TIME

Terra em transe. Vibrações letárgicas. Êxtases ilusórios. Otimismo catatônico. Na babel brasiliense, os podres poderes tomam de assalto a Bastilha desalentada pelo último Ubu Rei. Ilegítimos replicantes de 120 milhões de brasileiros lançam os dados que aboliram o azar da conciliação elitista. O 18 Brumário "is around the corner, man". Agora é farsa, tudo acabado e nada mais. Arquivem-se as trombetas do apocalipse por mais três anos. Godot-88.

Ternos luzidios, bigodes decapês e panças modorrentas aglutinam-se para o cerimonial maniqueísta: o Bem ou o Mal(uf)? O Messias das Alterosas ou o Lúcifer da Pauliceia? Porfia cool, café-sem-leite, "What the hell am I doing here?" Passo. "No se puede vivir sin amar". Geoffrey Firmin já teria entornado o seu mescal terminal.

Uma hipocrisia abissal apascenta as tensões nas catacumbas do Congresso. Múmias sorridentes congratulam-se pelo Armageddon das diretas-já, conchavam a epifania da caretice, acertam a partilha da cornucópia e rascunham mais um capítulo da história universal da infâmia. Marx teria pedido a Zeus um raio de misericórdia, Trótski doado o fígado aos abutres do Cáucaso, Caliban comprado mais um espelho para se olhar e Alcebíades deixado de seguir Aristóteles. Saem os ridículos reichtiranos e entram os tutankamons do déjà-vu. Tristes trópicos lampedusianos: é preciso que algo mude para que tudo permaneça na mesma. Vai começar a estação do inferno liberal. Mais estranho que o paraíso. Salve-se quem puder.

Uma missão jornalística para a metralhadora junkie de Hunter Thompson. Um filme para o olhar camp-direcional de Robert Altman e o humor pulverizador dos Monty Pythons. Texto incandescente e imagens do Goon Show, os únicos filtros possíveis para o marasmo ativo dos ramsés do Planalto. Mesmo quem não nasceu em Xixax sabe que não existe nada mais original a ser contado.

Do lado de fora da pirâmide, a esfinge pergunta: "Que fazer?" Resposta certa: jogo rápido, língua ligeira e olhos arregalados. Apaguem os seus cigarros, apertem os cintos. "This is the time, and this is the record of the time". (Pepe Escobar)□

"Quando ouço falar em metal pesado, a coisa mais nova que me ocorre é a orquestra de Les Brown. Iron Maiden, para mim, é heroína de histórias em quadrinhos. Como Heavy Metal. Rod Stewart tem algum parentesco com aquele corredor da Fórmula-1? Os nossos (vossos) roqueiros eu simplesmente desconheço"

01.NOV.1985 FABIO M. SALLES/FOLHA IMAGEM

DEPOIS QUE CONHECI ROBERTO...

"O casal Rita Lee e Roberto de Carvalho cultiva hábitos de quem gosta mesmo de ficar em casa. Jogos de salão, televisão, livros e videocassete são algumas de suas diversões, e a comida é encomendada por telefone. Isso é que é 'uma boa moça caseira', como ela mesma, aliás, se define", dizia a reportagem de Regina Echeverria, na Ilustrada de 30 de agosto de 1985

O BRILHO DE MARISA
"Será ela uma grande estrela? Que ela está brilhando, disso quem pode duvidar? Canta muito bem, vem com um repertório de nível, tem expressão corporal –e não só corporal– e é uma gracinha. É o que se quer e pede. No palco, ela brilha mais do que nas páginas de jornais", segundo a crítica de Carlos Rennó, na Ilustrada de 20 de março de 1988, quando Marisa ainda era uma estreante

13 SET.1989 CÉSAR ITIBERÊ/FOLHA IMAGEM

ELIS, O ADEUS À BATUCADA DA VIDA

FLÁVIO RANGEL

Trecho de reportagem publicada em 20 de janeiro de 1982, na Ilustrada

A galáxia da nação brasileira ficou repentinamente enevoada e sombria: apagou-se a estrela de Elis Regina.

Era uma cantora formidável, dona de um estilo, de uma musicalidade, de uma técnica tão sensíveis que faziam dela, muito mais que uma voz, uma personalidade fortíssima no ambiente musical. (...) Elis era uma dessas artistas marcadas por uma fome insaciável de beleza, numa permanente busca de perfeição. Tinha uma aptidão especial para enxergar aquilo que os outros não viam –e não apenas através de recursos técnicos, como a sua insuperável 'divisão'. Era capaz de transformar em rarefeita emoção aquilo que poderia ser apenas pieguice vulgar; era capaz de dar a impressão que pairava acima do comum da humanidade, com suas interpretações de uma cristalina distinção. Sua voz era um dom; um presente dos deuses, que ela resolveu não deixar intocado, e sim burilar, burilar cada vez mais, até a exaustão.

20.JAN.1982 GILBERTO RIBEIRO/FOLHA IMAGEM

FOLHA IMAGEM

ELIS, COMOÇÃO NACIONAL
Na página ao lado, multidão acompanha o cortejo de Elis Regina em São Paulo; a cantora (na foto ao lado) morreu aos 36 anos, em 1982

◆

Na área do espetáculo, Elis é a estrela do mais belo e importante show de música popular jamais apresentado no Brasil: 'Falso Brilhante', o espetáculo de Miriam Muniz e Naum Alves de Souza, pode muito bem ser considerado como um marco; há o que foi feito antes e há o que foi feito depois desse deslumbramento. O espetáculo tinha a cara de sua protagonista: intenso e profundo, irreverente e malicioso, emocionante e brigão. E, no instante em que colocava na cabeça o elmo com penacho de Dom Quixote, o palco se transformava numa síntese entre a cantora e seu inspirador. (...) Viveu num arrastão; como um equilibrista. ”

THE SMITHS

NICOLAU SEVCENKO
19 de junho de 1986 – Ilustrada
Especial para a Folha, de Londres

Saiu... os corações mais trêfegos já podem se tranquilizar, podem jogar no lixo todo o estoque de Valium e Diempax, dar folga para as unhas e apagar o cigarro. Toda a angústia e ansiedade da espera acabou. Já se pode trocar a insônia pelo pesadelo: até que enfim saiu, na Europa, o novo LP dos Smiths. Prometido para o começo de maio pelo selo independente Rough Trade, o disco acabou atrasando um mês e meio em função dos arranjos para o lançamento simultâneo através da Sire nos Estados Unidos. A gravadora, o pessoal do grupo, a imprensa e o público já não aguentavam mais o que parecia um castigo interminável, imposto pelas leis de importações americanas, e que privavam os ingleses do seu mais sofisticado prazer: a melodia órfica de Steven Morrissey, a música e os arranjos de guitarra de Johnny Marr, a poesia insidiosa e o tom melancólico do grupo que definiu a atmosfera cultural dos anos 1980. Até que enfim saiu o novo LP dos Smiths. Agora tudo está salvo. Aliás, tudo, exceto aquela estranha pontada que a gente sente no peito toda vez que pensa (da qual, portanto, muita gente está livre) –essa tende a aumentar em frequência e intensidade– exceto a paz platônica que recobre o palácio de Buckingham e os prédios do Parlamento, tão propícia para o crescimento do bolor (sim, o bolor se alimenta do silêncio). O título do disco traz um anúncio: "A Rainha Está Morta". É a provocação com que Morrissey saúda o sexagésimo aniversário da rainha, no momento em que o país mergulha numa de suas mais dramáticas crises. No fundo, é muito mais do que apenas a monarquia ou apenas a Inglaterra.

INFERNO DE AMBIGUIDADES

Na faixa-título do LP, Morrissey pretende nada menos que, em suas próprias palavras, traçar "uma espécie de panorama geral do estado em que se encontra a nação". Mas há muitos truques aí, tanto para evitar a censura quanto para jogar mais querosene no inferno de ambiguidades das suas letras, "a velha rainha de que fala a canção, sou na realidade eu". Diz a letra da canção: "Eu verifiquei os registros históricos/ e fiquei chocado até a vergonha ao descobrir que eu sou descendente em décima oitava geração/ de alguma velha rainha qualquer". E por que o choque da vergonha? Pelo imobilismo de uma estrutura política que ilude, ignora e esconde as brutalidades do cotidiano, perpetuando a aflição coletiva sob uma fachada de glória, austeridade e requinte. "Quando você está grudado no avental da sua mãe/ ninguém lhe fala sobre castração". Mas, atenção, ele está falando tanto do poder quanto de si mesmo (e, portanto, de mim, de você e do circo todo), tanto da política quanto da arte. E ei-los juntos de novo mais adiante: "nós podemos caminhar para onde é mais quieto e mais seco/ e podemos falar sobre coisas preciosas/ como o amor, a lei e a pobreza/ essas são as coisas que me matam". Mas a vida continua ruindo sob esse diálogo elegante. "Foi o mundo que mudou ou fui eu? Quando um durão de nove anos de idade mascateia drogas/ e eu nunca sequer soube que elas existiam". No meio dessa monstruosidade que nenhuma palavra mais é forte o suficiente para definir, alimentar ilusões confortadoras, além de criminoso e estúpido, não há mais o avental e nem a mãe: "A rainha está morta, moçada/ e é tão solitário num limbo/ a rainha está morta, moçada, podem acreditar em mim".

A coisa toda pode ser entendida também como um solene epitáfio posto no mito da cultura juvenil, gravado pela voz mais autêntica e sublime que ela produziu. Nada mais vergonhoso do que se esconder atrás das ilusões, ser arrogante em nome delas. O "a rainha está morta, moçada" soa na linhagem do radicalismo juvenil, algo assim como o "Deus está morto" de Nietzsche soou no mundo da filosofia. Não, não é apenas o equivalente pós-76 de "o sonho acabou" do

GETTY IMAGES

A MORTE DA RAINHA
Morrissey, uma das vozes mais marcantes da geração dos anos 80, lançava com o seu grupo Smiths o LP "The Queen is Dead" (1986) e dava uma dimensão literária ao rock

Lennon pós-68. É muito, muitíssimo mais. Lennon se referia especificamente à contracultura dos anos 1960 e por isso usou a metáfora-chave do sonho (a imaginação, o desejo). Morrissey usa um símbolo universal do poder: a monarquia. Trono, coroa, manto, cetro, esfera, castelo, reino, súditos. O que pretendem os visionários senão o poder, e para que querem o poder senão para tentar reduzir o mundo concreto ao conto de fadas da felicidade perfeita? Morrissey sabe disso porque é dessa matéria que ele é feito. Filho de uma família arruinada, cresceu na arruinada Manchester sob os cuidados de sua mãe, que, como era bibliotecária, substituiu os carinhos e as guloseimas por livros e condenou o filho tímido à companhia dessa gente inconformada e cheia de imagens estranhas, que são os poetas. Seus amigos íntimos foram desde cedo Keats, Yeats, Thomas Hardy e, sobretudo, Oscar Wilde.

GESTO INESPERADO

Aos quais, com o tempo, ele foi acrescentando James Dean, Elvis Presley, Marc Bolan, The New York Dolls... Como se vê, e o herdeiro cruzado da melhor linhagem romântica (e foi o romantismo que criou o mito do radicalismo juvenil redentor), com a casta mais cristalina da cultura pop (que criou o mito da transgressão purificada). Mas Morrissey, num gesto inesperado, recusou o espólio que lhe cabia por direito natural, repudiou o idealismo aristocrático dos puros e foi morar com o cinismo num subúrbio obscuro da sua odiada Manchester. No jornal pôs um anúncio funerário: o avental da mamãe é uma fraude, a rainha está morta, moçada.

O disco é absolutamente surpreendente e com certeza o melhor do grupo até agora. Incrementa em praticamente tudo o que vinham fazendo e introduz elementos novos. Musicalmente é um prodígio: nunca a guitarra de Johnny Marr havia alcançado um limite de sutilezas tão agudo, trabalhando simultaneamente com as dicções mais elementares do rock primitivo, na estreita faixa entre o rockabilly, o folk-rock e os motown, modulando essa matéria-prima arcaica com a secura de quem só pretende manter a intensidade do que veio depois, recusando os efeitos bombásticos, e portanto fáceis, que fizeram do rock contemporâneo uma constante caricatura de si mesmo. Essa alquimia de fragmentos arqueológicos, Marr articula num tratamento lírico que combina a maravilha com a poesia melancólica de Morrissey. Mas desta vez não há só melancolia, o disco é todo atravessado por ironia, sarcasmo, piadas e um humor negro genial. Na faixa-título, a certa altura aparece o seguinte diálogo: "E então eu invadi o palácio, com uma esponja e uma chave-de-boca enferrujada/ e ela disse – 'ei, eu te conheço e você não canta nada'/ eu respondi – 'isso não é nada, você precisa me ouvir tocando piano'". Em "Bigmouth Strikes Again" ele canta: "Agora eu sei como Joana d'Arc se sentiu/ quando as chamas subiram até o seu nariz romano/ e o seu walkman começou a derreter". Como essa veia de deboche não combina lá muito bem com um tratamento lírico, ambas as músicas desencadeiam um pique de bateria e guitarra vibrantes, acrescentando uma pulsação fremente, até aqui inédita também nos Smiths.

28.JUN.1987 FERNANDO SANTOS/FOLHA IMAGEM

CULTO E POP
O historiador e professor Nicolau Sevcenko escreveu na Ilustrada na década de 80, período durante o qual abordou assuntos os mais variados, de história da arte ao rock

INÉDITAS E PRECIOSAS

Duas das músicas já eram conhecidas por terem sido lançadas no compacto que precedeu o disco. São "The Boy with the Thorn in His Side" e a própria "Bigmouth

Strikes Again". As demais oito são deliciosamente inéditas e preciosas. "Frankly, Mr. Shankly" e "Vicar In a Tutu" são duas paródias mordazes, com um tratamento poético e musical corrosivo. Na primeira temos uma estrofe desconcertante: "Fama, fama, fama fatal/ que prega peças terríveis no cérebro/ mas ainda assim eu prefiro ser famoso/ a ser justo ou santo todos os dias". "Cemetry Gates", composta e cantada no clássico dialeto dos Smiths, parece mais uma paródia dramática ou uma reflexão espirituosa sobre si mesmo, centrada no dilema poético tão próprio de Morrissey e Marr, da criação, da apropriação e da reelaboração do material artístico. Diz a letra: "Keats e Yeats estão do seu lado/ mas você perdeu/ porque Wilde está do meu". E o retrato da luta poética interna na alma esquizofrênica de Morrissey, entre o platonismo purista de Keats e Yeats e a visão contingencial e relativista de Oscar Wilde. Felizmente Wilde venceu.

"Some Girls are Bigger than Others" é um jogo de palavras que exprime, numa melodia animada, a surpresa divertida de quem só agora, aos 27 anos, descobriu a sensualidade dos feitos das garotas. Outra novidade: as mulheres até aqui eram um assunto ausente na obra desse grupo, que renovou os temas e deu uma dimensão literária profunda ao rock. "Da idade do gelo à idade do seguro-desemprego/ só há uma única preocupação/ e eu acabo de descobrir:/ algumas garotas são maiores do que as outras."

DESEMPREGO

Mas as minhas preferidas são "Never Had No One Ever", "I Know it's Over" e "There is a Light that Never Goes Out". São tremendamente melancólicas e acho que esse é o campo em que os Smiths estão mais à vontade, mais soltos na força do seu elemento. As duas primeiras são sobre a angústia permanente, irremissível da solidão. Morrissey diz na primeira, em meio a um eficiente arranjo de coloração alegórica: "Eu tive um péssimo sonho/ que durou vinte anos, sete meses e 27 dias/ nunca jamais tive outro". A segunda e talvez a mais linda melodia que o grupo gravou na sua carreira e uma das melhores que ouvi na minha vida, e tão deliciosamente penetrante quanto os caninos de um vampiro, a combinação perfeita entre a aflição e o prazer.

Começa dizendo: "Oh mãe, eu sinto a terra desabando na minha cabeça/ quando eu deito na minha cama vazia/ e isso diz tudo". Mas o melhor poema, delirante poema, retratando com imagens breves a figura evanescente do rebelde sem causa, que coloniza a nossa cabeça de filhos da cultura eletrônica, está em "There is a Light that Never Goes Out". Incrível, como pode ser tão lindo. "Me leve esta noite/ para onde haja música e gente/ que seja jovem a vida/ dirigindo o seu carro/ Eu nunca, nunca mais quero ir para casa/ porque eu não tenho nenhuma/ nunca mais/ .../ e se um ônibus de dois andares/ nos esmagar os dois/ morrer ao seu lado/ que maneira celestial de morrer/.../ oh, me leve para qualquer lugar, não importa/ e ao passar sob o escuro do viaduto/ eu pensei – 'Oh Deus, a minha oportunidade chegou afinal'/ (mas então eu fui tomado por um medo estranho/ e eu simplesmente não consegui responder)." O medo e a luz que não apagam são o da dúvida, a dessacralização do mito, a agulha na bolha de sabão. Deixar-se levar pelo mito é tão confortável e entusiasmante, destruí-lo tem um preço tão extraordinariamente elevado em dor, mas é a única aventura consequente pela qual vale a pena pagar qualquer preço.

Como era de se esperar, logo nos primeiros dias do lançamento, o disco já recebeu uma recepção consagrada do público e da crítica. A edição é extremamente bem cuidada, com fotos de Alain Delon, em ampliação granulada de um charme misterioso na capa, a foto dos quatro rapazes constrangidos na sua timidez de antimodelos, e as letras das músicas. Por todo lado o disco é o assunto do dia. Falam-se prodígios e maravilhas. Mas a melhor tirada mesmo foi do próprio Morrissey, que comentou: "A coisa toda é como uma brincadeira, uma brincadeira pavorosa. Nós não acreditamos em duendes, por que então haveríamos de acreditar na rainha?". □

"Morrissey, num gesto inesperado, recusou o espólio que lhe cabia por direito natural, repudiou o idealismo aristocrático dos puros e foi morar com o cinismo num subúrbio obscuro da sua odiada Manchester"

DISCOS E PARTITURAS DE UM MÚSICO INÉDITO

JOÃO MARCOS COELHO
6 de outubro de 1985 – Ilustrada

Nenhum disco, nenhuma partitura. Cage chega a São Paulo, chegam também as primeiras páginas dos jornais –e o levantamento junto às lojas de discos que trabalham com importação e casas de músicas é lamentavelmente conclusivo: aos 73 anos, John Cage é algo inédito.

A tradução que Rogério Duprat fez de "De Segunda a Um Ano" quebra o jejum brasileiro em relação a Cage. Mas e as partituras? Os discos?

Em entrevista recente, Cage conta esta historieta ao repórter: "Um príncipe africano ouviu um programa inteiro dedicado à música ocidental, de peças anteriores a Bach até a produção do século 20. No final, perguntaram-lhe o que pensava daquilo tudo, e ele respondeu-lhes com outra pergunta: 'Por que vocês tocaram a mesma peça várias e várias vezes?'" De fato, desde que desistiu, no início dos anos 30, de aplicar rigorosos conceitos matemáticos à la Bach/Schoenberg para compor (peças que posteriormente destruiu), Cage vem dedicando toda a sua energia na prática de uma estética que destrói a noção de obra de arte como objeto: destruindo a noção-fetiche de "partitura" e escrita; e negando a cisão que a música e a arte ocidental operaram, separando sons, cores etc. da natureza.

"Não se ouve a mesma obra de Cage duas vezes" –a paráfrase de Heráclito é rigorosamente verdadeira. O passo seguinte foi realizar uma música "ecológica" num sentido bastante específico: "habitar o mundo". Ao contrário de todos os movimentos europeus deste século –música concreta, eletroacústica, eletrônica etc., que tentam recortar sons da natureza, domá-los cerebralmente– Cage dissolve-se como individualidade numa obra que é em si mesmo um processo. Não há ruptura dialética entre som e silêncio, mas o silêncio já é composto de sons. Cage derruba os obstáculos ocidentais que separam natureza de cultura. É nessa trilha que se encaixam o "acaso" e a "indeterminação" em sua produção: também a noção de obra destrói-se quando ele promove a execução simultânea de duas ou mais peças.

Assim, Cage não poderia mesmo gostar de discos. "Não gosto deles porque eles transformam a música num objeto, e música é na atualidade um processo que jamais é o mesmo duas vezes. (...) Os ouvintes de discos não estão realmente preparados para assistir música ao vivo." Porque já a fetichizaram num objeto, concluiríamos. "Quando vou a um concerto, quero ouvir algo que não me é familiar, ou algo que não conheço. Vou para ouvir algo que jamais ouvi antes. De fato, esta é a mesma intenção que tenho quando escrevo uma peça de música. Espero escrever uma música que jamais foi ouvida antes. Fazer uma descoberta se puder." Na mesma entrevista, diz: "Como meu nome é muito conhecido, vão muitas pessoas assistir a meus concertos. Mas no intervalo elas vão embora, porque gostariam de ouvir músicas conhecidas". □

MICHAEL CLARK, O PROVOCADOR DA NOVA DANÇA

NICOLAU SEVCENKO

Trecho de reportagem publicada em 24 de setembro de 1986, na Ilustrada

É totalmente impossível definir o estilo de Michael Clark and Co., e essa é precisamente a sua característica. Sua ambição é justamente destruir a tradição que define e separa os estilos na dança atual. A um repórter que lhe pedia uma definição do seu conceito de dança, a resposta veio seca: 'Eu estou me lixando para o que as pessoas pensam. Tudo o que eles precisam é ficar colocando rótulos nas coisas para poderem comercializar tudo. Eu só estou interessado em sacudir o velho e me acertar com o novo'. A dança de Clark é uma metamorfose permanente e imprevisível, do conhecido para o inédito e, em geral, tratando as formas convencionais com um frescor desconcertante que lhes atribui sentidos completamente inusitados e chocantes.

CRIS BIERRENBACH

Os dançarinos Stephen Petronius e Michael Clark, em São Paulo, em 1987

Numa época marcada pelo "new" e pe "pós", Angeli fazia humor com a cultu e os novos tipos dos anos 80, sem esqu cer os jovens jornalistas. Na história Rui Resenha, o editor é Kawasaki Jr., ur gozação com Matinas Suzuki Jr.

OS TIPOS, AS LINHAS, OS GRUPOS, AS FACÇÕES E O DIABO A QUATRO QUE FORMAM O...
MOVIMENTO
NEW IMBECIW
IDIOTICES PARA TODOS
NEW-NACIONALISTA
O BRASIL É UM BARATO! A GENTE PODE DAR BANDEIRA!
UMA PRA VOCÊ... OUTRA PRA VOCÊ...
I LOVE
NEW-COLONIZADO
PEGO AS INFORMAÇÕES, MASTIGO, DIGIRO TODO E O QUE NÃO PRESTA EU BOTO FORA... O QUE PRESTA
EU... EU...
DROGA! VOU TER QUE IR AO BANHEIRO DE NOVO!
UG!!
NEW-MULHER
EU E MEU FILHO TEMOS UMA RELAÇÃO DE AMIZADE, SABE? DISCUTO TODOS MEUS GRILOS COM ELE. PENA QUE ELE...
...TEM APENAS DOIS MESES DE IDADE!
NEW-HOMEM
PÔ! ACHO UM SACO ESSE COMPROMISSO DE TER QUE FAZER SEXO... É SACAL!
PREFIRO FICAR JOGANDO VÍDEO-GAME, MEXER EM...
...COMPUTADOR... ESSAS COISAS!
NEW-CINEASTA
A ÉPOCA GLÁUBER PASSOU! O BRRRASIL MUDOU... CONSUMIMOS, AGORA, UMA ISTÉTICA URRRBANA DE FIM DE SÉCULO...
INTENDI?
NEW-JORNALISTA
NÃO SOU CHEGADO A UMA BROA DE MILHO! MINHA ÁREA É OUTRA! PREFIRO CHESSEBURGUER, PANQUECAS, PÃO CROISSANT...
TKA TKO TKE TKI TKE
NEW-ATOR
EU NÃO INTERPRETO, APENAS VOU VIVENDO O PERSONAGEM! UMA VEZ FIZ PAPEL DE PRÉDIO NUMA CENA URBANA...
CARA!! EU ERA PURO CONCRETO!
NEW-ROQUEIRO
ALGUÉM PODE ME EXPLICAR O QUE SE PASSA?
O QUE ESTOU FAZENDO AQUI? PRA ONDE VOU AGORA?
MAMÃE!!
NEW-POLÍTICO
ESTE COLUNISTA SENTE MUITO MAS, APESAR DE UM ESFORÇO DE REPORTAGEM, NÃO CONSEGUIU NENHUM EXEMPLO DE NEW IMBECIW NA ÁREA POLÍTICA, ONDE AINDA REINA OS IMBECIS DE ANTIGAMENTE.
DESCULPEM A FALHA... DELES, É CLARO!
NEW-BOSSA-NOVA
QUANDO VENHO AO BANHEIRO SEMPRE FAÇO UM SOM! TENHO CONSEGUIDO EFEITOS INCRÍVEIS!! COOL PACAS!
NEW-CRÍTICO
DEPENDE DO ASSUNTO... ÀS VEZES ESCREVO COM OS PÉS, ÀS VEZES COM A MÃO... ÀS VEZES COM...
TEC TEC TEC TEC TEC TEC
NEW-HUMORISTA
NÃO TENHO SACO PRA NADA! ACHO TODO MUNDO IMBECIL!

1
EU SOU MUITO LIGADO...
...NO QUE ROLA DE MODERNO...
...PELO MUNDO!
2
SÓ CURTO SOM INTELIGENTE!
HEADS, MADNESS, SMITHS...
BOWIE É DEMAIS!
MADNESS
3
CINEMA É LOUCURA!
BLADE RUNNER, LIQUID SKY...
LEIO TODOS OS BEATS!
SOU PÓS-PUNK!
MADNESS
4
DANÇO NO SATÃ!
ME VISTO DIFERENTE!
TLEC TLEC
5
ENFIM... EU SOU UM CARA ÍMPAR!
6
É OU NÃO É, PESSOAL?
ÉÉÉÉÉÉÉ!!
ANGELI

26.MAI.1987 FABIO M. SALLES/FOLHA IMAGEM

Mui amigos

Glauco e Angeli são os autores das tiras mais badaladas da Ilustrada na década de 1980. Eles começaram a publicar na Folha ainda nos anos 70, mas foi a partir de 1984 que personagens como Rê Bordosa, Meiaoito, Geraldão e Casal Neuras ganharam fama nacional. Com Laerte, autor da tira "Piratas do Tietê", Angeli e Glauco criaram os impagáveis "Los Três Amigos", que posteriormente passou a ter Adão Iturrusgarai como um dos desenhistas

22 OUT 1985 WAGNER AVANCINI/RWF

PARADOS NO MEIO DO MUNDO

OTAVIO FRIAS FILHO

Trecho do artigo publicado em 19 de junho de 1987, no Folhetim

“O espelho do banheiro aparece com frequência nas tiras de Angeli. É o lugar preferido do Walter Ego. Mas se os demais personagens contemplam por um momento a si mesmos, na solidão testemunhada apenas pelo reflexo, e aí parecem ter um vislumbre da sua tragicomédia, é só diante do espelho que Walter Ego consegue conversar com um outro. Como narcisista que é, Ego não conhece a verdadeira alteridade e fabrica uma, artificial, dividindo-se em dois: é de tal modo forte a nossa compulsão para os outros, de tal modo não nos bastamos, que mesmo na intimidade do pensamento, quando ansiamos por aplauso, é preciso imaginar que um outro nos vê em ação. Walter Ego deve muito da sua atitude a um personagem aparentemente abandonado pelo quadrinista, Benevides Paixão, o redator de turfe que se imagina rival de Paulo Francis e que vê, na tiragem das impressoras, a atenção de um outro multiplicada no ardor de um milhão de fãs.

”

A SALVAÇÃO PELA PRESSA

MARCELO COELHO

Trecho do artigo publicado em 19 de junho de 1987, no Folhetim

A explosão da boneca, o ferro de passar roupa, a máscara monstruosa da cólera revelam a impossibilidade que se caracterizava nos primeiros quadrinhos da história. A vidinha que Geraldão ia levando no começo da aventura parece até ser feliz, como é feliz a agitação infantil de seus pequenos membros; sua inconsciência não é a de um louco, de um alienado, mas a de uma criança. A absoluta pureza da alma –a quase ausência da alma– que se expressa em seus movimentos é rompida não por uma força interior, por uma tensão acumulada, mas por um ato de distanciamento do desenhista, por uma denúncia, um impulso de verdade que parte do autor da história.

Se a temática das tirinhas é a mais escabrosa possível, nem por isto deixa de haver uma extrema delicadeza, uma extrema ternura em tudo aquilo. Só quem se sente ferido pela mais vaga violência do cotidiano, pela mais simples das frustrações que sentimos todos os dias em nossas vidas poderia representá-la de um modo tão absoluto, revelá-la tal como realmente é, transfigurada na brutalidade extrema do desfecho.

ANGELI APRESENTA:
TUDO BLUE
Ô MANO, TE TROUXE UM INCENCINHO!
-07-

EU NUNCA FUI DE FICAR NUMA SÓ! SEMPRE SAÍ POR ESTAS ESTRADAS TODAS!
MEU LANCE É CAMINHAR, SACOU?
PEDICRÊ! PELO JEITO VOCÊ GOSTA DE SER UM ANDARILHO!
DEMAIS!
ENTÃO, VAI ATÉ ALI DESLIGAR A TV, QUE A PROGRAMAÇÃO JÁ ACABOU HÁ HORAS!
SSSSS
ANGELI 83-200

Na página ao lado, tiras do personagem Tudo Blue; nesta página, Rê Bordosa, Meiaoito, Rhalah Ricota e Bibelô: alguns dos muitos tipos criados pelo cartunista Angeli

ESPOCAR A CILIBINA É IR MAIS LONGE AINDA!
É ESTUPORAR A PIRIRICA!
GOSTEI DESTA!
Ô MAẼ ¡MORAL!

SABE PORQUE O GERALDÃO GOSTA DE MULHER DE PLÁSTICO?
PORQUE ELE TEM MEDO DE MULHER DE VERDADE.
NÃO SENHOR! É PORQUE ELA NÃO TEM CHEIRO E NÃO SOLTA AS TIRAS!

ZIMMMMMMMM
PODE DEVOLVER MINHA BATEDEIRA DE OVOS!
TARADO!
TIAU, MINHA DEUSA!

Aparições súbitas, descontrole, e a sexualidade sempre latente são alguns dos temas presentes nas tirinhas de Glauco, como em Dona Marta, Geraldão, Casal Neuras e Zé do Apocalipse, retratados nesta página e nas seguintes

“Eu sou filho da tropicália, sempre fui mais tropicalista do que esquerdista”

Entrevista com **ANGELI**

Arnaldo Angeli Filho nasceu em 1956 e em meados da década de 70 passou a desenhar a charge política da Folha, a convite de Cláudio Abramo. Na Ilustrada, criou inúmeros tipos na tira “Chiclete com Banana”, que se transformou em revista e em grande sucesso nacional. O criador de Rê Bordosa e Bob Cuspe foi um grande cronista do comportamento jovem da década de 80 e continua a ser um dos principais colaboradores do jornal e do caderno.

Você foi o primeiro chargista diário, regular, da Folha moderna?

Sim, acho que sim. Depois do Belmonte, que foi o cara dos anos 40, eu sou o cara que mais ficou na Folha fazendo charge. Eu já publicava umas coisinhas no Pasquim e já tinha publicado no Jornal do Brasil, numa página editada pelo Carlos Leonam. Em 1975, eu fui participar do Salão de Humor de Piracicaba, e a Hilde Weber, que foi chargista do Estadão [mãe do Cláudio Weber Abramo, foi casada com o Cláudio Abramo], viu o meu desenho, que era uma cena urbana, ligou para o Cláudio e me indicou. O Cláudio estava reformulando a Folha e me contratou para fazer a charge política da página 2. Na verdade, fui eu quem oficializei aquele espaço. E eu comecei moleque, tinha 19, 20 anos.

Quando você começou a desenhar para a Ilustrada?

Na mesma época, eu fazia ilustrações para matérias da Ilustrada, mas o caderno não tinha a importância que veio a ter depois e também não dava muito espaço para desenho. Eram desenhos pequenos. A página de quadrinhos só tinha gringo, a única coisa nacional era o Maurício de Souza, que tinha o estúdio dele dentro do prédio da Folha, e a Ciça, mulher do Zélio Alves Pinto, que fazia o Pato. Mas naquela época eu não tinha o menor interesse em fazer tira, eu queria ser chargista mesmo.

Foi o Tarso de Castro quem deu mais espaço para os desenhistas, não?

Foi, mas, antes disso, eu fazia charge diariamente. E comecei a achar pesado. Decidi então indicar o Luís Gê, e começamos a revezar. Ficamos anos nessa tabelinha. Aí o Tarso chegou. Para mim, desenhista, moleque, ter o criador do Pasquim ali do lado tinha uma certa importância.

Para nossa geração, esses jornalistas já eram um pouco lendas...

O Tarso não só era fundador do Pasquim. Ele tinha aquele jeito perdido dele, meio cachorro sujo da rua. Eu era encantado por esse tipo de comportamento. O Tarso começou a reformular a Folha Ilustrada e uma das coisas que ele fez foi uma seção parecida com as dicas do Pasquim, cheia de notinhas, que eu comecei a ilustrar. Além disso, ele criou o Folhetim, que tinha na última página um cartum de página inteira.
Depois teve aquela confusão com os militares e a charge foi suspensa por um tempo. Eu fiquei ilustrando textos de pensadores e filósofos, mas vi que não era a minha. Foi quando eu tive a ideia de fazer personagens. Comecei a investir em personagens e fui editar uma seção chamada “Vira Lata”, na última página do Folhetim, que lançou o Glauco, o Laerte... O Laerte estava muito voltado para a coisa sindical. Quando eu o coloquei nessa página, ele voltou à onda de ser cartunista da grande imprensa. Vários cartunistas foram publicados nessa página. Até o Henfil.

E quando surgiram as tiras?

Foi em 1983. Só que um pouquinho antes de 83, essa coluna “Vira Lata” virou uma “tripa” do alto ao pé da página, na Ilustrada, aos domingos. Eu fechava com cartuns, frases de humor etc. Depois decidiram

26.ABR.2006 DIVULGAÇÃO

LOS TRÊS AMIGOS
Laerte, Angeli e Glauco usam sombreros como os personagens da tira Los Três Amigos; à direita, no alto, a trinca (Angeli, Glauco e Laerte, da esquerda para a direita)

acabar, porque virou um gueto e estava destoando da Ilustrada. Mas, nessa coluna, eu comecei a fazer uns personagens que deram origem à série "Chiclete com Banana". Tinha o TudoBlue, que era um hippie fora do seu tempo, que virou depois o Wood e o Stock; tinha o Moçamba, um negro que queria voltar para as raízes, mas não tinha dinheiro; e tinha o AI-5, que era um cara que não deixava ninguém falar. Quando a Folha resolveu acabar com a coluna, eu formatei esses personagens para tira, porque antes o formato era quadrado. Levei para a Helô Machado, que era a editora, e aquilo ficou sambando um tempo na mão das pessoas, mas sem definição. Foi com o Matinas que a coisa se definiu e, em 1983, começou a tira "Chiclete com Banana".

Politicamente, como você era naquela época? Os tipos que você criou tinham um lado político, mas também ironizavam a política e a militância de esquerda.
Bem, eu sou filho da tropicália, eu sempre fui mais tropicalista do que esquerdista. Mas eu tive uma fase mais política, no começo das greves do ABC. Foi quando o Henfil estava em São Paulo e a gente formou um grupo de trabalho para sindicatos. Comecei a frequentar reunião de Partido Comunista, comecei a entrar nessas coisas, mas sem muita certeza. Depois de duas ou três reuniões, eu criei o Meiaoito, que era uma gozação em cima dos comunistas ortodoxos. E foi o Meiaoito que começou tudo. Foi um personagem que ganhou corpo principalmente por fazer ironias em cima do comportamento da esquerda, coisa que até então era pecado fazer, era feio...
O Meiaoito começou em 83. O início da tira foi com ele. E já tinha o Nanico, a bichinha que o acompanhava... Em seguida veio o Bibelô, depois o Bob Cuspe e a Rê Bordosa.

Você gostava de punk?
Eu ainda estava um pouco contaminado pelo esquerdismo quando ganhei um livro do Antonio Bivar, "O Que É Punk". Eu olhei aquele livro e achei que era mais uma modinha importada. Joguei de lado. Fiz o Bob Cuspe para criticar os punks. Aí eu resolvi ler o livro e vi que punk era legal *(risos)*. Comecei, então, a dar uma guinada no Bob Cuspe, para ele ser o herói da história, não o idiota. E a partir daí eu acho que as minhas tiras começaram a ter uma pegada punk, porque eu comecei a me influenciar pelo punk, comecei a escutar coisas punk. A Rê Bordosa veio em seguida, depois do Bob Cuspe, e foi um estrondo.

A Rê Bordosa foi a mais famosa das suas personagens?
Ah, foi. Até hoje eu lido com ela. Eu matei, construí a morte toda em tiras, que saiu na Ilustrada, mas até hoje as pessoas querem fazer documentário, transformar em cinema... Eu a criei em 84 e matei em 87. Um tempo curtíssimo de vida. E fez meu trabalho ficar conhecido nacionalmente.

A Rê Bordosa surgiu de alguma personagem específica ou das inúmeras Rê Bordosas que a gente conheceu na vida?
Das inúmeras... Algumas histórias eu colhi no Riviera, o bar; outras eu presenciei, como uma menina no banheiro dos homens fazendo xixi de pé... Quando eu entrei, achei estranho, e ela falou: "Ô meu, depois das cinco da manhã eu faço coisa que até Deus duvida". Isso ficou na minha cabeça e quase dez anos depois eu transformei numa piada da Rê Bordosa. Na década de 80 foi quando as mulheres começaram a colocar em prática uma liberdade que elas estavam conquistando desde os anos 60. Nos anos 80 foi quando elas começaram a dizer "eu vou comer aquele cara", "eu vou fazer isso, vou fazer aquilo".

A coisa estava indo para frente...
É, estava boa para o nosso lado (*risos*). Acho que a Rê Bordosa teve importância por ser uma mulher tarada, que fumava, bebia, cheirava, e os homens se fodiam na mão dela. Não tinham vez.

Quem era a tua turma nessa época, o que você fazia, os lugares que você ia?
No final dos 70, era a turma do Riviera. Era muito jornalista gaúcho, um pessoal tipo Marcos Faerman, Caco Barcellos, o irmão do Edgar Vasques, aquele cartunista do Rango, a gente morava no mesmo apartamento. Essa era minha turma do final dos anos 70. Depois, nos 80, a minha turma começou a ser o pessoal da Redação, comecei a criar um vínculo ali. Foi quando veio o Ritz, que surgiu em 1983, onde todo mundo se encontrava...

E logo apareceu o pessoal mais novo, da geração 80, que dava menos bola ainda para a militância de esquerda e para o mundo universitário dos anos 70.
De uma certa forma a gente estava abrindo caminho para eles e para nós mesmos, tanto que a minha tira logo se aliou a Ultraje a Rigor, Titãs e Ira!. E eu comecei a criar uma comparação entre rock paulista e carioca, tipo lá tem a Blitz, aqui tem o Ira!. E comecei a citar, a colocar no cenário do bar um cartaz do show dessa ou daquela banda, e eles começaram também a gostar da história, e foi se formando numa relação, num encontro.
Você sentir que há pessoas pensando parecido, mesmo que fazendo outro tipo de arte, cria uma situação confortável para desenvolver um trabalho. Eu também comecei a brincar com eles. Por exemplo, soube que havia nos Titãs, que eu gostava na época, gente que era filho de político, filho de não-sei-quem. Aí eu fiz uma piada, que foi um teste. Falei "vou testar na Ilustrada a liberdade que eles me dão". Era uma piada num bar, um cara falando com outro, todos com aqueles cabelos de topete new wave. "Pô, e como é que tá aquela sua banda, tá andando?" E o outro responde: "Pô, tá legal, tá o filho do governador no baixo, o filho do deputado na bateria, o filho de não-sei-de-quem-não-sei-onde"... Aí o outro pergunta: "E o Nequinho, não tá mais na banda?". "Não, aquele cara era um filho da puta!" (*risos*). Eu achei que a tira não sairia, mas saiu. É do caralho isso, porque me empolgou, me fez criar mais situações e colocar assuntos que antes não se viam em quadrinho de jornal, como drogas, sexo e rock'n'roll. Três coisas, aliás, que hoje eu não aguento mais! (*risos*).

Você foi possivelmente o maior cronista do comportamento jovem dos anos 80. Foi uma época em que várias coisas confluíram, numa situação difícil de se repetir, e você pegou o que estava acontecendo.
O John Lennon puxou esse tema numa entrevista. Alguém perguntou "como vocês sacaram o momento certo de fazer tudo aquilo?". E ele disse: "Não fomos nós, foi a época cer-

Ilustrada

ANGELI MATA RÊ BORDOSA

epois de quase quatro anos milhares de doses de vodka, hega ao fim a trajetória da unkie Rê Bordosa. Seu criador, cartunista Angeli, anuncia fim das tiras da personagem, ara viver o desafio de abrir não de sua famosa criatura.

Capa da Ilustrada, de 21 de dezembro de 1987, anuncia a morte da Rê Bordosa

ta, com pessoas que estavam fazendo outro tipo de arte, mas que tinha a ver com o que a gente estava fazendo". É uma junção de fatores que faz aquilo acontecer. A gente estava no final da ditadura, havia uma movimentação, o Brasil estava mudando. A tira "Chiclete com Banana" se transformou em revista e logo a gente estava colocando na capa: "Mais barato que um baseado", e desenhava o baseado! Isso era impossível de fazer muito pouco tempo antes. E de repente ficou possível.

Naquele momento eu percebi que, se eu investisse naquela direção, eu ia fazer um negócio diferente. Um negócio que não existia, aqui, pelo menos. Uma coisa que no final da década de 60 se fazia no underground americano, com o Crumb, o Filthy Brothers... E fui pegando mais e mais temas impertinentes para trabalhar. Até o ponto que veio uma geração influenciada por mim, que começou a mexer com os mesmos temas, e eu achei que já era hora de pular para outro lado de novo.

Eu fui convidado a voltar para a charge e topei. Estava na hora de colocar em prática, na charge, as coisas que eu tinha aprendido fazendo humor de comportamento. Eu voltei a fazer charge com um outro embasamento, fazendo uma leitura mais comportamental da política do que recebendo press release de Brasília e ilustrando com caricatura. Os anos 80, por exemplo, foram marcados pelas charges do Chico e do Paulo Caruso, e eu acho que em um dado momento a ideia e a crítica ficaram em segundo plano e a boa caricatura ficou em primeiro. Como eu não sou caricaturista, eu decidi investir numa visão nova da charge, tanto que atualmente eu evito colocar rosto de político. Procuro fazer uma charge mais abrangente do que retratar o subsecretário da subsecretaria não sei de onde.

"A tira 'Chiclete com Banana' se transformou em revista e logo a gente estava colocando na capa: 'Mais barato que um baseado', e desenhava o baseado! Isso era impossível de fazer muito pouco tempo antes"

Angeli, qual a sua formação? Você fez faculdade?

Nenhuma, não fiz nada. Fui expulso da escola. Eu sou paulistano da Casa Verde, bairro periférico, todos os meus amigos eram dali, uma turminha influenciada pelo rock e pelo tropicalismo. Somos os primeiros cabeludos da Casa Verde. Eu desenho desde sempre, desde moleque. Na parte paterna de minha família, todos têm uma noção de desenho, eu tenho um tio que é pintor amador, mas primoroso, um primo publicitário que fazia os painéis do McDonald's e todo mundo falava "o Angeli se vendeu"... Minha formação é de rua. Eu repeti quatro vezes a primeira série ginasial. Por falta. No caminho entre a casa e o colégio tinha uma várzea, com futebol, molecada... então eu já ficava lá e esquecia. E já estava fazendo cartum, querendo ser cartunista, já tinha publicado alguma coisa no Pasquim. No começo, eu mandava pelo Correio. Depois, umas três vezes por ano, eu pegava minhas coisas e ia para o Rio. Eu fui me apresentar ao Ziraldo e ao Jaguar. Aí depois teve o Millôr, que eu conheci. Ele era o Deus. □

O VELHO PIRATA

LAERTE

Trecho de entrevista a Marco Aurélio Canônico, publicada em 29 de agosto de 2007, na Ilustrada

“Quando eu comecei a desenhar, não tinha muito claro que seria humorista, desenhista. Eu queria ser músico, jogador de futebol, fazer teatro, tudo isso de uma maneira muito aberta e sem expectativa. Eu tentei ir atrás disso, trabalhar a linguagem de tiras em outro contexto, fazer pequenos contos, cada tira sendo uma peça autônoma. Abandonei padrões gráficos, procedimentos humorísticos que eu tinha e parti em busca de outras narrativas.

◆

Muito do que consistia a natureza das minhas tiras era um tipo de prestação de contas, como se eu as estivesse fazendo para algum juiz, era um modo extenuante de trabalhar. Passei a não achar mais graça no tipo de humor que fazia, não me identificava mais com aquele modo de fazer, então resolvi deixar de lado os personagens.

◆

Já fui do Partido Comunista e tinha um código muito nítido de concepções, mas, com o tempo, fui perceber que eu não acreditava ou não entendia direito o que era aquele negócio.”

Tiras de Laerte

Tiras de Adão Iturrusgarai, Caco Galhardo e Fernando Gonsales

Ao lado, ilustrações de Emilio Damiani; abaixo (em cores), desenhos de Mariza Dias Costa, ilustradora de Paulo Francis e Contardo Calligaris

RAINHA DO CENTENÁRIO

PATRICIO BISSO
19 de abril de 1984 – Ilustrada

Nunca tive sorte para o festejo de certas datas. Centenários, por exemplo. Não que eu seja louco pelas festividades que os centenários acarretam, mas é esquisito saber que, se perdemos este, não vamos durar para ver o próximo, não acham? Quando celebraram o Bicentenário da Independência dos Estados Unidos eu estava morando em Paris, e, na época do Quarto Centenário da cidade de São Paulo, eu nem tinha nascido ainda (teria adorado ter ganho um desses mapas do estado feitos em metal que jogavam dos aviões). Por isso não pensei duas vezes ao aceitar ser jurado do Concurso que elegeria a Rainha do Centenário da simpática cidadezinha interiorana de Bebedouro, a Capital da Laranja. Se deixasse passar este bonde, o próximo só daqui a cem anos.

PATRÍCIO BISSO

Não me perguntem onde fica a tal cidade de Bebedouro. Me levaram até lá, de lá me trouxeram. Tentaram me explicar que fica perto de Jaboticabal, Olímpia e Terra Roxa, o que para mim tanto faz, não sei onde ficam mesmo. A única cidade de nome esquisito que conheço é Divinópolis, mas disseram que essa era em Minas. Enfim, Bebedouro é uma cidadezinha bem simpática, tem uma praça, uma igrejinha, aquelas coisas. O pessoal de lá é muito amável, embora no começo eu estivesse morrendo de medo de que, em uma cidade chamada Bebedouro, todo mundo fosse alcoólatra. Ébrios, tipo Vicente, ou piores até. Mas não, Bebedouro assim se chama porque era lá que as vacas paravam para beber apenas água. Algumas ficaram e estão zanzando na praça até hoje.

O Concurso está tendo lugar em uma espécie de hangar de aviões gigantesco, entupido de gente que grita. Apagam-se as luzes, e os locutores anunciam os nomes dos jurados. Parece que tinham convidado Roberto Carlos, o goleiro Leão, a Sonia Braga e eu. Só eu que fui. O resto do júri eles cataram às pressas, e eu fiquei entre uma moça chamada Margarete Risotto –que tinha a cara do próprio– e um cirurgião plástico que não era o Ivo Pitanguy. A apresentadora era, para dizer o mínimo, sublime. Um penteado à la Lollobrigida e um vestidinho rabo-de-peixe em tule e paetês que nem eu teria feito melhor. A gente fica se perguntando se em Bebedouro as pessoas são modernas ou se ficaram assim desde 1957 mesmo.

O Concurso começa com o desfile das candidatas em trajes típicos. Típicos de onde? Ora, de Bebedouro, queridas, a Capital da Laranja. Todas se inspiraram na tal fruta para fazer as suas fantasias: umas carregam o cítrico na mão, outras na cabeça, tem algumas que parece que até enfiaram duas laranjas dentro do soutien de bojo. A primeira a desfilar é a representante do jornal Impacto. Bem, impacto é pouco. Choque elétrico seria mais indicado. Já tinham me advertido que o rosto da mocinha lembrava vagamente um buldogue. Era verdade. Só faltava abanar a cauda. Parece que está com uma laranja dentro da boca. Como ela vem vestida de Boia-Fria Estilizado, teve a infeliz ideia de amarrar um lencinho na cabeça, o que lhe dava um ar de personagem de história em quadrinhos quando vai ao dentista. A segunda é a representante da Rede Metalúrgica, e aparece num vestidinho justo todo de lantejoulas, carregando uma laranja de plástico na mão. A locutora informa que ela representa "a maior riqueza de Bebedouro". Aí é que a gente fica sabendo que a maior riqueza de Bebedouro são as lantejoulas e a produção de frutas artificiais em plástico.

As outras têm modelos similares. A representante da Escola de Datilografia Remington batizou a sua alegoria de Sonhos de um Século. Ela fez uma espécie de leque de laranjas e pendurou no traseiro, o que lhe dava um ar de pavoa. Eles passaram os últimos cem anos sonhando com isso? Outra vem de turista cali-

O talentoso Bisso

Patricio Bisso era cenógrafo, desenhista, escritor, humorista e ator –um talento de muitos talentos. Gostava de encarnar personagens femininas, a mais célebre delas, Olga del Volga, uma sexóloga muito divertida. Na coluna aqui reproduzida, Bisso, ao mostrar-se antipático com Bebedouro, foi alvo de inúmeros protestos de representantes da cidade paulista

forniana tirando fotos, duas de dama antiga com sombrinha e tudo (as sombrinhas elas seguravam como se fosse um telefone), outra vem de Jornalista de Outrora, e o resto desfila como Senhora dos Cafezais, Guarda de Trem, Indústria Automobilística, e uma que não dá para descobrir, mas, pelo formato do seu corpinho, veio de Laranja mesmo.

O desfile em traje de banho promete ser indecente. No palco tem quatro moços que as ajudam a descer. Me contaram que um deles, anos atrás, se jogou de um prédio. Após o concurso, os outros três na certa vão lhe pedir o endereço do tal prédio. Associação rápida de ideias durante o desfile de maiô: Olívia Palito, Miss Monte de Vênus, a irmã mais moça de Jimmy Durante, Senhorita Coxão Mole, Púbis Não Angelical, o dirigível Hindenburg, uma geladeira com pernas, a queda do Império Romano, a nítida impressão de que Alice B. Toklas não foi a única mulher de bigode da História.

Antes do desfile de longos, eis que aparece o Grupo de Baile Tutuçá. Eu já vi o Balé Stagium, a abertura do Fantástico, o Trocadero de Monte Car-

RAINHA DO CENTENÁRIO

ELIANA ASSUMPÇÃO/FOLHA IMAGEM

Cômico, Bisso também se celebrizou por seus personagens

lo, mas igual o Tutuçá nunca. As elefantas de "Fantasia" são Margot Fonteyn perto destas. Ao som de "New York, New York" e vestidas de melindrosas, elas chutam, pulam e se jogam no chão, cada uma em um momento diferente. Eles querem transmitir a atmosfera dos "anos loucos, a Lei Seca, a Depressão". Só conseguem passar a última.

O desfile de longo é a prova final de que os modistas de Bebedouro enlouqueceram de vez. Parece um coquetel de apresentação de starlets de Cinecittà de 30 anos atrás. Rabos-de-peixe, saias rodadas, decotes gregos, luvas compridas, a gente lembra instantaneamente de Bella Darvi, Dahlia Lavi e a saudosa Silvana Pampanini. A única que destoa é a do jornal Impacto, que continua uma manchete de última página. Ela vem toda em camurça preta e azul, na combinação mais infeliz da História depois de Cascatinha e Inhana. A da Escola de Datilografia vem de sereia turquesa, a turista californiana desfila de Balenciaga preto com laço na cabeça e tudo, a geladeira que anda surge de tubinho preto que deixa com cara de sardinha. A minha favorita é uma que vem vestida de abat-jour cor-de-rosa com cabelo igual ao de Mireille Mathieu.

Antes de escolherem as cinco finalistas tem um show da Elizeth Cardoso. É uma homenagem especial, porque parece que ela já esteve lá na época da fundação da cidade. O locutor a apresenta como se fosse uma múmia egípcia, e a Divina canta e canta até que ninguém aguenta mais e aí anunciam o nome das finalistas. Então vem o teste de desembaraço. Eu achava que teste de desembaraço era pegar uma escova e tentar deixar o cabelo em ordem. Não, desembaraço é a parte quando elas falam que gostam de ler "O Pequeno Príncipe" e tal. Eu estou achando que estas aqui nem "O Pequeno Príncipe" leram. No máximo a coleção "Bianca" e olhe lá. Todas se saem pessimamente, mas o pior é quando lhes perguntam o que fariam se aparecesse um ser extraterrestre no quintal de suas casas. Todas falam do susto que levariam, nenhuma pensa no susto que o extraterrestre ia levar.

Antes do veredito final, chamam ao palco os autores do Hino do Centenário, que são dois rapazes de 14 anos no máximo. Toca o tal do Hino, que mais se parece com uma marcha de rancho com uma letra esquisita, qualquer coisa sobre "os teus lábios anseio, um marco a ficar, e os triunfos altaneiros que permanecem exaltados" (Que que é isso???). Aquela que parecia com a irmã mais moça de Jimmy Durante ganhou o prêmio de Garota Simpatia. No meio de uma gritaria infernal, anunciam a ganhadora, e todo mundo fica indignado porque parece que ela nem mora em Bebedouro, é de Campinas.

A locutora tenta anunciar não-sei-o-quê da Fundação Educacional Barão de Mauá, da Olimpíada do Trabalhador e da Loja Maçônica Justiça e Amor, mas ninguém está prestando atenção. Estão todos vaiando e se pegando aos tapas. Agradecem a participação do júri e esperam "tê-los conosco em breve". Sim, Virgínia, a gente se vê. No próximo Centenário. □

MAIS NOVOS PARTIDOS

JÔ SOARES
14 de julho de 1985 – Ilustrada

Vendo a lista dos novos partidos que já conseguiram inscrição junto ao Tribunal Eleitoral, chego à conclusão de que é pouco. É muito pouco mesmo. Existem várias facções da nossa sociedade que não estão representadas por nenhum partido, e parece que o total do pedido de inscrições chega apenas a 21 partidos. Que pobreza! Já imaginou uma eleição com apenas 21 candidatos a prefeito? Ou a governador? Ou a presidente? E se esses partidos fizerem acordos entre eles? De repente, pinta uma eleição pra presidente com apenas doze candidatos. Já pensou que desastre? Isso pode servir pra países menores, ou menos generosos, mas nós temos que ter tudo em grande quantidade. Nós somos um país tão grandioso que temos usinas nucleares só pra enfeitar e aeroportos feitos só pra fechar. Isso é que é saber gastar. Vocês sabiam que uma cidade como Londres, com toda a sua tradição e outras besteiras, cheia de neblinas e fogs milenares, tem um aeroporto que abre? Assim, sem mais nem menos? E tem mais: é até mais perto da cidade do que o nosso. Pouca-vergonha. Nós, que temos verbas até pra construir uma estrada como a Transamazônica, que vai do nada até lugar nenhum, não podemos nos contentar com um número tão pequeno de partidos. Vejam alguns de esquerda, centro e direita que poderiam ser propostos e que foram totalmente esquecidos.

PARTIDOS DE ESQUERDA

1. PMT – PARTIDO MOTOQUEIRO TROTSKISTA – Defende a liberdade de transitar livremente pela esquerda de todas as ruas, mas só fazendo ultrapassagens pela direita. O Partido Motoqueiro Trotskista é revolucionário, já que o conta-giro das suas máquinas marcam até vinte mil revoluções por minuto.

2. PSM – PARTIDO SEXUAL MAOÍSTA – Também defende a revolução sexual através da prática do sexo solitário. O Maoísta da sigla é só pra disfarçar. Na realidade é Mãoista.

3. PEE – PARTIDO ESQUERDISTA DE ESQUERDA Extremamente radical, se coloca à esquerda da extrema esquerda. Propõe, de imediato, o não pagamento de qualquer dívida externa. Por exemplo: a conta do botequim, do bar, do açougue, do bicheiro. Todas externas, já que não estão dentro da casa da gente.

4. PSA – PARTIDO SOCIAL ANATÔMICO – Vai abrigar todas as pessoas de esquerda, no sentido físico da palavra. Ou seja, será o partido dos canhotos. Seu lema: "Um dia Éder acerta".

PARTIDOS DE CENTRO:

1. PPP – PARTIDO DA POLUIÇÃO PACÍFICA – Nitidamente de centro, seus membros são a favor da poluição lenta e gradativa do centro da cidade. Tem como inimigos imediatos todos os ecologistas, a não ser que os que fumam paca. O partido será financiado por todos os donos de companhia de ônibus e terá sua sede em Cubatão.

2. PMC – PARTIDO METAFÍSICO DE CENTRO – Congregará todos os centros espíritas do país. Leva chance em qualquer eleição, pra qualquer cargo. Do jeito que as coisas vão, pra resolver, os ministros vão ter que usar muito trabalho e muito despacho.

PARTIDOS DE DIREITA

1. PRP – PARTIDO RADICAL PINOCHISTA – Reunirá todos os políticos que acham a posição do presidente Pinochet com tendências nitidamente subversivas. Para estes militantes, Amaral Netto é comunista e o general Newton Cruz, um liberal. Sua meta prioritária será a volta imediata de todas as ossadas aos túmulos.

2. PSS – PARTIDO SOCIAL SOCIALITE – Contará em suas fileiras com todos aqueles que só leem as colunas sociais. Assumindo o governo, desmantelarão imediatamente o SNI, que ficará obsoleto como órgão de informação, já que em sociedade tudo se sabe. Fundação do novo Incra: Importação Natural de Carros Rolls-Royce e Alemães, com isenção de TRU. Para a presidência desta instituição, será convidado o especialista-doutor Chiquinho Scarpa.

3. PCBB – PARTIDO CALA BOCA BOFF – Deverá reunir a ala mais conservadora de todas as igrejas. Propõe colocar a TFP fora da lei, por ser demais progressista. Lutará pela reforma agrária, no sentido de reformar todas as fazendas e sítios, transformando-os em calabouços de penitência pra todos aqueles que forem a favor de qualquer outro tipo de reforma. No poder, seus partidários vão sugerir a substituição do voto pelo ex-voto.

Por enquanto é só. Só? □

HOJE EU ACORDEI COM A MACACA

JOSÉ SIMÃO

Primeira coluna, publicada em 1º de fevereiro de 1988 – Ilustrada

Mulheres, cheguei!

Levanta o pé que lá vai piche.

A cobra vai fumar.

Em primeiro lugar, a versão tupiniquim da tragédia de Sófocles deveria se chamar sem sombra de dúvida "Mamãe, Eu Quero Mamar".

O baticum de caboclo de Dias Gomes está uma verdadeira miscelânea mística. Um melting pot de macumba. Pra turista. Jocasta joga búzios. Argemiro dá o santo. Gerson vira monge budista. O pai é comunista. Só falta entrar em cena a Miriam Makeba cantando Pata Pata.

E o I-Ching ninguém joga?

A cobra vai fumar.

Se a situação da Fefê Abdala em "Sassaricando" está egípcia, a de Jocasta em "Mãedele" está linda e loura. Os closes de Vera Fischer fazem lembrar as atrizes de Hollywood. As atrizes da época do glamour antes de os produtores entucharem as estrelas em velhas calças jeans de bolo dizendo "Olhe, nós também somos gente. Iguais a vocês".

A linda e loura Miss Jocasta não é vedete nem nada, mas é chegada numa escada. Vira e mexe. Catapimba. Lá vem ela descendo a escadaria enfiada em figurinos que, para Miss Brasil, só falta a faixa. "Alô, mamãe, estou nervosa." Sobe a escada. "Alô, mamãe, vou sair com o Tony Carrado." Desce a escada. "Alô, mamãe, estou com enxaqueca." Sobe a escada. Com tanto "alô, mamãe", quem deve ter complexo de Édipo é a Jocasta.

E ao pé da escada, eternamente –a mãe. A mãe da Miss Jocasta (Célia Helena). Aliás, Célia Helena, em vez de curso de atriz, fez "curso de boa".

A festa em casa de Miss Jocasta acabou na maior baixaria. Édipo (Felipe Camargo) com aquela cara de bezerro desmamado não se conforma com o affair Jocasta/Tony Carrado (Inoportuno Leal Maia) e parte aos socos pra cima do bicheiro. Acaba levando a maior tunda. Bafafá. Gritaria. Sururu. E a Miss Jocasta o que faz? Sobe a escada. Adivinhando que juntar três admiradores numa festa só não ia dar certo, ela deveria pelo menos ter feito como a Bette Davis em "A Malvada" ("All About Eve"). Avisado aos convidados: "Apertem os cintos que a noite será agitada".

Agitada é ela, Jocasta, a verdadeira mãe que está cada dia mais tensa. Sempre tensa. Relaxa, meu bem, relaxa. A outra, a mãe adotiva (Angela Leal) tem cara de quem gosta de badalar em calçadão. Coitado do Édipo. Tá fraco de mãe.

◆

Se eu fosse o Alexandre Frota. Quem me dera. Já teria gravado um mambo jambo intitulado "O Rambo da Raia". Alexandre Frota e Cláudia Raia. Ele bom de briga. Ela boa de brega.

Sábado é um dia que por tradição não acontece nada em novela. Mas também não precisavam exagerar.

Fefê Abdala (Cristina Pereira) dispara ao encontro do seu novo sheik, o Guel (Edson Celulari). A bordo de seu magistral vestido negro fatal, canta em árabe e cai na maior esparrela. Leonardo Raposão, o Leosinho, invade o restaurante com uma turma de bofes. O marido traído parece um cantor de rock rodeado pela Fonseca Gang. Fefê armou e se deu mal.

As balzacas já estavam afivelando malas pra voar pra baixo da ponte quando surge o enviado especial de boas notícias: Sir Edward, num dos disfarces do Pafúncio (Paulo Autran), compra a cobertura e garante um teto de luxo para as caçadoras malsucedidas. Aliás, Sir Edward mete pra crédula de Leonor Lamar (Irene Ravache) que o joão-teimoso dele não levanta mais. Não teima mais.

Mas as balzacas não fazem nada. Não movem uma palha. Ficam só no blablablá. Nada de ação. Uma fica contando pra outra o que as outras fizeram. O visual cede lugar ao verbal. Forçando a imaginação do telespectador. Blá. Blá. Blá. O que me faz lembrar a história do Volpi. No início dos anos 50, houve um debate com grandes artistas plásticos sobre abstracionismo geométrico. No calor do debate, todos queriam saber a opinião de Volpi. "E Volpi, o que acha?". Ele responde: "Num é melhor a gente ir pra casa pintá um pouco?".

Bye bye e
Antenas ligadas
NÃO PERCA AMANHÃ
Que eu conto a da boneca! □

Mandala. Globo, 20h30, 60 min., 2ª a sábado. *Texto:* Dias Gomes e Marcílio Moraes. *Direção:* Ricardo Waddington e José Carlos Pieri. *Produção executiva:* Antonio Chaves. Vera Fischer – Jocasta. Felipe Camargo – Édipo. Gracindo Júnior – Creonte
Sassaricando. Globo, 18h, de 2ª a sábado, 55 min. *Texto:* Sílvio de Abreu. *Direção:* Cecil Thiré. *Produção executiva:* José de Almeida.

ADEUS FHC! AGORA É BARBA E BUR-SITE!

JOSÉ SIMÃO

7 de janeiro de 2003 – Ilustrada

19.FEV.2000 XANDO P./FOLHA IMAGEM

REAL, BUNDA E BOLA Para José Simão, os três assuntos que mais agradam ao leitor brasileiro são: política, sexo e futebol; o aspecto obsceno e cínico de frases como "nóis sofre, mas nóis goza" é uma das marcas do colunista que aparece na foto ao lado recebendo o Troféu Perus do Milênio, em Salvador

Buemba! Buemba! Macaco Simão urgente! O braço armado da gandaia nacional! Direto da República da Língua Plesa. Adorei o discurso do Lula: PAFIÊNFIA E PERFEVERANFA! E adorei o show do Gil. Já começou trabalhando. Falam, falam, mas foi o primeiro ministro que mostrou serviço logo no primeiro dia.

E diz que o Gil não tomou posse, estreou. E uma leitora mandou perguntar o que o Gil quis dizer com "a cultura é o do-in da antropologia". Ele não falou do-in, falou amendoim. A cultura é o amendoim da antropologia.

E voltei da Bahia. Onde acabou o Réveillon e já começou o Carnaval. Lá não tem esse intervalo insuportável. Voltei. Para a minha vida de remador do Titanic. E a Marginal Tietê continua linda!

E eu já tô com saudades do ano passado. Principalmente dos últimos dez dias. Acabou a farra. Back to reality. Depois de comer tudo aquilo, voltamos a comer por quilo. E um outro me disse que depois dos 40 a única coisa com gordura que a gente pode comer é a própria mulher. É mole? É mole, mas sobe!

Mariscada em Brasília. Lula no Polvo! Adorei duas coisas na posse: o Rolls-Royce que enguiçou e a chuva de papel picado. Que, segundo o Angeli, era tudo conta pra pagar. O povo picou todas as contas e jogou em cima do Lula.

E por que o Rolls-Royce enguiçou? Porque não foi feito em São Bernardo! Segunda alternativa: porque mandaram toda a gasolina pro Chavez! Ou então a gasolina subiu tanto que não sobrou grana. Projeto Tanque Zero!

E, quando o Rolls-Royce enguiçou, o Lula gritou pro pipoqueiro: "Ô companheiro, dá uma mãozinha aqui pra gente!". E a única coisa que cresce no Brasil é a família do Lula. Não acaba nunca. Sempre aparece mais um. E, quando viu a multidão em Brasília, um cara gritou: sobrou alguém em Garanhuns? Rarará!

Adeus, FHC Boca de Suvaco! Adeus, República dos Brioches. Agora a onda é barba e bursite! Diz que o Lula pegou bursite de tanto dar adeusinho! E ele não tava chorando de emoção, tava chorando de dor. Todo mundo dá tapinha em cima da bursite. "Parabéns, presidente", pá na bursite! "É isso aí, companheiro", PÁ na bursite! Bursite inchada!

E agora o Don Doca FHC voltou pro gueto tucano: Paris. É que o povo mandou ele pra PQP e ele obedeceu: Paris Querida Paris! E aí mostraram o FHC na porta do avião e o comentarista da Globo: "Agora ele volta a ser um cidadão brasileiro comum". Indo pra Paris? De primeira classe!? E um bom ano para todos nós que não podemos nos mudar pra Higienópolis e Paris!

Rarará!

Nóis sofre, mas nóis goza. Hoje só amanhã. □

FOLHA IMAGEM

13.1BR.2007 KARIME XAVIER/FOLHA IMAGEM

16.NOV.2007 VANIA TOLEDO

PRATO CHEIO

Acima, Silvio Lancellotti, o primeiro a fazer sucesso escrevendo sobre comida na Ilustrada, na década de 80; ao lado, Josimar Melo, que se tornou o crítico de gastronomia mais famoso de São Paulo, e Nina Horta, colunista sofisticada e cheia de histórias deliciosas para contar

FELIZ ANO NOVO

DRAUZIO VARELLA

Trecho do artigo publicado em 6 de janeiro de 2007, na Ilustrada

É sempre assim: arrependidos dos descalabros alimentares e dos exageros alcoólicos cometidos durante a temporada de festas, todo início de ano juramos que, dali em diante, comeremos e beberemos com parcimônia e nos exercitaremos.

Alguns dias depois, o sentimento de culpa se esvairá e a vida voltará à sua rotina glutônica e sedentária.

Comemos mais do que as necessidades energéticas da vida moderna exigem, porque nosso cérebro foi moldado em época de penúria. A fome, flagelo ancestral de nossa espécie, selecionou entre nossos antepassados aqueles capazes de ingerir grandes quantidades de alimentos para enfrentar as temporadas de jejum forçado que se seguiam.

São os genes que herdamos deles os responsáveis pela dificuldade de resistirmos à tentação dos doces e pela incapacidade de parar no fim do primeiro prato de feijoada.

"Naquela época, eu já era uma garota globalizada"

Entrevista com **JOYCE PASCOWITCH**

Joyce Pascowitch (São Paulo, 1954) trabalhou como colunista da Ilustrada de 1986 a 2000. Ela foi responsável pela renovação do colunismo na imprensa de São Paulo. Ocupou o espaço que durante décadas pertenceu a Tavares de Miranda. Mirando-se no exemplo do carioca Zózimo Barroso do Amaral, adotou a irreverência, lançou expressões e revelou novas caras nas páginas da Folha.

Como você começou sua coluna na Folha?
Foi um trauma. Quando fui conversar com o Matinas e o Caio Túlio, estava convalescendo de uma hepatite. Fomos a um restaurante chamado Spaghetti Notte. Lembro que meu carro teve um problema e eu, que mal podia andar, tive que empurrar. Foi um vexame. E eles vieram com essa proposta de ser colunista, que me parecia totalmente indecente...

Por quê?
Porque eu estava tentando ir para outro lado. Eu dirigia uma revistinha legal, irreverente, mas estava pensando em fazer curso de cerâmica, curso de joalheria. A minha mãe diz que a gente faz planos e Deus ri. É exatamente isso. Quando eles me convidaram, eu pensei, pensei e disse que topava, mas desde que meu nome não aparecesse. Imagina, meu nome não aparecer! Quer dizer, eu não me sentia preparada, eu tinha vergonha, eu não era desenvolta como sou hoje, era tímida, não sabia escrever à máquina, muito menos em computador. Eu tinha feito dois textos à mão na minha revista, que alguém datilografou.

Quando comecei, era só uma nesga da página 2, mas com meu nome no alto. Uma responsa horrorosa. Isso é muito bom para quem gosta de aparecer, mas para quem está começando um trabalho novo é difícil. Passei dois meses sem dormir. E achei que não ia durar quatro meses. Mas com dois anos de coluna, virei capa da Veja São Paulo.

Qual o motivo do sucesso?
Eu acho que a minha insegurança foi providencial na época. Eu sabia que eu tinha que aprender, com humildade. Mas eu fui bem criada, em termos de educação, de aula, de cursos, de línguas, de tudo. E sempre gostei de revistas internacionais, sempre fui muito curiosa, e isso também ajudou na hora que eu cheguei lá. Ainda não existia a globalização como hoje, mas eu já era uma menina globalizada.

Que pessoas eram da sua turma, quais eram suas referências?
O Antonio Bivar me ensinou muito de sua irreverência, e é minha grande influência no texto. Eu acho que me formei de verdade trabalhando com o Bivar, observando a maneira como ele via o mundo, os textos dele, que eram muito fáceis de ler, de entender, gostosos, não parecia que a pessoa estava lendo, parecia que estava conversando. Essa era minha escola. Fui influenciada também pelo Caio Fernando Abreu e pelo Nelson Pujol Yamamoto, esse era meu mundo profissional.

O que você acha que era mais importante para a coluna, o furo? O que ficou?
Eu acho que o furo é importante, sim, mas o que fica não é o furo. O que fica é aquela conversa diária com o leitor, às vezes contando uma besteirinha de uma maneira gozada, trazendo

30.NOV.1995 ROGÉRIO ASSIS/FOLHA IMAGEM

"'Luluzinha' acho que fui eu, mas 'saia justa' é do Bivar. O Caio Fernando Abreu inventou 'lasanha' para homem bonito. Tudo que eu falava, do meu universo, vinha da turma"

N. Senhora do Dendê é o 'vil monturo'
Poucos títulos sobre dança
KORRIGAN
Remarcação em Grande Estilo
LIQUIDAÇÃO XOK
PROMOÇÃO
Marco Aurelio

Uma ponte entre Maceió e Rio
Um "1º de Maio" parcial
Ballester recebe o "Miguel de Cervantes"
Uma entrevista de Agnelli

Programa feito para deficientes
Revelações de Lennon/McCartney
A rebeldia política de Go

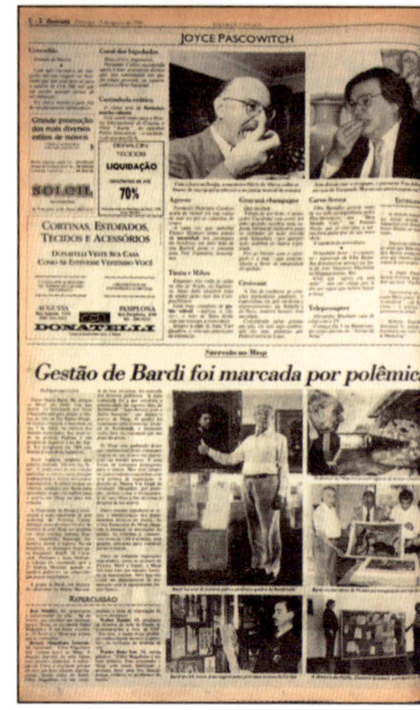
JOYCE PASCOWITCH
Gestão de Bardi foi marcada por polêmicas

o leitor para um mundo de que ele está gostando, propondo outros lugares para ele ir, com irreverência e humor. Acho que o que fica de uma coluna diária é isso, porque é uma conversa cotidiana com o leitor. De manhã, muitos leitores começam a ler o jornal pela coluna. É importante ter estilo, uma certa ousadia e também ética, claro. Eu gostava muito, por exemplo, da coluna de domingo, na época do Mais! Tinha uma pequena entrevista, tinha receitas de comidas, tinha poemas, tinha notas, era uma delícia –e tinha muita repercussão.

Sua coluna lançou algumas expressões como "luluzinha", "saia justa", "lasanha". Foi você quem inventou?
"Luluzinha" acho que fui eu, mas "saia justa" é do Bivar. O Caio Fernando Abreu inventou "lasanha" para homem bonito. Tudo que eu falava, do meu universo, vinha da turma.

Além dessa turma, em termos de colunistas já consagrados, quem te influenciou?
O grande colunista era o Zózimo Barroso do Amaral, que foi do Caderno B e depois do Globo. Além de ele ter feito uma renovação no colunismo, eu gostava muito do humor dele. Eu gosto de gente que sabe fazer uma notinha com nada. Uma vez o Otavio Frias Filho me chamou e falou que eu tinha que ir atrás de furos, como o Zózimo, que ficava até tarde na Redação, ligando para as fontes... Eu acho isso certo, mas o que ficou do Zózimo para mim foi a sofisticação, o glamour, o jeito, a educação, a finesse dele. Para um colunista, não é só isso, mas isso é importante.

Quando você foi convidada pra ser colunista da Ilustrada, o que o caderno representava para você?
Ah, era o fervilhar, era onde as coisas aconteciam. Era o lugar onde as

"O grande colunista era o Zózimo Barroso do Amaral, que foi do Caderno B e depois do Globo. Além de ele ter feito uma renovação no colunismo, eu gostava muito do humor dele. Eu gosto de gente que sabe fazer uma notinha com nada"

EXPANSÃO

A coluna de Joyce começou ocupando um quarto de página, mas depois ganhou mais espaço e cor

ideias aconteciam, repercutiam e multiplicavam, era único. Na hora do convite, como disse, tive mais medo do que prazer, mas sabia que não podia dizer não para aquilo. Muitos amigos foram contra. Talvez porque todos eles quisessem estar no meu lugar (*risos*). Mas eu não costumo seguir conselhos.

Como era sua relação com a cúpula do jornal?

Ah, o seu Frias foi uma das pessoas mais importantes da minha vida, mesmo que eu só o visse de vez em quando, eu gostava do jeito dele, eu me identificava um pouco com ele. Eu o achava irreverente, divertido, tinha muita simpatia por ele. Chorei muito quando fui falar com ele na hora de deixar a coluna. Foi um casamento de 14 anos com a Folha...

E os chefes, quais eram os melhores e os piores?

Os piores para mim eram o Caio Túlio e o Leão Serva. O Caio uma vez me fez chorar. Ele não tinha o menor tato para o comando. Acho que a tensão de quem comanda uma Redação é muito grande, mas tem que ter tato.

Você também participou de coberturas políticas. Gostava disso?

Fui bastante a Brasília. Eu gosto de política, até hoje. Não gosto muito de economia.

Na votação do impeachment do Collor, eu estava no plenário, onde jornalista não entrava. Não me pergunte como eu fui parar lá, do lado do Lúcio Alcântara, que era o assessor direto do Itamar, que ficava ligando para ele o tempo inteiro. Essas coberturas nem sempre saíam na coluna, eram publicadas no primeiro caderno, na área de política. Eu fiz várias. E também fui cobrir a posse do Bill Clinton, nos EUA. □

03.FEV.1986 JOÃO CALDAS/FOLHA IMAGEM

05.FEV.1986 JOÃO CALDAS/FOLHA IMAGEM

Galeristas do barulho

Regina Boni (acima), importante galerista de São Paulo, ajudou a movimentar o mercado de arte na década de 80 ao lado de nomes como Raquel Babenco, Luisa Strina e o jovem André Millan. Em 1986, a Galeria São Paulo, de Boni, criou um grande acontecimento com a mostra "O q Faço É Música", dedicada à obra de Hélio Oiticica (1937-1980). A galeria, na rua Estados Unidos, bombou, como mostra a foto acima, à direita. O pernambucano Marcantonio Vilaça (à direita) criou a galeria Camargo Vilaça, em 1992. Foi um marco no processo de internacionalização da arte contemporânea brasileira. Na Ilustrada de 3 de janeiro de 2000, por ocasião da morte de Vilaça, aos 37 anos, a artista Jac Leirner ressaltou sua importância: "Equivalente à de Pietro Maria Bardi, no sentido de divulgar a arte de dentro para fora. Ele colocou nossa arte no exterior"

Pinturas musicais

Em 1985, o artista José Leonilson (acima) participou da Bienal de Paris. "Os trabalhos que estou levando para a França têm em comum as referências às pinturas rupestres e musicais. E, principalmente, são muito alegres", dizia o artista na reportagem de Antonio Gonçalves Filho, de 12 de março de 1985, que o chamava de "mutante, filho da arte conceitual, que transforma suas obras em templos míticos plenos de religiosidade". Leonilson morreu em 1993, com 36 anos

ANTONIO DIAS, UMA ARTE AVESSA A TODA REDUÇÃO

ANTONIO GONÇALVES FILHO

Trecho do artigo publicado em 2 de dezembro de 1986, na Ilustrada

Cartaz da mostra de Dias na Galeria Luisa Strina, em 1986

"Se é verdade, como diz o crítico Paulo Sérgio Duarte, que necessitamos de um certo estrabismo –'um olho no que está exposto, outro no problema formulado'– quando nos aproximamos de um trabalho do artista Antonio Dias, também é verdade que, aos 42 anos, ele deixou de ser a 'bête noire' que provocava o público com os títulos irônicos de suas telas no final dos anos 60. Tanto melhor. Quando se veem as 29 realizações de Dias registradas em papel artesanal do Nepal, expostas a partir de hoje, às 21h, na galeria Luisa Strina, a primeira sensação do espectador é a de um poderoso choque que emerge gradualmente da contrastante relação entre o material utilizado e os signos de construção e reconstrução de um trabalho quase arqueológico.

Segue, é claro, uma progressão estilística –resistente à 'nomeação', segundo alguns críticos– que resulta íntima de quem viu a sua última exposição, na mesma galeria Luisa Strina, com as mesmas ferramentas, o martelo, o machado e o osso. As cores são mais fortes (azul, vermelho, verde), por vezes metalizadas, as figuras surgem como reminiscências das cavernas e certa nostalgia do mundo agrário, sem fundo."

05.OUT.2000 ANA OTTONI/FOLHA IMAGEM

30.NOV.2007 DANILO VERPA/FOLHA IMAGEM

À luz de dois mundos

Artista que desponta nas décadas de 70 e 80, Tunga (ao lado) mostrou no Louvre a obra "À Luz de Dois Mundos", em 2005 (abaixo). "É um jogo mórbido com a destruição e a ressurreição dos valores que formalizaram a estética que está representada na coleção do Louvre e em seu próprio simbolismo institucional. Procuro fazer com que o lugar onde o trabalho se inscreve passe a ser também um elemento da obra", disse o artista à reportagem da Ilustrada de 9 de maio de 2005. No mesmo ano, Adriana Varejão (acima à esquerda) mostrou seus trabalhos na Fundação Cartier, também na capital francesa. Três anos mais tarde, outra artista da geração 80, Beatriz Milhazes (acima à direita), teve sua tela "O Vampiro" vendida no leilão da Sotheby's, em Nova York, por US$ 1,049 milhão

21.NOV.2007 DIVULGAÇÃO

21.NOV.2007 DIVULGAÇÃO

CASA 7, UM ATELIÊ EXPLOSIVO

MÁRION STRECKER GOMES
30 de abril de 1985 – Ilustrada

Hoje, às 18h, a moçada tem encontro marcado no Museu de Arte Contemporânea da USP, no Parque do Ibirapuera, para a abertura da exposição de pintura da Casa 7 –nome do ateliê de Carlito Carvalhosa, Fábio Miguez, Paulo Monteiro, Rodrigo Andrade e Nuno Ramos. Os cinco rapazes irão mostrar os enormes painéis que fizeram, com papel craft e tinta esmalte, nos últimos oito meses. No próximo dia 7, estarão também no Museu de Arte Moderna do Rio de Janeiro para expor trabalhos da mesma série, e, em outubro, participam com telas pintadas a óleo da 18ª Bienal Internacional de São Paulo.

A Casa 7 existe desde 1982. Naquela época, Nuno, o mais velho de todos com seus 25 anos (os demais estão com 23), ainda não estava no grupo. Em seu lugar, participava o pintor Antonio Malta, que se afastou em meados de 83. Todos, sem exceção, foram colegas no Equipe –um dos redutos liberais da educação paulistana nos anos 70– antes de transformarem a última casa de uma vila incrustada no bairro de Pinheiros, onde Carlito passou sua infância, no espaço soberano das tintas.

À primeira vista, é possível confundir a identidade da pintura de cada integrante do grupo. Afinal, todos vêm desenvolvendo pesquisas com a mesma técnica e a convivência é integral. O contato frequente faz com que "haja muito combate e muita disputa" entre eles. O olhar dos outros quatro sobre o trabalho de um é sempre uma referência crítica, penosa até. Mas não se queixam: respeitada a ética, é possível filtrar interferências e afirmar as diferenças. E esta nova exposição está aí para provar isto.

NADA A VER COM ROCK

Em julho de 84, Nuno, Rodrigo e Paulo faziam a primeira coletiva do grupo, no Paço das Artes, também mostrando grandes painéis. E foi uma exposição bastante elogiada. Na mesma época, acontecia a gigantesca mostra "Como Vai Você, Geração 80", reunindo cerca de 120 artistas, em sua maioria jovens, no Parque Lage, do Rio. Os garotos não participaram. Na verdade, nem sabiam que a exposição estava sendo programada. Mas não reclamam por não terem sido convidados. Mesmo porque não se identificam com o que está acontecendo por aí em termos de pintura.

"Não somos tão alegres, não fazemos a exaltação do amor à vida, à juventude. Nosso trabalho não é uma farra e não se identifica com o rock, como quiseram dizer", afirma Carlito. Paulo chega a propor a "germanização da pintura", contra o "encanto, o deslumbramento" que Nuno aponta nos jovens artistas. Em agosto do mesmo ano, fariam nova exposição, no Centro Cultural São Paulo, desta vez acompanhados pelo seu professor Sérgio Fingerman.

Mas a falta de identificação com os demais expoentes de sua geração se restringe a algumas características do trabalho plástico, propriamente. Os meninos são mais contidos nas cores, estão bastante preocupados com o que já foi feito, e não dão a mínima bola em fazer pintura para, ou sobre, a cultura de massa. Na época do Equipe, chegaram a montar uma revista de história em quadrinhos, a Papagaio. Mas a objetividade e a narrativa não foram transpostas para a pintura. Em termos de comunicação de massa, "ela é inútil", diz Carlito. Porque o tempo de apreciar uma obra não corre no ritmo frenético das guitarras do conjunto de rock que Paulo e Rodrigo, eles mesmos, formaram.

ARTISTAS NÃO-RESOLVIDOS

Além da matéria-prima e da densidade da tinta, o que há de comum no trabalho dos cinco é a intenção de deixar cada quadro contar a história de sua feitura, assimilando os erros, transformando os respingos e a "sujeira" em assuntos da pintura. Isso não é novidade, ainda mais numa época de soberania da pintura gestual. Mas faz parte da dinâmica daqueles que deixam vir a quantidade para daí

14.SET.1991 MARIO FONTES/FOLHA IMAGEM

GRANDE TELA

O artista plástico Nuno Ramos iniciou a carreira nos anos 80 com o grupo Casa 7, que reunia artistas influenciados pelo neo-expressionismo alemão

destilar a qualidade. E eles estão atentos: sabem que trabalhar ao nível do impacto é vaniloquência e que, se misturarem tudo, no final, não sobra nada.

Apesar de se considerarem ainda –e serem de fato– "artistas não-resolvidos", os rapazes da Casa 7 já podem se orgulhar de viver, há alguns meses, da pintura. E foi isso que tornou possível aos rapazes deixar de lado os painéis de papel –de custo irrisório, secagem instantânea, fáceis de manejar e pregados diretamente na parede– para voltar a mexer com o tradicional óleo sobre tela. Antes que se possam ver os frutos desta nova fase em que entram agora, e que só virão a público na próxima Bienal, em outubro, teremos oportunidade de assistir, com essas duas mostras que agora se abrem, e com uma nova coletiva da qual participarão ainda em maio –com a abertura da galeria Subdistrito, do marchand carioca João Sattamini, também em Pinheiros– a uma nova face do que se vem chamando, às vezes com muita impropriedade, de pintura da geração 80. □

FOLHA DE S. PAULO

MARCIA HAYDÉE

Em S.Paulo, um dos mitos vivos do balé

ilustrada

Uma exposição para o desenho

Casa 7, um ateliê explosivo

VAN ACKER

Ensaio da peça "Um Processo", 1988

FOTOS: LENISE PINHEIRO

Bete com Thomas

Na foto de Lenise Pinheiro, publicada pelo New York Times, Bete Coelho e Gerald Thomas aparecem em ensaio de "Um Processo", peça da "Trilogia Kafka", em 1988. Gerald criou a Companhia Ópera Seca em São Paulo, em 1985. Encenou diversas peças, entre as quais "Eletra com Creta" e "Carmem com Filtro". Ele afirma que "a Ilustrada foi a internet daquela época (...), era formadora de opinião e o único caderno que interagia com o artista"

LENISE PINHEIRO

LENISE PINHEIRO

Acima, a atriz Giulia Gam, em cena da peça "Pentesileias" (1994), de Daniela Thomas; à direita, a atriz Fernanda Torres, em cena da peça "Orlando" (1990), dirigida por Bia Lessa e Gerald Thomas

23.FEV.1996 LUIZ NOVAES/FOLHA IMAGEM

Cacá Rosset celebra os cem anos do personagem Ubu Rei, de Alfred Jarry, com remontagem do maior sucesso do grupo Ornitorrinco, "Ubu, Folias Physicas, Paraphysicas e Musicaes", de 1985

LENISE PINHEIRO

After all these years

O líder do Teatro Oficina, José Celso Martinez Corrêa (acima), responsável por montagens antológicas da dramaturgia nacional, como "O Rei da Vela" (1967), de Oswald de Andrade, e "Os Sertões", de Euclides da Cunha, fundou o Oficina em 1958, mesmo ano em que surgiu a Ilustrada. Em setembro de 2008, o grupo celebrou seus 50 anos de existência com o espetáculo "Os Bandidos", adaptação do alemão Friedrich Schiller. Antunes Filho (na página ao lado) fundou o CPT –Centro de Pesquisa Teatral– e dirigiu atores como Giulia Gam, Luis Melo e Raul Cortez; em 1978, foi o responsável pela célebre montagem de "Macunaíma", adaptação da obra de Mário de Andrade

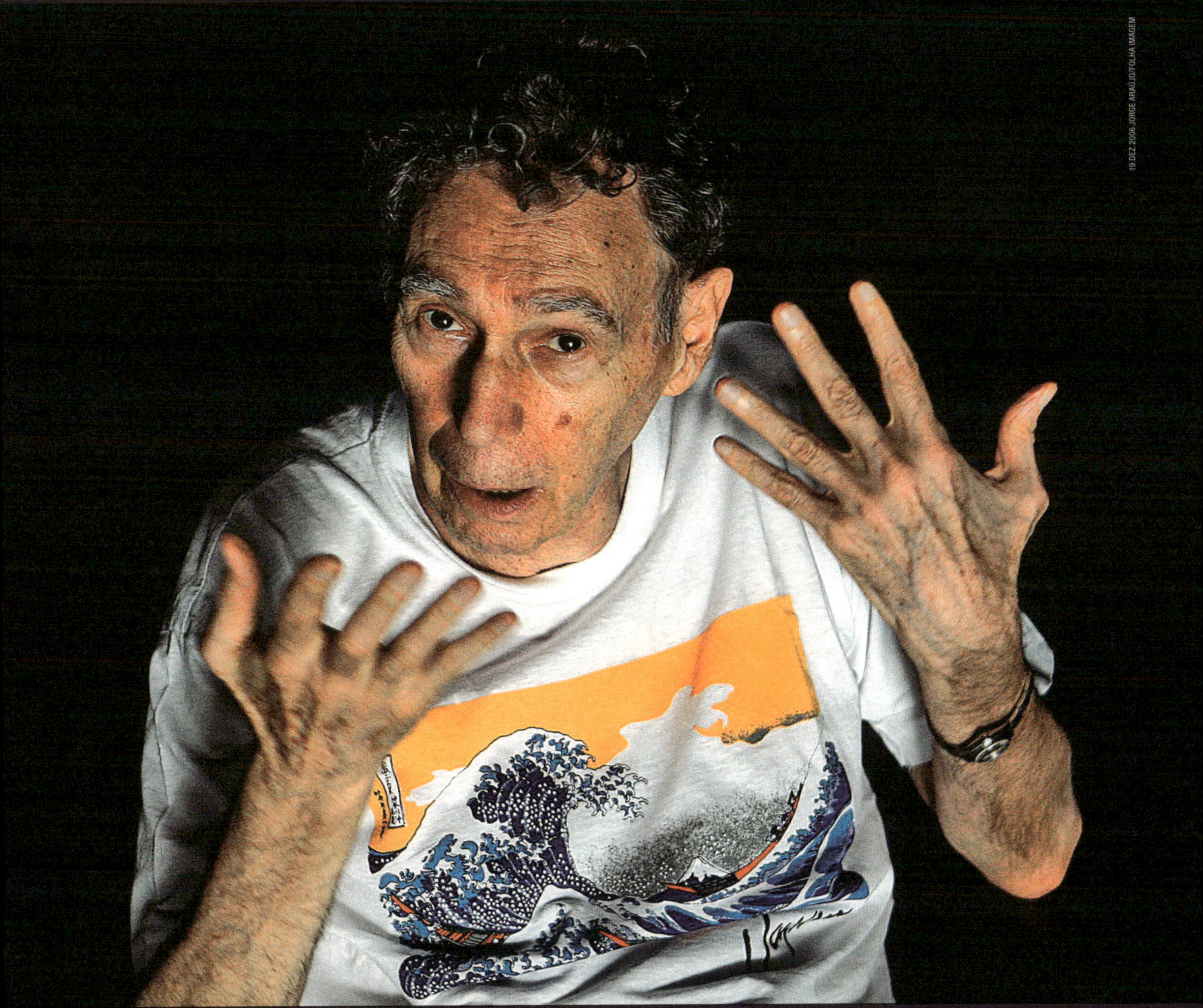

19 DEZ 2006 JORGE ARAÚJO/FOLHA IMAGEM

GERALD THOMAS E A IMPOSSIBILIDADE DE DIZER

GERALD THOMAS

Trecho de entrevista a Otavio Frias Filho, publicada em 12 de janeiro de 1988, na Ilustrada

Eu não sou um acadêmico, eu sou realmente uma convulsão de referências. Me sinto estrangeiro, em nenhum país eu estou completamente confortável. No Brasil eu sou estrangeiro, na Inglaterra eu sou estrangeiro, nos Estados Unidos eu sou literalmente estrangeiro, as sociedades te alertam o tempo todo que você não é de lá. Você me perguntou se eu sou religioso. Não. Então, em vez de me chamarem de judeu filho da puta vão me chamar de ateu filho da puta.

◆

Arte é uma coisa menor. A ciência hoje em dia é muito mais artística do que a arte, só que não é entretenimento. A cibernética, a matemática que se estuda de dez anos pra cá é uma coisa muito mais artística. Ela é hoje o que o teatro foi para os gregos. Está para nossa civilização como Freud estava cento e poucos anos atrás. Pela primeira vez, a física está usando termos místicos, falando de 'a coisa'. Eles não têm coragem de falar em Deus ainda, mas daqui a pouco vão admitir um Deus, não por forças místicas, mas porque as equações derramam nisso aí. A arte hoje em dia é uma arte de declamação e falha inclusive nisso, porque é adornada, decorada com artificiozinhos. Pega qualquer pintura: ela não é a síntese da nossa existência resolvida nem a problemática da nossa existência por resolver.

◆

A música de Ravel virou clichê, a música de Wagner virou clichê. O tema de John Williams para o 'Super-Homem' é o tema do 'Navio Fantasma'. A pontuação foi clichezada, ninguém escapa disso. Em 'Carmen', eu tentei banalizar o que o Mérimée tinha construído de forma tão 'preciosa', entre aspas, porque eu acho que um grande escritor é *a priori* um semiólogo do seu próprio trabalho. A minha função é tentar voltar. A nossa memória tem pressa hoje em dia. A gente não tem mais esse tempo proustiano de ficar admirando as coisas como elas eram. E, se eu estou fazendo uma coisa tão falida como o teatro, onde o público me pertence por duas horas, eu vou tentar reconstruir certas coisas como eu acho que eram feitas. Se algum dia alguém for analisar o meu teatro, deveria ter a mesma dor de cabeça tentando esfacelar todas as camadas, como eu tento com esses atores. ”

A influência concreta

Na opinião de Helô Machado, a turma que a substituiu, a partir da entrada de Caio Túlio Costa no comando da Ilustrada, parecia "preconceituosa e radical":

"Vocês entraram para serem diferentes de tudo, tipo somos jovens, modernos e vamos fazer tudo de outra maneira. Eu considero isso normal, mas eu achava preconceituoso. Muitas coisas eram ignoradas. E teve uma época em que o Caetano falava uma coisa, a Ilustrada publicava. E os irmãos Campos também".

É difícil discordar da opinião da ex-editora. Caetano e os concretos exerceram considerável influência sobre os jovens editores da Ilustrada, embora tenham sido alvo de numerosas críticas e ataques nas páginas do caderno. O tropicalismo foi o caminho através do qual grande parte da juventude pós-68 encontrou uma maneira de ser moderna, internacionalista e pop, mas dentro de um repertório que dialogava com a tradição brasileira e com referências sofisticadas. O tropicalismo deu aos jovens brasileiros a possibilidade de uma inserção cultural rebelde, criativa e contemporânea, diferente da que era oferecida pela esquerda ou pela cultura do "sistema". Não deixa de ser significativo que o cartunista Angeli tenha se definido, em entrevista para este livro, como um tropicalista, em contraposição aos esquerdistas [ver página 204].

Quanto aos concretos, nos anos 80, Décio Pignatari (que foi colunista da Ilustrada), Augusto e Haroldo de Campos encontraram no Folhetim um espaço privilegiado, comparável, talvez, ao Suplemento Dominical do Jornal do Brasil, que fora uma plataforma de lançamento do concretismo nos anos 50.

A aproximação dos concretos com o Folhetim se deu por intermédio de Mario Sergio Conti. Embora o editor Caio Túlio Costa pensasse inicialmente em colocá-lo como seu editor-assistente na Ilustrada, o futuro diretor da Veja e da revista Piauí acabou assumindo o Folhetim. Depois da era Tarso, o suplemento ainda estava em busca de uma nova identidade. Com Mario Sergio e, depois, com Rodrigo Naves, ele conseguiria renovar seu prestígio, voltando-se para o público "highbrow" e para a nova produção acadêmica que florescia com a abertura política.

Não era esse, na verdade, o projeto inicial de Mario Sergio para o Folhetim. Quando Caio pediu-lhe para assumir o suplemento, ele pensou em algo diferente: "Teria reportagem, humor, resenha, não seria nem o Pasquim, nem o Mais!, seria uma coisa meio... Piauí", tenta definir ele hoje. Mas o andar de cima tinha outros planos.

"O seu Frias me chamou. Estava com a minha proposta na mesa, com umas anotações, e me disse: 'Olha, está aqui o troço que você quer fazer no Folhetim, mas você não vai fazer isso. Eu quero que você faça o seguinte' –e isso é importante: 'Eu quero que você tire toda a academia que escreve no Estadão e traga para o Folhetim'. E me avisou que de vez em quando mandaria um artigo para eu publicar. Eu voltei e falei com o Caio: 'Ih, acho que estamos fodidos.'"

Caio sabia que o interesse de Frias era angariar prestígio e respeito intelectual, criar lastro na Universidade e retirar do Estadão a primazia de veículo da elite pensante. Não era um projeto novo. "O Caio disse para eu seguir na linha que o seu Frias tinha pedido, mas para ir renovando. Eu, então, mudei a paginação e comecei a trazer Augusto e Haroldo de Campos, Décio Pignatari, José Paulo Paes, esse pessoal. Publicava artigos, poemas e traduções."

Augusto de Campos confirma: "O Mario Sergio foi quem nos convidou para publicar no Folhetim. Se não me engano, os primeiros artigos que publiquei foram sobre Pagu e Sousândrade. Depois, em 1986, quando saiu meu livro, 'O Anticrítico', ele fez uma grande entrevista comigo para a Veja".

Na página ao lado, o poema "Póstudo" publicado no Folhetim em janeiro de 1985

Póstudo

Augusto de Campos

QUIS
MUDAR TUDO
MUDEI TUDO
AGORAPÓSTUDO
EXTUDO
MUDO

A influência concreta

Mario era um jornalista talentoso e também um militante da cúpula da OSI, a organização que estava por trás da Libelu. Suas opções intelectuais excluíam o campo comunista tradicional. "Eu detestava tudo que lembrava Partidão, Portinari, Jorge Amado, Ferreira Gullar", diz. Em compensação, adorava Ezra Pound, tendo dado de presente a Augusto de Campos uma edição fac-símile da revista Blast e um livro sobre Pound, que o presenteado diz guardar "com muito apreço".

Os poetas concretos, naturalmente, despertavam interesse entre muitos que não aderiam ao cânone nacionalista de esquerda e não viam na política a melhor conselheira da estética. A simpatia em relação aos concretos não dependia necessariamente de uma adesão irrestrita ao projeto poético da "fase heroica", que propunha o fim do verso tradicional e a construção do poema segundo um sistema de significados visuais e verbais. Os poemas, de qualquer forma, eram interessantes, alguns ótimos, e abriam novos horizontes. Mas àquela altura, mesmo os irmãos Campos e Décio Pignatari já haviam colocado as questões dos anos 50 em termos mais flexíveis e compatíveis com o tempo –e exploravam seus caminhos próprios. Traduziam intensamente, exerciam a crítica e o ensaísmo.

"A nossa geração da Ilustrada trazia influências do movimento concretista, que era modernizador e internacionalizante, duas atitudes que caíam muito bem na nossa turma", diz Matinas Suzuki Jr. A influência concreta também não implicava uma rejeição à herança uspiana. Haroldo de Campos, aliás (como Décio Pignatari), foi orientando de Antonio Candido e por ele convidado para escrever ensaios para a edição das obras completas de Oswald de Andrade.

"Um outro crítico que também nos influenciou muito", lembra Matinas, "foi o Davi Arrigucci Jr., um excelente professor de teoria literária, que trabalhava com autores de nossa predileção –Julio Cortázar, Borges, Manuel Bandeira– e fez também um trabalho importante sobre as relações entre jornalismo e literatura."

Os concretos tinham, no entanto, conexões diferentes. Além da rede de relações e do "paideuma" que traziam dos anos 50, eles haviam sido os primeiros a acolher criticamente os tropicalistas na década de 60. Augusto escreveu sobre Caetano na época dos festivais e desenvolveu uma forte relação com o compositor. Haroldo tornou-se amigo e interlocutor do "neoconcreto" Hélio Oiticica, grande artista plástico brasileiro, que lhe dedicou obras, entre elas um Parangolé. Ao mesmo tempo, Décio relacionava-se com o cinema underground, com diretores como Julio Bressane. Os três estavam presentes na revista Navilouca, projeto de Waly Salomão e Torquato Neto, que reuniu jovens e veteranos artistas experimentais na década de 70. Além do interesse erudito e do espírito vanguardista, também se interessavam pelo mercado, pelo design e pela cultura de massa, de Jimi Hendrix a Carmen Miranda.

Embora preferissem o termo "pós-utópico" (cunhado por Haroldo, em ensaio no Folhetim) ao mais em voga "pós-moderno", os concretos, a seu modo, se inscreviam na discussão pós-modernista. Não é assim, no entanto, que o colunista Marcelo Coelho [leia entrevista à página 338] entende a questão:

"Nos anos 80, a Ilustrada já estava ligada no pós-moderno em termos de 'gosto', mas não exatamente de 'teoria', e mais ligada no pós-moderno em termos 'pop' do que em termos eruditos, onde o padrão concretista ainda era respeitado demais da conta. Nesse sentido, o peso dos irmãos Campos foi, a meu ver, um fator de obscurecimento no debate, foi um daqueles momentos de 'descompasso' em que o 'moderno' brasileiro parece ser mais 'moderno' exatamente porque está um pouco 'por fora' do que acontece no debate contemporâneo, embora ache, justamente, que está seguindo a última moda".

Ruy Castro [leia entrevista à página 156], que conheceu os concretos nos anos 60, diz que posteriormente passou a ter uma visão mais crítica a respeito do grupo e de suas propostas. E chegou a brincar com Haroldo de Campos nas páginas da Ilustrada ao "traduzir" um trecho de suas "Galáxias".

O grande momento concretista na Folha nos anos 80 foi a publicação do poema "Póstudo", de Augusto de Campos, no Folhetim. Roberto Schwarz (a quem a geração Ilustrada também admirava) dedicou um artigo crítico à obra, e instaurou uma acalentada polêmica, que acabou aprofundando cisões e gerando alguns mal-entendidos. Foi, sem dúvida, o poema da década (Matinas Suzuki Jr. o defendeu, dizendo que era o poema de sua geração) e um dos mais importantes do final do século 20 –sinal do crepúsculo de uma era. A expressão "pós-tudo" tornou-se corrente e o provocativo poema de Augusto tem sido, desde então, citado e comentado por muitos. □

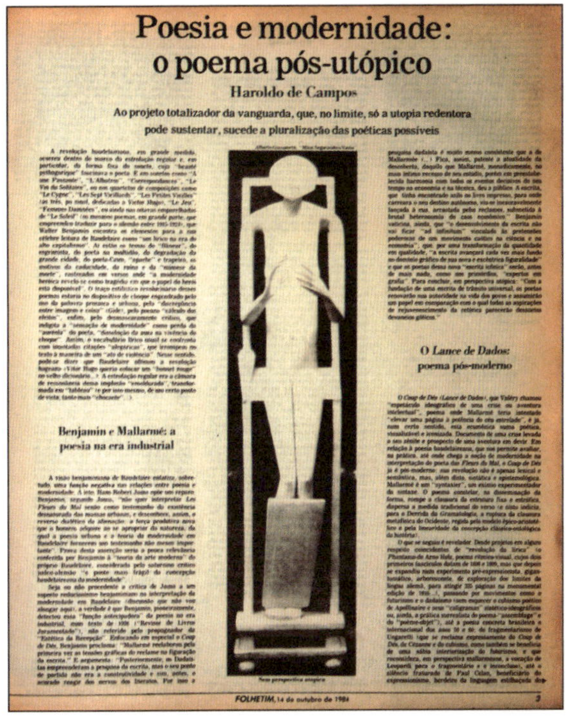

Poesia e modernidade: o poema pós-utópico

Haroldo de Campos

Ao projeto totalizador da vanguarda, que, no limite, só a utopia redentora pode sustentar, sucede a pluralização das poéticas possíveis

Benjamin e Mallarmé: a poesia na era industrial

O Lance de Dados: poema pós-moderno

Sem perspectiva utópica

FOLHETIM, 14 de outubro de 1984

05.DEZ.1986 HOMERO SERGIO/FOLHA IMAGEM

CAE E CONCRETOS
Augusto de Campos, Décio Pignatari, Caetano Veloso e Haroldo de Campos em 1986; acima, o ensaio "O poema pós-utópico", de Haroldo, publicado no Folhetim

MARCO HISTÓRICO

ROBERTO SCHWARZ

*Trecho do artigo publicado em 31 de março de 1985, no Folhetim**

O poema 'Póstudo' é exemplo de um procedimento-chave dos concretistas, sempre empenhados em armar a história da literatura brasileira e ocidental de modo a culminar na obra deles mesmos, o que instala a confusão entre teoria e autopropaganda. (...)
Embora os termos do poema pertençam a uma esfera rarefeita e de pretensão absoluta, penso que seu significado não é desta mesma ordem. Para ilustrar, note-se que ele começa em fim de linha, por um 'quis', indicando de saída que a realização do querer exige ruptura; e que termina em começo de linha, indicando que a mudança terá continuação. Sem dúvida é bonito, e banal. Como não temos parâmetros, o que fica é a gesticulação abstrata do desejo de transformar, embalada em tipografia atraente. A mesma alteração vale para os outros contextos temáticos que assinalamos: revolução, luta literária, programa modernista, passado pessoal significativo, todos estão presentes através de um esquema do fazer transformista em geral –projeto, transformação, transformação do transformador– que na falta de seu objeto se reduz à imagem, encenação e ideologia de si mesmo. Desapare-

* Este texto também pode ser encontrado, em sua versão integral, em "Que Horas São?" (Companhia das Letras, 1987).

cem o seu preço, o seu prêmio e seu sentido, e permanece o seu perfil, um prestígio antigo entre outros, quase uma saudade, pronto para ser matéria pop no mercado cultural. A transformação do programa da arte moderna em ideologia de consumo e conduta não é uma particularidade brasileira, mas a data histórica marcada pelo poema de Augusto de Campos creio que seja esta.

Dito isso, depois do esplêndido 'dias dias dias' (1953), esse 'Póstudo" talvez seja o trabalho mais sugestivo do autor. Bastante já tratamos de interpretá-lo a contrapelo e nos seus paradoxos. Para concluir na mesma linha, observe-se que lido discursivamente, tomando 'ex-tudo' como intercalada, o poema é de grande naturalidade e não se distingue da poesia que nasceu e se quis oposta ao concretismo, a poesia dita marginal, execrada por ele, na qual a contingência e exposição do sujeito, dotado de fluência e nada mais, serve de revelador dos tempos. Nesta perspectiva, o 'tudo' se lê despretensiosamente, como se estivesse encaixado numa fala popular. Não seria má versão do poema.

“

DROPES DA NOVA CULTURA

MATINAS SUZUKI JR.

Trecho de artigo publicado em 21 de abril de 1985, na Ilustrada

Que negócio é este de afirmar que a palavra ‘tudo’, no poema de Augusto de Campos, possui uma significação ‘perigosamente aberta’? Eu sempre pensei que o contrário fosse verdadeiro: o máximo de potencialidade semântica é o desejável. Em poesia, a melhor medida é a desmedida. Admitir que uma palavra é perigosa por sua abrangência conotativa é querer policiar a abrangência poética. Isto sim é perigoso. Já fico imaginando o exercício da filologia detetivesca para catalogar as possíveis referências de um signo dentro do poema e indexá-las, para saber quais seriam as supostamente nocivas (para quem?). Quanto a mim, a matemática da minha poética é: mais significação é igual a mais liberdade. E basta de lirismo como cartão de ponto do SNI.

Como não tenho participação na série concretista, fico à vontade para dizer que o poema ‘Póstudo’, apesar de tudo, é emblemático para a minha geração, que apareceu realmente depois de tudo: marxismo, guerra de guerrilhas urbanas e camponesas, movimentos estudantis, vanguardas estéticas, arte independente, vida alternativa, estouro da psicanálise, liberação do corpo, sexo, drogas, orientalismo, pé e pó-na-estrada, conscientização das diferenças étnicas (negros, índios), marcação

dos limites e contralimites sexuais (liberação da mulher, homossexuais), ascensão e queda do irracionalismo existencial, crise do cinema, do pop, do rock, mercantilização da vida, desejos convertidos em publicidade e propaganda, dissolução do casamento e desilusão da nova ordem amorosa, comida macrobiótica, homeo e alopatia, suicídios, jovem niilismo, narcisismo abundante, descrença no socialismo e na 'Nova República', enfim...
Quando penso em minha vida, vejo que ela foi questionada e minada por todos os ângulos, do meu amor às minhas decisões profissionais e políticas. Quando penso na minha vida, é inevitável que venha à tona com 'tudo' isso. Não me iludo, com-tudo. Adoro o poema porque ele realizou esta síntese em que penso que sou fruto deste sinal de ciclo/siglo –no qual às vezes fico mudo, mas às vezes quero mudar. Tomo o poema como representativo de algo que funcione como um rito de passagem, de morte e vida, como disse o poeta Antonio Cicero, o pós-tudo como demarcação de um pré-nada. E vamos em frente, que atrás vem alguém com tudo. Em tempo: a leitura que mais me agrada no poema é a da última coluna, em sentido vertical, de cima para baixo: 'quis tudo tudo tudo tudo'. E tudo é muito pouco. ”

19.AGO.1984 JORGE ARAÚJO/FOLHA IMAGEM

"EL OTRO, EL MISMO"

Em agosto de 1984, graças aos esforços de Augusto Massi, que foi crítico literário e editor da área de livros da Ilustrada, Jorge Luis Borges desembarcava em São Paulo para um debate promovido pelo jornal. "Visto de perto, Borges é fatalmente Borges. Separando-se ética e estética, é Borges mesmo, o maior escritor vivo deste planeta. Que, da janela do carro, vendo alguma coisa que ele deve entender como um vulto chegar-se, acena e despede-se polidamente. Sorrindo, apesar de todo o cansaço imposto pela vida entre os mortais" –dizia a reportagem de Junia Nogueira de Sá, sobre a chegada do escritor

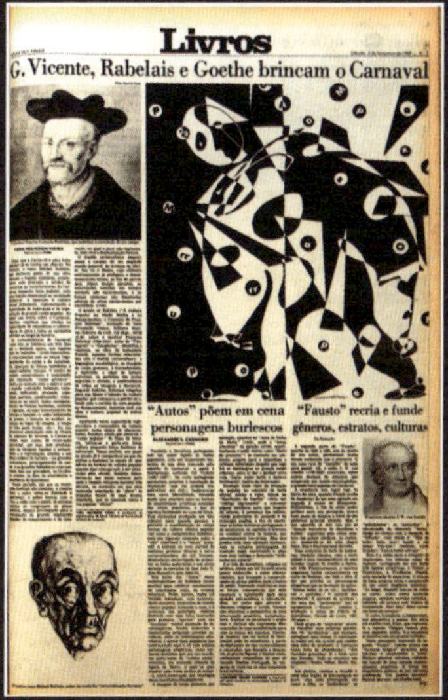

LETRAS E LIVROS

O anúncio da criação da Companhia das Letras foi notícia no dia 26 de maio de 1986, em reportagem de Renata Lo Prete (destaque em vermelho, ao lado). Em 2006, os 20 anos da editora de Luiz Schwarcz mereceram reportagem de capa (página colorida). A movimentação do mercado editorial refletiu na Ilustrada, sob a forma de seções e cadernos, como Primeira Leitura, Livros e Letras. O poeta Nelson Ascher, o jornalista Marco Chiaretti e o latinista William Li foram editores dessa área

“Boa parte do que se plantou naquela época está sendo colhida até hoje”

Entrevista com **RODRIGO NAVES**

Jornalista, crítico de arte e historiador, nascido em 1955, Rodrigo Naves foi editor do Folhetim em 1982-83, substituindo o jornalista Mario Sergio Conti. É autor, entre outros, de “El Greco – Um Mundo Turvo” (Brasiliense, 1985), “Amílcar de Castro” (Cosac Naify, 1997) e “A Forma Difícil – Ensaios Sobre Arte Brasileira” (Ática, 1997).

A Folha foi o veículo no qual desaguou um grupo de ex-estudantes que tinha uma visão cultural e política semelhante, do qual você fazia parte. Gostaria que você falasse sobre esse grupo e o contexto no qual ele se inscrevia.

A maior parte das pessoas diretamente envolvidas com a mudança da Ilustrada no início dos anos 80 passou pela ECA da USP, e algumas tinham mais proximidade com uma posição do movimento estudantil chamada Liberdade e Luta, vulgo Libelu. Eu também fui da Libelu, que era, usando o vocabulário da época, área de influência de uma organização clandestina chamada Organização Socialista Internacionalista. Dela eu não fui, mas fui da tendência. O Matinas Suzuki Jr. era menos militante, mas estava perto, o Caio Túlio e a Renata Rangel também. O Mario Sergio Conti era mais ainda, ele foi militante da tal organização.

Acho que essa participação numa tendência trotskista, ainda que numa área apenas estudantil, conduziu nossa formação para uma saída anti-stalinista. Os grandes inimigos nossos dentro da universidade eram o Partidão e o PC do B –e nessa época quem de fato era stalinista era o PC do B. Embora hoje em dia também se possa falar do trotskismo coisas muito severas, naquele momento ele tinha um certo frescor, que vinha justamente do fato de os trotskistas nunca terem tomado o poder e de não terem compromisso com o realismo socialista e com as bobagens culturais que o PC do B e o Partidão defendiam. De saída tinha essa questão, uma dimensão aparentemente mais libertária por parte da política de esquerda que nós fazíamos, que abria uma série de outros interesses. Não é à toa que o Caio Túlio, logo depois que sai da ECA, faz um livro sobre o anarquismo.

Acho que, além dessa militância comum que tivemos na universidade, houve uma convergência casual de pessoas, e muitas delas eram do interior de São Paulo. Eu era do interior, Caio era do interior, Matinas e Renata também. E havia uma confluência, o interesse por artes visuais, por música, por literatura, por uma política de esquerda menos ortodoxa. E nós começamos a fazer imprensa já na faculdade, com o jornal Avesso.

Nós nos conhecemos no jornal Beijo, em 1978, que era uma tentativa de dar continuidade à editoria de cultura do Opinião, sob liderança do Júlio César Montenegro. Qual foi a importância do Opinião naquela época?

O Opinião foi muito importante para nós. O Júlio César Montenegro é hoje uma espécie de fantasma que está por trás de muita gente de nossa geração, um cara que abriu a cabeça de muitos. Quando nós fizemos uma greve em 1975, para tirar um diretor da faculdade que tinha denunciado alguns professores para o Dops, nós chamamos algumas pessoas para fazer conferências, entre elas o Montenegro. Foi quando passamos a ter um contato mais próximo com o pessoal do Opinião –e isso foi decisivo.

Você sabe disso melhor do que eu. O Montenegro, além de ser muito inteligente, muito articulado, era uma pessoa que tinha um carisma muito grande, com aquele desrespeito pe-

los valores estabelecidos. O Opinião, nessa época, tinha uma concepção diferente daquela linha de esquerda, de fazer matérias com operários ou com camponeses pobres, como o pessoal do PC do B fazia. Havia uma reflexão sobre a maneira de escrever, de diagramar, de ilustrar, de pautar o jornal, de modo a se fazer algo que tivesse uma crítica à dimensão específica do jornal. Isso estava presente no Avesso e esteve também no Beijo.
Eu acho que na formação de todos nós, independentemente de para que área nós tenhamos ido, essa conjunção de posição política de esquerda não-ortodoxa com uma posição nada ingênua com relação ao que seria o jornal foi algo marcante. E eu acho que todos esses interesses e todas essas práticas desaguaram na Ilustrada e no Folhetim.

Havia também um debate em torno de temas levantados por nomes como Michel Foucault ou Baudrillard, os estruturalistas da época, que influenciou essa geração.
Isso nos chegou um pouco pela Filosofia da USP, porque, na grande maioria, os professores da ECA eram muito fracos. Nós nos formamos discutindo por nós mesmos. E, mais uma vez, a leitura do Opinião foi muito importante, porque a seção de cultura trazia esse tipo de polêmica, as discussões desses estruturalistas mais avançados, as críticas de esquerda que não se centravam apenas no ponto de vista econômico, mas abarcavam sexualidade, feminismo, uma série de discussões que no Brasil não tinham ainda inserção e que passaram a ter. Mesmo na Libelu essa era uma discussão muito de lado.

Como a Folha era vista por vocês na ECA?
A partir de 1975, foi ficando claro para nós, estudantes, que a Folha dava uma cobertura de nosso movimento e da nossa greve que ninguém dava. Essa cobertura diferente que a Folha, a partir do Cláudio Abramo, começou a dar, dos sindicatos, da política, da economia e também da educação, trouxe muita simpatia por parte da gente em relação ao jornal. Mas a Ilustrada, eu acho que, talvez até por limitações do Cláudio Abramo, ainda era razoavelmente tradicional, meio eclética, com gente mais antiga.

Que tipo de interesse norteava a Redação da Ilustrada quando você chegou?
Eu acho que o caldo de cultura que pautava a Ilustrada cotidianamente, que deu à Ilustrada a importância que deu, foi o fato de todas as pessoas ali, sobretudo o Matinas, estarem muito atentas para o que havia de mais avançado, de mais interessante na produção cultural. E a decisão de dar um destaque a essas coisas que não se dava no Brasil. Nesse ponto, o Matinas é a pessoa central, porque ele tinha muita argúcia para o que era novo e interessante. Às vezes saíam molecagens, como dar um pau naquela pianista, a Magdalena Tagliaferro, na época uma pessoa já bem idosa. Havia um certo oportunismo, mas, se você tirar uma derivada dessas coisas todas, foi muito interessante.

"O caldo de cultura que pautava a Ilustrada, que lhe deu a importância que deu, foi que todas as pessoas ali estavam muito atentas para o que havia de mais avançado e interessante na produção cultural"

Muitos assuntos, na realidade, nem eram assim tão novos, mas eram escondidos, recalcados, vistos com preconceito.
É verdade. Hoje quem acha que Hélio Oiticica e Lygia Clark têm presença excessiva na mídia e no circuito de arte deveria saber que no começo dos 80 eles não eram ninguém fora de pequenos círculos. Para todas essas pessoas, a Ilustrada abriu espaço. O Inácio Araujo tinha um frescor na análise de cinema, o caderno se abriu

para novos pensadores, para as coisas mais avançadas que eram vistas como secundárias. Houve uma renovação temática e autoral.

Um caso curioso era o do Pepe Escobar. Ele foi nosso contemporâneo na universidade, mas era um cara absolutamente alheio. Era elegante, não fazia política, não participava de nada. Eu mal sabia quem ele era, mas quando ele caiu na Ilustrada se viu que tinha um background grande de cultura e um lado meio desabusado e irreverente que fez com que ele virasse, por dois, três anos, uma estrela do jornalismo. Eu me lembro de uma vez que ele escreveu sobre um jogo do Corinthians, falando de Nietzsche. Foi muito engraçado: entraram dois monstros da Gaviões da Fiel querendo dar porrada no Pepe. Tiveram que chamar a segurança.

Ele fazia uma coisa cheia de citações culturais, já um pouco pós-modernas, que podia juntar um cantor pop com Nietzsche ou com Heidegger. Era um discurso absolutamente diverso do que era o normal na análise cultural. Foi impressionante, porque num certo momento ele virou uma figura nacional. Não diria como o Francis, porque ele não escrevia sobre política, mas teve muita repercussão. E ele era disposto, escrevia rápido, topava fazer as coisas.

O ambiente, enfim, era muito interessante. Como a gente trabalhava no mesmo lugar, aquele lugar horroroso, com aquelas mesas de ferro, a máquina de escrever embutida, tinha uma sinergia muito legal. O clima era muito agradável, todo mundo ria muito, um dava ideia para o outro. Eu tinha o apoio da Ilustrada, porque muita gente da política, da economia, achava aquilo que a gente fazia o fim da picada. Achavam elitista, achavam frescura, eu era muito zombado, visto como o "viadinho" da Redação.

Aqueles jornalistas de esquerda de política tinham uma visão totalmente grosseira da área cultural. Como foi sua experiência no Folhetim?

O Folhetim já vinha mudando com o Mario Sergio e eu continuei. Acho que num primeiro momento houve uma estranheza, porque os textos eram um pouco mais difíceis, havia uma certa saudade do Folhetim do Tarso, enfim, toda a esquerda acreditava que a questão era fazer coisas só de denúncia, artigos desse tipo. Mas, dentro dos limites de um país pouco letrado, pouco culto, tinha muito retorno. As pessoas liam no Rio, liam no interior, liam no Nordeste, no Sul. Incrível. A Folha toda foi um fenômeno.

"Eu tinha o apoio da Ilustrada, porque muita gente da política, da economia, achava aquilo que a gente fazia o fim da picada. Achavam elitista, frescura, e eu era muito visto como o 'viadinho' da Redação"

Como era a relação com os chefes?

Meu chefe imediato era o Matinas, a quem eu sempre mostrava a pauta. O Otavio, a quem eu tinha acesso, acompanhava com muito interesse, escrevia, sugeria nomes, era culto, uma pessoa, enfim, muito parecida conosco. Havia uma preocupação de que nomes importantes da nossa cultura escrevessem, isso era um consenso. Quando era para fazer alguma coisa mais radical, nós discutíamos. Nessas situações menos canônicas havia uma conversa, mas quanto mais fosse arrojado, mais eles se animavam. Foi o que aconteceu, por exemplo, quando eu propus fazer um número do caderno falso.

Quando a gente montou o número, fomos conversar com o Otavio, para ele bater o martelo. A única coisa que ele falou foi "olha, a nossa irreverência vai ter que ter um certo calço". A única condição foi que gente de relevo intelectual comprasse a ideia. Então, o Paulo Mendes Campos escreveu, o José Paulo Paes escreveu, o Bento Prado escreveu. Acho que esse tipo de atitude dava um gás muito grande para todo mundo. Era uma coisa muito bem vista. Ainda que o projeto Folha, hoje muito decantado, não fosse uma coisa muito clara, havia uma disposição de avançar, e isso na cultura era forte. Eu tenho quase a convicção de que isso puxou a enorme influência que a Folha teve naquele período. A garotada só lia a Ilustrada. O Estadão passou a não existir na parte de cultura.

Tanto que, posteriormente, criou o Caderno 2 para competir.

Na área do Folhetim, eles tinham o Suplemento Literário, se não me engano editado pelo Nilo Scalzo, que é uma figura fabulosa. Mas era bem mais conservador que o Folhetim. Em certas efemérides, tipo cem anos do Marx ou cem anos do Kafka, eles se saíam muito bem.

O complicado na Folha é que era um jornal feito com muito pouco dinheiro; eu não tinha nenhum ajudante. Eu fechava sozinho, eu revisava, eu pautava, sentava com o diagramador, arrumava as ilustrações... Fiz isso por um ano, porque depois não aguentava mais. Um pouco por culpa minha, eu também não soube reivindicar. E também peguei a introdução do computador na Redação. Era um drama, porque quebrava e eu perdia o número todo, perdia o texto que tinha acabado de revisar. As pessoas brincavam, dizendo que o computador da Folha tinha "vaga lembrança", não tinha memória.

Eu tinha um salário razoável, já os colaboradores ganhavam simbolicamente, tipo 50 dólares. Mas as pessoas queriam escrever, porque elas não tinham espaço. Escrever num caderno que tinha, sei lá, tiragem de 300, 500 mil exemplares, mudava de patamar. Quando os caras viram que o Folhetim tinha mudado, passou a ser fácil obter colaboração, mesmo com pouco dinheiro. As pessoas ficavam espantadas com o espaço e a repercussão. Aquilo tinha desdobramentos, elas eram convidadas para outras coisas.

Mas eu queria estudar, já estava mexendo com crítica de arte e, numa certa hora, vi que não dava mais. E voltei a fazer revisão. Fui fazer revisão na Veja e, a seguir, na IstoÉ. Depois, o José Arthur Gianotti me convidou para fazer a revista do Cebrap, e eu fiquei lá oito anos. Colaborei muito tempo com a Folha. As pessoas estavam lá e eu era amigo delas. Depois de mim, no Folhetim, veio gente muito interessante, como o João Moura, o Bernardo Carvalho, o Nelson Ascher, a Marília Pacheco...

Passado esse tempo todo, como você acha que aquela experiência evoluiu?

Se for pensar com calma e de maneira desarmada, acho que boa parte do que se plantou lá está sendo colhida até hoje. Não acho que seja toda imprensa do mundo que dê tanto espaço para coisas avançadas, para pessoas mais jovens, para exposições mais radicais como se dá aqui. Eu acho que alguma coisa do que se conquistou ficou.

O que eu acho que mudou foi que talvez uma série de esperanças tenham se frustrado ou tenham se tornado mais fluidas, mais dispersas. Essa concepção da arte como militância, por exemplo, talvez tenha perdido o sentido. Talvez o fato de não haver mais ditadura e de não haver um outro projeto agregador, como foi o PT em determinado momento, tenha dado uma afrouxada.

Mas as coisas são muito mais plurais hoje em dia. Acho muito difícil que um outro jornal venha a capitalizar como a Folha fez naquela época. Foi uma coisa impressionante. Embora eu conheça muito pouco o Otavio, eu acho que no final das contas o cara é ele. E o pai dele, porque o seu Frias é que decidia tudo. □

"O complicado é que era um jornal feito com muito pouco dinheiro; eu não tinha nenhum ajudante. Eu fechava sozinho, eu revisava, eu pautava, sentava com o diagramador, arrumava as ilustrações"

NOTA INTRODUTÓRIA – DE ESQUECIMENTO E FALSIFICAÇÃO

RODRIGO NAVES
6 de fevereiro de 1983 – Folhetim

Dizia Machado de Assis que "o tempo é um rato roedor das cousas, que as diminui ou altera no sentido de lhes dar outro aspecto". Não é outro o tema deste Folhetim. Por certo o leitor fará rápidas e certeiras correções à frase de Machado, pois como verá lidamos com um tempo mais voraz, que não se contenta em dar outro aspecto aos objetos, chegando mesmo a eliminá-los. O esquecimento não é outra coisa senão isso. Já a falsificação, essa sim, assemelha-se muito mais a esses pequenos roedores: transforma coisas falsas em verdadeiras, muda-lhes as feições, dá-lhes novos contornos.

Assim sucedeu com Ossian, um suposto bardo escocês do século 3, na verdade a mais pura invenção de seu imaginoso tradutor, Macpherson, e que no entanto ganhou foros de verdade em virtude do solo fértil do Romantismo. A mesma sorte não tiveram Antoine Fraivaux, Manuel Mousinho, Agrícola de Almeida, Arnold Crooked, Sbaglio e Desgaudrioles. Ao contrário, quase se perderam na poeira dos tempos, emergindo raramente cá e lá por obra de mãos curiosas que insistiram em averiguar obscuras notas de rodapé, estantes empoeiradas de velhas bibliotecas e livrarias. Com efeito, trata-se de um jornal feito de poeira, ou melhor, de resíduos. São sedimentos de leituras fictícias ou não que se acumularam, ganharam corpo e que agora nos propomos a juntar num só número. Esperamos que todo esse esforço não tenha sido inútil.

Há escritores, como Rousseau ou Stendhal, que elegeram leitores futuros, frustrados com a incompreensão de seus contemporâneos. Acertaram e gozam a fama proporcionada por essa clarividência. Há, no entanto, outros raciocínios, diferentes do daqueles que apostaram na posteridade. Há um certo narcisismo literário que vê na suspensão e supressão das próprias pessoas uma condição essencial para o enriquecimento da obra. É provável que seja o caso de nossos amigos.

É certo, não falo de desvios psicológicos. Seria por demais mundano. Ofenderia a memória de homens tão escrupulosos e pudicos. Refiro-me antes a esse supremo esforço para eliminar qualquer vestígio de impureza que pudesse macular as respectivas obras, a começar de si mesmos, da grosseira e vil existência, o corpo e seus percalços. Em parte, o anonimato é uma saída. Ao menos livra-se a tosca matéria de inoportunas testemunhas, a lembrar que as aventuras do espírito não passam de voos vigiados. São trejeitos da alma, abrigos outonais.

Quem sabe passasse pela cabeça desses homens motivos menores, e a razão de todo o segredo não fosse além de reles idiossincrasias pessoais, misantropias envergonhadas, timidezes agudas. Não andavam em noites de autógrafos, nem à cata de resenhas e reportagens que os promovesse, atividades que nos dias que correm acabarão por transformar a pessoa do escritor em sua obra mais cara.

Não dispomos de dados suficientes para chegar a conclusões. Além do mais,

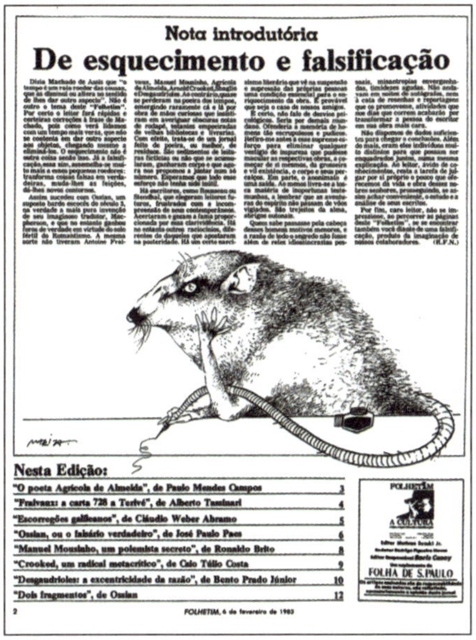

Nota introdutória

De esquecimento e falsificação

Nesta Edição:

FOLHA DE S.PAULO

2 FOLHETIM, 6 de fevereiro de 1983

Manuel Mousinho, um polemista secreto

Ronaldo Brito

Poeta e político famoso, o socialista português Manuel Mousinho, no entanto, somente seria conhecido como crítico de arte após a recente descoberta de seu diário e correspondência - onde ataca os maiores mitos da pintura brasileira

Brancusi e Munch

8 FOLHETIM, 6 de fevereiro de 1983

São Paulo, domingo 6 de fevereiro de 1983 N.º 316

FOLHETIM

A CULTURA

como esquecimento e falsificação

Paulo Mendes Campos
José Paulo Paes
Alberto Tassinari
Bento Prado Jr.
Cláudio Weber Abramo
Ronaldo Brito
Caio Túlio Costa

eram eles indivíduos muito distintos para que possam ser enquadrados juntos, numa mesma explicação. Ao leitor, ávido de conhecimentos, resta a tarefa de julgar por si próprio o pouco que oferecemos da vida e obra desses nobres senhores, prosseguindo, se assim achar conveniente, o estudo e a análise de seus escritos.

Por fim, caro leitor, não se impressione, ao percorrer as páginas deste Folhetim, se se encontrar também você diante de uma falsificação, produto da imaginação de nossos colaboradores. □

A capa e algumas das páginas do "Folhetim falso", com críticas a autores inexistentes e resenhas de livros nunca escritos; na nota introdutória, Rodrigo Naves dá uma pista do conteúdo movediço daquela edição

MAIS BURRICE, PESSOAL

PAULO LEMINSKI
24 de agosto de 1985 – Ilustrada

É preciso acreditar em alguma coisa.

Acreditar, por exemplo, que o ser humano é o único animal que solta marimbondos de fogo pela boca. Acreditar, digamos, que a letra de "A Minha Renúncia", cantada por Nelson Gonçalves, é da autoria de Jânio Quadros, um verdadeiro retrato do artista quando sóbrio. Acreditar nas virtudes curativas do chá de boldo, da ipecacuanha, da casca de batata. Acreditar, piamente, que vai terminar a matança das baleias, que pulularão nos mares, na entrada do novo milênio, que se avizinha. Crer, senhores, crer com fé de velhinha polaca. Crer, vá lá, que, um belo dia, Sócrates (o jogador, não o filósofo) vai ser presidente da República. Acreditar que existe alguma coisa além da morte, já que, do lado de cá, tem tanta coisa interessante. Tem que acreditar, não interessa em quê. Acreditar na cegonha, em Papai Noel. Em coelhinho da Páscoa e em sociedade sem classes. Crer, com funda fé, na vitória final do bem, do concretismo e das conquistas fundamentais da tropicália. Sobretudo, acreditar que tudo vai melhorar, o volume da dívida externa, a qualidade da carne bovina, a ilegível letra dos médicos, os quilates das pedras preciosas do Abi-Ackel, o espírito democrático do general Newton Cruz, o direto de esquerda do Maguila, o liberalismo do Vaticano, o grau de consciência política dos surfistas cariocas. Acreditar, acreditam em tudo, de preferência.

Sem fé, a gente sai do juveniilismo, do Matinas Suzuki Jr., o Bruce Lee do jornalismo brasileiro (cada porrada é um tombo), para se atirar nos braços do veteroceticismo, tão bem detectado por Sérgio Augusto.

Os muito cínicos que me desculpem, mas fé é fundamental.

E, para ter fé, é preciso uma boa e corajosa dose de burrice.

O que eu vejo nos meus colegas aqui da Folha é que todo mundo é inteligente demais. Cruz credo! Até parece que todo mundo, quando crescer, quer ser Paulo Francis. Ou Deus, pelo menos.

E eu estou aqui para alertar contra os perigos da inteligência e da lucidez em estado puro.

Eu quero a inteligência em estado burro.

Inteligência é que nem droga. Nego começa com um pouquinho, vai aumentando a dose. E, de repente, está viciado. Pronto, não acredita mais em nada do que lê, venha donde vier, dos Upanishads, do livro do Gênesis, do Corão, do Bagavad Ghita, da Declaração dos Direitos Humanos, do Manifesto Comunista, do Diário Oficial, do Planeta Diário.

Inteligência em estado puro é um perigo. Ela leva ao ceticismo, ao sarcasmo, ao deboche, ao estado sardônico do Ruy Castro, por exemplo. Tudo é risível porque, sempre, o rei está nu. E se não estiver?

Semanas atrás, publiquei aqui mesmo um brado de alerta pedindo "carinhos e ternuras" aos meus colegas de lucidez. O apelo caiu em ouvidos surdos. Todos, sem exceção, continuaram sua louca marcha suicida em direção à lucidez, à visão crítica, à maldita inteligência. Depois, não digam que eu não avisei.

Quanto a mim, tenho uma fé inquebrantável no fato, indiscutível, de que estou aqui, sentado à maquina, escrevendo um texto em prol do essencial, aquele componente de estupidez sem o qual não há vida humana possível, nestes tempos Blade Runner de pós-tudo e pré-algo.

E essa certeza enche a minha vida de calor e de sentido, nesta madrugada, dispendiosa arquitetura que um passarinho, amigo meu, acaba de liquidar com um simples pio-pio. □

13.JUL.1988 MONICA VENDRAMINI/FOLHA IMAGEM

Tio Lema

Após a saída de Tarso de Castro, um novo time de colunistas passaria a ter espaço na página 2 da Ilustrada a partir de abril de 1985; além do poeta Paulo Leminski (foto), que escrevia às quartas e sábados, Jô Soares (aos domingos), Luiz Paulo Baravelli (às sextas), Patricio Bisso (às quintas) e Angeli (às terças)

"Estou aqui escrevendo um texto em prol do essencial, aquele componente de estupidez sem o qual não há vida humana possível, nestes tempos Blade Runner de pós-tudo e pré-algo"

▸ 1980

NO PALCO

- O bailarino russo Mikhail Baryshnikov faz seis apresentações no Municipal de São Paulo (mai.).
- Morre Paschoal Carlos Magno, criador do Teatro Estudante do Brasil e de inúmeros festivais (24.mai.). Paulo Francis exercitou-se em sua escola quando jovem.

NO CINEMA

- O filme "Iracema, Uma Transa Amazônica", de Jorge Bodansky e Orlando Sena, censurado desde 1975, é premiado no Festival de Brasília.
- Glauber Rocha lança "A Idade da Terra", seu último longa.
- São lançados "Eu Te Amo", de Arnaldo Jabor; "Star Wars: Episódio 5 – O Império Contra-ataca", de George Lucas; "O Homem-Elefante", de David Lynch; "Gente como a Gente", de Robert Redford; "Kagemusha", de Akira Kurosawa ; "O Iluminado", de Stanley Kubrick; "Touro Indomável", de Martin Scorsese; "Cidade das Mulheres", de Federico Fellini; "Atlantic City", de Louis Malle; e "A Lagoa Azul", de Randal Kleiser.
- Morre Alfred Hitchcock. Seus filmes, como "Janela Indiscreta" e "Intriga Internacional", são cultuados na década de 80 (29.abr.).

NA TV

- Estreia o "Programa do Bozo", na TVS.
- Fim da censura oficial no telejornalismo brasileiro (3.fev.).
- Sai do ar a Rede Tupi (14.jul.).

NA ESTANTE

- Ziraldo publica "O Menino Maluquinho".
- Morre o dramaturgo e filósofo existencialista Jean-Paul Sartre, aos 75 anos (15.abr.).
- Morre o poeta, letrista e compositor Vinicius de Moraes, principal parceiro de Tom Jobim em clássicos da bossa nova, aos 66 anos (9.jul.).
- José Sarney é eleito para a Academia Brasileira de Letras (17.jul.).
- Morre o jornalista Samuel Wainer, aos 68 anos (2.set.).
- Morre o romancista e dramaturgo Nelson Rodrigues, no Rio de Janeiro. Autor de "Vestido de Noiva", "Beijo no Asfalto" e "Toda Nudez Será Castigada". Era colunista da Ilustrada (21.dez.).

NA MÚSICA

- Show de Frank Sinatra no Maracanã reúne 175 mil pessoas; a Censura Federal libera o musical "Calabar", de Chico Buarque e Ruy Guerra, proibido desde 1973 (jan.).
- Morre, no Rio, o cantor e compositor Cartola (Agenor de Oliveira), um dos bambas do samba (30.nov.).
- A banda inglesa Pink Floyd lança o álbum "The Wall".
- O músico paranaense Arrigo Barnabé lança o LP independente "Clara Crocodilo", que causa impacto e discussões por seu espírito vanguardista (dez.).
- John Lennon é assassinado em Nova York (8.dez.). Como na morte de John Kennedy, todos lembram de onde estavam quando souberam da notícia.

NAS ARTES

- Morre Hélio Oiticica, aos 43 anos. Reconhecido em círculos não muito amplos, sua obra é "descoberta" internacionalmente no final da década. Ele passa a ser considerado por muitos o maior artista brasileiro e um dos maiores do mundo em sua época.

▸ 1981

NO PALCO

- Ana Botafogo torna-se primeira-bailarina do Municipal do Rio de Janeiro.

NO CINEMA

- "Eles não Usam Black-Tie", de Leon Hirszman, ganha prêmio especial do júri no Festival de Veneza e é lançado na Europa e em Nova York.
- "Pixote – A Lei do Mais Fraco", de Hector Babenco, é eleito melhor filme do ano pela Associação de Críticos de Cinema de Los Angeles (EUA);
- O filme "O Homem que Virou Suco", de João Baptista de Andrade, ganha medalha de ouro no Festival de Moscou.
- É lançado "Os Caçadores da Arca Perdida", de Steven Spielberg.
- Morre o ator e produtor de cinema Amácio Mazzaropi, aos 69 anos (13.jun.).
- Morre Glauber Rocha, aos 42 anos (22.ago.).

NA TV

- Estreia o programa "TV Mulher" que reunia Marília Gabriela, Ney Gonçalves Dias, Clodovil e Marta Suplicy.
- Estreia "Viva o Gordo", na Globo. Sai do ar em 1987, quando Jô Soares é contratado pelo SBT (9.mar.).
- Têm início as transmissões do SBT (Sistema Brasileiro de Televisão) (19.ago.).
- Estreia o seriado americano "Dallas", na Globo (nov.).

NA ESTANTE

- Luis Fernando Verissimo lança "O Analista de Bagé". A primeira edição esgota em dois dias.
- Umberto Eco acerta como romancista ao lançar "O Nome da Rosa", que se torna best-seller.

NA MÚSICA

- Morre o cantor de rock Bill Halley (9.fev.).
- Gilberto Gil lança o disco "Luar".
- Uma bomba explode em carro ocupado por dois militares em frente ao Riocentro, local em que acontece show promovido por entidades de esquerda. Um dos militares morre (30.abr.).
- Itamar Assumpção lança seu disco independente "Isca de Polícia" (mai.).
- Morre o músico e compositor jamaicano Bob Marley (11.mai.). Popstar do Terceiro Mundo, virou sinônimo da cultura reggae nos quatro cantos do mundo.
- Entra no ar nos EUA a MTV (Music Television) (1.ago.).
- Milton Nascimento lança o disco "Caçador de Mim" (set.).

▸ 1982

NO PALCO

- Estreia em São Paulo a peça "Filhos do Silêncio", com Irene Ravache e Odilon Wagner no elenco (21.jan.); entra em cartaz "As Lágrimas Amargas de Petra von Kant", de Fassbinder, dirigida por Celso Nunes, no Rio, com Fernanda Montenegro e Juliana Carneiro (2.ago.).

NO CINEMA

- "Meow", desenho animado de Marcos Magalhães, ganha prêmio especial do júri em Cannes, na categoria Animação.
- São lançados "ET – O Extraterrestre", de Steven Spielberg; "Fanny e Alexander", de Ingmar Bergman; "Blade Runner, o Caçador de Andróides", de Ridley Scott; "Gandhi", de Richard Attenborough; "O Desespero de Veronika Voss", de Werner Fassbinder; "Rambo – Programado para Matar", com Sylvester Stallone; e "Conan, o Bárbaro", de John Milius.
- Morre o diretor alemão Rainer Werner Fassbinder (10.jun.).
- Morre a atriz Ingrid Bergman, vencedora de três prêmios Oscar e protagonista de "Casablanca" (29.ago.).
- Morrem Grace Kelly (14.set.) e o cineasta francês Jacques Tati (5.nov.).

NA TV

- A Globo recebe o prêmio Emmy pela minissérie "Morte e Vida Severina".

NA ESTANTE

- Publicado "A Cor Púrpura", de Alice Walker. Em 1985, o romance é adaptado para o cinema por Steven Spielberg.
- Sergio Sant'anna recebe o Prêmio Jabuti de melhor livro de contos com a publicação de "O Concerto de João Gilberto no Rio de Janeiro".

□ O português José Saramago publica "Memorial do Convento".
□ O escritor colombiano Gabriel García Márquez recebe o prêmio Nobel de Literatura.
□ O historiador e crítico Sérgio Buarque de Holanda morre em São Paulo (24.abr.).
□ É eleito para a Academia Brasileira de Letras o diplomata, filósofo, sociólogo e escritor José Guilherme Merquior. O grande polemista é autor de "Poesia do Brasil" (antologia com Manuel Bandeira) e "Razão do Poema", entre outros (11.mar.).

NA MÚSICA

□ O grupo sueco Abba é a primeira banda a lançar um disco em formato CD, com "The Visitors".
□ A banda carioca Blitz lança "As Aventuras da Blitz 1", com a música "Você Não Soube Me Amar".
□ Morre em São Paulo a cantora Elis Regina (19.jan.).
□ Morre o cantor, instrumentista e compositor brasileiro Jackson do Pandeiro (10.jul.).
□ Lulu Santos lança "Tempos Modernos" (ago.).
□ O grupo de rock Barão Vermelho lança seu primeiro LP, "Barão Vermelho", com a música "Todo o Amor que Houver Nessa Vida", de Roberto Frejat e Cazuza (set.).
□ É lançado o disco "Thriller", Michael Jackson (nov.).
□ Morre o compositor, cantor, humorista e ator Adoniran Barbosa, símbolo da cultura popular paulista de influência italiana (23.nov.).

▸ 1983

NO PALCO

□ Estreia o espetáculo "O Grande Circo Místico", em que a companhia de balé Guaíra se apresenta ao som de Chico Buarque e Edu Lobo.
□ Morre em Nova York o dramaturgo Tennessee Williams (25.fev.).

NO CINEMA

□ O filme "Parahyba, Mulher Macho", de Tizuka Yamazaki, vence os festivais de Cartagena (Colômbia), Biarritz (França) e Havana (Cuba).
□ A produtora Atlântida fecha as portas definitivamente, após um longo período de decadência.
□ São lançados os filmes nacionais "Sargento Getúlio", de Hermano Penna; "Bar Esperança", de Hugo Carvana; "Gabriela, Cravo e Canela", de Bruno Barreto; "O Cangaceiro Trapalhão"; "O Trapalhão na Arca de Noé"; e os internacionais "Laços de Ternura", de James Brook; "Scarface", de Brian de Palma; "O Sentido da Vida", de Terry Jones e Terry Gilliam; "Star Wars: Episódio 6 – O Retorno de Jedi", de George Lucas; e "E la Nave Va", de Federico Fellini.
□ Morre o cineasta surrealista espanhol Luis Buñuel, de "O Cão Andaluz" e "O Discreto Charme da Burguesia", no México (29.jul.).

NA TV

□ Tadeu Jungle apresenta o anárquico e vanguardista "Fábrica do Som", na TV Cultura de São Paulo, com atrações variadas, do rock à poesia; a mesma emissora lança o pioneiro "Som Pop", que apresenta clipes.
□ Estreia a minissérie "Bandidos da Falange", de Aguinaldo Silva, na Globo (10.jan.).
□ "Balão Mágico" estreia na Globo, comandado por Simony e Fofão. Sai do ar em 1986 (7.mar.)
□ A Rede Manchete inicia as suas transmissões para São Paulo, Belo Horizonte e Porto Alegre (5.jun.).
□ Estreia a novela "Guerra dos Sexos", de Sílvio de Abreu, na Globo, com Fernanda Montenegro e Paulo Autran no elenco (6.jun.).

NA ESTANTE

□ Publicado "Um Por Todos" (poesia reunida de 1947 a 1983), coletânea de poemas de José Paulo Paes, e "A Velhinha de Taubaté", de Luis Fernando Verissimo.

NA MÚSICA

□ O cantor Ritchie lança um compacto com "Menina Veneno" (dele e Bernado Vilhena).
□ A banda de rock irlandesa U2 lança o disco "War" (fev.).
□ É lançado o single "Blue Monday", da banda inglesa New Order (mar.).
□ A morte da cantora mineira Clara Nunes (2.abr.) causa grande comoção no Brasil.
□ O show "Emoções", de Roberto Carlos, inaugura a casa de espetáculos Palace, no bairro de Moema, em São Paulo (5.abr.).
□ A banda inglesa The Police lança seu último álbum de estúdio, "Synchronicity", seu disco de maior sucesso (jun.).
□ A banda de rock Ultraje a Rigor, de São Paulo, lança compacto simples com o hino geracional "Inútil" e "Mim Quer Tocar", composições de Roger Moreira (out.).
□ O grupo inglês Style Council lança "Café Bleu", com ares de "new batucada".

NAS ARTES

□ Morre pintor catalão Joan Miró, aos 90 anos (25.dez.).

▸ 1984

NO PALCO

□ Estreia o musical "Piaf", de Pam Gems, dirigido por Flávio Rangel e interpretado por Bibi Ferreira, que recebe os prêmios Mambembe e Molière (5.set.).

NO CINEMA

□ São lançados os filmes nacionais "Bete Balanço", de Lael Rodrigues, e "Nunca Fomos Tão Felizes", de Murilo Salles; e os internacionais "Os Caça-Fantasmas", de Ivan Reitman; "Amadeus", de Milos Forman; "Era Uma Vez na América", de Sergio Leone; "O Exterminador", de James Cameron; "Paris, Texas", de Wim Wenders; "Indiana Jones e o Templo da Perdição", de Steven Spielberg; "Gremlins", de Joe Dante; "Karatê Kid", de John Avildsen; e "A Dama de Vermelho", de Gene Wilder.
□ Morre o diretor francês François Truffaut, um dos nomes da nouvelle vague, que trabalhou como ator em "Contatos Imediatos do Terceiro Grau", de Steven Spielberg (21.out.).

NA TV

□ Estreiam "Chaves" e a novela "Chispita", no SBT.
□ "Perdidos na Noite", apresentado pelo jornalista Fausto Silva, vira cult na TV Gazeta. Em agosto, muda para a TV Record e, em 1986, estreia na TV Bandeirantes, em rede nacional.
□ Estreia "Clip Clip", o primeiro programa da Rede Globo só de clipes. Sai do ar em 1987 (16.set.).

NA ESTANTE

□ Lançados "Hitler Manda Lembranças", de Roberto Drummond, e "Auto do Frade", de João Cabral de Melo Neto.
□ Em entrevista ao Folhetim, Raduan Nassar, de "Lavoura Arcaica", declara que está abandonando a literatura.
□ Ernesto Sábato recebe o prêmio Cervantes, a mais prestigiosa premiação da literatura hispânica. Em seguida, publica "Nunca Mais", um relatório que denuncia a tortura na ditadura militar argentina.
□ Morre o escritor argentino Julio Cortázar, autor de "Jogo da Amarelinha", aos 69 anos, um dos grandes nomes do chamado boom literário latino-americano (12.fev.).
□ Morrem o memorialista Pedro Nava, no Rio de Janeiro (13.mai.), e o escritor José Mauro de Vasconcelos, autor de "Meu Pé de Laranja Lima" (24.jul.).

NA MÚSICA

□ O grupo de rock Paralamas do Sucesso lança o LP "O Passo do Lui", que inclui as músicas "Óculos" e "Meu Erro", ambas de Herbert Vianna.
□ A Sony coloca no mercado o primeiro discman.
□ Michael Jackson recebe oito prêmios Grammy por seu disco "Thriller" (jan.).
□ A banda inglesa The Smiths lança disco homônimo (fev.).
□ É inaugurado o Sambódromo do Rio, projetado por Oscar Niemeyer (mar.).
□ O cantor de soul Marvin Gaye é morto com um tiro por seu pai (abr.).
□ A cantora Madonna faz uma de suas performances mais famosas ao cantar, vestida de noiva, a música "Like a Virgin", durante o primeiro Video Music Awards da MTV (set.).
□ Os Talking Heads, de David Byrne, lançam "Stop Making Sense".
□ Sade, de origem nigeriana, lança "Diamond Life" e faz sucesso com seu jeito suave de ser.

NAS ARTES

□ Acontece no Rio, no Parque Laje, a mostra "Como Vai Você, Geração 80?", um amplo apanhado da jovem produção estética brasileira.

▸ 1985

NO CINEMA
□ "Cabra Marcado para Morrer", de Eduardo Coutinho, é premiado no Festival de Berlim.
□ São lançados os filmes nacionais "A Marvada Carne", de André Klotzel; "O Beijo da Mulher-Aranha", de Hector Babenco, co-produção com EUA; "A Hora da Estrela", de Suzana Amaral; e os internacionais "Entre Dois Amores", de Sidney Pollack; "Ran", de Akira Kurosawa; "A Cor Púrpura", de Steven Spielberg; "De Volta para o Futuro", de Robert Zemeckis; e "A Rosa Púrpura do Cairo", de Woody Allen.

NA TV
□ Vai ao ar na Globo "Armação Ilimitada", dirigido por Guel Arraes e protagonizado por Kadu Moliterno e André di Biase (17.mai.).
□ Estreia a minissérie "Tenda dos Milagres", de Cassiano Gabus Mendes, na Globo (29.jul.).

NA MÚSICA
□ Acontece a primeira edição do Free Jazz Festival, com 29 artistas, entre eles o trompetista Chet Baker (4 a 14.ago.).
□ São lançados os discos "Nós Vamos Invadir sua Praia", do Ultraje a Rigor, e "Psychocandy", da banda escocesa The Jesus and Mary Chain.
□ Nomes da música mundial gravam, em Los Angeles, a música "We Are the World", em produção de Quincy Jones, para arrecadar dinheiro e ajudar a solucionar o problema da fome na África (jan.).
□ O grupo de rock Legião Urbana lança LP homônimo, o primeiro da banda (jan.).

□ Estreia a minissérie "Grande Sertão: Veredas", de Walter George Durst, baseada na obra de Guimarães Rosa, na Rede Globo (18.nov.).

NA ESTANTE
□ Publicado o livro "O Amor nos Tempos de Cólera", de Gabriel García Márquez.
□ Frei Betto recebe o Prêmio Jabuti, na categoria melhor livro de memórias, por "Batismo de Sangue"; sai a biografia "Olga", de Fernando Morais, sobre Olga Benário, a mulher de Luiz Carlos Prestes.
□ Morre a poeta goiana Cora Coralina, aos 105 anos (11.abr.).
□ Morre o escritor e jornalista italiano Italo Calvino, aos 61 anos. É autor de "O Cavaleiro Inexistente" e "Se um Viajante numa Noite de Inverno" (19.set.).

□ O festival Rock in Rio reúne mais de um milhão de pessoas no Rio de Janeiro (11 a 20.jan.) para ouvir estrelas internacionais como Ozzy Osbourne, Rod Stewart, The B-52s, AC/DC, e nacionais, como Paralamas, Rita Lee e Gilberto Gil.
□ O álbum "Like a Virgin", da cantora Madonna, atinge o 1º lugar nas paradas de sucesso dos EUA (fev.).
□ O grupo porto-riquenho Menudos faz uma série de apresentações pelo Brasil (mar.). Saem na capa da Ilustrada.
□ A banda RPM, com Paulo Ricardo, lança "Revoluções Por Minuto" (ago.).
□ A música "Escrito nas Estrelas", de Arnaldo Black e Carlos Rennó, defendida por Tetê Espíndola, vence o Festival dos Festivais (TV Globo) (out.).

▸ 1986

NO PALCO
□ Entra em cartaz a peça "O Mistério de Irma Vap", de Charles Ludlam, dirigida por Marília Pêra, no Rio. Com Marco Nanini e Ney Latorraca no elenco.

NO CINEMA
□ Willian Hurt vence o Oscar de melhor ator por "O Beijo da Mulher-Aranha", de Hector Babenco; Fernanda Torres recebe prêmio de melhor atriz em Cannes por "Eu Sei que Vou Te Amar", de Arnaldo Jabor.
□ São lançados os filmes nacionais "O Homem da Capa Preta", de Sérgio Rezende; "Ópera do Malandro", de Ruy Guerra; e os internacionais "Platoon", de Oliver Stone; "Hannah e Suas Irmãs", de Woody Allen; "9 ½ Semanas de Amor", de Adrian Lyne; "Ases Indomáveis", de Tony Scott; "A Cor do Dinheiro", de Martin Scorsese; "Aliens, o Resgate", de James Cameron; e "Ginger e Fred", de Federico Fellini.

NA ESTANTE
□ Morre o escritor argentino Jorge Luis Borges, aos 86 anos. Entre seus livros, "Ficções", "O Aleph" e "O Livro dos Seres Imaginários" (14.jun.).
□ Morre o escritor, romancista, folclorista, antropólogo e historiador potiguar Luís da Câmara Cascudo, aos 85 anos. É autor de "Civilização e Cultura", "Cozinha Africana no Brasil" e "Histórias de Nossos Gestos" (30.jul.).
□ Lançado o "Almanaque Casseta Popular", em formato de revista, publicado pelo grupo que depois seria conhecido por Casseta & Planeta.

NA MÚSICA
□ O cantor e compositor carioca Zeca Pagodinho lança disco homônimo, seu primeiro LP solo; morre o compositor e cantor Nelson Cavaquinho (18.fev.).

NA TV
□ Estreia "Miami Vice", no SBT.
□ Estreia "Mixto Quente", na TV Globo, que exibe shows de Rita Lee, Barão Vermelho e Raul Seixas, entre outros (5.jan.).
□ Estreia a novela "Cambalacho", de Sílvio de Abreu, na Globo. No elenco, Fernanda Montenegro e Gianfrancesco Guarnieri (10.mar.).
□ Estreia na Globo "Chico e Caetano", de Nelson Motta. É uma série de nove programas, que conta com a participação de Cazuza, Gilberto Gil e Legião Urbana (26.abr.).
□ "Anos Dourados", de Gilberto Braga, relembra os anos 50 na Globo, com Malu Mader e Felipe Camargo (5.mai.).
□ Começa na Globo o "Xou da Xuxa", infantil de auditório comandado por Xuxa Meneguel (30.jun.).
□ Vai ao ar o programa "Roda Viva", na TV Cultura, que entrevista grandes personalidades. (29.set.).

□ O disco "Garota de Ipanema", de Nara Leão e Roberto Menescal, é o primeiro CD de música brasileira lançado no país (abr.).
□ O grupo de rock brasiliense Capital Inicial lança disco homônimo (jul.).
□ A banda Titãs lança "Cabeça Dinossauro", os Paralamas lançam "Selvagem" e o Legião Urbana lança "Dois" (ago.).
□ Morre a pianista brasileira Magdalena Tagliaferro (9.set.).

NAS ARTES
□ A Galeria São Paulo realiza a badalada mostra "O q Faço é Música", com obras de Hélio Oiticica.

▸ 1987

NO PALCO
□ Estreia "Meno Male", de Juca de Oliveira, o espetáculo mais assistido de 1987 (26.mar.).

NO CINEMA
□ "O Último Imperador", de Bernardo Bertolucci, ganha nove estatuetas do Oscar.
□ São lançados os nacionais "Quincas Borba", de Roberto Santos; "O País dos Tenentes", de João Batista de Andrade; "Um Trem para as Estrelas", de Cacá Diegues; "A Dama do Cine Shangai", de Guilherme de Almeida Prado ; "A Menina do Lado", de Alberto Savá; "Os Trapalhões no Auto da Compadecida", de Roberto Farias; "Feliz Ano Velho", de Roberto Gervitz; e os internacionais "Os Intocáveis", de Brian de Palma; "Atração Fatal", de Adrian Lyne; "Adeus, Meninos", de Louis Malle; "Nascido para Matar", de Stanley Kubrick; "Asas do Desejo", de Wim Wenders; e "Império do Sol", de Steven Spielberg.

□ Morre o diretor brasileiro Roberto Santos (7.mai.).
□ Morre o ator e bailarino norte-americano Fred Astaire (22.jun.).
□ O ator Fernando Ramos da Silva, o Pixote, é morto pela polícia (25.ago.).
□ Morre o cineasta Leon Hirszman (15.set.).
□ O presidente José Sarney cria a Fundação do Cinema Brasileiro, que cuida de curtas-metragens e da produção técnica dos filmes (5.nov.).

NA TV
□ Estreiam as novelas "Mandala", de Dias Gomes e Marcílio Moraes, e "Sassaricando", de Sílvio de Abreu, na Globo.

NA ESTANTE
□ Paulo Coelho lança "O Diário de Um Mago".
□ Publicado "A Fogueira das Vaidades", de Tom Wolfe.
□ Toma posse na Academia Brasileira de Letras a escritora Lygia Fagundes Telles. É a terceira mulher a ingressar na ABL (12.mai.).

□ Morre o poeta Carlos Drummond de Andrade, aos 84 anos (17.ago.).
□ Fundada a Companhia das Letras, que se torna a mais influente editora do país.

NA MÚSICA
□ O músico norte-americano Prince lança o disco "Sign o' the Times" (jun.).
□ O cantor carioca Lobão lança "Vida Bandida" (jun.).
□ O grupo Ira! lança "Vivendo e Não Aprendendo" e emplaca a música "Flores Em Você" (Edgard Scandurra); a banda norte-americana Guns N' Roses lança "Appetite For Destruction" (jul.).
□ Após sete anos sem trabalho solo, Tom Jobim lança o LP "Passarim" (set.).
□ Os Titãs lançam "Jesus Não Tem Dentes no País dos Banguelas" (nov.).

NO PALCO
□ Estreia em São Paulo o primeiro espetáculo da trilogia produzida por Gerald Thomas, baseado em Franz Kafka, "Um Processo" (5.mai.).
□ Estreiam "Corpo de Baile", adaptação da obra de Guimarães Rosa, dirigida por Ulysses Cruz (20.mai.); "Theatro Musical Brazileiro", dirigida por Luís Antônio Martinez Corrêa; e "Fica Comigo Esta Noite", de Flávio de Souza, dirigida por Jorge Fernando (20.set.).
□ Morre o cronista, diretor de teatro e jornalista Flávio Rangel, aos 54 anos (25.out.). Fez grande sucesso como colunista da Ilustrada nos anos 70 e início dos 80.

NO CINEMA
□ Pedro Almodóvar fica famosíssimo com "Mulheres à Beira de um Ataque de Nervos".

NA ESTANTE
□ Publicado "Os Versos Satânicos", de Salman Rushdie, que recebe uma condenação à morte de fundo religioso pelas referências que faz ao islamismo.
□ O escritor Moacyr Scliar recebe o Prêmio Jabuti pelo livro de contos "O Olho Enigmático".
□ Publicado o livro "1968 – O Ano que não Terminou", de Zuenir Ventura.
□ O mago Paulo Coelho ataca de "O Alquimista".
□ É lançado "Uma Breve História do Tempo", do físico Stephen Hawking.
□ Morre o cartunista e jornalista Henfil, aos 43 anos (4.jan.).

NA MÚSICA
□ Cazuza lança o LP "Ideologia", com as músicas "Faz Parte do Meu Show" e "Brasil".

NO PALCO
□ Entram em cartaz "Paraíso Zona Norte", de Nelson Rodrigues, adaptada por Antunes Filho (24.abr.); "Trair e Coçar É Só Começar", de Marcos Caruso, e "A Paixão Segundo G. H.", de Clarice Lispector, dirigida por Cibele Forjaz. (1.nov.).
□ Morre a atriz Dina Sfat (20.mar.).

NO CINEMA
□ São lançados os nacionais "Kuarup", de Ruy Guerra; "Ilha das Flores", de Jorge Furtado; "Festa", de Ugo Giorgetti; "Dias Melhores Virão", de Cacá Diegues; e os internacionais "Nascido em 4 de Julho", de Oliver Stone; "Conduzindo Miss Daisy", de Bruce Beresford; "Faça a Coisa Certa", de Spike Lee; "Indiana Jones e a Última Cruzada", de Steven Spielberg; "Crimes e Pecados", de Woody Allen; e "Batman", de Tim Burton.

Vale Negro", escrita pelo mesmo autor em parceria com Luiz Arthur Nunes, ganha o Molière.
□ Moacyr Scliar recebe o prêmio Casa de las Américas, de Cuba, por seu livro de contos "A Orelha de Van Gogh".
□ Morre o escritor Paulo Leminski, aos 45 anos. É autor de "Catatau" (7.jun.).
□ É eleita para a ABL a escritora Nélida Piñon. Em 1996, torna-se a primeira mulher a presidir e entidade (27.jul.). É também eleito Candido Mendes de Almeida (24.ago.).
□ Morre o escritor e dramaturgo Samuel Beckett, aos 73 anos (22.dez.).

NA MÚSICA
□ O grupo de rock mineiro Sepultura lança o disco "Beneath the Remains" (mai.).

▸ 1988

NAS ARTES
□ Sob o tema Utopia Versus Realidade, a Bienal de Arte de São Paulo reúne obras de 400 artistas e recebe público de 200 mil pessoas. O destaque em pintura é o alemão Anselm Kiefer. A ideia de reunir pinturas neo-expressionistas num corredor chamado de "A Grande Tela" causa protestos de artistas, que reclamam da curadora Sheila Leirner. O músico vanguardista John Cage participa da seção musical da mostra.
□ Morre o artista pop Andy Warhol, aos 59 anos (22.fev.).

□ Estreiam "Rain Man", de Barry Levinson; "Um Peixe Chamado Wanda", de Charles Crichton; "Cinema Paradiso", de Giuseppe Tornatore; e "Duro de Matar", de John McTiernan;
□ Morre o cineasta Joaquim Pedro de Andrade (10.set.), de "Macunaíma".

NA TV
□ Autorizado no Brasil o funcionamento do sistema de televisão paga (fev.).
□ Estreia o programa "Jô Soares Onze e Meia", no SBT (7.mar.).
□ Estreia a novela "Vale Tudo", de Gilberto Braga, Aguinaldo Silva e Leonor Bassères, na TV Globo. No último capítulo, quando é revelado quem matou Odete Roitman, o Ibope registra 86% dos televisores ligados (16.mai.).
□ Tentativa de renovação do humor, com uma nova safra de jovens atores, surge na Globo o "TV Pirata", dirigido por Guel Arraes (5.jun.).
□ Apresentado pelo âncora Boris Casoy, estreia o "TJ Brasil", no SBT.

□ Estreia no Rio, e depois em São Paulo, o festival Hollywood Rock (jan.).
□ Morre o compositor, arranjador, regente e pianista Radamés Gnattali (13.fev.).
□ O trompetista Chet Baker morre, ao despencar da janela de um hotel em Amsterdã (13.mai.).
□ Morre a cantora Araci de Almeida, grande intérprete de Noel Rosa (20.jun.).

NAS ARTES
□ Morre Lygia Clark, aos 78 anos, um dos grandes nomes da arte construtiva brasileira (24.abr.).
□ Morre o pintor de origem italiana Alfredo Volpi, aos 92 anos, considerado por muitos o maior do Brasil (28.mai.).
□ Oscar Niemeyer recebe prêmio Pritzker.

▸ 1989

NA TV
□ Estreia o programa "Domingão do Faustão", na Globo, apresentado por Fausto Silva (26.mar.).
□ Estreiam as novelas "Dona Beija", de Wilson Aguiar Filho, com Maitê Proença (7.abr.), e "Tieta", adaptação da obra de Jorge Amado (14.ago), na Globo.
□ A TV Record é vendida para o empresário Edir Macedo, bispo da Igreja Universal do Reino de Deus (9.nov.).
□ Transmitida ao vivo a queda do Muro de Berlim (dez.).

NA ESTANTE
□ O espanhol Camilo José Cela recebe o Nobel de Literatura. É autor do romance "A Família de Pascual Duarte".
□ O escritor Ariano Suassuna é eleito para a Academia Brasileira de Letras.
□ O livro "Os Dragões Não Conhecem o Paraíso", de Caio Fernando Abreu, recebe o Prêmio Jabuti e a peça "A Maldição do

□ Morre a cantora Nara Leão, musa da bossa nova e do tropicalismo (7.jun.).
□ Morre o maestro Herbert von Karajan (16.jul.).
□ Morre Luiz Gonzaga, o Rei do Baião (2.ago.).
□ Morre o roqueiro baiano Raul Seixas (21.ago.), parceiro de Paulo Coelho.

NAS ARTES
□ Morrem o pintor surrealista espanhol Salvador Dalí, aos 84 anos (23.jun.), e o artista Arthur Bispo do Rosário, que desenvolve sua obra no hospital psiquiátrico Juliano Moreira, no Rio, onde esteve por 50 anos (5.jul.).
□ É inaugurado o Memorial da América Latina, projetado por Oscar Niemeyer. O conceito e o projeto cultural são desenvolvidos pelo antropólogo Darcy Ribeiro (18.mar.).

1991 MARIO FONTES

1992 MARIO FONTES

babado fas

1992 MARIO FONTES

shion

24.ABR.1988 BETTINA MUSATTI/FOLHA IMAGEM

Corte e cultura

Depois de Helô Machado, Lilian Pacce (acima) foi quem passou a fazer reportagens de moda para a Ilustrada. "Os editores pediam e eu fazia", conta ela, que acabaria tendo participação importante na consolidação de uma cobertura mais ambiciosa da Ilustrada nessa área. Na década de 80, ela foi a primeira a ser enviada pelo jornal para cobrir desfiles em Paris. Também enviou diversas reportagens de Londres, no início dos anos 90, quando morou na capital inglesa. Lilian também trabalhou com a diva Costanza Pascolato (página ao lado), que editou uma página semanal e cobriu desfiles internacionais, com seus textos descolados, para a Ilustrada

22.DEZ.1987 WILSON MELO/FOLHA IMAGEM

NEW LOOK CELEBRIZOU O COSTUREIRO

LILIAN PACCE

Trecho de reportagem publicada em 21 de janeiro de 1989, na Ilustrada

“O new look surgiu de uma sacação psicológica genial de Dior. Apesar do fim da Guerra, as mulheres usavam austeras roupas-uniforme. Dior entendeu que era o momento de a feminilidade vir à tona. Fez o tailleur Bar, o primeiro de uma série que valorizava o luxo e partes cobiçadas do corpo de uma mulher: os ombros eram doces, a saia, muito volumosa, e o busto em evidência realçava a cintura, que, de tão fina, passou a ser cintura de vespa. Simultaneamente ele lançou outra marca registrada: rosas de seda em acessórios e roupas. Tudo isso foi retomado há dois anos, quando o mundo da moda se mobilizou para comemorar o 40º aniversário da Maison Dior. Ele permanece um cult para os estilistas. Nas coleções para o próximo inverno dos brasileiros Georges Henri, Maria Bonita e Andrea Saletto, por exemplo, há respectivamente um vestido da linha A, um casaco trapézio (última criação de seu assistente Yves Saint Laurent antes de deixá-lo, em 1957) e um tailleur acinturado de golas amplas.”

INSIDE

COSTANZA PASCOLATO

Trecho de artigo publicado em 22 de outubro de 1994, na Ilustrada

"Retrô-mania é o que há. O legal é o mix de épocas –não é bom reconhecer se é 40, 50, 60 ou 70. É oficial: é indispensável a bolsa retrô de alcinha (segura-se na mão ou no braço com jeitinho de época). As produtoras top da Elle e da Glamour aqui não dispensam. Para atualização rápida, serve até frasqueira, enquanto as cópias originais não chegam.
Cintos fininhos de fivelas quadradas (Galliano, Margiela, Van Noten, Jean Paul Gaultier) são acessórios definitivos para o estilo 'retrô-glamour'.
A Folha flagrou Joseph encomendando para as lojas de Londres e Paris as suas, no tradicional fabricante londrino Y&M Davidson.
Também com jeitão 'de época' meio 'gato' e meio futurista, os óculos da IDC francesa. O 'sexy-retrô' de Vivienne Westwood já tem 'segunda linha'. Chama-se 'Red Label'. As mais lindas sandálias da temporada (duas faixas envolvendo os pés e salto 8, meio 40's) são as de Manolo Blahnik (sapateiro das estrelas) para Hervé Léger.
A maior concentração de Manolo Blahniks da temporada aconteceu na festa quase 'low profile' para Valentino. Beautiful people e 'planet fashion' seleto."

A cor do dinheiro

Em 1988, a Folha publicou um anúncio para interessados em ocupar a função de secretário gráfico do jornal. Era um cargo criado para melhorar o fluxo do fechamento e evitar que as páginas chegassem à gráfica com erros grosseiros. A Folha não trabalhava –e não trabalha– com revisores. A ideia é atacar os erros na fonte, cabendo a cada um, em sua etapa do processo, cuidar para que o resultado saia correto. Mas o campo de batalha dos fechamentos diários não convida à perfeição. O secretário gráfico era uma tentativa de monitorar fluxos e checar títulos, legendas, gráficos etc. antes de enviar a página para a impressão.

Uma das pessoas que responderam ao anúncio publicado pela Folha chamou a atenção da banca de entrevistadores, mas não foi escolhida. Chamava-se Erika Palomino, era uma garota um pouco tímida, com a pele alva, que tinha deixado o Rio para viver em São Paulo. "Depois do teste para a secretaria gráfica me telefonaram, dizendo que eu não havia passado, mas que eles tinham gostado de mim", conta ela. "Se surgisse uma vaga, me chamariam." Passado um mês, o telefone tocou. "Havia uma vaga para cobrir férias na Ilustrada. Fiz outro teste e outra entrevista, entrei para cobrir férias de não sei quem e fiquei para sempre."

Erika foi contratada em novembro de 1988. Um mês antes, na quarta-feira dia 5 de outubro, o Brasil ganhava sua nova Constituição, promulgada por Ulysses Guimarães. A Folha noticiou que "em primeiro pronunciamento em rede nacional de rádio e TV, o presidente Sarney elogiou o texto da nova Carta e prometeu respeitá-la".

Sarney honrou o compromisso de conduzir a transição democrática, mas seu governo, além da previsível instabilidade política, foi marcado por crises econômicas, populismo e denúncias de corrupção –uma das mais certeiras delas, aliás, um furo de Janio de Freitas, que comprovou a existência de fraude na licitação da ferrovia Norte-Sul.

A alta incontrolável dos preços levou o presidente a inaugurar, com o Plano Cruzado, uma sequência de pajelanças antiinflacionárias que, como sabemos, só veio a comover os deuses das finanças depois do lançamento do Real por Fernando Henrique Cardoso, no governo de Itamar Franco. Sarney patrocinou os planos Cruzado, Cruzado 2, Bresser e Verão. O saldo foi desastroso. Entre fevereiro de 1989 e março de 1990, a inflação brasileira atingiu inacreditáveis 2.751%.

Apesar da instabilidade, a Folha registrou forte crescimento naqueles anos. De 1984 a 1988, o faturamento da empresa mais do que dobrou –e continuou crescendo em 1989, antes do confisco decretado por Fernando Collor de Mello. Em 1986, o jornal de Frias já havia se tornado o mais vendido do país, superando a "fortaleza" da família Mesquita e os cariocas O Globo e Jornal do Brasil.

◆

Em 1988, a Ilustrada estava sob o comando de Márion Strecker Gomes, que assumira o cargo em novembro de 1987. Contratada em julho de 1984, editava, até então, a revista Arte em São Paulo, com a crítica Lisette Lagnado [curadora da Bienal de 2006] e com o artista Luiz Paulo Baravelli. Fora aluna de Matinas Suzuki Jr. na PUC-SP (segundo ela, não muito aplicada). Seu currículo de ex-estudante de balé, história da arte e flauta transversal foi considerado um pouco "renascentista" pelo Diretor de Redação, mas isso poderia ser uma virtude, numa época em que a Folha queria arejar quadros e mentalidades.

Quando se tornou editora da Ilustrada, Márion pegou, como define, "um período extremamente aquecido do ponto de vista econômico" –o que a levou, naturalmente, a uma atuação expansionista:

"Começamos a contar com mais papel para

trabalhar e condições de criar novos filhotes e seções fixas para abordar assuntos que antes eram tratados de maneira mais esporádica, como design, arquitetura e moda. Fizemos os cadernos Livros, Televisão e Comida. Moda ganhou página semanal, com a coordenação da Costanza Pascolato, arquitetura e design, também. Passamos, além disso, a cobrir mais artes plásticas, com várias pessoas se revezando na crítica, como o Alberto Tassinari e o Nelson Aguilar. Eu lembro que a Ilustrada em alguns dias saía muito grande, com 36 páginas".

Também foi um período de contratações. Além de Erika, que poucos anos depois seria uma estrela do mundo dos clubes e da moda, novos nomes chegavam, como o crítico de música Carlos Callado, os jornalistas Mauricio Stycer e Zeca Camargo (que depois migraria para a TV), além do fenômeno José Simão, que saltava das páginas da revista Navilouca e de suas deliciosas "Folias Brejeiras" (um livro alternativo, em ritmo de teatro de revista, lançado nos anos 70) para o fulgurante estrelato como colunista de TV, política e costumes na Ilustrada (com direito, ainda, a um período como editor-assistente do caderno).

Àquela época, Simão vivia com Antonio Salomão, sobrinho do poeta e letrista Waly. Era amigo dos baianos e de parte da turma da Ilustrada. Antes de ir para a Folha, foi sócio, em São Paulo, de um restaurante chamado Zanzibar, traduziu um livro de Octavio Paz (com Lenora de Barros, que foi editora de Arte e Fotografia) e até fez produções de moda.

Na avaliação de Márion, a Ilustrada, naquele final de década, consolidava uma perspectiva mais abrangente do jornalismo cultural, que, além do mundo das artes e espetáculos, se estendia ao "cotidiano das pessoas, à forma como elas se vestem, moram e se relacionam com a cidade".

Não deixava de ser um sinal do recrudescimento da concorrência, num mercado de mídia que se tornava mais sofisticado e exigente. Os grandes jornais não permaneceriam inertes, observando a escalada da Folha. A ideia era, senão imitar, pelo menos absorver os aspectos mais bem-sucedidos do novo líder. O lançamento do Caderno 2 pelo Estadão, em 1986, já havia anunciado o que estava por vir.

O Projeto Editorial da Folha –1988/89– usava a expressão "guerra total" para descrever o tipo de concorrência que existia na imprensa diária naquele momento. E constatava que os procedimentos adotados pelo jornal –como o apartidarismo, o pluralismo, a segmentação em cadernos, o uso de gráficos, os controles de qualidade etc.– mostravam-se vitoriosos. Com um pouco do sabor retórico das análises de conjuntura das tendências estudantis, dizia o documento:

"No setor da imprensa diária, a competição por prestígio, por mais anúncios e por mais leitores adquire uma característica feroz de guerra total: os jornais que se contentaram com a sua aura de tradição e elegância se veem subitamente ameaçados de extinção; outros, que demoraram a compreender o que se passava, se lançam agora a uma tentativa atabalhoada de recuperar o tempo e a posição que perderam, ainda que essa recuperação lhes custe a própria identidade. Seria pouco dizer que a Folha não pode, agora, isentar-se dessa ebulição que necessariamente transformará em todos os seus aspectos a indústria de comunicações do país. Muito mais do que isso, a Folha está no centro dessa ebulição: é sua causa direta no que diz respeito à imprensa diária e está também na origem, indiretamente, das alterações velozes e profundas no restante da mídia, por influência do espírito que criou. Chegamos ao final da década vitoriosos. Os

"A Folha registrou forte crescimento. De 1984 a 1988, o faturamento mais do que dobrou –e continuou crescendo em 1989, antes do confisco decretado por Collor. Em 1986, o jornal de Frias já havia se tornado o mais vendido do país"

A cor do dinheiro

pressupostos e os métodos do Projeto Editorial que vêm se desenvolvendo aqui são reconhecidos por quem antes se mostrava incrédulo; copiados por quem até há pouco nos hostilizava. Adotados na prática por quem ainda insiste em fazer profissão de fé contrária a nós".

Nesse cenário, crescia a importância do atendimento ao leitor consumidor, ao mesmo tempo que era desejável preservar o bom nível intelectual e o padrão ambicioso de crítica e edição já estabelecidos na Ilustrada. Para Márion, "o grande dilema editorial era arrumar um ponto de equilíbrio entre a cobertura dos grandes produtos da cultura de massa e a chamada alta cultura, mantendo uma visão crítica que permeasse o todo".

Suas palavras vão na linha do que dizia um texto anterior do Projeto Editorial, datado de 1985, acerca das tarefas da Ilustrada:

"A Ilustrada deve nortear a sua ação editorial pelos pressupostos de que a cultura é hoje um fato de mercado, de que as culturas ditas nacionais se confundem sob a influência da produção industrial internacional e de que é assunto, na sua área, tudo o que mobiliza atenções de massa no universo da arte e do espetáculo. Esse reconhecimento não desobriga o setor, no entanto, da tarefa de desenvolver uma atitude profundamente crítica com relação à cultura de mercado, não para atacar a sua existência, que constitui um fato inarredável, mas para atacar, isto sim, os seus produtos de má qualidade técnica, a sua redundância e as suas mistificações. Não desobriga a Ilustrada, tampouco, de garantir um espaço importante para a arte denominada 'de elite'".

◆

No dia 15 de março de 1990, o Brasil finalmente assistiu à posse de um presidente eleito pelo voto direto. Collor de Mello não era o tipo de político admirado pela esquerda, mas na realidade aqueles já não eram tempos de esquerda. A vitória do "caçador de marajás", que derrotou Lula com uma campanha agressiva e marqueteira, foi o triunfo de uma espécie de versão tropical, confusa e corrupta, do mercadismo de Ronald Reagan e Margaret Thatcher –respectivamente, o ator-presidente dos EUA e a primeira-ministra do Reino Unido. Eram os grandes líderes ocidentais da década de 80, que sintomaticamente chegou ao ocaso com a queda do Muro de Berlim, em 9 de novembro de 1989. Dois anos depois, em 1991, seria a vez de a União das Repúblicas Socialistas Soviéticas entrar em colapso.

O desabamento do mundo que o marxismo-leninismo começara a construir em 1917 era uma evidência de que o socialismo estava muito longe de cumprir suas promessas. Assistia-se ao esfarelamento de um regime policial, pesado e ineficiente, sob o controle de uma casta burocrática que mantinha e disputava privilégios. Para boa parte da esquerda, no entanto, a ficha não caiu. O discurso socialista do PT e alguns aspectos importantes da "Constituição Cidadã", de Ulysses Guimarães, foram apanhados no contrapé: corriam numa direção quando o mundo virou-se para outra.

Na Folha, a dinâmica empresarial e o ambiente competitivo já haviam familiarizado os ex-estudantes da década de 70 e os novatos da geração 80 com os códigos do mercado. Uma perspectiva mais liberal e antiestatizante da cultura também já se insinuara na Ilustrada, à sombra da irreverência e dos ataques ao populismo cultural.

◆

No dia 23 de março de 1990, menos de dez dias depois da posse de Fernando Collor de Mello, seis fiscais da Receita, dois agentes e um delegado da Polícia Federal invadiram o prédio da Barão da Limeira. Ressentido com a Folha e seus proprietários (que não o teriam tratado da maneira que esperava antes da eleição),

Collor, num lance de intimidação à imprensa, autorizou a blitz. Sob pretexto de uma averiguação contábil, os agentes, na realidade, foram em busca do publisher Octavio Frias de Oliveira. Não o encontraram, mas levaram a secretária Vera Lia Roberto e os diretores Pedro Pinciroli e Renato Castanhari para prestar depoimentos. "A escalada fascista" foi o título do editorial publicado na primeira página, na edição do dia seguinte. Escrito por Marcelo Coelho, comparava Collor a Ceausescu, o ditador romeno derrubado e fuzilado três meses antes.

Collor acabou condenado num inédito processo de impeachment, que mobilizou uma nova geração estudantil, a dos "caras-pintadas".

Ele não precisou completar o mandato para deixar sua marca na área cultural. De uma penada, revogou a Lei Sarney, de 1986, que criava incentivos fiscais para a cultura, e acabou com a Embrafilme, entrando para a história como o exterminador do cinema brasileiro. A Embrafilme, na realidade, era um dos alvos prediletos da Ilustrada, mas dificilmente alguém imaginaria um final tão abrupto para o apoio estatal ao cinema, na base do neoliberalismo selvagem.

Com o tempo, a terra arrasada acabou semeada por outras medidas econômicas, como a abertura para as importações. Uma nova geração começou a praticar cinema em produtoras voltadas para publicidade, TV ou curtas, que passaram a encontrar condições para adquirir equipamentos importados –mais acessíveis, também, graças à revolução digital. Mas a chamada retomada do cinema brasileiro só se desenharia mesmo em 1995, com o sucesso heroico de "Carlota Joaquina", de Carla Camurati [ler texto de Arnaldo Jabor na página 298]

"Do Projeto Editorial de 1985: 'A Ilustrada deve nortear a sua ação editorial pelos pressupostos de que a cultura é hoje um fato de mercado, de que as culturas ditas nacionais se confundem sob a influência da produção industrial internacional'"

◆

A Ilustrada ganhou seu primeiro Prêmio Esso na gestão de Mario Cesar Carvalho, que sucedeu Márion em fevereiro de 1989 e permaneceu no cargo até setembro de 1991. Como repórter, ele já tinha publicado muitos textos no caderno. Era dinâmico, conhecia bastante a área pop e fora editor de Informática. Foi uma fase de investimento em reportagens –e a honraria coube aos repórteres Cristina Grillo e Wilson Silveira, que vasculharam os arquivos da Censura e produziram uma série de textos sobre o que encontraram, de propagandas a uma canção de Roberto Carlos.

O jornalista e crítico Luís Antônio Giron também dedicou-se a reportagens de mais alcance. "Lançamos um olhar mais amplo sobre o Brasil", lembra Mario. Se na década de 80 Miguel de Almeida havia passado meses refazendo as viagens do turista aprendiz Mário de Andrade, agora tratava-se de trazer para o leitor manifestações da cultura pop que aconteciam fora do eixo Rio-São Paulo –como o fenômeno da lambada.

Essas investidas eram análogas às do antropólogo Hermano Vianna, pesquisador do samba, do funk carioca e de realidades culturais encobertas pelas distâncias geográficas e sociais do país. Ao mesmo tempo, o caderno assumiu um tom mais "punk" na crítica pop. Sem piedade, Giron detonava cantoras e bandas de rock. "Havia um espírito muito crítico em relação ao mercado", diz o ex-editor. O caderno, obviamente, não deixava de falar dos grandes produtos da cultura de massa, mas procurava ser hipercrítico em relação a eles, recorrendo à estratégia, consagrada por Francis, de disparar contra unanimidades.

◆

Foi Mario Cesar quem deu à coluna de José Simão a visibilidade que ela merecia, transferindo-a para o alto da página, nos moldes atuais, em seis colunas. □

PAULO GIANDALIA/FOLHA IMAGEM

Com atitude

Erika Palomino entrou na Ilustrada, em 1988, para cobrir férias e acabou se tornando uma estrela da noite e da moda. Suas seções Atitude e Noite Ilustrada descobriram, entre outros, o estilista paulistano Alexandre Herchcovitch

28.OUT.1994 BEL PEDROSA/FOLHA IMAGEM

"Queria fazer uma polaroide do que acontecia no mundo"

Entrevista com **ERIKA PALOMINO**

Erika Palomino descobriu um mundo novo e mostrou aos leitores da Ilustrada. Foi ela quem viu primeiro as mudanças que sacudiam a noite paulistana e a moda na primeira metade da década de 90, refletindo a nova cena da cultura jovem internacional. Levou novas expressões e pontos de vista para as páginas do jornal e apontou tendências para toda uma área da juventude urbana brasileira. Editora da revista Moda e responsável por seções como Noite Ilustrada e Atitude, ela nasceu no Rio, em 1967, chegou à Folha em 1988 e ficou no jornal durante 17 anos. É autora do livro "Babado Forte" (Mandarim, 1999) e diretora da revista Key.

Quando você percebeu que tinha algo de novo na noite de São Paulo?
Eu comecei a sair à noite em 1991. E comecei a trazer o que eu estava vendo para as páginas do jornal. Era a época do Nation, e aquela culturazinha ali estava tendo uma mudança. Começava a chegar a São Paulo aquele universo da música eletrônica e dos clubes que já estava acontecendo em Nova York e Londres. Eu percebi que as pessoas falavam de um modo próprio, que havia regras próprias de funcionamento daquele mundo, as políticas, os personagens, os códigos de vestir, e fui fazendo cada vez mais reportagens sobre isso.

E como isso evoluiu?
Eu fiz tantas coisas nessa área que um colega nosso, o Nelson de Sá, sugeriu para a Maria Ercilia, que era editora da Ilustrada, fazer uma coluna semelhante a uma que saía no Village Voice [jornal de Nova York]. A gente começou, então, com a Noite Ilustrada. No início era pequenininha, um quadradinho só, com circulação na Grande São Paulo. Mas quando começou foi um susto para o próprio jornal. O ombudsman na época, que era o Mario Vitor Santos, falou que era uma iniciativa recheada de amadorismo, que não daria certo, que não iria pegar –"como é que um jornal como a Folha podia encampar esse tipo de gueto?".
Era realmente muito pequeno o tal mundinho. E eu fui super-radical de trazer para o jornal exatamente o jeito que as pessoas falavam. Tinha uma série de expressões, de palavras e de coisas que os leitores não conheciam ou não entendiam, mas aos poucos foram lendo semanalmente até que a coisa foi rolando. Mas a Maria Ercilia teve bastante pulso de segurar o rojão, porque o próprio jornal achou que aquilo era um Frankenstein ali dentro.

Ela fez a primeira coluna sobre internet dos cadernos culturais.
Ela era mais jovem e teve essa visão. Em 93 para 94, quando o Alcino Leite passou a editor, ele me deixou fazer uma brincadeira lá dentro que chamava Atitude. Eram quatro páginas inteiras por semana dentro da Ilustrada, às terças, quartas, quintas e sextas. Eu brincava com o Otavio Frias Filho, quando a gente discutiu sobre como eu assinaria os textos, que eu seria a primeira "editora de Atitude" da imprensa. Eu dividia os assuntos por dia: moda de rua, moda no mundo, noite etc. Era uma subeditoria dentro da Ilustrada. Tinha minha diagramadora, a Luciana, e minha fotógrafa, a Cláudia Guimarães. Tinha também uma equipe de reportagem, que era a Eva Joory, o Guto Barra e o Jackson Araujo. Era um universo à parte, que foi muito bom enquanto durou.
A partir dali, a Noite Ilustrada passou a sair na edição nacional e foi outra porrada. Ainda não tinha internet naquela época, e leitores de todas as partes do Brasil puderam entender o que estava acontecendo. Era um momento muito forte para a moda no mundo, era quando estava che-

gando a Corinne Day, a Kate Moss, a própria fotografia naturalista. Era um momento de mudança, um momento em que a cultura jovem voltava a influenciar a moda e o comportamento. A gente dizia que era o segundo terremoto jovem que estava acontecendo no mundo.

Era todo um ambiente que se formava, com música eletrônica, moda, comportamento gay, gráfica... Era um novo universo cultural urbano.
Era, e eu estava ali, foi uma grande sorte profissional. Eu tive sorte porque eu estava no epicentro. Como a Costanza Pascolato fala, eu fui abrindo meu espaço a cotoveladas, e, quando todo mundo viu, eu estava lá dentro, já tinha conquistado o espaço. Houve uma época, como redatora, que eu cheguei a fechar a página de moda da Ilustrada, às quartas-feiras, feita pela Costanza e pela Cíntia Garcia, que se alternavam semanalmente. As páginas eram ótimas, informativas, superlegais. Eu também fechei as páginas do Francis. Era minha a tarefa de ligar para ele e falar "olha, deu um pastel aqui"... Aí ele fazia aquele rap de palavrões e acabava dizendo "não é nada contra você, minha filha", e eu falava "eu sei, eu sei". Fiquei até amiga dele, fui para Nova York, encontrei com ele lá, ele sempre foi muito carinhoso comigo.

Que tipo de reportagem de moda você começou fazendo?
No começo a minha cobertura era bem restrita às coisas que aconteciam nas lojas, lançamentinho de coleção. O lançamento da Fora de Moda foi minha primeira matéria. A Fora de Moda era uma loja do Marcão Morceff e do Antonio Salomão. Aos pouquinhos eu fui fazendo essas reportagens, mas ainda sem fazer crítica de moda. E fui obviamente me aprimorando, entrando no meio, conhecendo as pessoas. Aí surgiu o Phytoervas Fashion, em 1994, que foi o embrião da São Paulo Fashion Week. Nessa época, a gente já fazia a Atitude. Começamos a fazer uma cobertura diferente, dar os nomes das modelos, falar da figura do diretor de desfiles, mostrar as pessoas que faziam aquilo. E houve um interesse muito grande. Logo o restante da mídia começou a perceber que aquilo estava acontecendo debaixo do nariz de todo mundo e eles não estavam vendo. Quando as marcas e patrocinadores perceberam que tinha espaço no jornal, começaram a fazer grandes desfiles.

A moda começou a ficar na moda?
Começou a acontecer. A moda estava muito combalida. Por conta da sequência de planos econômicos que deram errado, as empresas têxteis estavam todas com problemas. Foi nessa época que elas conseguiram importar maquinário novo e a engrenagem voltou a funcionar. A Folha investiu em moda desde os anos 80 e entrou forte nisso.
Em 2000, quando já estava tudo bombando, eu fiz um relatório gigantesco, com milhões de números, mostrando quem eram os anunciantes, quanto estava circulando de dinheiro no mercado, e levei para o Otavio. Propus que a Folha fizesse uma publicação específica de moda, que não

O Caderno Moda lançado em 2000

21.DEZ.1994 CLAUDIA GUIMARÃES/FOLHA IMAGEM

Drag queen e crianças na porta do Columbia, na festa de premiação dos melhores da coluna Noite Ilustrada em 94

fosse só uma coisa nas páginas da Ilustrada. E aí eu consegui lançar o caderno Moda. A gente dava umas fotos de página inteira, eu amava. Saía às sextas-feiras. Foi legal também porque eu pude dar para a moda um tratamento que me interessa bastante, que é esse lado mais cabeça. Dávamos textos longos, com umas coisas mais intelectualizadas, que eu pude voltar a fazer agora na minha própria revista.

Só que o anunciante não entendia direito aquele formato e o caderno ficou meio miado. A Suzana Singer, que era da área de revistas, e é uma pessoa de percepção, falou "olha, vamos transformar isso em revista, porque acho que em revista os anunciantes vão entender melhor". Nós fizemos um projeto gráfico com o Giovanni Bianco, louquíssimo, sem título, sem olho, com letra pequena... Foi uma bomba dentro do jornal. Mas, na pesquisa com os leitores, deu que eles estavam achando ótimo, que estava tudo bem. Essa revista eu editei. Fiz mais de dez números.

Você veio do Rio para São Paulo numa época em que a cidade estava aparecendo com muita força. Você tinha noção do que estava acontecendo?

Eu vi isso bem de perto. Eu me mudei para São Paulo em 86, porque eu queria vir para cá. Eu tenho essa ansiedade de vida, de pressa, de urgência, de fazer as coisas, e no Rio eu estava sentindo tudo muito parado, aquela coisa meio modorrenta. A prioridade das pessoas no Rio, naquele momento, não era trabalhar. No Rio, se você tem 30 minutos, vai dar um mergulho. Aqui, se você tem 30 minutos, liga para alguém, agita alguma coisa, tem essa energia. Eu me lembro quando meu pai veio uma vez a São Paulo e me levou à Folha. Quando eu vi a Ilustrada, falei "caramba, é isso, é isso!". Era meados da década de 80, quando o logotipo do caderno não tinha lugar fixo, uma época muito forte, com toda aquela modernidade. Eu quis vir para cá também por conta disso.

O jornal tinha um peso grande na orientação do gosto, na informação sobre o que acontecia no mundo.

Se você não lesse a Ilustrada, tinha a sensação de que estava perdendo, que estava por fora. Mesmo a minha coluna, quando começou, as pessoas iam para as bancas na quinta-feira à noite esperar o jornal chegar. E isso era um orgulho para mim. Porque eu sentia que fazia parte da vida do leitor e da vida da cidade. A possibilidade de poder interferir numa cidade como São Paulo é um tesão, é uma coisa sensacional; para mim, é o que me move. Foi muito excitante trabalhar na Folha.

E você sofreu muita resistência?

Olha, eu nunca tive nenhum tipo de censura ou cerceamento do jornal. Nunca chegaram e falaram "olha, não fala disso, não fala daquilo", nunca fui repreendida por nenhum tipo de pauta –e eu fiz algumas pautas absurdas, principalmente no auge da era clubber. Mas, como eu sempre trabalhei com o novo, o caminho é mais árido. Se você vai investir no consagrado, é mais fácil.

No início, quando eu falava do Alexandre Herchcovitch diziam "ah, ela só dá as coisas dele porque é amiga dele" –e hoje está todo mundo batendo a língua no dente porque o garoto virou o que ele virou, e fui eu que descobri. Mesma coisa aconteceu com o Cansei de Ser Sexy. Diziam "ah, isso é besteira, é um hype vazio". Agora dizem "que incrível, eles são os melhores do Brasil, eles mostram o Brasil moderno no mundo". E a música eletrônica virou a língua franca da juventude.
Mas eu fui muito xoxada dentro do jornal, porque eu já era a própria palhaça da Redação, aparecia de plataforma, peruca, toda montada, pintava o cabelo de quinhentas cores, tinha gente que andava o jornal inteiro para ver com que cabelo eu estava, a roupa que eu estava usando, para dar risada...

Você gerou várias Erikas Palominos nas noites brasileiras.
O Hermano Viana, que viajou o Brasil inteiro, diz que é impressionante como em cada cidadezinha tem uma Erika. Mas eu nunca me importei com a opinião das pessoas. Desde que me deixem trabalhar, eu não me importo.

Uma coisa importante que você fez, até mesmo pensando em termos de mercado, foi levar o mundo gay para o jornal, de maneira divertida, sem panfletagem.
Quando eu dei a primeira foto da Márcia Pantera na coluna, que foi em 92, eu lembro que uma leitora escreveu falando que eu estava estimulando o homossexualismo e a Aids. Mas o jornal não encampou esse tipo de visão, e a coisa foi. Era o auge do "it's ok to be gay". O que eu queria fazer na verdade era uma polaroide, eu queria que quem lesse a minha coluna tivesse uma grande polaroide do que estava acontecendo no mundo em várias áreas assim. Isso foi legal.

Como você vê a cena hoje? Mudou muita coisa?
Mudou. O que está acontecendo no mundo como um todo e também na moda é que a velocidade das mudanças se acelerou muito. A moda é essencialmente um sistema de mudanças. Quando o comprimento vai daqui para cá, aconteceu a moda. Ela é a mudança, o império do efêmero, como diz o título do livro ["O Império do Efêmero – A Moda e Seu Destino nas Sociedades Modernas", do sociólogo Gilles Lipovetsky]. Hoje há tantas opções que fica difícil escolher. A oferta é muito grande, há muitos caminhos a serem tomados. Nós vivemos numa época em que a aparência é muito importante e, nesse contexto a informação é valiosa: é legal o cara saber onde se compra uma camisa bacana sem ser a do Yohji [Yamamoto, estilista japonês], que ele não vai ter dinheiro para comprar.
Na noite, hoje em dia a gente tem trezentas coisas, é sensacional. São Paulo é uma cidade muito viva em termos de noite, mais do que Nova York, mais do que Londres, até pelo jeito que as pessoas se relacionam. O fato de vender bebida até tarde faz diferença. Os clubes fecham às quatro, fica aquele monte de gente na rua, tem uma vida maior. E eu acho que a gente é mais legal, entendeu, tem sorriso, tem toque, tem outro tipo de amizade, acho muito mais legal aqui.
Eu tive muita sorte de ter presenciado um momento de mudança no comportamento jovem. E a Folha foi o jornal que conseguiu refletir essas mudanças de modo mais verdadeiro. Os outros jornais não acompanharam tanto. Eu mesma dentro do Estadão seria impensável, não é? A Folha para mim foi uma escola; tudo que eu sei, tudo o que eu sou, eu aprendi ali. Eu tenho muito carinho e ótimas recordações. □

"Se você não lesse a Ilustrada, tinha a sensação de que estava perdendo, que estava por fora. Mesmo a minha coluna, quando começou, as pessoas iam para as bancas à noite esperar o jornal chegar. E isso era um orgulho para mim"

QUEM É QUEM NO HELL'S

ERIKA PALOMINO

9 de setembro de 1995 – Ilustrada

atitude

COMPORTAMENTO

Nação Hell's consolida cultura club em SP

Culto ao DJ dá o tom da noite

Clube estabelece novas gírias

Doméstica que era o máximo deixa o emprego porque não recebia nem o mínimo.

ROBERTO CARLOS VAI DAR SHOW NA RECORD

CAMPEONATO ITALIANO

REDE RECORD

AS PANELAS

SOUND FACTORY – grupo formado a partir dos frequentadores do clube Sound Factory, liderados pelo DJ Julião. Usam roupas street wear, tipo Vision. Ficam na plataforminha ao lado do bar, até na porta do banheiro (a parte mais escura da casa).

ZAPPING – grupo formado em torno do programador visual da marca Zapping, Rogerio Hideki. Com Marco Antonio, Ueda, Enzo, Alfred (DJ), Flavia Ceccato, Cami, Marcelo, Mauricio, Rubens, Andrea. São os mais fashion e usam roupas fluorescentes. Ficam em frente à caixa de som da esquerda do palco. Tomam só água, Sprite e Gatorade.

TRASH-MINAS – núcleo formado pelo povo de Belo Horizonte concentrado no e em torno do apartamento do estilista Cacá di Guglielmo (que não é de Minas). Formado por Luma, Rodrigo, Amanda, Ronaldo, Cris, Oscar, Stefan, Roberta. Ficam na frente ou em cima do palco. Quando sentam, também o fazem na beira do palco. Vestem-se de preto, estilo underground; street wear para os homens.

ANDRÉ HIDALGO – grupo em torno do promoter da noite, formado por Roque Castro, Alessandro Tierni, Sheila, Fabinho, Lavinia, Robert, Iano, Luciano. Demoraram a dar o braço a torcer ao sucesso do Hell's por também gostar de garage e house music. Tomam cerveja e whisky, ficam fora da pista, na plataforminha da entrada; alguns quase não dançam. Vestem-se segundo os preceitos clássicos da moda clubber, em preto e sintéticos.

BANHEIRÃO – povo que vai e fica somente no banheiro, sentado sobre a pia ou nos corredores. Muitos trazem esse costume de clubes como o Sra. Krawitz e Aloca. Chegam tarde ao Hell's e não dançam. Maria Eduarda, Rodrigo Minhoca e Nenê são alguns dos tops desse grupo. São magros e usam preto, sempre com casaquinho sobre camiseta sem manga. Tomam whisky e cerveja.

ROQUEIROS – frequentadores do Hell's que pertencem também à cena rock, rap e punk. Entre eles, Zé Gonzales, Caio, Arthur. Têm tatuagens, usam camiseta, jeans e tênis, estilo skate ou punk.

OS DJS – com mais mobilidade entre as panelas, os grupos são formados pelos DJs que tocam na casa e seus namorados e namoradas. Como Guilherme M, Regiane, Pareto, Ricardo, Gil, Gaia. Usam camisetas do Hell's.

FLUTUANTES – aqueles que não vão sempre ou que transitam entre as diferentes "famílias". Daniel, Marcinho e Penélope, Heitor Werneck, Lou e as gêmeas, Ana e Davi Merlino, Lorenzo, Michael, Glaucia Mais Mais, Fabio, Marcão Morcerf, Marcelona, Dinho Ouro Preto, Johnny Luxo, Paula, Valeria, Glaucia e Valerinha. □

Frequentadores do clube Hell's: à direita, Luiz Careca; abaixo, Adriana Recchi e Marina Dias e Cacá Ribeiro

FOTOS: 27.JUL.1999 FOLHA IMAGEM

"Sound Factory: usam roupas street wear, tipo Vision. Ficam na plataforminha ao lado do bar, até na porta do banheiro"

CULTURA DA MODA

ALCINO LEITE NETO

Editor de Moda, ex-editor da Ilustrada e do Mais!, em entrevista ao autor, em maio de 2008

"A Ilustrada sempre tratou um pouco a cultura como se ela tivesse algo de moda: isso aqui é o mais interessante agora, aquilo ali ficou velho e já não fala tanto ao presente, você precisa ler isto neste momento, você tem que ver estes filmes para entender a sua época etc. É uma atitude que dá muito dinamismo e muita inquietação ao jornalismo cultural, essa busca da atualidade, do novo, essa maneira de não se acomodar em valores consagrados. Penso que duas das principais coisas que estão mudando a cultura hoje são o aparecimento dos blogs e a nova cultura visual que vai emergindo com o YouTube. Os blogs tendem a alterar

ÚLTIMA moda

Rosa Chá deixa a São Paulo Fashion Week

Grife comandada pelo estilista Amir Slama passa a desfilar em Nova York

Cavalera também vai

Chanel diz que fica na Daslu

Rufus & Judy

GRUPS

Última Moda

Tramas do estilo brasileiro

As mágicas de Marília Carneiro

12x R$ 67,00

Ao lado e na outra página, reproduções da coluna "Última Moda" e reportagens de Alcino Leite Neto, que se tornou editor de Moda em 2005

E8 ilustrada

Última Moda

Gorbatchov é estrela da Louis Vuitton

Ex-líder da URSS faz publicidade da grife; para herdeiro do grupo LVMH, "fim do comunismo foi uma coisa boa"

"Falta foco à moda brasileira", diz Bianco

FAST FASHION

ilustrada

FOLHA DE S.PAULO

O INTOCÁVEL

TV EXIBE HOMENAGEM DE HOLLYWOOD AO ATOR ESCOCÊS SEAN CONNERY

MÔNICA BERGAMO

VÍDEOS NA NET MOSTRAM ARTISTAS NAS CAMPANHAS POLÍTICAS

GOL DE CABEÇA

Para crítico cultural, futebol atual é mais espetáculo que arte

top25

São Paulo Fashion Week, que começa em 12 de julho, lança calendário e documentário em DVD com as principais modelos brasileiras

o jornalismo. As pessoas ligadas à moda foram as primeiras, junto com as da música e as do cinema, a se ligarem na blogosfera. Diante da rapidez da internet, minha preocupação na coluna 'Última Moda' é encontrar um enfoque jornalístico mais firme e escrever para um público amplo e não especializado. ”

da r

a era

ede

Internet, brit-pop e mangue beat

Maria Ercilia Galvão Bueno era uma garota bonita, tímida e muito bem informada quando chegou à Folha em abril de 1989, para integrar a equipe de um novo suplemento, a Folha D'. O nome dela me havia sido sugerido (eu era o editor) por Matinas Suzuki Jr., que na época era correspondente em Tóquio. A Folha D' queria ser o embrião de uma revista dominical –produto que a Redação invejava nos jornais americanos e europeus (e mesmo no JB). Havia a possibilidade de a Folha e a Abril lançarem uma revista, o que não aconteceu. O suplemento passou a se chamar Revista D', ganhou leveza e teve edições muito sofisticadas e divertidas, sob o comando de Matinas. A equipe reuniu, entre outros colaboradores, o inesquecível e fundamental David Drew Zingg, a colunista Barbara Gancia e os jornalistas Wagner Carelli e Lilian Pacce.

Maria Ercilia foi a sucessora de Mario Cesar Carvalho, após uma passagem relâmpago de Jorge Caldeira, o autor de "Mauá, Empresário do Império" (Companhia das Letras, 1995), pela chefia da Ilustrada. Posteriormente ela iria para o caderno Mais! trabalhar como editora-assistente do sofisticado e criativo Alcino Leite Neto, que também foi editor da Ilustrada, de março de 93 a março de 94. Em períodos diferentes, trabalhei com ambos no Mais!, do qual fui o primeiro editor, em 1992.

O Mais!, na realidade, no que se referia a espaço, era "menos". O suplemento nasceu em uma fase de economia de papel, em meio à recessão provocada pelas medidas de Collor (o caderno, na realidade, foi uma sugestão minha, inspirada no Babelia, suplemento cultural do diário espanhol El País). Ele empacotou a Ilustrada de domingo e uma série de produtos, como o Letras, o Multimídia (que publicava artigos da imprensa estrangeira) e o Ciência. O título foi uma ideia do poeta Régis Bonvicino. Nasceu com jeitão pós-moderno, era bastante orientado para a cultura anglo-saxã, gerou polêmicas, publicou capas memoráveis e renovou o modelo dos suplementos de cultura dominicais.

Foi no Mais!, quando era editora-adjunta de Alcino (e o crítico Manuel da Costa Pinto trabalhava como redator), que Maria Ercilia investiu num premonitório material de capa sobre uma novidade chamada internet, que se expandia nos EUA e prometia mudar tudo, até mesmo no Brasil, onde, àquela altura, só podia ser acessada em poucos lugares, como a USP [ler trecho na página 286]. Conta Alcino:

"A Maria Ercilia me disse que estava pensando em ir à USP se inscrever para usar e ver como funcionava a internet naquela época. Praticamente só o pessoal de universidade tinha acesso. E ela voltou entusiasmadíssima. 'Olha, é um negócio maravilhoso, você se comunica com todo mundo na hora e o seu computador no futuro vai ter uma conexão via telefone'. Eu perguntei quem coordenava aquilo, e ela disse que não tinha coordenação. 'É uma rede'. Tinha surgido nos EUA, para manter comunicação em caso de uma guerra devastadora. Eu achei que aquilo era um aparelho da sociedade de controle, no sentido deleuziano, porque na época se falava muito de sociedade de controle, de disciplina do cotidiano. Mas acabei considerando tudo muito interessante, fiquei entusiasmado e fizemos um número sobre a internet. Algumas pessoas leram, mas não teve impacto. Deu seis meses, e o negócio explodiu no Brasil".

O texto de Maria Ercilia, naquela edição do Mais! de 17 de julho de 1994, anunciava que a comunicação de massas deixaria de ter um único modelo –aquele em que poucos controlam e muitos consomem. Ela saudava o caráter anárquico da rede, mas avisava: "O ciberespaço, hoje uma fronteira semidesconhecida, pode se transformar num shopping monstro, mais propício ao consumo que à experimentação".

Um ano se passou entre a capa do Mais! e a inauguração da Folha Web, o primeiro site do jornal, lançado em 9 de julho de 1995. Trazia, no começo, apenas informações do Grupo Folha, notícias das áreas de informática e ciência, e a pioneira coluna semanal Netvox, que Maria Ercilia passou a assinar na Ilustrada naquele ano. A primeira voltada para a internet num caderno diário de cultura.

Em abril de 1996 surgiu o Universo Online, projeto liderado por Luís Frias, que já se tornara presidente da empresa Folha da Manhã, em 1992, aos 29 anos. Começava-se a viver naqueles dias um ambiente de contagiante euforia com a web e suas fantásticas promessas.

◆

Entre 1992 e 1995 foi intensa a troca de editores na Ilustrada. Ocuparam o cargo os já citados Jorge Caldeira, Maria Ercilia e Alcino Leite Neto, além de Bia Abramo e Zeca Camargo –sem mencionar os interinos. Em outubro de 1995, com a saída de Zeca Camargo, o jornalista Luiz Carlos Caversan, então diretor da Sucursal do Rio, chegou ao posto como uma espécie de interventor. A Direção de Redação avaliava que parte da equipe da Ilustrada considerava-se acima das chefias e criava dificuldades para a evolução do caderno. Diz Caversan:

"A orientação que recebi foi de imprimir um caráter mais informativo e variado ao conteúdo do caderno, reformular a equipe e indicar um novo editor. Para tornar a coisa mais complicada, a Ilustrada havia sido escolhida para liderar a implantação de uma série de mudanças técnicas no fechamento, com novas rotinas e equipamentos [a Folha inauguraria em dezembro seu novo parque gráfico, em Tamboré]. Bem ou mal, esse trabalho foi realizado. Sérgio Dávila, que me sucedeu, era um dos nomes que apresentei à direção como opção. Entre 1983 e 2004 trabalhei em praticamente todas as editorias da Folha. Em nenhum outro canto do jornal uma informação repercutia com tanta intensidade como na Ilustrada".

ilustrada
especial
RENATO RUSSO
AIDS MATA O ÚLTIMO POETA POP DOS 80
Renato Russo, líder da banda Legião Urbana, morreu ontem aos 36 anos no Rio, em decorrência da Aids; o cantor e compositor era portador do HIV havia seis anos; seu corpo será cremado hoje no cemitério do Caju (RJ)

Capa da Ilustrada especial sobre a morte de Renato Russo

Sérgio Dávila era um jovem repórter, promissor e ambicioso, quando fui editor da Revista da Folha –que o jornal decidira lançar, convidando Caio Túlio Costa para diretor. Ele assumiu o comando da Ilustrada no momento em que a revolução das novas mídias começava a chegar à vida real. Era, novamente, uma fase de investimentos. Em agosto de 1994, um ano antes de inaugurar o Centro Gráfico Tecnológico, com a presença do presidente Fernando Henrique Cardoso, o jornal lançara um atlas em fascículos, seguindo a onda de "anabolizantes" de circulação que dera certo na Europa. A tiragem chegou a mais de 1 milhão de exemplares.

A Ilustrada de Dávila, como a de Márion, aproveitava a boa maré e crescia. Além das dezenas de colaboradores e colunistas, cerca de 35 pessoas trabalhavam na Redação (em meados de 2008 eram 20); às sextas, eram publicados dois cadernos; eventos como megashows, Bienais, Mostra de Cinema etc. mereciam edições especiais. "Lembro com carinho do caderno que fizemos quando morreu Renato Russo,

Internet, britpop e mangue beat

com uma foto na capa em que ele segura uma flor num cemitério, feita anos antes pela excelente fotógrafa Cris Bierrenbach, e o título 'Aids mata o último poeta pop dos 80'", diz Dávila. Ele relata:

"Naquela época, a TV paga já estava saindo da irrelevância e as pessoas descobriam que a Amazon, fundada dois anos antes por Jeff Bezos, podia entregar CDs, livros e VHS (depois, DVDs) nas grandes cidades do país. Os maiores shows internacionais voltavam a colocar o Brasil na rota dos espetáculos. Festivais tradicionais como o Free Jazz estavam no auge e apareciam novos como o Hollywood Rock. Ao mesmo tempo, o Brasil voltava à moda e a cultura ganhava novas leis de incentivo. Era quase como a segunda vinda de dom João, uma abertura dos portos culturais do país via internet, depois dos anos Collor, aliada à redescoberta do país por seus próprios habitantes".

Em termos de conteúdo, Dávila decidiu investir no tripé "pop, reportagem, antecipação de tendências". E a Ilustrada pegou logo boas ondas:

"Tivemos o fenômeno do britpop, capitaneado pela banda Oasis [ler texto de Lúcio Ribeiro na página 292], o filme-marco 'A Bruxa de Blair', o renascimento da sitcom americana, liderado por 'Seinfeld' e 'Friends' e a qualidade da TV paga dos EUA, exemplificada por 'Sopranos' e 'Sex and the City'. Foi o período também do renascimento do cinema nacional, puxado pelo sucesso de 'Carlota Joaquina', e do florescimento das novas musas da MPB, na esteira do sucesso de Marisa Monte. Foi a época da explosão do Skank, do Jota Quest, do Rappa. A conquista do Sul Maravilha pelo mangue beat de Chico Science e Nação Zumbi, e os mauricinhos se dando conta de que os Racionais –e o rap da periferia– existiam. Também detectamos o renovado interesse pela história do Brasil, reavivado pelos livros de Eduardo Bueno".

Em meados dos 90, uma nova geração de jornalistas entrava em cena, com nomes como Lúcio Ribeiro, Cassiano Elek Machado, Pedro Alexandre Sanches, Sylvia Colombo, Ivan Finnotti, Marcelo Pen e Leonardo Cruz –para citar alguns. Dávila contratou Daniel Castro como colunista de TV e Adão Iturrusgarai e Caco Galhardo para os quadrinhos. Contardo Calligaris, que colaborava com o Mais!, e Drauzio Varella passaram a escrever na Ilustrada em sua época. Na página 2 surgiram pequenas colunas, assinadas por Voltaire de Souza, Fernando Bonassi e João Gilberto Noll. Na área de livros, publicava-se o mensal Inéditos.

Uma mudança importante ocorreu em 2000, quando a colunista Joyce Pascowitch aceitou convite para trabalhar na revista Época e Otavio Frias Filho escolheu Mônica Bergamo para substituí-la.

Em 1997, um novo texto do Projeto Editorial da Folha constatava, com uma dose de perplexidade, as profundas mudanças por que passava o mundo, e não escondia sua inquietação com o futuro do jornalismo. Muita coisa mudara desde o texto de 1984, no qual se lia que "o principal objetivo do nosso trabalho é formar, entre nós, uma opinião pública esclarecida, crítica e atuante". Dizia o documento de 97:

"Toda época acredita viver transformações importantes. Os últimos dez anos ostentam, porém, uma constelação de mudanças espetaculares na política, na economia, nas ideias. Na metáfora agora tão batida da Queda do Muro, entrou em colapso a concepção maniqueísta, de valores complementares e soluções opostas, que prevalecia desde pelo menos a passagem do século. É como se as cartas da ideologia estivessem sendo reembaralhadas e um novo jogo, ainda indefinido, começasse.

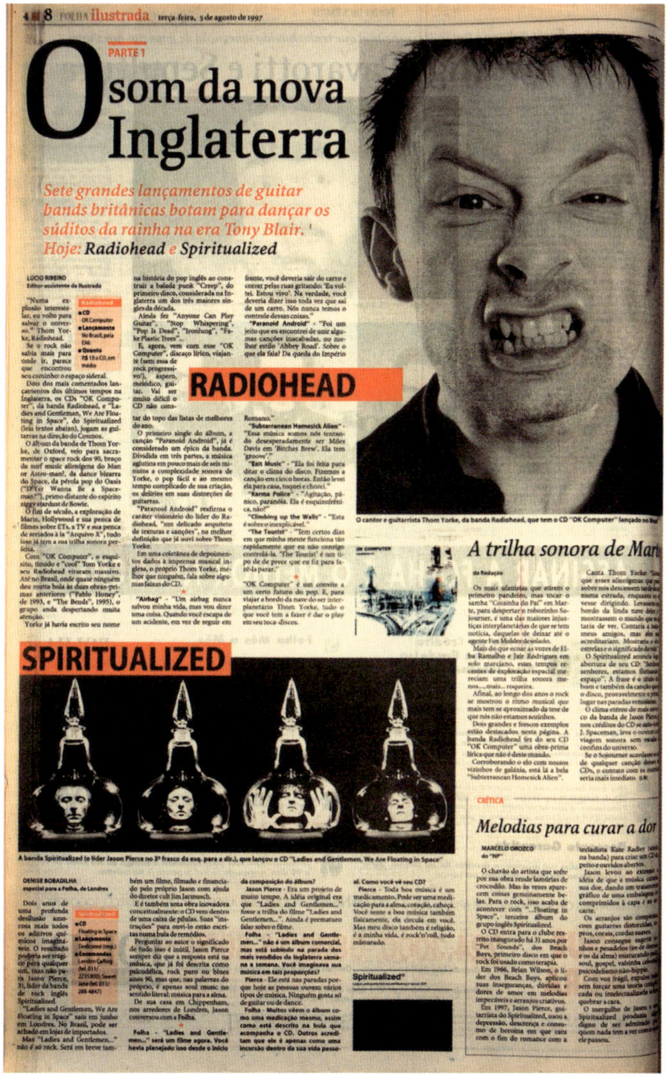

ilustrada terça-feira, 5 de agosto de 1997

PARTE 1

O som da nova Inglaterra

Sete grandes lançamentos de guitar bands britânicas botam para dançar os súditos da rainha na era Tony Blair.

Hoje: Radiohead e Spiritualized

RADIOHEAD

SPIRITUALIZED

A trilha sonora de Mar

Melodias para curar a dor

Página sobre rock inglês, com as bandas Radiohead e Spiritualized

A dualidade política foi substituída por um consenso. Uma só superpotência impôs seu predomínio ao mundo, quase todas as sociedades procuram se aproximar de seu modelo. Com pouca variação de grau, há uma só receita econômica (o mercado), uma só fórmula institucional (a democracia), num mundo que tende inevitavelmente à 'globalização'. Pois não se trata de um sistema estanque, mas que se propõe a enquadrar toda diversidade étnica ou cultural num mesmo modelo, já batizado como 'fim da História', desde que cumpridos os preceitos da livre competição e da técnica.

O modelo vitorioso se impôs pela eficiência com que produz bens e serviços, prenunciando uma era de progresso e multiplicação da riqueza. Seu monolitismo é perturbado, porém, por instabilidades e exclusão. Grupos sociais estão sendo alijados do dinamismo econômico, nações inteiras correm o risco de se verem confinadas ao subdesenvolvimento. Os próprios vínculos coletivos como 'nação' ou 'classe', entretanto, se enfraquecem, quando expostos a um modelo que premia individualmente enquanto exclui socialmente. Surgem novas formas de associação, menos definidas por sua base socioeconômica do que por valores culturais e de consumo, por isso mesmo mais voláteis e cambiantes.

O espaço público, terreno em que o jornalismo sempre lastreou sua legitimidade, passa por um terremoto que ainda não assentou; até a terminologia do debate (direita e esquerda, por exemplo) foi desorganizada. Conceito sempre difuso, a opinião pública ganha unidade com a convergência geral de ideias, mas se dispersa numa segmentação de interesses que desafia a linguagem em comum. O jornalismo reflete fraturas e deslocamentos que ainda estão por mapear e se defronta com dilemas capazes de pôr seus pressupostos em questão: o que informar, para quem e para quê?".

Dávila deixou a Ilustrada em 2000, para ser correspondente da Folha em Nova York. Chegou a ficar em dúvida se era o melhor a fazer naquele momento. Como "todo mundo" no meio jornalístico, fora sondado para participar de projetos de sites que acenavam com bônus salariais, "stock options" e incríveis emoções. Nessa corrida do ouro digital, muitos já haviam ficado milionários do dia para a noite com produtos desenvolvidos "na garagem de casa".

Ele preferiu seguir para Nova York, onde viu de perto a quebra da Nasdaq. Cobriu o 11 de Setembro e foi enviado à Guerra do Iraque.

Com o estouro da bolha da internet, a deterioração do valor do real e erros de cálculo de seus proprietários, as corporações de comunicação começaram a enfrentar um quadro de muitas dificuldades no começo do século 21. Esvaziada a exuberância irracional das Bolsas, o dinheiro sumiu. Muitos quebraram e alguns veículos mudaram de mãos. O endividamento tornou-se sufocante para a maioria das empresas. Na Folha, notadamente a partir de 2002, foram anos de aperto, negociações com bancos, demissões, rebaixamento de salários e terceirização de profissionais. Este período crítico, encerrado em 2007/2008, ficou conhecido como "a travessia do deserto". □

RUMO A NETRÓPOLIS

MARIA ERCILIA

Trecho de artigo publicado em 17 de julho de 1994, no Mais!

Exatamente 40 anos depois de Marshall McLuhan ter cunhado o termo 'aldeia global', esta se materializa de forma inesperada. A comunicação de massas deixa de ter um único modelo, aquele em que poucos controlam o que é consumido por muitos. A Internet, rede mundial conectada a 18 mil redes em 137 países, mostra que há pelo menos uma dimensão em que a anarquia é possível: a quarta...

◆

A mãe de todas as redes, criação de pesquisadores americanos açulados pela paranoia da Guerra Fria, subsiste em universidades, e começa a desenvolver ramos comerciais. Até uma nova língua, anárquica e selvagem, parece brotar neste mundo paralelo. Acrônimos, desenhos e abreviações convergem numa forma de comunicação altamente eficiente, com a imediatez da conversa e a precisão do texto. A 'arma' que retira o computador de isolamento não é novidade: o modem, periférico simples e barato, que o conecta ao telefone. Num futuro próximo, o computador que não se conectar será uma máquina morta. ”

NETVOX – A TEIA VAI ENGOLIR A REDE

MARIA ERCILIA
31 de janeiro de 1995 – Ilustrada
1ª coluna sobre internet publicada pela autora

Se você ainda não entendeu direito o que é Internet, não vai terminar 1995 ileso. Este é o ano em que o Brasil deve entrar de forma profissional no mapa da maior rede de computadores do mundo: a Embratel promete comercializar acesso a ela a partir de maio.

Por enquanto, dá para ter um gostinho da mãe de todas as redes –você tem duas possibilidades: a) ser aluno de uma universidade pública. A maioria cede contas em computadores com acesso à internet aos alunos; b) assinar um BBS que dá acesso ao e-mail (leia texto abaixo) da internet.

Com e-mail, já dá para tirar uma casquinha da rede e participar de uma comunidade de cerca de 25 milhões de usuários, que cresceu mais de 100% no ano passado. Pense nisso: nunca tantos se comunicaram com tão pouco esforço.

Todas as armas desta revolução já estavam aí: o computador pessoal, o telefone e a peça que liga os dois, o modem. A faísca que a disparou foi a campanha de Bill Clinton à presidência, que martelou nos ouvidos dos EUA as palavras "information superhighway" (super-rodovia da informação, a rede de cabos óticos que está sendo implantada nos EUA para melhorar as telecomunicações).

Passada a primeira euforia, chegam os tubarões para arrancar dinheiro da rede, até ontem um pacífico emaranhado de computadores subsidiado por governos e institutos de pesquisa. Bill Gates, dono e deus da Microsoft, não fala em outra coisa. Este mês anunciou a MSN (Microsoft Network), que terá conexão com a Internet. Claro que o software da rede já vem embutido no Windows 95.

Os interneteiros veteranos torcem o nariz para Gates e para tudo o que cheire a cartel. Vai ser uma briga e tanto.

Enquanto isso, a paisagem da rede se altera radicalmente. Nada se espalha tão rápido hoje na internet como a World Wide Web (Teia de Alcance Mundial).

Esta teia de hipertexto conquista os usuários pela facilidade de navegação. Através de cliques do mouse em imagens ou palavras, você vai pulando de computador em computador sem nem sentir.

A melhor parte é que a WWW permite som e imagem em tempo real, ao contrário do resto da Internet, que é puro texto. Para ter acesso à porção multimídia da WWW, é necessário um programa que suporte as transmissões de imagem e som, como o Mosaic, e uma conexão SLIP (serial line internet protocol) com a Internet.

Esta é a parte complicada: nem universidades fornecem este acesso no Brasil. Há alguns remedinhos para este problema. Até agora, o que melhor funciona é o TIA (The Internet Adapter), que funciona como interface gráfica para a WWW a partir de acesso do tipo "shell". Para saber tudo sobre o TIA, mande e-mail para tia-info@marketplace.com.

A Web pode fazer pela Internet o que o Windows fez pelo PC: a interface gráfica da Microsoft foi o tijolo que faltava para transformar o computador em utensílio doméstico tão familiar quanto o telefone. □

GLOSSÁRIO
e-mail - correio eletrônico dos usuários da Internet.
BBS - Bulletin Board System. Rede que se acessa via modem.
MOO - Jogo online (Object Oriented Multi-Dimension).

1978 AP

Bill Gates, em foto de 1978, um dos fundadores da Microsoft, a maior empresa de software do mundo

"Com e-mail, já dá para tirar uma casquinha da rede e participar de uma comunidade de cerca de 25 milhões de usuários. Pense nisso: nunca tantos se comunicaram com tão pouco esforço"

NET NOTAS:

1. O Mandic BBS está processando cinco usuários que usaram números falsos de cartões de crédito.
2. O The New York Times lançou semana passada o "primeiro seriado online", na rede America Online. Ranger de dentes na moderna revista Wired, que "publica" no http:// www.hotwired.com a novela "The Quiet Americans", já no quinto capítulo.
3. A galeria americana Sandra Gering montou um equivalente eletrônico da exposição "Bioinformatica", com obras de Hélio Oiticica, no PMC MOO. Comando telnet hero.village.virginia.edu 7777.

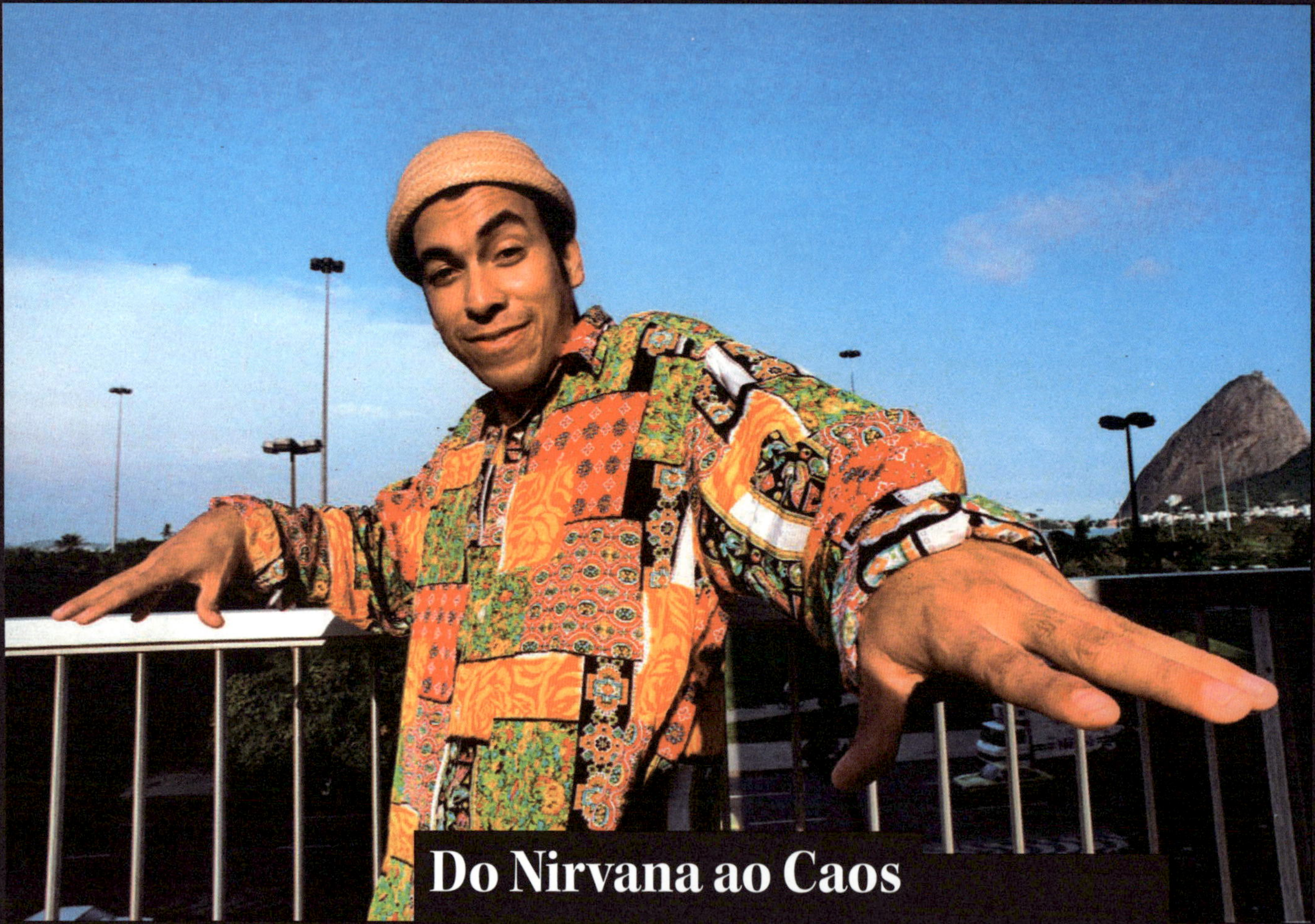

30 MAR 1994 FREDERICO ROZÁRIO/FOLHA IMAGEM

Do Nirvana ao Caos

No início da década de 90, reflexo de uma geração que redescobria o rock'n'roll e reagia ao establishment cultural da época, o cantor e compositor Chico Science (acima) e sua Nação Zumbi ajudaram a criar e propagar o movimento Mangue Beat (ou Bit), buscando unir elementos da música tradicional pernambucana, o maracatu, com batidas e estrutura da música eletrônica. Já nos Estados Unidos, o Nirvana, inicialmente vinculado à cena grunge, lançava em 1991 o segundo disco, "Nevermind", que se tornaria um dos maiores álbuns da história do rock. O vocalista Kurt Cobain (na página ao lado, no Hollywood Rock, em 1993) e Chico Science morreriam em 1994 e 1997 respectivamente

17 JAN 1993 PISCO DEL GAISO/FOLHA IMAGEM

OASIS

LÚCIO RIBEIRO
28 de dezembro de 1996 – Ilustrada

REPRODUÇÃO

O primeiro disco do Oasis, "Definitely Maybe", de 1994, que foi direto ao primeiro lugar da parada britânica em tempo recorde

Fazer o quê, mas o rápido abc do rock inglês pós-96 e pré-97 começa e acaba na letra "o". 1996 foi (sim) o ano da banda Oasis, aquela dos irmãos Gallagher, que não lança um álbum novo desde outubro de 95.

E, em um ano em que o britpop se arrastou e as melhores coisas do rock vieram da América, o Oasis conseguiu botar seus dois únicos álbuns "Definitely Maybe" e "(What's the Story) Morning Glory?" a passos largos rumo à marca dos 20 milhões de cópias vendidas.

Tudo por conta de escândalos, brigas, manchetes nos tabloides ingleses, ameaça do fim da banda, interrupção da turnê americana, cusparada em show da MTV EUA, tumultuado acústico da MTV Europa e por aí vai.

A cada diz-que-diz nos jornais, os álbuns dos "cinco de Manchester" galgavam fácil várias posições nas paradas.

Mas com as guitarras plugadas, a banda dos Gallagher deu seu recado. Já é do Oasis o que está sendo considerado pelos britânicos como o show da década.

Em um único final de semana de agosto passado, no parque de Knebworth (80 km de Londres), cerca de 250 mil pessoas se acotovelaram para ver de perto a apresentação do grupo dos Gallagher. Todos os ingressos foram vendidos dois meses antes, pelo telefone, em menos de uma hora.

O "fenômeno Oasis" provocou ecos até do outro lado do Atlântico. O jornal californiano Los Angeles Times enviou a Knebworth um veterano crítico de música, famoso por acompanhar nos anos 60 os passos de outra banda inglesa, os Beatles.

"A histeria é absurdamente a mesma. Mas o que mais assusta é que o Oasis ainda está ascendente. O grupo vai dar muito mais o que falar", emplacou o crítico nas páginas do jornal americano.

Outro fator atesta a dimensão da popularidade da banda. A torcida do Manchester City, que disputa o campeonato inglês, ficou famosa neste ano por entoar, durante as partidas do time, a canção "Wonderwall", o principal hit do Oasis.

Os irmãos Noel e Liam são torcedores fanáticos do City, o grande rival do Manchester United, o clube com maior número de torcedores da Inglaterra.

O TERCEIRO OASIS

O que se prevê na Inglaterra, para 97, é que a música pop vai parar até meados do ano, quando será lançado o terceiro álbum do Oasis. Antes, a banda, que atualmente está trancada no estúdio gravando o disco, deve lançar o single "My Big Mouth", no fim de janeiro.

Não é absurdo adiantar que o "Terceiro Oasis", como o álbum vem sendo chamado, vai entrar em primeiro lugar nas paradas britânicas. Fala-se até que o disco puxará o antecessor "Morning Glory" para segundo lugar e "Definitely Maybe", para o terceiro, fato inédito na história do pop. □

NOVO CD É ÓTIMO, MAS SÓ PARA FÃS

THIAGO NEY

1º de outubro de 2008 – Ilustrada

Mais do que qualquer outra banda, o Oasis é aquela que definitivamente mexe não com fãs, mas com torcedores –há fanáticos que os apoiam incondicionalmente; e há os que vaiam a cada novo lance. "Dig Out Your Soul" deve reforçar essa dualidade. Porque enquanto uns veem energia e talento para lapidar boas melodias, outros apontam arrogância e cópia sem-vergonha do cânone roqueiro. Como nos outros discos da banda, os que torcem contra encontrarão munição farta: "Waiting for the Rature" "empresta" riff de "Five to One", do Doors; em "I'm Outta Time", Liam se "inspira" nas baladas de Lennon; "(Get Off Your) High Horse Lady" "lembra" um Stones freak. Para esses, melhor continuar com Radiohead. Se você curte Oasis, cara... esse é o melhor disco da banda desde... (coloque aqui "Definitely Maybe" ou "Morning Glory"). Não é preciso ir longe; ouça a introdução de "The Shock of the Lightning" e em poucos segundos você estará fazendo air guitar (nem vai dar bola para o refrão esdrúxulo, que diz "Love is a litany/ A magical mystery"...). "Bag it Up" é psicodélica na medida; Liam Gallagher está fantástico em "The Turning"; se os Chemical Brothers usassem guitarras, soariam como em "To Be Where There's Life"; "The Nature of Reality" tem andamento sinuoso e criativo. Não tem erro: é ótimo. □

15.MAR.2003 ROGÉRIO CASSIMIRO/FOLHA IMAGEM

O vocalista Liam Gallagher, famoso pelas brigas com o irmão Noel, durante show em São Paulo

16.AGO.2001 REUTERS 3

Thom Yorke, vocalista do Radiohead, que, desde o lançamento do álbum "OK Computer", em 1997, é uma das bandas mais cultuadas do mundo

14.JUN.06 FRANCE PRESSE AFP 1

A dupla Daft Punk, um dos principais nomes da música eletrônica francesa

11.DEZ.92 SERGIO ANDRADE/FOLHA IMAGEM

O vocalista Axl Rose, durante apresentação em São Paulo, 1992

28.AGO.1995 MUJICA/FOLHA IMAGEM

Os Mamonas Assassinas, banda de Guarulhos; antes do trágico acidente aéreo em 1996, cativou públicos de todas as idades

A cantora Cássia Eller se tornou uma das maiores vozes da música brasileira na década de 90, antes de morrer em 2001

O vocalista Chris Martin do Coldplay, em show em São Paulo, em 2003

28.AGO.2000 MARCELO MIN/FOLHA IMAGEM

O Planet Hemp, liderado por Marcelo D2, provocou muita polêmica por conta das apologias feitas à maconha

A ASCENSÃO DE RATINHO, O SBT E AS RAZÕES DA REDE GLOBO

FERNANDO DE BARROS E SILVA
15 de março de 1998 - TV Folha

O leitor que já teve a curiosidade de ligar a TV para ver o programa "Ratinho Livre", ainda que o tenha feito como quem vai ao zoológico, terá notado que um dos alvos prediletos do apresentador é a Rede Globo.

A emissora tem sido a primeira vítima de seu destampatório, e não acredito que isso se deva apenas ao fato de que seu chefe, Edir Macedo, esteja sempre associando o Jardim Botânico à morada do satanás. Há motivações bem mais terrenas nessa estratégia camundonga. Se for assim, a pergunta que deve ser feita é: por que a Globo, se o concorrente direto da Record, e do próprio Ratinho, é o SBT?

É a emissora de Silvio Santos que disputa palmo a palmo com a Record uma certa audiência. Ambos os canais, aliás, se parecem cada vez mais em tudo. Não são, como a Globo, propriamente emissoras de televisão, com uma identidade estável ou um padrão a ser defendido. (Mais adiante discutiremos o mérito e as implicações desse padrão global, que não é apenas um slogan.)

Record e SBT são antes arremedos de emissoras. Seus espaços estão sendo loteados de maneira mais ou menos improvisada, de acordo com o retorno imediato que cada um dos seus programas recebe da choldra que os sustenta. Ratinho está indo bem? Criamos, então, para ele um outro programa, aos domingos, mesmo que esteja abaixo de qualquer qualificação, técnica inclusive. Márcia é um sucesso? Passará então a humilhar seus convidados diariamente, uma vez por semana é pouco. E Ana Maria Braga? Passa mais horas no ar do que qualquer piloto de avião.

É, em suma, essa lógica imediatista e predatória que comanda as ações de Silvio Santos e Edir Macedo –e não é à toa que ambos tenham vencido na vida como camelôs, tanto faz se do baú ou da fé. Até nas ilhas de prestígio que reservam dentro da programação, Record e SBT se equivalem. Boris Casoy de um lado, Jô Soares do outro.

Mas, voltando à questão, por que a Globo? Porque a emissora de Roberto Marinho é uma espécie de limite à ascensão de Ratinho. Não no sentido óbvio de que lhe rouba uma fatia do público, mas porque Ratinho não tem, não pode ter, espaço na tela da Globo, a não ser ao preço da desfiguração da emissora. Explico-me, pois não se trata de uma questão de virtude. Já foi dito que a Globo é o centro de gravidade de um país que na verdade são dois –capaz de ser ao mesmo tempo a principal referência da classe média e o maior fenômeno de audiência popular. O segredo de seu êxito –e de seu padrão– está nesse amálgama de dois mundos, nessa alquimia que a transformou na emissora que é "a cara do Brasil". Sabe-se que essa identidade foi em larga escala construída durante o regime militar, quando a Globo de fato "governava". O projeto de integração nacional, um dos sonhos dos militares, se vingou de alguma forma, vingou por intermédio da Globo. Esse processo está muito bem retratado pelo filme "Bye, Bye, Brasil", de Cacá Diegues, um verdadeiro achado, a começar pelo título.

A contrapartida dessa hegemonia global é o lúmpen inaproveitável –o real e o televisivo– que foi se criando à sua volta. Ratinho representa e reproduz um país bárbaro e desestruturado que não cabe na equação da Globo, embora tenha sido alimentado pela sua onipotência. Ratinho, ou, mais ainda, a Record e o SBT são como a cinza, os restos do carvão que a Globo teve que queimar para ser o que é.

A entrada da chamada TV paga no país complica esse estado de coisas, na medida em que a audiência menos desqualificada tende a migrar para lá. A Globo hoje oscila entre a fidelidade a seu padrão e a tentação de concorrer com SBT e Record nos termos que não podem ser mais dela, mas dos inimigos. É visível que passa por um período de esquizofrenia. O episódio do sushi no Faustão e o posterior recuo da emissora são sintomas disso. Em outro lugar que não na tela da Globo, o sushi das peladas passaria batido.

A Globo carrega o fardo de ser, para o bem e para o mal, a verdadeira emissora educativa do país. Está condenada, ao menos por ora, a ser a nossa professora de Moral e Cívica. As lições vinham bem. Até que um Ratinho trouxe para a sala um certo rapaz, um tipo escrotinho chamado Brasil, que agora ameaça transformar as aulas em chanchada. □

> **“A Globo é uma espécie de limite à ascensão de Ratinho. Não no sentido óbvio de que lhe rouba uma fatia do público, mas porque Ratinho não tem, não pode ter, espaço na tela da Globo, a não ser ao preço da desfiguração da emissora”**

ESCALA DE AVALIAÇÃO
★★★★ Ótimo
★★★ Bom
★★ Regular
★ Ruim
● Péssimo

FOLHA ILUSTRADA

Tel.: 0/xx/11/3224-7842
E-mail: ilustrad@uol.com.br
Fax: 0/xx/11/3224-2284
Serviço de atendimento ao assinante:
Grande São Paulo 0/xx/11/3224-3090
Demais localidades 0800-703-8080

PÁGINA E 1 ★ SÃO PAULO, DOMINGO, 6 DE JULHO DE 2003

Almodóvar se expõe em histórias pessoais

O cineasta espanhol capta reminiscências de sua sombria educação religiosa, época que define como um pesadelo, em novo longa, "La Mala Educación"
........................PÁGINA E4

Ministério da Justiça abre os olhos para a TV

Governo federal escala 18 técnicos para rastrear a exibição de violência, sexo e drogas na programação vespertina e nas novelas da TV e prepara novas regras de classificação etária
........................PÁGINA E8

Márcio do Lago, que estava na fila

Chris von Ameln/Folha Imagem

Vaga de gari seduz em tempos bicudos

A colunista Mônica Bergamo passou uma madrugada na fila de candidatos ao emprego de gari, no Sambódromo do Rio de Janeiro. Ela conta o que viu por lá
........................PÁGINA E2

Quanto vale o show

Presidente se reúne com apresentadores populares para usar programas de televisão em defesa de suas propostas de reformas

Ratinho com foto autografada que Lula deu a ele, depois de jantar no Alvorada no último dia 4 de junho

PLÍNIO FRAGA
DA REPORTAGEM LOCAL

O apresentador de televisão Carlos Massa, o Ratinho, voltou ao Palácio da Alvorada pela segunda vez, depois de 13 anos, no último dia 4 de junho, para um jantar reservado.

Foi saudado por um anfitrião bem-humorado, com um pedido: parar de falar besteira na televisão e ajudar a defender as reformas propostas pelo governo. "Você não é meu amigo?", perguntou o presidente Luiz Inácio Lula da Silva, conforme o relato que Ratinho faz do encontro.

Em 1990, na primeira visita à residência oficial da Presidência da República, então ocupada por Fernando Collor, o apresentador recebeu tratamento bem mais formal. Recém-eleito deputado federal pelo PRN-PR, o mesmo partido do ex-presidente, Ratinho foi chamado de senhor por Collor, que lhe perguntou protocolarmente em que poderia ser útil.

Nada mais diferente do que o encontro de um mês atrás com Lula, regado na abertura com doses da cachaça mineira Havana, a preferida de ambos.

"Lula é meu amigo. A única coisa ruim do nosso encontro foi aquela cigarrilha fedorenta que ele fuma. Se ele não acertar este país, ninguém vai acertar mais", diz Ratinho, 47, do SBT.

Encontro marcado

A saudação que Lula fez ao apresentador será repetida —talvez em termos mais discretos— em jantar que o presidente deve marcar, provavelmente para o próximo dia 24, com os principais comunicadores populares da televisão.

Os convites para a reunião —prevista inicialmente para o último dia 23, mas cancelada por problemas de agenda— serão endereçados também aos apresentadores Gugu Liberato, José Luiz Datena, Luciana Gimenez, Hebe Camargo, Ana Maria Braga, Luciano Huck, Fausto Silva e Jô Soares, entre outros.

"O Lula tem meu apoio irrestrito porque é meu amigo. Se não conseguir fazer um bom governo, morro abraçado com ele. Não importa quais caminhos tomar, vou ser solidário até o final", afirma José Luiz Datena, 46, do "Brasil Urgente", da Rede Bandeirantes.

Augusto Liberato, o Gugu, apresentador do "Domingo Legal" no SBT, fez a campanha eleitoral do tucano José Serra, mas se mostra simpático à proposta de levar a discussão das reformas à TV.

"Neste momento da vida política, o povo está receptivo a todas as mensagens que emanam do governo, ou seja, o povo tem muita esperança e ouve bem as mensagens enviadas", diz Gugu, 44.

A intenção de Lula é pedir que os apresentadores ajudem a esclarecer na TV as razões e as mudanças que planeja com as reformas tributária e previdenciária.

Esses apresentadores juntos têm uma audiência que, se calculada nacionalmente, grosso modo, fica próxima da casa dos 50 milhões de espectadores.

Dinheiro e capitulação

O objetivo do governo é que as discussões sejam tomadas como de interesse jornalístico, sem pagamento de "merchandising", como fez o governo Fernando Henrique Cardoso, em 1997, durante o processo de privatização do sistema Telebrás, em programas como o do próprio Ratinho.

Mas as emissoras não têm do que reclamar, porque o governo federal dispõe hoje de R$ 113,2 milhões para gastos com publicidade na mídia em geral. No caso da TV, a Secretaria de Comunicação diz que aplicará o dinheiro tendo como critério a audiência. Quem tem mais espectadores recebe mais.

Mais delicada do que a questão financeira, parece ser a de os apresentadores aceitarem encampar a agenda do governo. "Não se trata de apoiar ou não determinado governo. O importante é a função social do comunicador de esclarecer o seu público sobre aspectos complexos da política, levando à grande massa problemas sociais com uma linguagem simples e direta, dirimindo dúvidas e esclarecendo pontos", diz Gugu.

Apoio total

Ratinho afirma que não conhece a proposta da Previdência por inteiro, por exemplo, mas apóia ponto considerado essencial pelo governo, a questão da cobrança de uma contribuição dos servidores públicos inativos.

"Depende de quanto ele ganha. De um aposentado que ganha R$ 500, não pode cobrar. Mas, de um que recebe R$ 2.500, pode cobrar um pouco, sim. Não é que pode, mas deve. É a única solução que temos", declara.

José Luiz Datena segue a mesma linha. "A proposta de reforma da Previdência é legal. Há discrepâncias absurdas. Não faz sentido existir aposentadorias de R$ 27 mil. Isso é um buraco sem fundo. Há resistências da máquina burocrática e da direita", opina.

Ratinho vendeu churrasquinho em rodoviária, Gugu foi office-boy, e Datena ganhou a simpatia de Lula quando era apenas um repórter esportivo de rádio. As origens dos três talvez expliquem a contraposição que fazem entre um suposto elitismo de FHC e a qualificação de Lula como "homem do povo" —igual à audiência para a qual falam em seus programas.

Em atos públicos, o presidente tem utilizado um estilo próximo do de programas de auditório. Foi assim que, no dia 29 de maio passado, de microfone em punho, dialogando com uma platéia de metalúrgicos, em São Bernardo do Campo, criou seu bordão predileto atualmente: a promessa do "espetáculo do crescimento".

Ratinho define como "genial" a performance de Lula e reclama do estilo "empolado" do seu antecessor, a quem define como um "intelectual desses que quer resolver tudo só a seu jeito".

"Cobrei isso quatro anos do FHC. É importante que a gente coloque os projetos numa linguagem que o povo entenda", diz.

Já Gugu vê convergências entre o atual presidente e o anterior. "As formas podem diferir em alguns aspectos, mas a mensagem é a mesma e visa tranquilizar tanto o mercado interno como o mercado externo, positivando a situação econômica brasileira."

Datena chegou a ter encontros com FHC quando este era presidente. "Apesar de ser um social-democrata, amável e simpático, representa a elite. FHC seria um ótimo primeiro-ministro da Inglaterra. Mas tinha aquele distanciamento clássico do povo."

MST e violência

O que mais perturba os apresentadores é a relação do presidente com o MST (Movimento dos Trabalhadores Rurais sem Terra) e o que principalmente os distancia de Lula é a questão da segurança pública.

"Estou muito preocupado com o MST. O cara que está desempregado está indo para o MST. Não é só o cara da terra", declara Ratinho. "Todo mundo comenta sobre o Lula usando boné do MST. Não foi uma manifestação de apoio, mas pode ter sido exagero. Porque não se pode apoiar essas invasões absurdas", diz Datena.

Comandando programas fortemente alimentados por casos de violência urbana e com discurso agressivo contra criminosos, Ratinho e Datena se diferenciam na forma como encaram o tratamento dado por Lula à segurança.

"Discuto isso com ele. Ele tem aquele discurso, que acho que o Hélio Bicudo [histórico defensor dos direitos humanos] colocou na cabeça dele: 'Temos de resolver a questão social, porque o pai de família desempregado faz umas loucuras'. Discordo. Pai de família sério não vai pegar uma arma para assaltar. Vai pedir, mas não vai assaltar. Essa diferença nós temos", afirma Ratinho.

Datena segue uma linha mais amena. "A questão da segurança não é policialesca. É social. Não vai se resolver em seis meses, nem mesmo em 50 anos. O problema social deságua na violência. Tolerância zero é uma bobagem criada nos EUA. Lá prendem negro, latino, sem-teto. Se for usada aqui, não sobra ninguém."

Pedro Caroço

A complacência com o governo Lula é a tônica, com poucas exceções. "Ele está com um time muito bom. Não sou PT, sou Lula e sou José Dirceu", afirma Ratinho, que se refere ao ministro-chefe da Casa Civil como Pedro Caroço, apelido pelo qual era conhecido quando se escondia do regime militar, no interior do Paraná, Estado de origem do apresentador.

A restrição que ele faz é à ministra da Assistência Social. "A Benedita [da Silva] acho ruim para caramba. É só discurso. Marcam reunião para marcar reunião", graceja.

A depender dos comunicadores, a discussão sobre a reforma em seus programas terá como atração o próprio presidente.

"Lula tem as características de um comunicador. Fala o que pensa sem a defesa natural que os políticos treinados têm. Não tem barreiras", diz Datena.

Rindo, Ratinho manifesta preocupação quanto a uma eventual concorrência. "Meu medo é de o Lula sair da política e querer fazer televisão no meu horário. Ele tem o estilo que o brasileiro gosta."

→ LEIA MAIS à pág. E3

OS APRESENTADORES

CARLOS MASSA, Ratinho, 47
Comanda o "Programa do Ratinho" no SBT, de segunda a sexta, a partir das 21h20. Filho de um pedreiro e de uma dona de casa, foi entregador de marmitas, engraxate e vendedor de churrasquinho. Ficou famoso como apresentador de programas policiais em que defendia ações duras contra criminosos. Em 1990, foi eleito deputado federal pelo PRN de Fernando Collor, a quem ajudou na campanha presidencial. "Fui um deputado medíocre", diz

GUGU LIBERATO, 44
Antônio Augusto Moraes Liberato foi office-boy, assistente de produção e diretor de televisão. Em 1982, começou a apresentar o "Viva a Noite", que lhe trouxe o sucesso. Desde 1992 divide as tardes de domingo com Silvio Santos no SBT, a partir das 13h, comandando o "Domingo Legal". Fez campanha para José Serra na disputa pela Prefeitura de São Paulo em 1996 e pela Presidência em 2002

JOSÉ LUIZ DATENA, 46
Começou a carreira na televisão como repórter esportivo. Trocou a Record neste ano pela Rede TV!, voltou para a Record e depois se transferiu para a Bandeirantes, onde apresenta o "Brasil Urgente", de segunda a sexta a partir das 18h

Capa da Ilustrada de 2003 com destaque para o apresentador Ratinho

MULHERES ESTÃO PARINDO UM NOVO CINEMA

ARNALDO JABOR
24 de janeiro de 1995 – Ilustrada

O cinema no Brasil era um fenômeno masculino. Morreu. O cinema novo era composto por nós, machistas loucos, covers de guevaras que se achavam com o fuzil da câmera na mão e as ideias na cabeça, o pau na mão e vagos leninismos na cabeça. Morremos todos. Mesmo os que acham que não morreram vagam como "incidentes de antares" pelas ruas.

O cinema macho vive em melancolia, pois se recusa a fazer o luto por si mesmo. Enquanto não reconhecermos que houve morte de um projeto, não podemos começar outro. Ainda corre entre os machos corporativistas a antiga ideia de que nós (oh, sérios guevarinhas!) fomos vítimas de uma injustiça da história.

Não lhes ocorre que estivessem errados. Mas isto é assunto para outro artigo que farei: "Cinema e Masoquismo"; não importa agora.

Importa é que as mulheres vieram. Como enfermeiras, vieram ao campo de batalha ver os despojos e com os restos começaram a fazer novos filmes, livres como mães que perderam os filhos. Como viúvas alegres, começaram a filmar sem os maridos castradores e obsessivos burros.

Estranha coisa: as mulheres estão parindo um novo cinema no Brasil. Ana Magalhães fez "Erotique", Suzana Moraes fez "Mil e Uma", Monique Gardenberg filma "Jenipapo", Norma Bengell começa o "Guarani", Sandra Werneck, Ana Carolina e Tizuka preparam produções e Carla Camurati fez o "Carlota Joaquina", e nele está vivo como uma flor resistente o fundo desejo do cinema no Brasil.

O filme é ótimo e enche salas no Rio. Alguns parentescos do filme: a chanchada da Atlântida, os bons momentos de Peter Greenaway, "Xica da Silva" de Diegues, teatro rebolado da Praça Tiradentes, teatro paródico dos anos 70, "Macunaíma", "O Rei da Vela", escolas de samba, marquesas da Sapucaí, tudo mexido num caldo anárquico e humorístico.

O público se encanta com o óbvio retrato do nosso passado sem-vergonha, nós que começamos como uma piada burocrática de Portugal e que até hoje assistimos à ópera bufa dos congressistas canalhas e chantagistas.

Estes são os parentescos artísticos do filme. Já as heranças de produção de "Carlota Joaquina" são terrivelmente parecidas com os pavorosos esforços que fazíamos nos anos 60 para conseguir filmar (quando terminei meu primeiro longa-metragem, "A Opinião Pública", voltei para casa de ônibus, às cinco da manhã, equilibrando vinte latas do filme).

Toda uma geração de masoquistas nos orgulhávamos do pioneirismo sinistro de que sofríamos. Não tínhamos nada. E chegamos a produzir cem filmes anuais. Hoje não temos nada, de novo. E Carla faz "Carlota Joaquina".

Como um pioneiro do passado, ela passou centenas de horas em salas de espera, descolando patrocínios, pesquisou história, escreveu o roteiro, dirigiu a produção, fez a mise-en-scène e, agora, dado o deserto comercial, distribui sozinha o filme no país todo. E o filme está batendo os usuais abacaxis americanos. Dá mais público que Máskaras, Vampiros e Frankensteins.

Isto acontece porque há uma fome de ver um outro Brasil, mais torto, para além do realismo linear da TV.

Há uma fome de cinema que fica clara quando surge um bom produto como "Carlota Joaquina". E esta fome de cinema é uma fome de forma, uma fome de ver com outros olhos. Querendo pertencer, o cinema ficou mimético de Hollywood e da Globo, ou então ficou torturadamente suicida, se imolando contra o sistema.

Em exemplos como o de "Carlota Joaquina", vemos que já é tempo de um cinema experimental e popular, inovador e compreensível. Talvez o vazio cinematográfico dos últimos anos tenha nos libertado da tirania de um "repertório" obrigatório de antes.

O estímulo de Carla Camurati foi o nada. O absurdo político brasileiro recente superou qualquer ficção. Collor reformou nossa dramaturgia. O descompromisso de pessoas possuídas apenas do absoluto desejo de filmar (como Carla) liberta-as das velhas convenções narrativas.

"Carlota" e alguns outros filmes, como o genial "Louco por Cinema", de André Luis Oliveira, e alguns curtas (vem aí uma obra-prima: "Útero", de Cristiano Metri), não são politicamente corretos, nem poeticamente corretos.

O cinema no Brasil, mesmo morto, (oh, sublime loucura!) ainda se divi-

DIVULGAÇÃO

O ator Marco Nanini, em cena do filme "Carlota Joaquina", de Carla Camurati

de numa guerra entre a forma petista-denunciativa de uma realidade injusta e a obrigação neoparnasiana de uma "liberdade" explodida. Duas academias se xingam no nada: academia careta e academia muito louca.

Mas a inexperiência dos novos e a falência da produção estão gerando uma nova liberdade, para longe do mundo correto dos "filhos de Getúlio", que ainda se julgam um essencial pelotão crítico, um "brancaleone" de revolucionários oficiais, que merecem receber verbas para seu inconformismo, assim como a saúde pública distribui seringas descartáveis em Amsterdã.

A liberdade prazerosa e desgrilada de "Carlota Joaquina" –feita por uma equipe alegre que criou figurinos fantásticos de bom e mau gosto (Ladeu Burgos, Emilia Duncan) e uma fotografia tropicolor de Breno Silveira– deve ser um exemplo para criadores. É lindo ver neste filme até mesmo uma formação imperfeita de recém-chegada de lentes e sem "bom senso" gramatical.

Ótimo. Isso dá uma agudeza que permite romper com as noções aceitas da história oficial brasileira. A falta de dinheiro obriga a soluções de elipses que também destroem uma perspectiva clássica do filme histórico óbvio. Mas o heroísmo de Carla, seu lindo rosto transido de angústia em antessalas, sua energia flamante em halls de bancos, sua paciência de fanática não podem ser motivo para aplacar burocratas insensíveis e masoquistas de plantão: "Oh... só o heroísmo gera a arte, o artista só é grande se sofrer!". Isso, jamais.

O filme usa o precário como invenção sim, mas isso não pode levar à celebração da miséria como caldo "natural" da arte. É um absurdo a falta de condições em que este talento trabalhou. O cinema é a verdadeira paixão nacional. O Executivo que inaugure novas formas de produção que nos protejam até dos vícios da velha classe corporativista. As mulheres estão mostrando os caminhos. O presidente devia ver este filme. □

AL JAZEERA, ANTONIONI E A INVERSÃO DO PONTO DE VISTA

WALTER SALLES
13 de outubro de 2001 – Ilustrada

Com o deslocamento do conflito para o Afeganistão, tudo parecia anunciar que imagens semelhantes às da Guerra do Golfo voltariam a tomar conta da televisão. Imagens frias e assépticas, como num videogame. Rastros luminosos de mísseis cortando a noite. Alvos representados por pequenos retângulos que subitamente desapareceriam. Explosões distantes, cujos efeitos mortíferos não seriam conhecidos.

A Guerra do Golfo, vista pela CNN e afins, deu ao público americano a ilusão de que violência e sofrimento não estavam obrigatoriamente associados: as vítimas do outro lado eram raramente focalizadas. É essa assimetria da dor que caiu por terra no dia 11 de setembro.

Agora, com as TVs ocidentais mantidas à margem de Cabul, a perspectiva de uma guerra "higiênica", sem que as consequências dos bombardeios sobre a população civil afegã fossem mostradas, parecia assegurada. Mas não.

O surgimento do canal de TV Al Jazeera, transmitindo do outro lado da fronteira (do que antes estava fora de quadro), anunciou uma outra forma de guerra. A das imagens.

Tudo começou com os dois pronunciamentos de Bush e Bin Laden, transmitidos um após o outro. Imagens menos espetaculares do que as dos atentados, mas possivelmente mais reveladoras das forças culturais e ideológicas em conflito. Os temas, paradoxalmente, são parecidos: a guerra santa, a cruzada contra "o mal", o ciclo de retaliações etc. Porém, há diferenças fundamentais na maneira com que a mensagem de um e de outro é concebida.

Bush olha direto para a câmera. Procura dar a impressão de que fala para o telespectador, mas percebe-se claramente que está lendo um texto no teleprompter. O desconforto com palavras que ele não escreveu é visível. O som, a luz, tudo é aparentemente perfeito. Perfeitamente clínico. Como num filme hollywoodiano, sente-se o peso do aparato técnico por trás daquilo que vemos.

Corta para Bin Laden. Por mais que os jornais garantam que ele possui um estúdio de TV digital no seu refúgio, nada do que é mostrado sugere a existência de equipamento de alta tecnologia. A imagem é granulada, de baixa resolução. O microfone é aparente. O pronunciamento não é feito diretamente para a câmera, como se Bin Laden procurasse falar para pessoas à sua frente. Percebe-se também que o homem que segura o microfone é o autor do seu texto. E, como num filme iraniano, sente-se que a equipe de captação é pequena.

O final dos dois pronunciamentos também é extraordinariamente revelador. Bush acaba de ler o texto. Corta-se logo. Não há tempo a perder. Já ao término da fala de Bin Laden, a lente abre e contextualiza: o líder da Al Qaeda não está só, e sim sentado ao lado de três outros dirigentes de sua organização. Passam a beber chá, com vagar. Uma concepção do tempo diametralmente oposta a que vimos antes.

A diferença da geografia, do fundo escolhido para os dois pronunciamentos, é igualmente fascinante. A cidade que se desenha por trás de Bush procura dar a impressão de uma sociedade aberta, em movimento. Mas, novamente, a sensação que se tem é que mesmo essa imagem é falsa, aplicada eletronicamente. Há também toda uma mise-en-scène por trás de Bin Laden. A metralhadora repousando à direita do quadro, à espera. A parede escarpada de uma montanha ou de uma gruta, bloco monolítico que se quer inexpugnável.

Curiosamente, o confronto dessas imagens me fez lembrar de Antonioni. Em seus filmes, a geografia física e humana sempre teve uma função essencialmente narrativa. O magistral "Passageiro: Profissão Repórter" repousa sobre esse princípio. sLocke, o personagem de Jack Nicholson, é um repórter da televisão britânica em crise de identidade. Viaja para a África, em busca de uma entrevista com um líder guerrilheiro. Tudo a sua volta –a areia do deserto, as moscas, o calor aterrador– o desestabiliza. Locke chega finalmente a um campo de treinamento no meio do deserto. Senta-se à frente do líder guerrilheiro. O homem negro, de pernas cruzadas, tem a aparência serena. Poderia se chamar Osama bin Laden. Já Locke não está à vontade. Dispara uma, duas perguntas.

O líder guerrilheiro responde que as perguntas já contêm, na sua formulação, preconceitos típicos da sociedade que Locke representa. Pega calmamente a câmera que Locke empunha e inverte o eixo, focalizando o repórter. Quem faz perguntas, agora, é o líder guerrilheiro.

A justaposição dos pronunciamentos de Bush e Bin Laden transmitiu uma sensação estranhamente semelhante, a da súbita inversão do ponto de vista.

Já a Al Jazeera acabou com a perspectiva de uma guerra controlada, segura.

O governo americano tenta censurá-la, dizendo que a estação é aparelho ideológico do Taleban. Mas o que é a CNN? □

22.FEV.1998 FABRIZIO BAUSCH/REUTERS

URSO DE OURO
O cineasta Walter Salles e a atriz Fernanda Montenegro comemoram os prêmios de melhor filme e melhor atriz para "Central do Brasil", no Festival de Berlim, em fevereiro de 1998

14.JUL.1985 ALEXANDRE TOKITAKA/FOLHA IMAGEM

28.FEV.2004 PABLO GROSBY/THE GROSBY GROUP

Valdeci é o #&%*!

Depois do "Olhar Eletrônico", programa de TV nos anos 80 apresentado por Ernesto Varela (Marcelo Tas), o câmera Valdeci partia para novas e maiores empreitadas, dessa vez usando seu nome verdadeiro: Fernando Meirelles. Filmaria então, com Kátia Lund, seu "Cidade de Deus" (2002), película que celebrizou o personagem Dadinho/Zé Pequeno (Douglas Silva/Leandro Firmino, na página ao lado), e recebeu quatro indicações ao Oscar

FOTOS: DIVULGAÇÃO

"CIDADE DE DEUS" QUESTIONA PRODUÇÃO NACIONAL

JOSÉ GERALDO COUTO

Trecho da crítica ao filme "Cidade de Deus", publicada em 7 de setembro de 2002, na Ilustrada

"Visto sem antolhos, é um filme de vigor espantoso e de extrema competência narrativa. Seus grandes trunfos são o roteiro engenhosamente construído (sim, à maneira americana, sem gorduras nem pontos sem nó) e a consistência da mise-en-scène.

Não há, que eu me lembre, uma única cena frouxa ou malfeita em 'Cidade de Deus', nem tampouco um diálogo que soe pobre ou artificial. Se existe alguma redundância e autocomplacência, ela está na narração em off.

A atuação do elenco como um todo eleva a interpretação cinematográfica no Brasil a um novo patamar. É a culminância de um processo iniciado em 'Pixote' e que teve outro momento alto em 'Bicho de Sete Cabeças'. Nada a ver com teatro ou televisão.

Ao constituir seu elenco com semiamadores oriundos das favelas, Meirelles incorporou ao próprio modo de produção de 'Cidade de Deus' algo que é cobrado do filme: a apresentação de alternativas positivas para os jovens das comunidades faveladas."

OSCAR CONFIRMA CARICATURA

IVANA BENTES

Declarações extraídas de reportagem de Pedro Alexandre Sanches sobre o filme "Cidade de Deus", publicada em 6 de fevereiro de 2004, na Ilustrada

"O filme é altamente eficiente como linguagem, mas o Oscar é uma comprovação. 'Cidade de Deus' pega um tema local, da favela e das drogas, e o trabalha na chave do cinema hollywoodiano de ação, a meu ver sem distanciamento crítico.

◆

Por um lado rompe com nosso complexo de inferioridade. Mas, por outro, vamos continuar sendo apresentados como assassinos por natureza?

◆

Que bom que estamos no Oscar. Que pena que é um filme que vai reforçar clichês e formar clichês da próxima imagem internacional sobre o tema.

◆

Do 'Orfeu Negro' de Marcel Camus, em 1959, a 'Cidade de Deus', a representação da favela brasileira viajou de um paraíso idílico ao inferno que apenas representa pobres matando uns aos outros. É quase igualmente caricatural nos dois casos. Maniqueísta e conservador."

Os atores Matheus Nachtergaele e Chico Diaz em cena do filme "Amarelo Manga" (2003), de Cláudio Assis

"Carandirú" (2002), filme de Hector Babenco, baseado no livro "Estação Carandiru", de Dráuzio Varella

Baseado em obra homônima de Raduan Nassar, o filme "Um Copo de Cólera" (1999), dirigido por Aluízio Abranches

DIVULGAÇÃO

O ator Selton Mello em "O Cheiro do Ralo" (2007), fil
de Heitor Dhalia com roteiro de Lourenço Mutarelli

DIVULGAÇÃO

A atriz Betty Gofman em cena do filme "Cronicamente Inviável" (2000), de Sérgio Bianch

O diretor José Padilha posa para a foto com o troféu Urso de Ouro, por seu filme "Tropa de Elite" (2007), durante o festival de Berlim

ena do filme "Lisbela e o Prisioneiro" (2003), de uel Arraes, com Débora Falabella e Selton Mello

DIVULGAÇÃO

O ator Lázaro Ramos em cena do filme "O Homem que Copiava" (2003), de Jorge Furtado

DIVULGAÇÃO

"O Invasor" (2001), de Beto Brant, com Paulo Miklos, Alexandre Borges e Marco Ricca

Caio Blat e Michel Joelsas em "O Ano em que Meus Pais Saíram de Férias" (2006), dirigido por Cao Hamburger

DIVULGAÇÃO

Cena do filme "Cinema, Aspirinas e Urubus" (2005), estreia do diretor Marcelo Gomes

Padilha retoma a ideia de espetáculo para desmontá-la diante dos nossos olhos, na medida em que o espectador é subtraído do papel de vítima e associado ao lugar do algoz.

◆

O recurso ao modo clássico serve para subverter os mecanismos de identificação e revelar à plateia de onde parte o desejo de vingança. Pois o fio condutor da trama é Nascimento, marido e pai de família carinhoso, indivíduo padrão de classe média e, ao mesmo tempo, executor frio de ações de tortura e matança.
A tese, se há uma no filme, não é que os 'burgueses' alimentam o tráfico por meio do consumo de drogas, mas que a brutalidade do Bope é a realização de nossos desejos de extermínio.
O plano final do filme, contudo, é que concentra sua maior ameaça: com um fuzil apontado para nossa cara, somos retirados da confortável posição de voyeurs e colocados na incômoda cadeira dos réus.

EM "TROPA DE ELITE", PADILHA TRANSFORMA A PLATEIA EM ALGOZ

CÁSSIO STARLING CARLOS

Trecho da crítica ao filme "Tropa de Elite", publicada em 5 de outubro de 2007, na Ilustrada

NÃO DÁ PRA APLAUDIR NEM SOB TORTURA

PLÍNIO FRAGA

Trecho da crítica ao filme "Tropa de Elite", publicada em 22 de setembro de 2007, na Ilustrada

"

'Tropa de Elite' é um filme de Hollywood falado em português. Herda do cinemão americano o roteiro esquemático, o moralismo mistificador, o cinismo utilitário, a hipocrisia social, o pensamento monolítico. Banaliza e glamouriza a tortura. Acha justificável os fins da assepsia social e seus meios aéticos. É um filme desumano e autoritário.

◆

José Padilha pode alegar que retrata a realidade. Em muitas partes do filme, não está longe dela, mas esse é um argumento débil naquilo que se refere à condescendência e ao estímulo à tortura.

Uma obra artística é resultado de escolhas –tanto estéticas quanto políticas. As que Padilha fez colocam seu filme a serviço da legitimação da tortura como solução policial. Ele, como diretor, não é um narrador inocente.

Seu viés é seu discurso. Não precisava ser imparcial, mas, ao glorificar a limpeza social do Bope, está próximo de ser seu cúmplice.

"

MORRE TAMBÉM HOLLYWOOD

AMIR LABAKI
29 de março de 2002 – Ilustrada

Ninguém é perfeito: Billy Wilder está morto. Com ele, morre também o que nos acostumamos a chamar de Hollywood.

Austríaco de nascimento, Wilder refugiou-se nos EUA da sanha nazista, num fluxo que enriqueceu sobremaneira o nascente cinema sonoro americano, com colaborações de Fritz Lang e Jean Renoir, entre muitíssimos outros. Wilder seria o mais bem adaptado desta segunda leva de imigrantes que escreveram as primeiras e mais brilhantes páginas da história de Hollywood.

No início, Hollywood era um endereço. Logo se tornou um ensolarado centro de filmagens para onde convergiram imigrantes judeus centro-europeus. Wilder desembarcou em Los Angeles na aurora da chamada "era dos estúdios". O cinema começara a falar, a produção americana tornara-se internacionalmente hegemônica e diretores passavam a ganhar poder no processo industrial.

Wilder estreou como roteirista, tendo por mentor o mestre da comédia alemã, Ernst Lubitsch (1892-1947). Até o fim de seus dias, Wilder bateria continência ao diretor de "Ninotchka" (1939).

Porém a sensibilidade fílmica contemporânea sempre esteve mais próxima do toque Wilder que do pioneiro toque Lubitsch. As deliciosas comédias lubitschianas sempre pareceram algo ingênuas. Seus modelos eram as operetas do século 19, não contaminadas pelas tormentas do mundo pós-1914. Caberia a Wilder problematizar o modelo cômico de Lubitsch, temperando-o com um humor cáustico, sempre acompanhado por um travo de amargura. Se existiu uma comédia muda antes e depois de Chaplin, há uma sonora antes e depois de Wilder.

Europeu por contingência, cosmopolita por formação, americano por opção, não surpreende que Wilder tenha criado o primeiro filme genuinamente maiúsculo sobre Hollywood. "Crepúsculo dos Deuses" (1950) apresenta uma visão diabolicamente premonitória do declínio do sistema de estúdios, ainda nos anos finais de seu apogeu. Nunca antes Hollywood teve revelada com igual crueldade sua lógica predatória e autofágica.

Wilder voltaria a ele, sistema já morto e enterrado, em seu penúltimo filme, o muito menos perfeito, mas ainda assim muito subestimado "Fedora" (1978), cujas limitações eram reconhecidas pelo próprio diretor. Se em "Crepúsculo" o "gênio do sistema" ainda estava atuante, em "Fedora" panteava-se a ascensão de um novo sistema sem qualquer genialidade, condenado a sucessos meramente argentários. Hollywood já não era mais Hollywood.

O que a substituiu lhe manteve o nome, mais por marketing do que por direito. O lucro puro e simples se impõe como único objetivo. A arte de grandes cineastas e produtores foi posta de lado em favor de produtos cada vez mais infantilizados.

Wilder assistiu a tudo, como incômoda testemunha de acusação. Farrapos humanos, em seus bem-cortados Armani, trafegam hoje sorridentes entre Sunset Boulevard e Wall Street. Já era mais que hora de Wilder descansar em paz. ▫

28.MAR.2002 ASSOCIATED PRESS AP1

Billy Wilder escreveu, produziu e dirigiu filmes como "Crepúsculo dos Deuses" (1950), "Quanto Mais Quente Melhor" (1959) e "Se Meu Apartamento Falasse" (1960)

"Europeu por contingência, cosmopolita por formação, americano por opção, não surpreende que Wilder tenha criado o primeiro filme genuinamente maiúsculo sobre Hollywood"

AP/IMAGEPLUS

A atriz Scarlett Johansson, uma das musas de Hollywood nos anos 2000, e
cena do filme "Encontros e Desencontros" (2003), dirigido por Sofia Coppola

AP/IMAGEPLUS

O ator Tom Hanks em cena do filme "Forrest Gump" (1994), de Robert Zemeckis

AP/IMAGEPLUS

O ator Elijah Wood em cena do filme "O Senhor dos Anéis: Sociedade do Anel" (2001), de Peter Jackson

11.SET.2005 EFE

atriz Uma Thurman em cena do filme Pulp Fiction" (1994), do diretor Quentin arantino

O ator Heath Ledger e Jake Gyllenhaal em cena do filme "Brokeback Mountain" (2005), de Ang Lee

diretor espanhol Pedro Almodóvar com o scar de melhor filme estrangeiro de 1999 or "Tudo Sobre Minha Mãe"

AP/IMAGEPLUS

Jodie Foster em cena de "O Silêncio dos Inocentes" (1991), dirigido por Jonathan Demme

AP/IMAGEPLUS

A animação "Toy Story", de 1995

AP/IMAGEPLUS

Cena do filme "Dogville" (2003), do diretor Lars von Trier

FOLHA IMAGEM

O escritor Antonio Callado, que foi colunista da Ilustrada, e o jornalista Alcino Leite Neto, na Redação da Folha

ARQUIVO PESSOAL

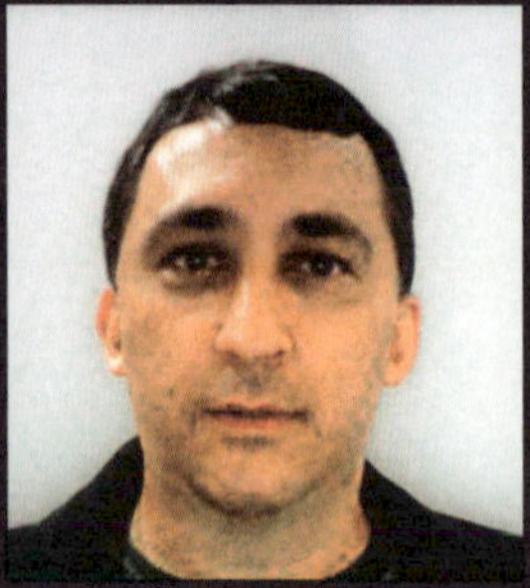

Lúcio Ribeiro, crítico pop

FOLHA IMAGEM

Bia Abramo

FOLHA IMAGEM

Sérgio Dávila, que assumiu a Ilustrada em 1995

FOLHA IMAGEM

Mario Cesar Carvalho, editor na virada dos anos 80 para os 90

Maria Ercilia, pioneira em cobertura de internet

31.MAR.2005 CAIO GUATELLI/FOLHA IMAGEM

O poeta Nelson Ascher, que foi colunista do caderno

assiano Elek Machado, que fazia
eportagens na área de livros

20.MAI.2008 DANILO VERPA/FOLHA IMAGEM

O colunista Contardo Calligaris

18.ABR.2006 RODRIGO PAIVA/FOLHA IMAGEM

Arthur Nestrovski, crítico de música

CONVITE INESPERADO

MÔNICA BERGAMO

Entrevista ao autor, em julho de 2008

16 JAN.2000 ORMUZD ALVES/FOLHA IMAGEM

Estava há um ano na Folha, trabalhando como repórter especial, e tinha uma sondagem para cobrir as férias do repórter Kennedy Alencar, no Painel. Estava em Brasília, me preparando para isso, quando recebi um telefonema da secretária do Otavio Frias Filho dizendo que ele gostaria de almoçar comigo. Imaginei que conversaríamos sobre o Painel. Almoçamos, ele me fez várias perguntas e, já na sobremesa, me disse: 'Quero que você assine uma coluna com seu nome na Ilustrada'. Foi um susto enorme. Eu disse que nunca tinha dado um passo maior do que a minha perna e temia que este fosse muito maior. Ele disse: 'Vá ao cinema e me responda em duas horas'. Não fui ao cinema, mas em duas horas telefonei aceitando o convite. Eu defino minha coluna como uma coluna de variedades, com foco nas pessoas que têm poder no Estado (políticos), na iniciativa privada (empresários e executivos) e na formação do comportamento e de nossas opiniões (artistas, cineastas, produtores, modelos, estilistas etc.).

"

13.DEZ.2001 ANA OTTONI/FOLHA IMAGEM

O gordo e o magro

Em fotos publicadas na coluna de Mônica Bergamo, o arquiteto Paulo Mendes da Rocha e o roqueiro João Gordo (página ao lado), uma das atrações da MTV Brasil, emissora fundada em 1990. O arquiteto, vencedor do prêmio Pritzker (2006), foi o responsável pelo projeto de intervenção no prédio que abriga a Pinacoteca do Estado, em São Paulo, uma das principais instituições de arte do país

10.DEZ.1998 AP PHOTO/IAN COLLSIOO

Lisbon Revisited

O escritor português José Saramago ganhou o prêmio Nobel de Literatura, em 1998 . Ele é autor, entre outros, de "Ensaio Sobre a Cegueira", "Cadernos de Lanzarote" e "O Evangelho Segundo Jesus Cristo". Suas opiniões de esquerda e seus comentários sobre judeus causaram polêmicas

IMAGINAÇÃO PODE ILUDIR O ESPÍRITO

PAULO COELHO

Coluna Maktub de 22 de novembro de 1994, na Ilustrada

“Cheguei em Nova York e soube que minha editora americana reservara o clássico hotel Waldorf Astoria. Quando a porta do elevador abriu no meu andar, vi que estava repleto de seguranças –com armas à vista. Descobri com a camareira que uma princesa árabe estava ali. Fiz milhares de fantasias de como devia ser uma princesa, até que um dia a vi no corredor: uma senhora gorda, feia, os pés inchados, e um séquito cuidando de cada passo.

A amiga que estava comigo conseguiu falar com ela; soubemos que a segurança não a deixava ir à rua, que sonhava em ir a um cinema e que a primeira estrangeira com quem conversava era minha amiga. Os guarda-costas logo chegaram, interrompendo a conversa e nos revistando em busca de armas ocultas. Foi a única princesa de verdade que conheci em minha vida.”

Sempre tive uma preocupação política. Mas a crítica literária é muito variada, tem que variar conforme o texto. Tem que estar preparada para oscilar entre a pura consideração de ordem estética, de um lado, e de outro lado a inserção social da obra.

CANDIDO NA AMÉRICA

ANTONIO CANDIDO

Trecho de entrevista a José Geraldo Couto, publicada em 28 de maio de 2002, na Ilustrada

◆

Geralmente os outros têm mais capacidade do que nós para avaliar os textos que escrevemos, que estão sempre cheios de coisas inconscientes. A minha geração sofreu muito a influência dos modernistas de 22, e sempre demos muita importância à alegria, ao riso, à irreverência. Apesar de sermos todos professores universitários, reagíamos contra a solenidade. Sempre evitamos nos levar muito a sério, para não nos tornarmos medalhões.

03.NOV.2006 JULIA MORAES/FOLHA IMAGEM

O crítico Antonio Candido, autor de "Formação da Literatura Brasileira"

DESAPARECEU A PERSPECTIVA DE UM PROGRESSO QUE TORNE O PAÍS DECENTE

ROBERTO SCHWARZ

Trecho de entrevista a Marcos Augusto Gonçalves e Rafael Cariello, publicada em 11 de agosto de 2007, na Ilustrada

"Como hoje está na moda achar que 1964 não foi nada, não custa lembrar que Lincoln Gordon, o embaixador americano na época, reconheceu que o golpe militar brasileiro foi um momento importante da Guerra Fria. Refletindo sobre o golpe à luz da irrisão tropicalista, que veio na sua esteira, um "brasilianista" me observou que nossa virada à direita teve papel precursor e deu ensejo à ordem pós-moderna, o que achei inesperado e sugestivo. Seja como for, estavam se instalando as condições de despolitização e ulterior administração da pobreza. Para não perder o pé, é preciso reconhecer que esta –a administração da pobreza– é melhor do que nada e que a miséria na favela é preferível à miséria rural. É o gênero de comparação entre patamares de desgraça que esvazia a ideia de progresso, mas que ainda assim é indispensável. Reconhecida, pois, uma espécie de progresso nesses decênios, digamos que o que desapareceu foi a perspectiva do progresso orientado e acelerado, fruto do conflito e da consciência coletiva, que tornasse o Brasil um país decente em tempos de nossa vida. Mal ou bem, era essa a aspiração da esquerda."

DICIONÁRIO ESCONDE DESEJO DE DOMINAR O MUNDO

ANTONIO CALLADO
9 de outubro 1994 – Ilustrada

Quando desembarquei de um navio cargueiro no porto de Liverpool, Inglaterra, em dezembro de 1941, os japoneses acabavam de atacar Pearl Harbor, os americanos, por isso, acabavam de declarar guerra às potências do Eixo, e a Inglaterra, devido a tudo isso, estava em festa. Continuava a tratar das feridas causadas pelo bombardeio alemão que a torturava desde 1940, mantinha à noite seu feroz black-out e apertava o cinto da população inteira com um racionamento de comida draconiano, mas intimamente estava em festa. Não ia mais, como até então, lutar sozinha. Tal como acontecera na Primeira Guerra Mundial, os americanos iam entrar em cena. Nenhum inglês diria isto em voz alta, mas "viva Pearl Harbor!".

Foi por esse tempo que Churchill, num daqueles discursos que a BBC traduzia e transmitia para o mundo inteiro nas 159 línguas que falava, citou Bismarck, o chanceler da unificação alemã, que afirmara que o grande dado político do mundo do fim do século 19 era que a Inglaterra e os Estados Unidos falavam a mesma língua. (Conto aqui, ao pé do ouvido do leitor, que foi grande o esforço posterior para localizar nos discursos e pronunciamentos de Otto von Bismarck a prenhe frase em que ele via o mundo nas garras da língua inglesa. A frase não foi, que eu saiba, descoberta até hoje. Era certamente do próprio Churchill.)

A moral da história é que a língua que se transformar na língua aceita de todos os homens será a dos dominadores da Terra. Tudo parece indicar, no momento, que o inglês que tanto teria preocupado Bismarck já ganhou a parada. Mas não esqueçamos, por exemplo, que na China há 1 bilhão e 100 milhões de seres humanos falando chinês e que a China vive um enérgico renascimento.

Além do mais, o Deus severo do Antigo Testamento não gostava nada dessa ideia de uma língua única. O gênesis, capítulo 11, conta que o homem tinha ficado tão arrogante, tão metido a Deus, que se pusera a construir uma torre para tocar no próprio céu. Deus, sutil, não resolveu, digamos, derrubar com um raio o que já tinha sido construído da torre de Babel. Encerrou, isto sim, o período totalitário da língua humana, que até então era uma só, e com esse truque de gênio criou uma confusão babélica.

Ninguém, entre os obreiros da torre, sabia mais o que fosse tijolo ou pedra, martelo ou pá. Estavam diversificados os idiomas. Nasceu de chofre nos homens a convicção de que estariam perdidos se não soubessem memorizar e entesourar as palavras da tribo, as únicas verdadeiras, as únicas que refletem com perfeição a realidade. Os dicionários entraram em cena. Como se vê, da voz de Churchill como da de Jeová, salta a verdade de que, se chegarem de novo ao idioma único, pré-babélico, os homens terminarão sua torre e invadirão o céu. Enquanto não chegam lá, mas sempre na esperança de lá chegarem, pedem auxílio aos Oxford English Dictionary, aos Robert, aos Aurélio.

Em todo bom dicionário esconde-se o secreto desejo de conquistar o mundo. Se conseguirmos amealhar na ordem alfabética, submetidos a uma poderosa lente histórica e etimológica, os ordeiros sons em que soubemos catalogar o caótico mundo em torno, teremos uma boa chance de afinal dar razão a Camões quando disse, da tribo de homens que falava o idioma português, que "se mais mundo houvera, lá chegara". □

A CABE-ÇADA DE ZIDANE

BERNARDO CARVALHO
18 de julho de 2006 – Ilustrada

Ninguém mais deve aguentar ouvir falar da cabeçada de Zidane. Assisti à final da Copa do Mundo numa pequena cidade do sul da França, entre 20 torcedores bem-humorados e nada chauvinistas, ao contrário dos adolescentes bêbados que, orgulhosos da reação violenta e, em princípio, "antirracista" do craque, saíram gritando pelas ruas depois do jogo, prontos a "enrabar" o primeiro brasileiro, português ou italiano que lhes passasse pela frente.

Mal dava para distinguir a ação na pequena tela cheia de interferências do velho televisor que nos restou, já que os meus anfitriões zelavam por uma vida alternativa da qual a televisão não faz parte. Seguiam fazendo uma gracinha atrás da outra. Mas as piadas foram diminuindo, conforme também se alongava a partida, e desapareceram de vez com a cabeçada de Zidane. Era difícil acreditar. Todos ficaram perplexos. Não tinha mais graça. Era difícil conceber um final de jogo que os tivesse deixado mais tristes.

Nos dias seguintes, passado o choque e a estupefação, e contrariando o resto da mídia internacional, os jornais franceses buscaram uma explicação para o que lhes parecia tanto mais inexplicável pelo silêncio de Zidane. E o mais terrível é que, na contramão do resto do mundo, começaram a esboçar uma justificativa, que se manifestou em grande parte nos editoriais, nas páginas de opinião e nas seções de cartas. Zidane tinha afinal reagido ao insuportável, ao racismo contumaz dos europeus (que tanto Le Pen como a Liga Norte exprimiram com precisão ao desdenhar da seleção francesa, formada por "negros e islamitas"), o que não apenas o tornava humano aos olhos de seus compatriotas, mas o cobria de razão.

Na edição de terça-feira passada do Libération (ainda considerado um jornal de esquerda), falava-se, sem coragem de assumir uma posição mais categórica, de um possível ato "sublime" (no sentido de exprimir o inexprimível) que vinha responder a anos de humilhações racistas e à corrupção do esporte.

Em vez de abaixar a cabeça e respeitar as regras de um mundo corrompido e hipócrita, o craque a teria perdido, reagindo como um herói trágico à provocação de um vilão no último ato. Não havia propriamente um juízo de valor, mas a tentação fácil de idealizar a violência como transgressão, como ato heroico e verdadeiro contra a hipocrisia e a injustiça.

Dois dias depois, o mesmo jornal publicava o artigo de um escritor israelense que exaltava a liberdade do gesto violento como afirmação humana do indivíduo. E outro de uma diretora de teatro que elogiava o ato como um grito contra o racismo ao qual estão submetidos em silêncio os jogadores em solo europeu. O próprio Zidane terminou por conceder que não foi o eventual racismo dos comentários que o fez perder a cabeça, mas a referência à sua mãe e à sua irmã. Alegou que existem "palavras mais duras do que qualquer gesto", uma inversão à qual costumam se agarrar os censores e os paladinos da moral. A declaração, no entanto, era um contrassenso, pois, se fosse verdadeira mais valeria ter respondido pela palavra, e não pelo gesto.

Depois da entrevista do jogador à televisão, quando se desculpou sem se arrepender, o tom da opinião pública começou a mudar. Antes disso, porém, houve tempo para o presidente Chirac recebê-lo de braços abertos, sem nenhuma reserva, e a provável candidata socialista à Presidência da República, Ségolène Royal, sempre tão zelosa da moral familiar, declarar sua admiração pelo respeito que Zidane demonstrava pela mãe e pela irmã, aparentemente as principais atingidas pelas injúrias de Materazzi.

Ninguém põe em dúvida os horrores do racismo e das injustiças sociais (muito menos aqueles que os promovem). Infelizmente, é possível que às vezes só a violência dos atos seja capaz de mudar esse estado de coisas. Mas há uma grande hipocrisia e um oportunismo irresponsável em fazer a exaltação da violência contra a palavra injuriosa, como se houvesse palavras mais duras do que qualquer ato. O que justificaria a violência, segundo a parte da opinião pública francesa assombrada pelo racismo em seu próprio país, seria a humilhação de um jogador que cresceu sofrendo as piores injúrias por conta de sua origem. Por essa mesma lógica, se a violência for a resposta, o que nos resta, num país injusto, racista e escravocrata como o Brasil, a não ser justificar a nossa própria morte nas mãos daqueles que de tanto ser humilhados e oprimidos teriam todas as razões para nos matar? □

SÃO PAULISTANOS

FERNANDO BONASSI
23 de janeiro de 2007 – Ilustrada

Toda forma de vida mais ou menos desencontrada no centro deste universo urbano é potencialmente um paulistano...

Alguns paulistanos, por quererem demais, podem apresentar feições animais, ocupando os lugares dos monstros ancestrais que foram por eles próprios extintos ou assados no passado. Os bandeirantes destravaram este desenvolvimento a custo de muitos tormentos causados aos primitivos habitantes destas terras extravagantes.

Inicialmente, um paulistano importante poderia ser um autêntico índio ignorante, não tivessem se metido uns com os outros como a nós mesmos, matando-se e misturando nossos sangues e suores com os piratas invasores e demais sedutores de todas as partes dos planetas...

Não há mito ou natureza que sobreviva à sanha, esperteza ou avareza desenvolvimentista de um paulistano bem paulista quando tem fome de crescimento!

As novas cidades de São Paulo, por exemplo, podem ser vistas neste momento, soterrando com cimento as mais antigas de onde se ergueram, cuspindo nos pratos e nos pretos que as constroem como escravos.

Assim, esta cidade renovada, racista e sitiada também é uma cidade fantasma e pervertida, com fósseis de lamento e esperanças miseráveis empilhadas por coveiros engenheiros e prefeitos de bravatas.

Acontece que é justamente por trazer e fazer tantos mortos e feridos em suas batalhas cansadas é que pode renascer a cada dia que passa, mais esquisita e cheia de desgraças, tomada de volúpia e de crianças abandonadas, todas bem armadas pelos adultos que querem brincar de se proteger delas.

Todo dia a mesma coisa, um aniversário após o outro, como se não pudessem parar pra descansar de si mesmos ou, se parassem, viessem acabar como as próprias estátuas das ruas, que se empurram atropeladas pelas praças.

As camadas de paulistanos foram se trombando, deformando, conformando, fermentando e transformando tudo o que tocavam até virarem uns tipos desses jeitos...

Os jeitos são tantos que deixam até mesmo os mais espertinhos meio tontos! Portanto, um sujeito que queira ser paulistano de fato precisa parecer o que de fato não existe, isto é, um "cidadão paulistano"...

"Cidadãos" mesmo são bem poucos, os bastante santos perante as muitas leis mutantes dos paulistanos. Há mesmo muitos homens paulistanos acima da lei, onde as leis andam em baixa e na boa conta corrente dos advogados acertados (é uma espécie de verniz jurídico que condiz muito bem com o panegírico tradicional da cara-de-pau e falta de juízo dos coronéis bacharéis paulistanos).

O paulistano típico –portanto e por pouco tempo– é um carcamano japonês, um mulato lituano combinado com judeu heterodoxo, coreano, ou turco otomano, um rapper de acento muçulmano, ou baiano/pernambucano, que era caipira de Batatais, mas resolveu estudar jazz para ganhar mais, se divertir na duvidosa paz dos shopping centers de Higienópolis, operar tumores nos terreiros e favores no mercado financeiro, agredir e progredir nessa espécie de ordem constantemente ameaçada ou desordem precariamente controlada pela insegurança privada que se oferece como prostituta na dura poesia concreta das meninas musas.

São gregos e troianos entrincheirados em cavalos, cortiços e apartamentos sujos cujos sossego, botijões de gás e dentes de ouro foram sequestrados pelos nômades esfomeados expelidos dos subempregos.

No supermercado paulistano são muitas as ofertas de trabalho para os relógios parados em desespero...

Claro que os mais burros empacados ainda esperam se sentir seguros, camuflados entre coletes e blindados, seguranças eletrificados e contas bancárias em paraísos isolados... Vão é morrer como os patos que pagam, sem perceber que os seus Rolex foram falsificados por brasileiros, para a fúria dos fabricantes estrangeiros e a desonra dos herdeiros patriotas e agiotas emocionados.

O paulistano fica com essa cara de espanto aparecendo com tudo o que tem por dentro, já que nada o explica inteiramente a quem ou ao que vem. Aliás, vocês também que são turistas e estão por fora dessas modas de paulistas que se orientem, pois todos lhes parecerão indiferentes quanto mais lhes repararem na deselegância indiscreta de nossas esquinas. ▫

SANTOS E PROFETAS

JOÃO PEREIRA COUTINHO
27 de junho de 2007 – Ilustrada

Reza a lenda que, em pleno Maio de 68, o filósofo Raymond Aron costumava silenciar o seu auditório estudantil com uma pergunta simples. Confrontado com a selvajaria revolucionária dos estudantes, Aron disparava: "Meus caros, eu já li o 'Das Kapital' umas três vezes. Quantas vezes os senhores já leram Marx?".

A turma ficava num silêncio humilhante, e não é difícil entender por que: nos últimos dias, e graças a um convite da Liberty Fund (uma poderosa fundação que, entre as 160 conferências anuais que promove pelo mundo inteiro, escolheu Lisboa para realizar a última), tenho lido e, em certos casos, relido o pensamento de Aron. Com delícia e proveito.

A forma mais fácil de explicar a importância de Aron seria dizer que o pensamento político contemporâneo não é entendível sem ele. Mas a verdadeira nobreza deste homem, baixo em estatura física, mas gigantesco em estatura moral, esteve no fato de ele não ter sucumbido aos apelos totalitários que conquistavam colegas de geração, como Sartre ou Merleau-Ponty.

Aron resistiu. E resistiu porque, ao contrário dos estudantes, Aron leu e releu o santo Marx para explicar o apelo do profeta. Digo "profeta" e digo bem: para Aron, o fascínio de Marx só se explica se entendermos o marxismo, quer como "profecia", quer como "religião secular". Uma "religião secular", como o nome indica, não é mais do que uma transposição da religiosidade tradicional para uma linguagem ideológica. O marxismo, para Aron, mimetizou a forma mental do cristianismo, aproveitando-se do seu evidente declínio no século 20.

Assim, e tal como o cristianismo, o marxismo também promete a salvação para os humilhados e ofendidos; porém, e ao contrário do cristianismo, o reino final (o reino do proletariado, e já não de Deus) surge como uma promessa teleológica terrena, e não transcendente.

Isso só foi possível pelo "profetismo" de Marx. Pela certeza "científica" de que o capitalismo acabaria por gerar a sua própria destruição, conduzindo a humanidade para uma sociedade sem classes. Claro que Marx não estabeleceu um prazo para esse triunfo final, e foi essa radical indeterminação que permitiu a emergência de Lênin e a urgência da revolução. Mas a combinação da "religiosidade" marxista com o seu "profetismo" historicista foi o coquetel ideal para conquistar os intelectuais do século.

Hoje, com a queda do Muro de Berlim e a triste confirmação de que o capitalismo não gerou a sua própria sepultura, o que resta de Marx?

Com a exceção da América Latina, onde a história chega sempre atrasada algumas décadas, é provável que Marx sobreviva no saguão de universidades ou folhetins culturais. E, claro, nas passeatas de Porto Alegre, que curiosamente teriam horrorizado o próprio Marx: lutar contra o capitalismo é impedir o curso "científico" da história, ou seja, impedir que o capitalismo se destrua internamente. É, no fundo, fazer o jogo da reação: uma ironia filosófica que os turistas de Porto Alegre saberiam se, ao contrário dos alunos de Aron, tivessem lido Marx umas três vezes. □

"A combinação da 'religiosidade' marxista com o seu 'profetismo' historicista foi o coquetel ideal para conquistar os intelectuais do século"

EDWARD SAID (1935-2003)

NELSON ASCHER

29 de setembro de 2003 – Ilustrada

29.JAN.1999 AP2

O crítico e ensaísta Edward Said

A leucemia que há poucos dias matou Edward Said prolongou-se o bastante para que o polemista e ativista político radicado nos Estados Unidos pudesse assistir à falência de seus projetos e expectativas.

Said deve sua reputação a ter se tornado o mais articulado defensor da "causa palestina", algo que nada tinha de difícil se considerarmos que seus competidores nessa área, quando não estão ocupados explodindo ônibus escolares ou pizzarias, satisfazem-se divulgando falsificações antissemitas como "Os Protocolos dos Sábios de Sião". Ainda assim, se bem que sua prosa evoque uma versão pós-moderna para o inglês de uma tradução desconstrucionista francesa dos delírios germânicos de algum epígono de Martin Heidegger, sua dança acadêmica dos sete véus, sobrepondo camadas de jargão marxista, anti-imperialista e pós-colonial, jamais ocultou que seus objetivos eram idênticos.

Boa parte de sua, digamos, autoridade moral resultava de ele se apresentar como um refugiado da terra natal palestina. Não obstante ter sido posta em dúvida por adversários, a veracidade ou não dessa reivindicação é uma questão secundária. As fronteiras internas do mundo árabe são artificiais e, meio século atrás, as lealdades se estabeleciam em relação a clãs, famílias, cidades ou aldeias e seitas religiosas, não a países ou nações, uma importação europeia que nem sequer teve tempo de se aclimatar ao Oriente Médio. A nacionalidade palestina, como identidade distinta, começou a ser elaborada somente nos anos 60.

Nascido numa família da alta classe média cristã, educado nas melhores escolas, frequentador dos clubes mais exclusivos, Said tornou-se, desde os anos 50, um norte-americano e beneficiou-se tanto dessa condição como da imagem romantizada de exilado para atingir o ápice do mandarinato universitário. A partir dos movimentos de contestação à Guerra do Vietnã na década seguinte, a defesa de qualquer causa remotamente vinculada ao Terceiro Mundo tornou-se primeiro popular e logo compulsória entre os intelectuais do Ocidente. Sensível a tal contexto, Said, que se especializara em estudos literários, publicou em 1978 o livro que o projetaria, garantindo-lhe, quase até o final da vida, o papel de guru: "Orientalismo".

Seu "clássico" é uma diatribe confusa, desinformada e raivosa que se resume na aplicação a um caso particular da batida tese genérica de acordo com a qual intelectuais são, em sua maioria, lacaios da classe dominante. O que "Orientalismo" tenta expor com meias verdades, com um "non sequitur" após o outro, com exemplos abstrusos e exceções convertidas em regras, é que o orientalismo, a disciplina, ou melhor, o conjunto de disciplinas dedicadas ao estudo dos povos e culturas ao leste da Europa não passa do braço teórico da prática imperial. Trocando em miúdos, quem quer que tenha se aprofundado no estudo de línguas difíceis, como o chinês ou o sânscrito, traduzido e anotado obras antigas ou esquecidas da Pérsia ou do Japão, localizado e restaurado as ruínas de templos e palácios soterrados fez o que fez para que capitalistas londrinos ou parisienses extraíssem confortavelmente a mais-valia gerada por povos distantes.

Não bastasse seu reducionismo pueril, o autor circunscreveu sua análise a menos oriental das regiões extra-europeias: o mundo árabe-islâmico. Envolvendo a publicação de sua obra numa sucessão de polêmicas em que às objeções substantivas retorquia questionando as credenciais ideológicas de seus críticos, ele conseguiu, auxiliado pelo espírito da época, transformá-la na pedra angular da moda acadêmica que vigora até hoje: a de

16.MAI.2007 PEDRO CARRILHO/FOLHA IMAGEM

Jerusalém vista do Monte das Oliveiras, em Israel

julgar pessoas e trabalhos não por seus méritos científicos, mas por suas opções políticas. Seu grande sucesso reside em ter, com a expressão "orientalismo", cunhado um insulto que, como "fascista", "racista" ou "comunista", possibilita ao usuário esquivar-se do debate desqualificando os interlocutores.

Um ano depois, em 1979, sairia seu outro "clássico", "A Questão da Palestina", um livro que pretende narrar a tragédia de seu povo, mas cujos contatos com a verdade histórica são, na melhor das hipóteses, tangenciais. Em meio às incontáveis mistificações sobre as quais se constrói essa versão deformada do passado, a mais escandalosa é o misterioso desaparecimento do Grão Mufti de Jerusalém, Hadj Amin Al Husseini (1893-1974). O principal líder político daquilo que Said chama de Palestina, o desencadeador e dirigente da revolta antibritânica de 1936-39, o aliado dos nazistas que tentou convencer Adolf Hitler a exterminar os judeus de Tel Aviv e Haifa, a personalidade que dominou a vida dos árabes da região entre os anos 20 e 60, conduzindo-os de catástrofe em catástrofe, aparece uma única vez, de passagem, no livro inteiro. Isso equivale a escrever sobre os EUA ou a Itália dos mesmos anos omitindo respectivamente os nomes de Roosevelt e Mussolini.

Durante duas boas décadas, até que os atentados bin-ladenistas, desmoralizando sua apresentação apologética do mundo islâmico, levassem seu arquirrival, o arabista octogenário Bernard Lewis, a eclipsá-lo, Said exerceu uma influência intelectual tão avassaladora quanto perniciosa. E, embora sob eufemismos, como o da criação de um país binacional onde judeus e árabes convivessem democraticamente, ele continuasse acalentando o sonho maníaco de abolir Israel, exterminando-lhe os habitantes "não-nativos", as verdadeiras vítimas de suas ideias foram antes seus conterrâneos, que ele ajudou a conduzir rumo a novos desastres. □

Reações

O texto de Nelson Ascher sobre Edward Said causou reações. Um grupo de 187 escritores e intelectuais participou de um abaixo-assinado contrário às posições do articulista. Dizia o texto, no Painel do Leitor: "O artigo do sr. Nelson Ascher, a pretexto de comentar a morte de Edward Said, é uma ofensa a todos os que alimentam, como fez o intelectual palestino durante toda a sua vida, a esperança de ver israelenses e palestinos conviverem em paz, com justiça. O escrito é uma baixeza deliberada e covarde, que merece repúdio, e não resposta."

A CONTROVÉRSIA DO MULTICULTURALISMO

ANTONIO CICERO
7 de abril de 2007 – Ilustrada

Embora pouco conhecida no Brasil, uma das personagens mais interessantes do nosso tempo é, sem dúvida, Ayaan Hirsi Ali. Tendo nascido em 1969 na Somália (onde foi, quando criança, submetida a uma clitorectomia), ela, ainda menina, emigrou com a família para o Quênia, onde estudou em escola de língua inglesa e, sob a influência de professores e colegas, acabou por se tornar fundamentalista islâmica.

Em 1992, tendo sido dada pelo pai em casamento a um parente que habitava no Canadá, Hirsi Ali passou –a caminho desse país– pela Holanda, onde pediu e obteve asilo político, aprendeu holandês, estudou ciência política na Universidade de Leyden e participou ativamente, por um tempo determinado, da política holandesa.

Em 2002, Hirsi Ali renunciou ao islã e se declarou ateia. Tendo, a partir de então, publicado inúmeros artigos, proferido conferências e participado de debates em que fez sérias críticas ao Islã, e mesmo ao profeta Maomé e ao Alcorão, ela foi diversas vezes ameaçada de morte.

Hirsi Ali escreveu também o roteiro do filme "Submissão", sobre mulheres muçulmanas, de Theo Van Gogh, assassinado em Amsterdã por um radical islamista que, no peito da vítima, pregou com uma faca um bilhete em que dizia, entre outras coisas: "Hirsi Ali, você será despedaçada pelo Islã". Ela hoje mora nos Estados Unidos.

Em artigo que acabou provocando uma grande polêmica, inicialmente na internet e, em seguida, em vários jornais dos Estados Unidos e da Europa, o historiador e professor em Oxford Timothy Garton Ash descreve Hirsi Ali nas seguintes palavras, ao mesmo tempo irônicas e paternalistas: "Tendo sido na juventude, sob a influência de um professor inspirado, tentada pelo fundamentalismo islâmico, Ayaan Hirsi Ali é agora uma corajosa, franca e levemente simplória fundamentalista do Iluminismo".

A formulação de Ash implica que ela tenha simplesmente trocado de fundamentalismo e, no limite, que o islamismo equivale ao Iluminismo: convicção multiculturalista que reaparece adiante, quando ele afirma que, se o iluminista quiser convencer o islamista argumentando que a sua fé se baseia na razão, o islamista poderá responder que a dele se baseia na verdade: e ei-los empatados.

A tese de Ash é insustentável. Para comprová-lo, considere-se o ponto de vista a partir do qual ele está a descrever esse impasse. Necessariamente, trata-se de um ponto de vista exterior ao de qualquer um dos dois antagonistas; é um ponto de vista que, sendo sobre os antagonistas, nem se identifica com nenhum deles em particular, nem deixa de compreender cada um deles isoladamente, e ambos em conjunto. Ora, esse é precisamente o ponto de vista do Iluminismo: o ponto de partida do pensamento moderno.

Montaigne, por exemplo, quando, na Renascença, compara favoravelmente os índios antropófagos brasileiros com os cristãos europeus, diz que podemos chamar os canibais de "bárbaros", "tendo em vista as regras da razão, mas não tendo em vista a nós mesmos, que os superamos em toda espécie de barbárie".

Em outras palavras, ele fala de um ponto de

21.MAR.2003 JUCA VARELLA/FOLHA IMAGEM

Imagem da atriz norte-americana Natalie Portman em fachada de restaurante de Bagdá

vista que é não só exterior ao da cultura dos índios, mas exterior também ao da cultura cristã em que fora criado: por isso ele é capaz de criticar essa cultura. E esse ponto de vista é, segundo Montaigne, o das "regras da razão", ou, simplesmente, o da razão.

Descartes apenas radicaliza esse ponto de vista, ao observar que "aqueles que têm sentimentos muito contrários aos nossos nem por isso são bárbaros ou selvagens, mas que muitos usam, tanto ou mais que nós, da razão [...] e um mesmo homem, com seu mesmo espírito, sendo nutrido desde a infância entre franceses ou alemães, torna-se diferente do que seria, se tivesse sempre vivido entre chineses ou canibais".

Descartes está aqui, nada mais, nada menos, relativizando as diferentes culturas, a partir de um ponto de vista que não pertence a nenhuma cultura particular, mas que pode ser aberto por e para qualquer ser humano pertencente a qualquer uma delas: o ponto de vista da razão, do Iluminismo, da modernidade.

O reconhecimento universal desse ponto de vista, que é logicamente exterior, anterior e superior a qualquer cultura ou religião particular, é a condição da coexistência pacífica de todos, num mundo cada vez menor. É por isso que Ash está errado ao colocá-lo no mesmo nível que o ponto de vista de uma religião particular, tal como o islamismo. □

"Se o iluminista quiser convencer o islamista argumentando que a sua fé se baseia na razão, o islamista poderá responder que a dele se baseia na verdade: e ei-los empatados"

A TURBA DO "PEGA E LINCHA"

CONTARDO CALLIGARIS

24 de abril de 2008 – Ilustrada

Na última sexta-feira, passei duas horas em frente à televisão. Não adiantava zapear: quase todos os canais estavam, ao vivo, diante da delegacia do Carandiru, enquanto o pai da pequena Isabella estava sendo interrogado.

O pano de fundo era uma turba de 200 ou 300 pessoas. Permaneceriam lá, noite adentro, na esperança de jogar uma pedra nos indiciados ou de gritar "assassinos" quando eles aparecessem, pedindo "justiça" e linchamento.

Mais cedo, outros sitiaram a moradia do avô de Isabella, onde estavam o pai e a madrasta da menina. Manifestavam sua raiva a gritos e chutes, a ponto de ser necessário garantir a segurança da casa. Vindos do bairro ou de longe (horas de estrada, para alguns), interrompendo o trabalho ou o descanso, deixando a família, os amigos ou, talvez, a solidão –quem eram? Por que estavam ali? A qual necessidade interna obedeciam sua presença e a truculência de suas vozes?

Os repórteres de televisão sabem que os membros dessas estranhas turbas respondem à câmera de televisão como se fossem atores. Quando nenhum canal está transmitindo, ficam tranquilos, descansam a voz, o corpo e a alma. Na hora em que, numa câmera, acende-se a luz da gravação, eles pegam fogo.

Há os que querem ser vistos por parentes e amigos do bar, e fazem sinais ou erguem cartazes. Mas, em sua maioria, os membros da turba se animam na hora do "ao vivo" como se fossem "extras", pagos por uma produção de cinema. Qual é o script?

Eles realizam uma cena da qual eles supõem que seja o que nós, em casa, estamos querendo ver. Parecem se sentir investidos na função de carpideiras oficiais: quando a gente olha, eles devem dar evasão às emoções (raiva, desespero, ódio) que nós, mais comedidos, nas salas e nos botecos do país, reprimiríamos comportadamente.

Pelo que sinto e pelo que ouço ao redor de mim, eles estão errados. O espetáculo que eles nos oferecem inspira um horror que rivaliza com o que é produzido pela morte de Isabella.

Resta que eles supõem nossa cumplicidade, contam com ela. Gritam seu ódio na nossa frente para que, todos juntos, constituamos um grande sujeito coletivo que eles representariam: "nós", que não matamos Isabella; "nós", que amamos e respeitamos as crianças –em suma: "nós", que somos diferentes dos assassinos; "nós", que, portanto, vamos linchar os "culpados".

Em parte, a irritação que sinto ao contemplar a turma do "pega e lincha" tem a ver com isto: eles se agitam para me levar na dança com eles, e eu não quero ir.

As turbas servem sempre para a mesma coisa. Os americanos de pequena classe média que, no Sul dos Estados Unidos, no século 19 e no começo do século 20, saíam para linchar negros procuravam só uma certeza: a de eles mesmos não serem negros, ou seja, a certeza de sua diferença social.

O mesmo vale para os alemães que saíram para saquear os comércios dos judeus na Noite de Cristal, ou para os russos ou poloneses que faziam isso pela Europa Oriental afora, cada vez que desse: queriam sobretudo afirmar sua diferença.

Regra sem exceções conhecidas: a vontade exasperada de afirmar sua diferença é própria de quem se sente ameaçado pela similaridade do outro. No caso, os membros da turba gritam sua indignação porque precisam muito proclamar que aquilo não é com eles. Querem linchar porque é o melhor jeito de esquecer que ontem sacudiram seu bebê para que parasse de chorar, até que ele ficou branco. Ou que, na outra noite, voltaram bêbados para casa e não se lembram em quem bateram e quanto.

Nos primeiros cinco dias depois do assassinato de Isabella, um adolescente morreu pela quebra de um toboagua, uma criança de quatro anos foi esmagada por um poste derrubado por um ônibus, uma menina pulou do quarto andar apavorada pelo pai bêbado, um menino de nove anos foi queimado com um ferro de marcar boi. Sem contar as crianças que morreram de dengue. Se não bastar, leia a coluna de Gilberto Dimenstein na Folha de domingo passado.

A turba do "pega e lincha" representa, sim, alguma coisa que está em todos nós, mas que não é um anseio de justiça. A própria necessidade enlouquecida de se diferenciar dos assassinos presumidos aponta essa turma como representante legítima da brutalidade com a qual, apesar de estatutos e leis, as crianças podem ser e continuam sendo vítimas dos adultos. □

EM BUSCA DO CONTRAPONTO

CARLOS HEITOR CONY

Trecho da entrevista a Sylvia Colombo, publicada em 25 de novembro de 2006, na Ilustrada

"Sempre pensei que não tinha disciplina para ser de esquerda. E não tinha ideias fixas para ser de direita. Não gosto do centro, porque o centro é oportunista. Então o que me sobra? Sobra ser um anarquista triste e inofensivo, é o que eu sou.

◆

É difícil aceitar Deus, mas no plano da vida diária é mais fácil. Às vezes, olho pra parede e sinto uma coisa superior a mim, a tudo o que eu penso, a tudo o que eu sou, a tudo o que eu podia ser e a tudo o que os outros são. Também não sou masoquista, quando digo que sou uma pessoa frágil, que não se entende. Eu sei que os outros também não se entendem. Mas eu proclamo isso abertamente, assim como proclamo que olho pra parede e vejo uma mão superior. Mas não aceito essa mão. Vejo e não aceito, porque minha cabeça recusa qualquer coisa sobrenatural."

16 NOV. 2006 RICARDO MORAES/FOLHA IMAGEM

Carlos Heitor Cony

POR-QUE A VIDA É POUCA

FERREIRA GULLAR

27 de abril de 2008 – Ilustrada

Era Sidney Miller que costumava dizer: "Metade de minha vida eu vivo, a outra metade me contam", brincando com o fato de que, frequentemente, tomava porres homéricos, durante os quais perdia inteiramente a noção do que se passava. Não é o meu caso, que, quando bebo, não vou além de uns três copos de cerveja por noite. Mas nem por isso evito que me contem, sobre minha vida, coisas de que não tenho notícia.

Verdade se diga que não possuo a melhor das memórias e que, muita vez, não sei se vivi aquilo ou sonhei ou li em algum livro. Mas, nesses casos, quem me conta a vida supostamente não vivida sou eu mesmo. Fora daí, tudo o mais ouço da boca dos outros. No começo, tratava de desfazer o equívoco, negando peremptoriamente a falsa versão. "Desculpa, amizade, mas isso nunca aconteceu comigo." Quando o interlocutor era apenas o portador do boato, tudo bem; mas às vezes ele se dizia partícipe do fato e insistia que era verdadeiro, que estava lá, que vira ou me ouvira afirmar isso ou aquilo.

Um desses casos teve como consequência minha demissão do jornal onde trabalhava. Chegara à Redação com um pacote de livros que deveria levar para São Paulo na manhã seguinte e, terminado o expediente, o pacote sumira. Pedi que o engraçadinho, que o havia escondido, parasse com a graça, mas ninguém se tocou. Então peguei uma cadeira e falei: "Se o pacote não aparecer, jogo esta cadeira para o alto". Como ninguém se moveu, fiz o que prometera e o pacote apareceu, sob gargalhadas. Ri também e me fui. Ao voltar da viagem, estava demitido por ter "depredado a Redação do jornal". Anos mais tarde, ouvi de alguém uma nova versão: eu havia jogado para o alto uma máquina de escrever, e essa foi a versão que ficou, apesar de meus desmentidos.

Sei que isso não acontece apenas comigo, mas talvez comigo aconteça com demasiada frequência. E devo, de algum modo, contribuir para isso, do contrário não se explica por que, com tanta gente que frequentava o Zeppelin nos anos 60, resolveram meter-me, justo eu, numa história de escafandro. Escafandro no Zeppelin?! Pois é, dizem que o cara entrou vestido de escafandrista, foi até o balcão e pediu um maço de cigarros. E eu teria feito o seguinte comentário: "Eta gente esnobe. Olha só, está todo mundo fingindo que um escafandrista entrar num bar é a coisa mais natural do mundo!".

Muita gente já ouviu falar daquela história do "Poema Sujo", que o Vinicius de Moraes, depois de me ouvir dizê-lo, certa noite, na casa do Boal, em Buenos Aires, insistiu em fazer uma gravação para trazê-lo em minha voz para o Brasil. Pois bem, a gravação foi feita, ele a trouxe e a mostrou para muitos amigos em sua casa no Rio. Essa gravação desapareceu. Em 2006, quando o poema completou 30 anos, a editora José Olympio fez uma edição comemorativa e juntou ao livro uma nova gravação do poema em minha voz. Ao ser marcado o lançamento da nova edição, a editora mandou-me um release, no qual estava escrito que aquela era a gravação que Vinicius trouxera de Buenos Aires, em 1976. Liguei para a editora e apressei-me a desmentir aquela informação.

Corrigiram o texto. Acha que adiantou? Perda de tempo. Outro dia, num programa de televisão, ouvi o apresentador dizer: "Esta é a edição comemorativa do "Poema Sujo", com a célebre gravação que o Vinicius de Moraes trouxe de Buenos Aires". E a amiga, a meu lado: "Gullar, isso é mentira. Não me diga que foi você quem inventou essa história".

Pobre de mim, faço o possível para restabelecer a verdade dos fatos, e ainda passo por ser o inventor das mentiras! Das grossen sacanagem.

A última dessas invenções apareceu numa coluna de jornal aqui do Rio. Segundo a nota, ao fazer uma palestra sobre poesia, achei dentro do livro que levara comigo os manuscritos de três poemas inéditos, que se tinham extraviado. A plateia então pediu que eu os lesse, e eu os li. Como se não bastasse, o colunista transcreveu um dos poemas, numa versão que era, de fato, apenas parecida com o original. Li aquilo, perplexo. De fato, ao fim da dita palestra, alguém pedira que eu lesse um poema meu inédito. Disse então que, por acaso, ao abrir aquele volume, encontrara três poemas de meu futuro livro, que imprimira para ler num evento, ocorrido há vários meses. Não falei de manuscritos nem que os havia perdido. Mandei a versão correta do poema para o colunista, mas não desmenti a história fantasiosa. Desmentir para que, se a fantasia é mais excitante do que a verdade? Se o faço, agora, é porque sei que não adiantará de nada. ▫

AUGUSTO DE CAMPOS, 50 ANOS DEPOIS

AUGUSTO DE CAMPOS

Trecho de entrevista a Marcos Augusto Gonçalves, publicada em 16 de setembro de 2006, na Ilustrada

"A massificação cultural é um fato iniludível da 'overpopulation', do baixo nível de escolaridade, da exaustão mental provocada pelos trabalhos forçados do ganha-pão acachapante. A poesia, se não resolve, consola o ser humano da sua miserabilidade, da sua incognoscência, das precariedades do seu 'design' imperfeito. Dá-lhe, quem sabe, a ilusão de estar um pouco acima. E o seu desvalor econômico, o seu fracasso antipopulista, num mundo obcecado pelo lucro e pelo sucesso, lhe conferem uma força ética ímpar. Os livros estão de pé na estante. Muito pouco na TV, é verdade, mas cada vez mais nos desvãos e desvios da internet.

◆

A tecnologia chegou a ser uma esperança para otimistas natos como Buckminster Fuller e John Cage, cujo anarquismo tecno-zen rimava com o bárbaro tecnizado de Oswald. Estamos longe de chegar perto desses formosos ideais. Mas olhamos para os olhos de uma criança e temos de acreditar que um dia (que não verão os septuagenários como eu) a 'humanimaldade' será mais sensível e menos insensata."

07.JUL.2006 KARIME XAVIER/FOLHA IMAGEM

PRAÇA ROOSEVELT E A VERTIGEM

A trupe dos Parlapatões (à esquerda) durante o espetáculo "Stapafurdyo" e a atriz Miriam Rinaldi (à direita) em cena da peça "Apocalipse 1,11", concebida pelo Teatro da Vertigem; a experimentação do espaço cênico e as diversas formas de interagir com o espectador se destacaram na produção teatral na virada do milênio, tendo a Praça Roosevelt, em São Paulo, como novo pólo. Abaixo, a reportagem de Valmir Santos e Janaina Fidalgo do dia 8 de fevereiro de 2005 sobre a revitalização da região e seu renascimento cultural

FOLHA ILUSTRADA

da alcova à luz

Presença de teatros alternativos e grupos de artes cênicas na praça Roosevelt estimula renascimento cultural e revitalização da região

Degradada, praça espera reforma prevista em projeto

20.MAR.2000 LENISE PINHEIRO/FOLHA IMAGEM

"Acho a situação dos cadernos culturais muito difícil de sustentar"

Entrevista com **MARCELO COELHO**

Formado em Ciências Sociais pela USP, Marcelo Coelho, nascido em 1959, começou a escrever editoriais para a Folha em 1984. Logo a seguir tornou-se membro do Conselho Editorial. Em 1990, passou a ser colunista da Ilustrada, substituindo Paulo Francis.

Como colunista da Ilustrada, o que você aprendeu, em termos de interação com leitor de jornal, com o meio cultural, com seu próprio estilo de escrever? Sua aversão ao pop, com a coluna, amenizou-se?
Acho que a interação com o leitor do jornal é muito pequena, pelo menos no meu caso. Com a internet é claro que melhorou, mas antes havia cartas esparsas; o José Geraldo Couto uma vez escreveu um artigo com algumas críticas a mim, muito bem formuladas. Disse que eu tinha um perfil lógico-discursivo, e, portanto, muito pouco apto a tudo o que quebrasse, do ponto de vista visual, narrativo, literário etc., esse padrão. E que eu era o tipo do sujeito que as tias do interior consideram "um crânio..." Não tenho tias do interior, mas de alguma forma comecei a escrever na Ilustrada como se as tivesse. Precisava mostrar minha cultura, e a circunstância imprevista de ter acabado substituindo o Paulo Francis acentuou o papel "messiânico" que eu me atribuía no começo, o de ser porta-voz de uma erudição antipop e anticoncreta.

Nada mais previsível do que algumas tias e tios, poetas da geração de 45, passassem a gostar de mim. Minhas tentativas de me afinar com uma estética mais conservadora, lendo, por exemplo, Augusto Frederico Schmidt ou os autores de 45, logo se debateram com a imensa mediocridade deles todos...

O próprio cinema, entretanto, ia abandonando as escrotidões de Neville d'Almeida, por exemplo, a quem desanquei a propósito de um filme que ele tinha estreado naqueles tempos, começo dos anos 90. A tentativa "cool" de narratividade, tipo "A Dama do Cine Shangai", teria em tese condições de me agradar; mas entre o meu "programa estético", digamos assim, e os possíveis candidatos a representá-lo, o intervalo era imenso...

Depois de começar a dar aulas de jornalismo na Cásper Libero, em 1997, surpreendi-me bastante: os alunos não eram tão pop e tão avessos ao erudito quanto eu pensava, e com o tempo eu vi que não havia tanto sentido em esbravejar contra o colapso cultural dos tempos modernos. Fui percebendo a banalidade desse "pessimismo cultural", sem aderir, entretanto, às coisas de que não gosto mesmo.

O estilo de escrever alterou-se com a diminuição do tamanho da coluna e com as primeiras experiências que tive de escrever para a internet, ainda na coluna "Pensata", da Folha Online. Senti menos o peso da "responsabilidade histórica", deixando mais as frases aparecerem do jeito que saíam. Tento aos poucos cortar os sinais mais evidentes do estilo "lógico-discursivo". O uso da elipse no gênero argumentativo é uma coisa difícil para mim, e tento aos poucos me habituar a essa necessidade.

Você parecia manter uma certa distância da agenda da Ilustrada na década de 80, em especial naquilo que ela trazia de simpatia pelos movimentos de vanguarda, de valorização de Oswald de Andrade e do tropicalismo, de fascínio pela cultura pop internacional, pelo rock etc. Se isso é verdade, você poderia expor essas diferenças entre a sua "cabeça" e aquilo que o caderno tendia a destacar naqueles anos?

17.ABR.2006 RODRIGO PAIVA/FOLHA IMAGEM

Acho que minhas principais diferenças com a Ilustrada não se prendem a uma época específica, porque tenho um bloqueio com tudo o que for pop, rock e MPB, interesses que naturalmente se mantêm constantes num caderno cultural, seja qual for a década a que nos referirmos.

Na década de 80, acho que eu convergia com a Ilustrada nas profundas reservas que tinha com relação ao cinema brasileiro, e na simpatia com que encarava o cinema "B" americano do passado: Bogart, o noir, por exemplo. Acho que os anos 80 foram a descoberta do termo "cult", no que traz de certa frieza retrospectiva e "desingenuidade" no trato com algumas manifestações da indústria cultural do passado. Nesse sentido, eu estava afinado com a época, procurando gostar de Dashiell Hammett e coisas do gênero.

Mas minha cultura sempre foi predominantemente erudita, e nisso me afastava da Ilustrada daquele tempo, tanto quanto me afasto da de agora. Com um agravante, talvez: o mundo erudito na Ilustrada estava especialmente dominado pelos padrões de gosto impostos pelo concretismo, que sempre me pareceram de uma total estreiteza. Oswald de Andrade entrou na história porque os concretistas o "canibalizaram", como a tantos outros. Procuravam convencer as pessoas de que havia "rigor" e "despojamento" no que era simplismo e sumariedade; procuravam conven-

"Acho que o jornal tem um lugar diferente agora, que não pode ser o da cobertura exaustiva da cultura, dirigido a todos os públicos. Há uma espécie de linguagem 'ostensiva' no jornalismo cultural"

cer as pessoas de que havia "vanguardismo" e "barroquismo" no que era rebuscamento e beletrismo. Como toda intervenção de peso no mundo cultural, os concretos criaram uma igreja em que cabiam muitos santos, modelos e oposições internas; eu tendia a desgostar de quase todas, exceção feita a João Cabral.

Justamente nos anos 80 entrava em discussão no plano internacional o tema do fim das vanguardas e as violentas contestações estéticas pós-modernas a todo o formalismo que os concretos, aqui, apoiavam. Era puramente pós-moderno, por exemplo, valorizar o cinema B contra Eisenstein, digamos; o pós-moderno vinha denunciar o esgotamento da arte minimalista, da arquitetura modernista-racionalista-internacional, da "pureza" e do "rigor" hiperliterários.

O pós-modernismo era um fenômeno com uma face na cultura erudita e outra na cultura de massas, sem que tenha, ao contrário do que alguns acham, confundido as duas coisas. Pois bem, nos anos 80 a Ilustrada já estava ligada no pós-moderno em termos de "gosto", mas não exatamente de "teoria", e mais ligada no pós-moderno em termos "pop" do que em termos eruditos, onde o padrão concretista ainda era respeitado demais da conta. Nesse sentido, o peso dos irmãos Campos foi, a meu ver, um fator de obscurecimento no debate, foi um daqueles momentos de "descompasso" em que o "moderno" brasileiro parece ser mais "moderno" exatamente porque está um pouco "por fora" do que acontece no debate contemporâneo, embora ache, justamente, que está seguindo a última moda... Como uma senhora provinciana, querendo acompanhar as últimas tendências, adapta-as ao vestuário que já tinha, fazendo sua mistura, digamos, "tropicalista"... Tinha a saída de dizer que era "antropofágica", coisa muito curiosa, entretanto, porque não tinha no nacionalismo (coisa "antiquada" demais no país, já farto do protecionismo da lei de informática e de outros atrasos da política industrial da ditadura) um ponto forte em suas convicções.

Parte da esquerda cultural, que militou no CPC no início dos anos 60, para fazer a revolução socialista, acabou parando na Rede Globo, assim como muitos outros artistas qualificados, de áreas variadas. Podemos dizer que nesses anos o mercado venceu e a TV, no caso brasileiro, exerceu um papel muito importante nesse processo. O que você vê de negativo e de positivo na dimensão que a TV, em especial a Globo, acabou ganhando no Brasil?

Seria interessante saber se a grande maioria dos que foram parar na Globo (Dias Gomes, Ferreira Gullar, Jorge Amado) não eram sobretudo os representantes do velho Partidão, que tinha no "entrismo" e numa política de conciliação com o poder uma forma de sobrevivência. Os destinos pessoais tendem a ser mais complexos do que as táticas políticas, e sem dúvida houve aí uma vitória do "mercado".

A Globo foi imensamente deletéria na sustentação do regime militar, contribuiu fortemente para atrasar a democratização do país e emburreceu, como em geral só a TV é capaz de fazer, a grande maioria da população. Emburreceu até os que eram um pouco mais inteligentes... quando comecei a ver que professores da USP, dos mais respeitados, assistiam a novelas, percebi que a vitória tinha sido praticamente total. A Globo teve, entretanto, um papel de unificar a linguagem e as referências culturais e éticas da população, criando um terreno mais raso e uniforme para a cultura brasileira em seu conjunto.

Hoje, com a internet, a TV a cabo, o celular, o iPod, entre outras mídias, parece haver mais possibilidade de "personalização" do consumo cultural, o que significa ao mesmo tempo mais dispersão ou mais tribalização dos

gostos, dos estilos, dos temas etc. Você acha que nesse ambiente é mais difícil um veículo cultural exercer um papel catalisador ou de "antena", como fez a Ilustrada e como fizeram outros suplementos e jornais em outras épocas?
Com certeza. Acho a situação dos cadernos culturais hoje muito difícil de sustentar, em termos de cobertura e de prioridades.

Esse ceticismo vem de uma visão sobre o lugar do jornal e da cultura na era da internet e das novas mídias?
Acho que o jornal tem um lugar diferente agora, que não pode ser o da cobertura exaustiva da cultura, dirigido a todos os públicos. Há uma espécie de linguagem "ostensiva" no jornalismo cultural, do tipo: Veja isto –olhe isto– é isto– e segue-se a matéria que simplesmente aponta aquilo o que é. É como se o texto fosse uma espécie de foto, um aceno para o fato, enfim, trata-se de um predomínio do "noticioso", que não me parece suficiente para as exigências do leitor mais qualificado ao qual o jornal deve se dirigir. Ao mesmo tempo, a qualidade nos serviços, como o Guia da Folha, é muito grande.

Das diversas manifestações da cultura brasileira neste início de século, o que tem te chamado a atenção? O que te parece ir bem ou mal? O cinema está atingindo um padrão mais alto? A literatura? O teatro?
Acho que com a literatura tivemos, nos últimos anos, a vantagem de encontrar ao menos uma "escola", uma "geração" com temas e estilo comuns. Sejam quais forem os méritos dessa literatura da violência e da favela, e acho que em geral são diminutos, há pelo menos algo o que discutir, analisar, comparar, avaliar.
O cinema melhorou e se diversificou. Curiosamente, acho que com a literatura contemporânea brasileira o público e a crítica começam a ter a velha atitude que tinham com relação ao cinema brasileiro: o de ser paternalista, minimizando seus óbvios defeitos técnicos. E o cinema, na verdade, vai cumprindo em parte o papel que antes cabia ao romance: o de refletir sobre o país –penso especialmente nos documentários e nos filmes "nordestinos". Na verdade, em termos de literatura e cinema o que ocorreu de mais importante nos últimos dez anos é o predomínio do interesse pela não-ficção: documentário no cinema e biografias, reportagens, livros de História, na literatura.

E a arte contemporânea? Qual sua opinião sobre essa era de exposições que são espetáculos para grandes públicos?
Tornou-se, como nos velhos tempos (penso no Barroco, no século 18, na arte acadêmica de meados do século 19) uma fonte de prestígio para o poder –no caso atual, o poder das grandes empresas e dos bancos. Cada suposta ruptura crítica de vanguarda é vendida nos leilões, em poucos anos, por vários milhões de dólares. Não simboliza, como antes simbolizava, o poder (não há retratos épicos de Bill Gates a cavalo), mas simboliza o poder de comprar tudo o que o conteste. Tornou-se, além disso, uma commodity, sujeita a ciclos especulativos tão imaginários, tão descolados (ou não) do seu valor real quanto um papel da dívida jamaicana ou uma carteira de ações de uma empresa de nanotecnologia. □

"Na verdade, em termos de literatura e cinema o que ocorreu de mais importante nos últimos dez anos é o predomínio do interesse pela não-ficção: documentário no cinema e biografias, reportagens, livros de História, na literatura"

“

CHICO CONTRA O CINISMO

CHICO BUARQUE

Trecho de entrevista a Fernando de Barros e Silva, publicada em 26 de dezembro de 2004, na Ilustrada

A minha geração, que fez aquelas canções todas, com o tempo só aprimorou a qualidade da sua música. Mas o interesse hoje por isso parece pequeno. Por melhor que seja, por mais aperfeiçoada que seja, parece que não acrescenta grande coisa ao que já foi feito.

E há quem sustente isso: como a ópera, a música lírica, foi um fenômeno do século 19, talvez a canção, tal como a conhecemos, seja um fenômeno do século 20. No Brasil, isso é nítido.

Noel Rosa formatou essa música nos anos 30. Ela vigora até os anos 50 e aí vem a bossa nova, que remodela tudo –e pronto. Se você reparar, a própria bossa nova, o quanto é popular ainda hoje, travestida, disfarçada, transformada em drum'n'bass.

Essa tendência de compilar e reciclar os antigos compositores de certa forma abafa o pessoal novo. Se as pessoas não querem ouvir as músicas novas dos velhos compositores, por que vão querer ouvir as músicas novas dos novos compositores? Quando você vê um fenômeno como o rap, isso é de certa forma uma negação da canção tal como a conhecemos. Talvez seja o sinal mais evidente de que a canção já foi, passou. Estou dizendo tudo isso e pensando ao mesmo tempo que talvez seja uma certa defesa diante do desafio de continuar a compor. Tenho muitas dúvidas a respeito. Às vezes acordo com a tendência de acreditar nisso, outras não.

◆

Eu tenho pouco contato com o rap. Na verdade, ouço muito pouca música. O acervo já está completo. Acho difícil que alguma coisa que eu venha a ouvir vá me levar por outro caminho. Já tenho meu caminho mais ou menos traçado. Agora, à distância, eu acompanho e acho esse fenômeno do rap muito interessante.

FOLHA ILUSTRADA

Mônica Bergamo destaca as frases do ano

Desenhos sim, mas não só para crianças

Cenas de um diretor... e de seus pupilos

Chico
CONTRA O CINISMO

O compositor fala com exclusividade à Folha, que o acompanhou durante duas semanas em Paris e em Roma, nas filmagens de um documentário

Não só o rap em si, mas o significado da periferia se manifestando. Tem uma novidade aí. Isso por toda a parte, mas no Brasil, que eu conheço melhor, mesmo as velhas canções de reivindicação social, as marchinhas de Carnaval meio ingênuas, aquela história de 'lata d'água na cabeça' etc. e tal, normalmente isso era feito por gente de classe média.

O pessoal da periferia se manifestava quase sempre pelas escolas de samba, mas não havia essa temática social muito acentuada, essa quase violência nas letras e na forma que a gente vê no rap. Esse pessoal junta uma multidão. Tem algo aí.

23.JUL.2001 AP/IMAGEPLUS

O ex-casal Britney Spears e Justin Timberlake

31.JAN.2007 ANA CAROLINA FERNANDES/FOLHA IMAGEM

O trio curitibano Bonde do Rolê, em 2007 ainda com a vocalista Marina Vello, que mistura funk carioca e rock

19.AGO.2007 AP

A cantora inglesa Lily Allen, cujo single "Smile" estourou no mundo inteiro em 2007

02.NOV.2002 DIVULGAÇÃO

O trio Tribalistas, formado por Carlinhos Brown, Marisa Monte e o ex-titã Arnaldo Antunes

A vocalista do Cansei de Ser Sexy, que viraria CSS, Lovefoxxx, em apresentação, em São Paulo

12.AGO.2005 EMILIANO CAPOZOLI/FOLHA IMAGEM

grupo nova-iorquino Strokes, sensação do rock dos anos 2000

16.FEV.2006 RUBENS CAVALLARI/FOLHA IMAGEM

A funkeira Tati Quebra-Barraco iniciou a carreira cantando nos bailes da periferia carioca

LEE KONITZ FECHA EVENTO COM SHOW SEM CONCESSÕES

CARLOS CALADO
14 de outubro de 1997 – Ilustrada

Foi um belo final de festival. Comemorando 70 anos, exatamente na madrugada de ontem, o saxofonista Lee Konitz fechou o 12º Free Jazz com um concerto inesquecível para quem aprecia o jazz sem concessões.

Se, na noite anterior, Pharoah Sanders tinha frustrado seus fãs, por extirpar o jazz de vanguarda de seu repertório, Konitz entrou no palco do Bourbon para provar que a chama da liberdade absoluta continua viva no jazz dos anos 90.

Dizer que foi um concerto acústico não explica tudo. Radical, Konitz dispensou até mesmo os microfones para improvisar junto com seu trio, que destaca o contrabaixo acústico de Mark Johnson e a bateria de Jeff Williams.

Postado no fundo do palco, o rebelde saxofonista já dava a entender que muitas convenções do gênero não teriam vez no show.

De cara, Konitz inverteu o tradicional clichê tema/improviso/volta ao tema. Já abriu o concerto improvisando com liberdade total uma canção conhecida, que a plateia só conseguiu identificar minutos depois, na última frase de seu solo: "Stella by Starlight" (de Young e Washington).

A inversão de papéis prosseguiu no solo de Mark Johnson. Depois de um breve improviso, finalmente, o contrabaixista apresentou toda a melodia da canção, provocando os sorrisos do público.

"Autumn Leaves" (de Mercer e Kosma), número seguinte, também veio sem a apresentação do tema, com Konitz explorando a região mais aguda de seu sax alto e a bateria de Williams improvisando livremente, sem qualquer preocupação em marcar o ritmo regular (aliás, como tocou o tempo todo).

Outra clássica canção norte-americana serviu para um dos momentos mais inusitados do show. Konitz pediu que a plateia entoasse por cinco minutos uma mesma nota.

Sobre ela, improvisou "Alone Together" (Dietz e Schwartz), incluindo uma suave exibição de scat (vocais sem palavras). Já em "Body and Soul", o fato de ter improvisado mais próximo da melodia original parece ter animado um gaiato, que começou a assobiar a canção, no meio do público.

"Chega de assobio. Arrume sua própria banda", cortou Konitz, sem perder a elegância. O set terminou com "All the Things You Are"(Hammerstein e Kern), numa versão típica do bebop mais radical, em que a melodia foi solenemente jogada às traças pelo trio.

Quando já começava a tocar o bis, foi Konitz o surpreendido. Carregando um bolo de aniversário, Zuza Homem de Mello, assessor do festival, entrou no palco para homenagear o novo septuagenário, seguido pelo coro de "Parabéns a Você".
Por tudo que mostrou, no brilhante (e radical) encerramento do Free Jazz, Konitz mereceria o bolo e muitos parabéns, mesmo que não fosse seu aniversário. □

GETTY IMAGES

O saxofonista Lee Konitz, com mais de 50 álbums em sua carreira, já tocou com Miles Davis

GRANDEZA DA OSESP EM NOVA YORK SÓ SERÁ MEDIDA MAIS TARDE

ARTHUR NESTROVSKI

12 de novembro de 2002 – Ilustrada

A dimensão real desse concerto só se vai medir daqui a algum tempo: em meses, ou anos. Quando o maestro Neschling voltou pela quinta vez ao palco, suado e desgrenhado, com a linda orquestra de frente para a plateia e as mil e tantas pessoas que enchiam o Avery Fischer Hall, em Nova York, anteontem, aplaudindo de pé e pedindo bis, a impressão que se tinha era de que a Osesp havia dado início, ali mesmo, a outro ciclo de vida. E como ela representa, hoje, a música brasileira, ao que parece somos todos nós que, nalguma medida, temos vida nova pela frente.

Que o bis tenha sido o "Prelúdio" das "Bachianas Brasileiras n. 4" de Villa-Lobos (1887-1959) fazia, então, todo sentido. Não apenas porque é uma peça tão conhecida do repertório pouco conhecido da nossa música, mas também porque 1) as cordas mereciam este presente, depois do que fizeram no Brahms; e 2) o programa abriu com o "Uirapuru", também de Villa-Lobos, e o bis fechava, portanto, o círculo simbólico da tarde, já tão cheia de símbolos.

O próprio "Uirapuru" carregava sua massa de alusões. Foi a mesma peça que a Osesp tocou no histórico concerto em Buenos Aires, há dois anos, ponto alto de sua primeira viagem internacional, pela América Latina. E se naquela ocasião já se encenava a reinvenção de Villa-Lobos como grande compositor –depois de décadas sem uma orquestra que lhe fizesse justiça–, esse "Uirapuru" agora, no Lincoln Center, foi como o rito de passagem dos nossos índios de fraque, assumindo deveres e direitos da vida adulta.

Levou alguns minutos, três ou quatro. Depois, aconteceu. A música passou para outro estágio. Lindos solos de Bridget Bolliger (flauta) e do spalla Cláudio Cruz, em particular.

Depois disso, com a orquestra senhora da sala, foi a vez dos irmãos Assad solarem o "Concerto para Dois Violões, Cordas e Percussão" de Marlos Nobre (1939). Solaram com a fluência e entrosamento de sempre. E, como sempre, foram prejudicados pela amplificação. Na Sala São Paulo, não se escutava os violões. Aqui, ouvia-se bem –mas com timbres falsos (segunda e terceira cordas transfiguradas). A música, de sua parte, faz o que pode, para se sustentar na vizinhança grandiosa de Villa-Lobos e Brahms.

Um arranjo incrível de "Noites Cariocas" (Jacob do Bandolim), no bis, com os violões à toda, serviu para encerrar as brasilidades explícitas.

Segunda parte: a "Segunda Sinfonia" de Brahms (1833-97). Não é o que se espera de uma orquestra brasileira. Mas John Neschling só cresce nessas horas de perigo. Regendo assim, com o mundo e Brahms por testemunha (e os críticos novaiorquinos?), entrou de corpo inteiro na música e fez a Osesp tocar com uma vibração nova.

As coisas foram de bom para melhor e de melhor para excelente, até o exuberante "Allegro con spirito". Muito espírito –e é mesmo o que se espera, agora, de uma orquestra brasileira digna do nome.

Resumo do ovacionado concerto: uma grande orquestra brasileira. O que fizer daqui para a frente vai definir muita coisa, mas o que já fez define o que nós somos. Para os outros e para nós mesmos, na Sala São Paulo ou na Broadway iluminada, depois da bênção da chuva leve, no fim da tarde de domingo. □

TIM MAIA IA SEMPRE ALÉM

PEDRO ALEXANDRE SANCHES

Trecho de reportagem publicada em 16 de março de 1998 – Ilustrada

1971 FOLHA IMAGEM

Tim Maia morreu em 15 de março de 98

Sobre ele, é preciso de início reafirmar o ululante: foi o implantador da soul music à brasileira. Isso é pouco, entretanto.

Dois outros homens, em especial –e deles poucos hão de dizer que sejam soulmen brasileiros–, devem tudo e um pouco mais aos ensinamentos de mestre Tim Maia: Roberto Carlos e Erasmo Carlos.

Antes, tudo era jovem guarda –e Tim já estava no pedaço, influenciando pelas beiradas (pois ele próprio demorava a acontecer de fato, por seus próprios méritos) a tomada do poder pop por Roberto e Erasmo.

A estreia de Tim em disco, em 70, é paralela à primeira guinada artística de Roberto Carlos.

Sim, é difícil imaginar, mas Roberto, por volta de 69, abandonava a juvenília jovem guarda e se transformava em... soulman.

Como o fazia? Cantando balada ("Sua Estupidez", "Debaixo dos Caracóis dos Seus Cabelos"), gospel ("Jesus Cristo", "Ana", "Todos Estão Surdos"), funk ("Não Vou Ficar", composta adivinha por quem?). Erasmo não tardou a seguir seus passos, concebendo sua obra-prima, "Carlos, Erasmo" (71), com torpedos soul como "Mundo Deserto" e "Sodoma e Gomorra".

Reunidos, os trabalhos 69-71 dos dois artistas brancos configuram fases de estado de graça –e, o que sempre passa batido, fundamentalmente tributárias do trabalho que Tim Maia, por si só, começava a desenvolver.

E o dele era, de fato, mais complexo que os dos colegas mais ricos. "Primavera (Vai Chuva)" e "Eu Amo Você", de Cassiano, temas-mito do primeiro disco, chegavam com cor de manifestos de apresentação do soul nacional –o mesmo fazia "Azul da Cor do Mar", composta pelo próprio dono da voz.

Tim ia além. Apaixonava-se pelo pop negro norte-americano, mas não negava a raça. Carioca, preencheu seu soul americanófilo com doses fartas de saber do sertão –pensou em mangue beat? Pois é.

Seu disco de estreia se abria com "Coroné Antônio Bento", forrozão de João do Vale e Luiz Wanderley, e seguia com "Padre Cícero", antológico soul messiânico em homenagem ao mesmo.

As fusões regionalistas se mantiveram nos discos seguintes, em "A Festa de Santo Reis", "Salve Nossa Senhora" (71), "Canário do Reino" (72), todas a fuçar formalmente as entranhas do Brasil.

Ao mesmo tempo, Tim começava a cantar em inglês –havia sido lançado, no mesmo 70, por Elis Regina, no dueto (duelo?) bilíngue de "These Are the Songs", em disco da cantora.

Fez "I Don't Care", "I Don't Know What to Do with Myself" (71), "My Little Girl", "Where Is My Other Half" (72), "Over Again", "Do Your Thing, Behave Yourself" (73).

Os clássicos (muitos dos quais redescobertos na onda "W/Brasil" aberta por Ben Jor e Marisa Monte nos 90) se amontoavam: "Não Quero Dinheiro (Só Quero Amar)", "Você" (71), "Idade", "O Que me Importa" (72), "Réu Confesso", "O Balanço", "Gostava Tanto de Você", "Música no Ar" (73)... O conjunto dos quatro primeiros LPs demonstra-se, até hoje, absolutamente irretocável.

Aí veio a primeira reviravolta. Tim tornou-se membro da organização religiosa Racional Superior, rebatizando-se Tim Maia Racional e cantando músicas com títulos como "Imunização Racional", "Energia Racional", "Leia o Livro 'Universo em Desencanto'", "Contato com o Mundo Racional", "Rational Culture", "Guiné-Bissau, Moçambique e Angola Racional".

O fanatismo temporário resultou nos dois volumes de "Tim Maia Racional" (de 74 e 75), seríssimos candidatos aos mais avassaladores discos de toda sua obra. Proselitismo alucinado à parte, são (especialmente o vol. 1) aulas poderosas de soul e funk, como nunca antes o Brasil havia presenciado. Mas, despido da capa "racional", ele nunca mais permitiu que os dois álbuns fossem reeditados.

Emergiu dessa fase um outro Tim Maia, aquele que seria modelo ao nascente movimento Black Rio, mais inclinado ao funk, ao som da Filadélfia e, em última instância, à discothèque de multidão. □

"Parodiando Fukuyama, a história cultural também acabou"

Entrevista com **OTAVIO FRIAS FILHO**

Otavio Frias Filho é diretor de Redação da Folha desde maio de 1984. É da mesma geração que assumiu a Ilustrada na década de 80. Sempre foi um leitor atento da área de cultura e um valioso interlocutor dos editores. É autor de "Queda Livre – Ensaios de Risco" (Companhia das Letras, 2003), livro em que narra experiências insólitas, como saltar de paraquedas, tomar o chá alucinógeno do Santo Daime e viajar num submarino. Ele fala sobre a história da Ilustrada e as perspectivas do jornalismo na era da internet.

Você costumava mencionar uma fórmula de jornal burguês citada pelo Luiz Alberto Bahia: liberal em política, conservador em economia e revolucionário em cultura. Até que ponto ela permanece válida? A Folha já não foi mais revolucionária em cultura? A Ilustrada na década de 80 foi vista como um caderno "revolucionário", mas tinha também o mercado em sua agenda. Há uma contradição nisso?

A fórmula do Bahia era um chiste, uma brincadeira, que continha um fundo de verdade. Tirado o aspecto caricatural, acho que a fórmula se mantém válida para os jornais ditos de prestígio até hoje. Se ser revolucionário for entendido como romper parâmetros, sim, a Folha já foi mais revolucionária em cultura. Isso porque havia mais parâmetros a serem rompidos. Acho que a Ilustrada dos anos 80 ajudou a deslocar pelo menos três.

Até então a atitude prevalecente nas páginas de cultura da imprensa brasileira era hostil à cultura de mercado. Valorizava-se a produção erudita, por um lado, e a "nacional-popular" de outro. É uma ironia que muitos de nós tivéssemos lido os autores da Escola de Frankfurt, os maiores críticos da cultura industrial de mercado, pois na prática agimos numa direção contrária e, na época, inovadora. Outro parâmetro era geográfico. Eu diria que os anos 80 marcaram o momento em que a cultura europeia, em especial a francesa, passou a ter menos influência na mentalidade brasileira do que a americana. A Ilustrada e o caderno Mais! tiveram papel pioneiro nessa mudança de eixo, que permanece até hoje.

Um terceiro parâmetro era político. Por hábito moral adquirido ao longo do regime militar, os jornalistas simpatizavam com autores e obras que tivessem implicação política antiditadura, se possível, de esquerda. A Folha, na redemocratização, despolitizou a cultura e o entretenimento. Paradoxalmente, vejo nisso a influência de um autor marxista bastante lido na universidade então, Trótski. Repetia-se muito o axioma atribuído a ele de que "a arte não comporta dirigismo". Pensávamos que o jornalismo cultural também não.

Não são poucas as avaliações de que o jornalismo cultural hoje está mais preso à agenda do mercado, mais voltado para a orientação do consumo, mais inclinado a assuntos do chamado mainstream. Você acredita que isso é fruto de uma reação dos jornais ao assédio de outras mídias, uma tentativa de reter o leitor com temas mais reconhecíveis?

Acho que não, porque essa tendência do jornalismo cultural vem se acentuando desde os anos 80, quando não havia TV a cabo, internet, celular. Creio que a imprensa desde então se tornou mais profissional, que ela cuida mais de uma agenda que interessa à maioria de leitores, e menos da agenda "cult" que sensibiliza os próprios jornalistas e as pessoas de seu meio. O público leitor também cresceu, dos anos 80 para cá (embora o pico tenha ocorrido em meados dos 90, por conta da febre dos fascículos), a competição entre os veículos aumentou muito (até mesmo pelo advento das "novas mídias"), e a imprensa teve, portanto, de adotar uma política mais realista de atendimento à maioria.

O que você acha da ideia de que o jornal impresso, nestes tempos de internet, deveria se dirigir a um público menor, mais de elite, que a ele seria fiel?
Acho que é possível que isso venha a ocorrer, acho até agradável, de um ponto de vista pessoal, se isso ocorrer. Mas somente um editor maluco teria como propósito o de reduzir o tamanho de seu público! Ao contrário, acho que devemos nos abrir mais para o leitor real, atender melhor o que ele quer, ser mais úteis e legíveis por ele. A competição aumentou, mas não está escrito nas estrelas que os jornais devam perder circulação. Menos ainda nos países em desenvolvimento, onde o público leitor ainda está em formação. Na China e na Índia, por exemplo, a circulação de jornais impressos cresceu respectivamente 20% e 30% na primeira metade da década em curso.

Em linhas gerais, quais foram, a seu ver, as grandes mudanças ocorridas no mundo cultural da década de 60 para cá? E no jornalismo?
A primeira e maior mudança, a meu ver, foi a revolução da quantidade. Dos anos 60 para cá, a quantidade de livros, discos, obras, espetáculos, filmes, seriados etc. disponíveis se multiplicou várias vezes. O jornalismo cultural teve de se dedicar a muito mais temas e assuntos, dedicando provavelmente por isso menos espaço para cada um deles. Surgiu uma multidão de guetos culturais sem um esperanto que propicie a comunicação entre eles.
A outra mudança é que não existem mais paradigmas a serem negados ou superados. O pós-modernismo, a meu ver, pode ser definido assim: a convivência de muitos estilos, diferentes influências, num pastiche simultâneo de todos eles. Nenhuma obra mais causa escândalo, nenhum geração de artistas faz uma revolução, porque todas as experimentações com a forma já foram feitas. Parodiando [o cientista político Francis] Fukuyama, a história cultural também acabou.
O jornalismo, em minha opinião, ficou mais profissional. Os textos são mais concisos e sua qualidade é mais uniforme. Perdeu-se em originalidade e idiossincrasia, ganhou-se em exatidão e sobriedade de estilo. O jornalismo militante, engajado em determinadas causas e concepções, perdeu vigor, e foi em parte substituído por um jornalismo mais pluralista, menos dogmático e, acho eu, mais investigativo e independente dos governos em geral. Os veículos e jornais ficaram mais parecidos e talvez mais "bem comportados" no tom. A crítica cultural em profundidade ficou reduzida a algumas ilhas.

Considerando a história da Ilustrada, quais são para você os pontos mais elogiáveis e mais criticáveis do caderno?
Difícil generalizar, houve diferentes fases. A primeira qualidade do caderno foi sua existência. Reconhecia-se, em data prematura até, que arte e cultura já mereciam um caderno à parte, com equipe própria, numa cidade como a São Paulo dos anos 50. A grande qualidade creio que é o espírito de inquietude, o desejo de apreender tendências novas, um certo gosto pela polêmica. Se tiver de apontar um defeito, diria que é a contrapartida dessa qualidade: alguma coisa entre o imaturo e o estridente. □

"Acho que devemos nos abrir mais para o leitor real, atender melhor o que ele quer, ser mais úteis e legíveis por ele. A competição aumentou, mas não está escrito nas estrelas que os jornais devam perder circulação. Menos ainda nos países em desenvolvimento, onde o público leitor ainda está em formação"

O papel do jornal

Nelson de Sá foi quem sucedeu Sérgio Dávila na Ilustrada. Foi editor por três anos. Cássio Starling Carlos o substituiu em 2004, permanecendo até setembro de 2005. Naief Haddad e Leonardo Cruz cuidaram do caderno até janeiro de 2006, quando retornei à Redação, depois de um período fora do jornal e outro como editor de Opinião.

Os oito primeiros anos da década de 2000 foram marcados pela dinâmica de ajuste das empresas jornalísticas às transformações tecnológicas que mudaram a face da comunicação. A euforia financeira com as promessas da internet transformou-se em realismo. Depois de um período de cortes drásticos, reabriram-se as perspectivas de investimento num ciclo econômico favorável, sob o governo de Luiz Inácio Lula da Silva, que não mudou tudo, como anunciava em outros tempos. Ao contrário, o PT partiu para a realpolitik e preservou as regras econômicas liberais estabelecidas pelo antecessor.

Nos últimos anos, o advento da blogosfera e dos formatos digitais de áudio e vídeo atingiram diretamente o mundo cultural, derrubando os padrões convencionais da indústria e prenunciando novas rodadas de mudanças. Embora tenha resistido às previsões mais apressadas quanto à sua extinção, o jornal impresso e o próprio jornalismo enfrentam um ambiente desafiador. No contexto de uma oferta gigantesca de cultura, entretenimento, opinião e informação, seja na internet, seja na TV paga, seja no celular-computador, o peso relativo do jornal e o tempo que ele pode ocupar na vida dos cidadãos já não é o mesmo.

Na Folha, as orientações não vão na direção de um recuo diante da hiperoferta de informação e da rapidez da internet, o que poderia levar o jornal a uma estratégia elitista, de veículo mais analítico, voltado para poucos. Embora não seja impossível que isso um dia aconteça, para Otavio Frias Filho é preciso resistir a esse processo, ampliar o leque de assuntos e aproximar a versão impressa o máximo possível dos interesses de um leitor cujo foco não mais se concentra no acompanhamento diário da política e da economia.

Nessa linha, a Folha começou o século 21 preocupando-se em absorver um pouco mais as temáticas do individualismo hedonista, do mundo do lazer e do consumo, das novidades da ciência, das promessas da medicina e da agenda do mercado cultural. De certa forma, como observa o jornalista Leão Serva [ver entrevista à página 128], o universo despolitizado das variedades revigora-se na pauta da mídia atual. A cobertura da Ilustrada torna-se mais noticiosa, utilitária e abrangente, numa época em que poucos esperariam das páginas culturais de um jornal algum poder transformador.

Para Matinas Suzuki Jr., "o jornal é um produto da era industrial, da cultura padronizada, para milhões de pessoas falarem do mesmo assunto". Isso, diz ele, "está ficando cada vez mais difícil". O grande desafio "é como você vai fazer as pessoas terem um interesse comum" [ver entrevista à página 118].

O colunista Marcelo Coelho considera que o "predomínio do noticioso" não basta para "o leitor mais qualificado ao qual o jornal deve se dirigir" [ver entrevista à página 338].

Para Mario Sergio Conti, o sucesso da Ilustrada na década de 80 acabou por consolidar, "para o bem ou para o mal", uma fórmula de segundo caderno "que não existe em lugar nenhum, só no Brasil; nenhum jornal sério do mundo dá cultura e horóscopo". Para ele, a falta de referência externa talvez tenha contribuído para "um nítido acomodamento nesse modelo de matéria de capa, colunona na última página, coluna social e um certo gosto pela polêmica".

Cássio Starling Carlos acredita que os cadernos de cultura atravessam um período de impasses e dificuldades. Ele rememora, de maneira crítica, a trajetória da Ilustrada em três tempos distintos. Na década de 80, quando era leitor, nos anos 1994-95, quando foi redator e editor-assistente do caderno, e em 2004-05, quando foi editor:

"A experiência, na última fase, confirmou que a pauta diária de cultura já se encontrava completamente amarrada aos imperativos da agenda. Esta dependência, que não era exclusiva da Folha, comum ao jornalismo cultural desde o início da década passada, parece um efeito da entrada definitiva dos bens culturais no quadro da sociedade de consumo.

Nos anos 80, quando a Ilustrada expandiu e consolidou sua influência, tratava-se de trazer novidades para um país que começava a se abrir, oferecê-las a um público que demandava respiro, cobiçava esteticamente influências externas para se sentir cosmopolita, 'antenado', queria consumir cultura para se diferenciar socialmente, e o caderno definiu claramente o que se deveria consumir (é a fase Ilustrada lançadora de modas e modismos).

Na esteira da democratização política, ocorreu a democratização do consumo, que se consolida na década seguinte, o que levou a indústria cultural a adotar os cadernos de cultura como pontas-de-lança de suas estratégias de marketing (isto hoje vale tanto para a produção 'culta' quanto para a 'popular'). Senti isso como um choque de realidade que abalou o romantismo que me orientava quando assumi funções diretas na produção do jornalismo cultural.

O efeito para o jornalista é que foi reduzida a quase zero a ambição de cavar pautas diferenciadas, pois elas caem no colo (entrevistas e viagens), mas são previsíveis e parecem muitas vezes irrelevantes para o público (sintoma que senti predominantemente durante a minha gestão e pude constatar simultaneamente nas pautas dos cadernos da mídia nacional e global). Sob a lógica implacável de consumo e descarte, são poucas e rarefeitas as tentativas de oferecer ao leitor abordagens estruturais e conjunturais, esforços de fôlego para revelar movimentos mais subterrâneos (influência estética dos games, efeitos da hiperinformação trazida pela internet nos hábitos de leitura, mutações nas condições de consumo trazidas pela 'pirataria', abordagem socioeconômica do gigantismo da indústria do entretenimento, interpretações críticas do 'infoentretenimento').

Ao lado disso, os colunistas parecem, às vezes, oásis de perspicácia, às vezes resíduos de arcaismo. E tal situação só se agrava com o inevitável atraso cronológico na oferta de informação do papel em relação às mídias eletrônicas."

Pode-se concordar ou discordar das opiniões de Cássio, mas elas certamente refletem o desconforto, as inquietudes e os desafios do jornalismo cultural nesta segunda metade da primeira década do nascente século 21. □

Páginas da seção "Na Rede", criada em 2008 pela Ilustrada, com reportagens e dicas sobre o que acontece na internet

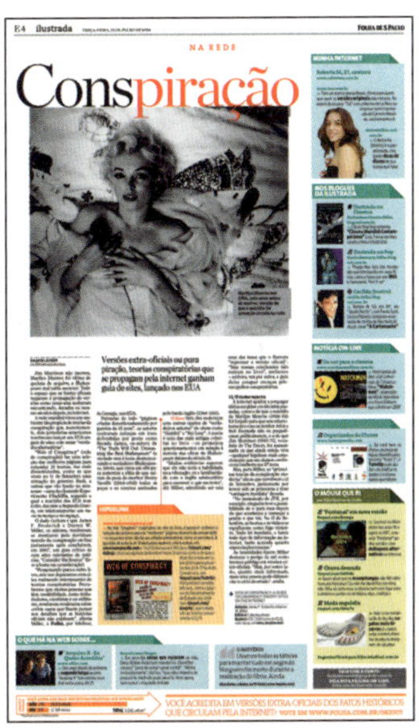

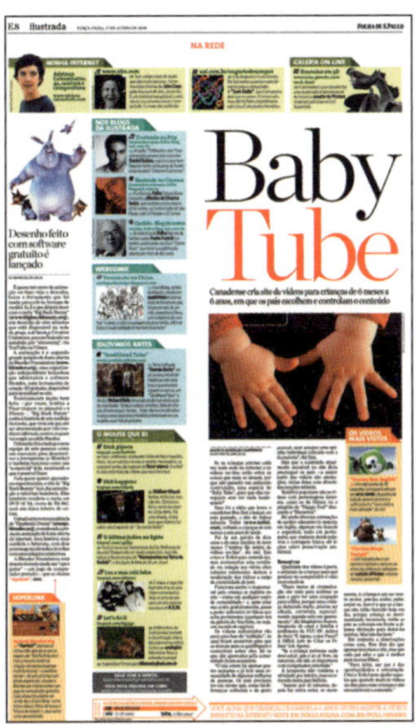

1990

NO CINEMA

□ São lançados "Os Bons Companheiros", de Martin Scorsese; "Mais e Melhores Blues", de Spike Lee; "Dança com Lobos", de Kevin Costner; e "Ata-me", de Pedro Almodóvar.
□ O curta "Ilha das Flores", de Jorge Furtado, conquista Urso de Prata em Berlim (fev.).
□ O presidente Fernando Collor extingue a Embrafilme e revoga a Lei Sarney (16.mar.).

NA TV

□ Estreia a série "Seinfeld".
□ É criada a MTV Brasil (nov.).
□ Estreia o programa infantil "Rá-Tim-Bum", na Cultura (5.fev.).
□ Estreia a novela "Pantanal", na Manchete. De Benedito Ruy Barbosa, com Cristiana Oliveira e Paulo Gorgulho, faz grande sucesso (27.mar.).
□ Primeiras concessões de canais por assinatura no Brasil (30.jul.).

NA ESTANTE

□ João Cabral de Melo Neto recebe o Prêmio Camões.
□ O mexicano Octavio Paz recebe o Nobel. É autor de "O Labirinto da Solidão", entre outros.
□ O poeta Manoel de Barros recebe o Jabuti, por "O Guardador de Águas"; Milton Hatoum fica com o prêmio de melhor romance, pelo livro "Relato de um Certo Oriente", do ano anterior.
□ Publicado "Agosto", de Rubem Fonseca (13.nov.).
□ Morre o cronista Rubem Braga, aos 77 anos (19.dez.).

NA MÚSICA

□ Leandro e Leonardo fazem sucesso com "Pense em Mim".
□ Morre Elizeth Cardoso (7.mai.).
□ O grupo norte-americano Sonic Youth lança "Goo" (jun.).
□ Morre o cantor e compositor Cazuza (7.jul.).
□ Morre o maestro, compositor e pianista norte-americano Leonard Bernstein (out.).

NAS ARTES

□ Morre o artista e grafiteiro americano Keith Haring (16.fev.).

1991

NO CINEMA

□ São lançados os filmes nacionais "A Grande Arte" (estreia de Walter Salles em longas) e "Matou a Família e Foi ao Cinema", de Neville d'Almeida; e os internacionais "O Silêncio dos Inocentes", de Jonathan Demme, e "Thelma e Louise", de Ridley Scott.

NA TV

□ Estreia o "Programa Livre", no SBT, apresentado por Serginho Groisman.
□ O SBT importa a novela mexicana "Carrossel" e lança o sensacionalista "Aqui Agora" (20.mai.).
□ Estreia na Globo a novela "Vamp", de Antonio Calmon, com Claudia Ohana no elenco (15.jul.).

NA ESTANTE

□ A escritora sul-africana Nadine Gordimer recebe o Nobel de Literatura.
□ Publicado "Estorvo", segundo romance de Chico Buarque.
□ O poeta, tradutor e ensaísta José Paulo Paes recebe o Jabuti de literatura infantil, com o livro "Poemas para Brincar".
□ Publicado o romance "Hilda Furacão", de Roberto Drummond.
□ Publicado "O Evangelho Segundo Jesus Cristo", de José Saramago.
□ Morre o escritor Graham Greene, aos 86 anos. É autor de "Nosso Homem em Havana" e "O Poder e a Glória", entre outros (3.abr.).
□ Toma posse na Academia Brasileira de Letras o romancista, contista e dramaturgo Dias Gomes (16.jul.).

NA MÚSICA

□ Jorge Ben Jor lança o LP "W/Brasil"
□ O Rock in Rio 2, realizado no estádio do Maracanã, no Rio de Janeiro, traz ao país Prince, Joe Cocker, Santana, Guns N' Roses, Faith No More, Megadeth, entre outros (jan.).
□ A dupla sertaneja Zezé di Camargo e Luciano lança o primeiro disco, que inclui a música "É o Amor" (abr.).
□ Morre o saxofonista norte-americano Stan Getz (6.jun.), que tocara com João Gilberto no premiado "Getz – Gilberto", na década de 60.
□ O grupo de rock Nirvana lança "Nevermind" (set.).
□ Morre o trompetista e compositor norte-americano Miles Davis (28.set.).
□ Morre o cantor do grupo inglês Queen, Freddie Mercury (24.nov.), que se apresentou com sucesso no Brasil.

NA POLÍTICA

□ O presidente Fernando Collor de Mello, que extinguira a Lei Sarney, sanciona a Lei Rouanet, que autoriza empresas a direcionarem para a produção cultural valores que seriam arrecadados como impostos.

1992

NO PALCO

□ Entra em cartaz a peça "The Flash and Crash Days", de Gerald Thomas, no Rio. Com Fernanda Montenegro e Fernanda Torres.

NO CINEMA

□ São lançados os filmes "Batman – O Retorno", de Tim Burton; "Malcom X", de Spike Lee; "Os Imperdoáveis", de Clint Eastwood; e "Cães de Aluguel", de Quentin Tarantino.
□ Morre o cineasta Mário Peixoto, autor de "Limite" (1931) (2.fev.).
□ Morre a atriz alemã Marlene Dietrich (6.mai.).

NA TV

□ Vai ao ar "Você Decide", o primeiro programa da televisão brasileira a permitir que o espectador interfira ao vivo no final das histórias (8.abr.).
□ Estreia "Casseta & Planeta Urgente!" (28.abr.).

NA ESTANTE

□ O cantor, compositor e poeta Arnaldo Antunes recebe o prêmio Jabuti de poesia pelo livro "As Coisas".
□ Publicado o livro "Sex", de Madonna, com fotografias eróticas da cantora.
□ Morre o escritor Otto Lara Resende, no Rio (28.dez.). Era colunista da Folha.

NA MÚSICA

□ Morre o compositor experimentalista John Cage (12.ago.).
□ Morre o cantor e compositor carioca Herivelto Martins (17.set.).

NAS ARTES

□ É fundada em São Paulo a galeria Camargo Vilaça, por Carla Camargo e Marcantonio Vilaça, que reúne artistas como Ernesto Neto, Jac Leiner, Adriana Varejão e Vic Muniz. Marcantonio, que morreu aos 37 anos, em primeiro de janeiro de 2000, é considerado nome fundamental para a internacionalização do mercado de arte contemporânea no país.
□ Morre Francis Bacon, aos 82 anos, pintor britânico (28.abr.).
□ Morre Lina Bo Bardi, arquiteta que projetou o Museu de Arte de São Paulo (20.mar.).

1993

NO CINEMA

□ É lançado o filme nacional "Alma Corsária", de Carlos Reichenbach; e os internacionais "Kika", de Pedro Almodóvar; "Short Cuts", de Robert Altman; "A Liberdade é Azul", de Krystof Kieslowski; e "Jurassic Park" , de Steven Spielberg.
□ O presidente Itamar Franco institui o prêmio Resgate do Cinema Brasileiro, que injeta R$ 13 milhões em 90 projetos.
□ Morre a atriz Audrey Hepburn, de "Bonequinha de Luxo".
□ Morre o comediante mexicano Cantinflas (20.abr.).
□ A Câmara Federal aprova Lei do Audiovisual (jul.).
□ Morrem o diretor italiano Federico Fellini (31.out.) e o ator Sebastião Bernardes de Souza Prata, o Grande Otelo (26.nov.).

NA TV

□ Morre Cassiano Gabus Mendes, o primeiro diretor artístico da TV Tupi (18.ago.).

NA ESTANTE

□ Bernardo Carvalho lança "Onze", seu primeiro romance.
□ Lançada a primeira edição brasileira do "Guinness Book: o Livro dos Recordes".
□ Toma posse na Academia Brasileira de Letras o antropólogo e romancista Darcy Ribeiro (15.abr.); Roberto Marinho é eleito para a ABL (22.jul.).
□ Morre o escritor inglês Anthony Burgess, aos 76 anos, autor de "Laranja Mecânica" (22.nov.).

NA MÚSICA

□ Morre o maestro e compositor brasileiro Mozart Camargo Guarnieri (13.jan.).
□ O cantor e compositor Arnaldo Antunes lança o disco "Nome", seu primeiro trabalho depois de deixar a banda Titãs (set.).
□ Morre o compositor, arranjador e musicólogo César Guerra-Peixe, em Petrópolis (RJ) (26.nov.).
□ Morre o cantor norte-americano Frank Zappa (4.dez.).

NAS ARTES

□ Morre o artista plástico José Leonilson Bezerra Dias (28.mai.).

NO PALCO

□ Estreia a peça "UnGlauber", de Gerald Thomas.

□ Entra em cartaz a "A Rua da Amargura, 14 Passos Lacrimosos Sobre a Vida de Jesus", dirigida por Gabriel Villela, no Rio de Janeiro. Recebe 17 prêmios, entre eles Sharp, Molière, Shell e Mambembe.

NO CINEMA

□ Quentin Tarantino lança "Pulp Fiction", que marca a volta de John Travolta ao cinema.

□ São lançados os nacionais "Lamarca", de Sérgio Rezende; "A Terceira Margem do Rio", de Nelson Pereira dos Santos; e os internacionais "A Fraternidade é Vermelha" e "A Igualdade é Branca", de Krystof Kieslowski; "Forrest Gump, o Contador de Histórias", de Robert Zemeckis; e "Rei Leão", de Roger Alles e Rob Minkoff.

□ Morre o poeta Mario Quintana, aos 87 anos. É autor de mais de 50 obras, entre as quais "Rua dos Cata-Ventos", "Espelho Mágico" e "Pé de Pilão" (5.mai.).

□ João Ubaldo Ribeiro toma posse na Academia Brasileira de Letras (8.jun.).

□ É lançado "Chatô, o Rei do Brasil", de Fernando Morais, sobre a vida de Assis Chateaubriand (4.ago.).

NA MÚSICA

□ A banda carioca Cidade Negra lança o disco "Com Todas as Forças", com o sucesso "Onde Você Mora" (Nando Reis e Marisa Monte).

□ Chico Science & Nação Zumbi, líderes do movimento mangue beat, lançam seu primeiro CD, "Da Lama ao Caos" (mar.).

□ A banda de rock brasiliense Raimundos lança disco homônimo (abr.).

NO PALCO

□ Entra em cartaz a peça "Péricles, Príncipe de Tiro", de Shakespeare, adaptada e dirigida por Ulysses Cruz, em São Paulo.

□ Estreia "Torre de Babel", de Fernando Arrabal, dirigida por Gabriel Villela, no Rio. Com Marieta Severo no elenco.

□ Entra em cartaz "O Livro de Jó", adaptada por Luís Alberto de Abreu do original bíblico, encenada no hospital Alberto Primo, em São Paulo. Dirigido por Luís Alberto Abreu e interpretado por Matheus Nachtergaele (9.fev.).

□ Estreia "Pérola", escrita e dirigida por Mauro Rasi, no Teatro Leblon, no Rio. É o quarto espetáculo da série memorial de Mauro Rasi, e o que recebe mais prêmios, ficando cinco anos em cartaz (24.mar.).

□ Estreia "Três Mulheres Altas", com Beatriz Segall (prêmio Mambembe de melhor atriz), Nathália Timberg e Marisa Orth (12.abr.).

□ Morre Adolpho Bloch, fundador do Grupo Bloch Editores, da revista Manchete e da Rede de Televisão Manchete (19.nov.).

NA ESTANTE

□ Publicado o livro "Ensaio Sobre a Cegueira", do escritor português José Saramago.

□ Lançado "Estrela Solitária: um Brasileiro Chamado Garrincha", do jornalista Ruy Castro, que seria alvo de ação judicial por parte de parentes do jogador.

□ Publicado "Terra Sonâmbula", do escritor moçambicano Mia Couto.

□ Jô Soares publica "O Xangô de Baker Street" (set.).

▸ 1994

NA TV

□ Estreia o seriado "Friends", nos Estados Unidos; também nos EUA são feitas as primeiras transmissões digitais pelo sistema DirecTV.

□ Estreia o programa infantil "Castelo-Rá-Tim-Bum", na TV Cultura, que recebe o prêmio APCA e a Medalha de Prata no Festival de Nova York.

□ Estreia o seriado "Confissões de Adolescente" na TV Cultura, inspirado na peça de Maria Mariana. Lança a atriz Deborah Secco (22.ago).

NA ESTANTE

□ Até 1994, o livro mais vendido no Brasil – excluída a Bíblia – é o dicionário "Aurélio", com 11 milhões de exemplares em 18 anos.

□ Lançado "Comédia da Vida Privada – 101 Crônicas Escolhidas", de Luis Fernando Verissimo.

□ O Brasil é tema da 46ª Feira de Livros em Frankfurt, na Alemanha.

□ O escritor Mario Vargas Llosa recebe o prêmio Cervantes.

□ Kurt Cobain, vocalista e líder do Nirvana, morre aos 27 anos, num aparente suicídio, em Seattle (8.abr.).

□ Morre o autor da trilha de "A Pantera Cor-de-Rosa", o maestro e compositor norte-americano Henry Mancini (14.jun.).

□ Caetano Veloso lança o CD "Fina Estampa", com canções da América Latina (jul.).

□ O CD "Verde, Anil, Amarelo, Cor-de-Rosa e Carvão", de Marisa Monte, é lançado no Brasil e em mais 38 países.

□ A banda inglesa Oasis lança o disco "Definitely Maybe" (ago.).

□ A banda mineira Skank lança "Calango", que inclui uma versão para a música "É Proibido Fumar" de Roberto e Erasmo Carlos (out.).

□ Morre Tom Jobim, um dos maiores compositores da música brasileira e mundial (8.dez.).

NAS ARTES

□ Morre o paisagista e artista plástico Roberto Burle Marx (4.jun.).

□ Morre o pintor, desenhista e gravurista gaúcho Iberê Camargo, aos 79 anos (9.ago.).

▸ 1995

NO CINEMA

□ "Carlota Joaquina – a Princesa do Brazil", de Carla Camurati, atrai mais de um milhão de espectadores e marca a retomada do cinema brasileiro.

□ Os cineastas dinamarqueses Thomas Vinterberg e Lars von Trier lançam o manifesto Dogma 95, que pede um cinema mais realista e menos comercial (13.mar.).

□ O cinema comemora cem anos. Paris promove as celebrações pelo centésimo aniversário da primeira projeção pública de filmes e presta homenagem aos irmãos Lumière (28.dez.).

NA TV

□ Vai ao ar o primeiro capítulo do seriado "Malhação", na Globo (24.abr.).

□ Estreia o seriado "A Comédia da Vida Privada", de Guel Arraes e Jorge Furtado, baseado na obra de Luis Fernando Verissimo, na Globo (25.abr.).

NA MÚSICA

□ A banda inglesa Radiohead lança o disco "The Bends".

□ A banda carioca Planet Hemp lança o disco "Usuário", misturando rap e rock (abr.).

□ O titã Nando Reis lança seu primeiro disco solo, "12 de Janeiro" (mai.).

□ O grupo Mamonas Assassinas lança seu primeiro disco (jul.).

NAS ARTES

□ Leiloado o quadro "Abaporu", da pintora Tarsila do Amaral. O valor é o maior já pago por um quadro brasileiro em toda a história, US$ 1,3 milhão (20.nov.). O quadro passou a fazer parte do acervo do Museu de Arte Latino-americana de Buenos Aires.

□ É inaugurado o Mube (Museu Brasileiro da Escultura) com uma mostra de 95 esculturas de Victor Brecheret. O projeto é do arquiteto Paulo Mendes da Rocha.

NO PALCO

□ Estreia o espetáculo "Velox", da coreógrafa Deborah Colker. O primeiro grande sucesso da companhia de dança (27.abr.).

NO CINEMA

□ "O Quatrilho", de Fábio Barreto, é indicado ao Oscar.

□ São lançados os filmes nacionais "Tieta do Agreste", de Cacá Diegues; "Terra Estrangeira", de Walter Salles e Daniela Thomas; e os internacionais "O Paciente Inglês", de Anthony Minghella; "Trainspotting", de Danny Boyle; "Fargo", dos irmãos Coen; e "Missão: Impossível", de Brian de Palma.

□ Acontece o 1º Festival Internacional de Documentário É Tudo Verdade, no Rio e em São Paulo (abr.).

▸ 1996

NA TV

□ Estreia o seriado "A Vida Como Ela é...", adaptação de Euclydes Marinho das crônicas de Nelson Rodrigues. Ao todo, foram 40 capítulos exibidos no "Fantástico" (31.mar.).

□ Estreia o programa "Sai de Baixo", na TV Globo. Exibida semanalmente aos domingos, a série levava de volta à televisão brasileira a comédia de situação gravada com plateia. Com Miguel Falabella, Luis Gustavo, Aracy Balabanian, Marisa Orth, Cláudia Jimenez e Tom Cavalcante (31.mar.).

□ Estreia a novela "O Rei do Gado", de Benedito Ruy Barbosa, na TV Globo. Retrata pela primeira vez a vida dos trabalhadores do MST (17.jun).

NA ESTANTE

□ "Um Céu de Estrelas", de Fernando Bonassi, ganha versão para teatro, dirigida por Lígia Cortez, e para o cinema, por Tata Amaral.

□ O jornalista e escritor Carlos Heitor Cony recebe o Prêmio Machado de Assis pelo conjunto da obra. O seu livro "Quase Memória" recebe o Jabuti e o romance "O Piano e a Orquestra" ganha o Prêmio Nestlé de Literatura.

□ Morre a escritora, dramaturga e diretora de cinema Marguerite Duras, aos 81 anos (3.mar.).

□ Publicado o livro "Notícia de um Sequestro", de Gabriel García Márquez (nov.).

NA MÚSICA

□ Os cinco integrantes da banda Mamonas Assassinas morrem em acidente aéreo em São Paulo (2.mar.).

□ Morre a cantora de jazz Ella Fitzgerald (15.jun.).

□ A banda carioca O Rappa lança o disco "O Rappa Mundi" (set.).

□ Morre o maestro Eleazar de Carvalho, idealizador do Festival de Inverno de Campos de Jordão (12.set.).

□ Morre o compositor e cantor Renato Russo, líder do grupo Legião Urbana (11.out.).

□ Morre o compositor João do Vale (6.dez.).

□ O cantor norte-americano de blues B.B.King se apresenta para 100 mil pessoas no Parque do Ibirapuera, em São Paulo (15.dez.).

NA MODA

□ Primeira edição do maior evento de desfiles de moda da América Latina, o Morumbi Fashion, que em 2001 passou a chamar-se São Paulo Fashion Week (18.jul.).

□ Inaugurado o Museu de Arte Contemporânea de Niterói, projetado por Oscar Niemeyer (2.set.).

▸ 1997

NO CINEMA

□ São lançados os filmes nacionais "A Ostra e o Vento", de Walter Lima Jr.; "O Que É Isso, Companheiro?", de Bruno Barreto; e os internacionais "Titanic", de James Cameron; "A Estrada Perdida", de David Lynch; "Los Angeles – Cidade Proibida", de Curtis Hanson; "A Vida É Bela", de Roberto Benigni; e "Carne Trêmula", de Pedro Almodóvar.

□ Chega a São Paulo a rede norte-americana de salas de exibição Cinemark (set.).

NA ESTANTE

□ Caetano Veloso lança "Verdade Tropical", sobre sua trajetória e a cultura brasileira.

□ O dramaturgo, ator e diretor italiano Dario Fo recebe o Nobel de Literatura. Escreve cerca de 70 peças, entre elas, "Morte Acidental de um Anarquista".

□ Publicado o livro "Harry Potter e a Pedra Filosofal", de J. K. Rowling. É o primeiro dos sete volumes da série.

□ Publicado "Cartas a um Jovem Escritor", de Mario Vargas Llosa.

□ Morrem o jornalista Paulo Francis, aos 66 anos (4.fev.), e o antropólogo Darcy Ribeiro, aos 74 anos (17.fev.).

□ Lançado mundialmente o livro "Terra", com 109 fotos de Sebastião Salgado (14.abr.).

NA MÚSICA

□ Morre num acidente de carro Chico Science, cantor, compositor e um dos idealizadores do mangue beat, em Olinda (PE) (2.fev.).

□ O Teatro Amazonas sedia o 1º Festival Internacional de Ópera.

□ Os Racionais MCs, grupo de rap da periferia paulistana, lança "Sobrevivendo no Inferno" (mai.).

□ A banda inglesa Radiohead lança "OK Computer" (jun.).

NAS ARTES

□ Morre Manabu Mabe, artista plástico japonês naturalizado brasileiro (22.set.).

□ Morre um dos pioneiros da arte pop, Roy Lichtenstein (29.set.).

□ É inaugurado o Museu Guggenheim Bilbao, projetado por Frank O. Gehry. (3.out.).

▸ 1998

NO PALCO

□ Estreia a peça "Cacilda!", de José Celso Martinez Corrêa. O espetáculo presta homenagem à atriz Cacilda Becker, que morreu em 1969 (31.out.).

□ Começa a terceira edição do Festival Internacional de Dança (FID), em Belo Horizonte (28.nov.).

NO CINEMA

□ O movimento Dogma 95 lança seus dois primeiros filmes, "Festa de Família", de Vintenberg, e "Os Idiotas", de Lars von Trier.

□ São lançados os nacionais "Menino Maluquinho 2: A Aventura", de Fernando Meirelles; "Boleiros – Era uma Vez o Futebol...", de Ugo Giorgetti; e os internacionais "Os Amantes do Círculo Polar", de Julio Medem; "Shakespeare Apaixonado", de John Madden; e "O Resgate do Soldado Ryan", de Steven Spielberg.

□ O filme "Central do Brasil", de Walter Salles, ganha Urso de Ouro no Festival de Berlim; Fernanda Montenegro ganha Urso de Prata de melhor atriz (fev.).

□ "Titanic" ganha 11 estatuetas do Oscar e se iguala a "Ben-Hur" como filme mais premiado da história; "O Que é Isso, Companheiro?" é indicado ao Oscar de melhor filme estrangeiro (23.mar.).

□ Morre o diretor japonês Akira Kurosawa, aos 88 anos (6.set.).

NA TV

□ Estreia a minissérie "Hilda Furacão", adaptação do livro de Roberto Drummond, na Rede Globo, com Ana Paula Arósio (26.mai.).

□ Morre o apresentador Edson Cury, conhecido como Bolinha (1.jul.).

□ Estreia o programa "Ratinho", no SBT (nov.).

NA ESTANTE

□ José Saramago recebe o Nobel de Literatura. É o primeiro escritor de língua portuguesa a ganhar a premiação.

□ Lançado "Rocket eBook", o primeiro livro eletrônico do mundo. O produto é patrocinado pelo grupo alemão Bertelsmann e pela livraria norte-americana Barnes & Noble.

□ Publicado o livro "Chic, Guia Básico de Moda e Estilo", de Gloria Kalil (jan.).

NA MÚSICA

□ Morre o cantor Silvio Caldas, do clássico "Chão de Estrelas" (3.fev.).

□ Milton Nascimento recebe o prêmio Grammy na categoria world music (25.fev.).

□ Tim Maia morre em Niterói (RJ) (15.mar.).

□ Morrem o cantor Nelson Gonçalves, um dos mais populares do Brasil (18.abr.), e Frank Sinatra, um dos mais famosos do mundo (14.mai.).

□ Após cinco anos sem novas canções, Chico Buarque lança o CD "As Cidades" (nov.).

NAS ARTES

□ Morre o pintor e fotógrafo Geraldo de Barros. Foi um dos fundadores do concretismo brasileiro, ao lado de Waldemar Cordeiro e integrantes do grupo Ruptura (1952).

▸ 1999

NO CINEMA

□ São lançados os filmes nacionais "Orfeu", de Cacá Diegues; "Castelo Rá-Tim-Bum", de Cao Hamburger; e os internacionais "Magnólia", de Paul Thomas Anderson; "Clube da Luta", de David Fincher; "Matrix", de Andy e Larry Wachowski; "Beleza Americana", de Sam Mendes; "À Espera de um Milagre", de Frank Darabont; "O Sexto Sentido", de M. Night Shyamalan; "Tudo Sobre Minha Mãe", de Pedro Almodóvar; e "Buena Vista Social Club", de Wim Wenders.

□ "Central do Brasil" concorre ao Oscar de melhor filme estrangeiro e Fernanda Montenegro ao de melhor atriz.

□ O cineasta Stanley Kubrick morre aos 70 anos, sem finalizar seu último filme, "De Olhos Bem Fechados", lançado em julho nos EUA (7.mar.).

□ Morre o cineasta Robert Bresson, aos 98 anos (18.dez.).

NA TV

□ Estreia "O Auto da Compadecida", baseada na peça de Ariano Suassuna. Dirigida por Guel Arraes (5.jan.).

□ Estreia a novela "Terra Nostra", de Benedito Ruy Barbosa, na Globo. Lança a atriz Maria Fernanda Cândido (20.set.).

□ Estreia o programa "Mais Você", na Rede Globo. É apresentado por Ana Maria Braga (18.out.).

□ Estreia o canal Rede TV! (nov.).

□ Estreia o "Jogo do Milhão", no SBT. Apresentado por Silvio Santos, o programa passa a se chamar "Show do Milhão", em 2000 (7.nov.).

NA ESTANTE
□ O escritor alemão Günter Grass, de "O Tambor", recebe o Nobel de Literatura.
□ Publicado o livro "A Casa dos Budas Ditosos", de João Ubaldo Ribeiro.
□ Aberto o 1º Salão Internacional do Livro em São Paulo, promovido pela Câmara Brasileira do Livro (21.abr.).
□ Morre o escritor e dramaturgo Dias Gomes, aos 76 anos (18.mai.).
□ Morre o poeta João Cabral de Melo Neto, no Rio (9.out.).

NA MÚSICA
□ O grupo norte-americano Rage Against The Machine lança o álbum "The Battle of Los Angeles" (fev.).
□ Gilberto Gil recebe o Grammy na categoria world music com o álbum "Quanta Gente Veio Ver" (24.fev.).

NO PALCO
□ Inaugurada em Joinville (SC) a única filial da companhia de balé Bolshoi fora da Rússia (19.mar.).

NO CINEMA
□ "Cronicamente Inviável", de Sérgio Bianchi, causa polêmica ao enfocar mazelas do país; são lançados "Bossa Nova", de Bruno Barreto, e "Auto da Compadecida", de Guel Arraes; e os internacionais "O Gladiador", de Ridley Scott, e "Amores Brutos", de Alejandro Iñárritu.

NA TV
□ Estreia o primeiro reality show brasileiro, "No Limite", na Rede Globo (23.jul.).

NA ESTANTE
□ O psicanalista Contardo Calligaris lança "Hello Brasil".
□ O escritor Marçal Aquino lança "O Amor e Outros Objetos Pontiagudos".

□ O sociólogo italiano Domenico de Masi lança o seu quarto livro, "O Ócio Criativo", na 16ª Bienal do Livro de São Paulo (30.abr.).
□ O escritor Carlos Heitor Cony toma posse na Academia Brasileira de Letras (31.mai.).
□ Começa em Belo Horizonte a turnê brasileira de lançamento de "A Caverna", de José Saramago (5.dez.).

NA MÚSICA
□ Após nove anos longe do estúdio, João Gilberto lança "João Voz e Violão", com produção de Caetano Veloso (jan.).
□ A banda inglesa Oasis lança o álbum "Standing on the Shoulder of Giants" e a norte-americana Smashing Pumpkins lança "Machina/ The Machine of God" (fev.).

NO PALCO
□ Estreia "Alta Sociedade", escrita e dirigida por Mauro Rasi, no teatro Scala, no Rio. Com Fernanda Montenegro e Ítalo Rossi, que não atuavam juntos há 30 anos (26.jan.).
□ Estreia o musical "Cambaio" de João e Adriana Falcão, dirigida por João Falcão, no Sesc Belenzinho, em São Paulo. A direção musical é de Lenine, a composição de Chico Buarque e a música de Edu Lobo (20.abr.).
□ Estreia o musical "Vítor ou Vitória!", de Leslie Bricuse e Henry Mancini, traduzido por Cláudio Botelho e dirigido por Jorge Takla, no teatro Cultura Artística, em São Paulo. Com Marília Pêra (18.ago.).
□ O Ballet Stagium completa 30 anos com cerca de 80 coreografias em seu repertório (9.nov.).

NA TV
□ Estreia o reality show "A Casa dos Artistas", no SBT. Pela primeira vez, a audiência de um programa bate a do "Fantástico", da Globo (28.out.).

NA ESTANTE
□ O escritor Daniel Galera publica "Dentes Guardados", seu primeiro livro.
□ O escritor de ascendência indiana Vidiadhar Surajprasad Naipaul recebe o prêmio Nobel de Literatura. É autor de "Os Mímicos" e "O Enigma da Chegada".
□ Publicado "O Mesmo Mar", do israelense Amós Oz.
□ Morre o escritor Jorge Amado, aos 88 anos (6.ago.).

▸ 2000

▸ 2001

□ Morre a cantora lírica brasileira Bidu Sayão (12.mar.).
□ A Osesp (Orquestra Sinfônica do Estado de São Paulo), regida por seu diretor artístico, John Neschling, inaugura a Sala São Paulo, construída na Estação Júlio Prestes. A orquestra toca a "Sinfonia nº 2 – Ressurreição", de Gustav Mahler (9.jul.).
□ É criado o software Napster, que permite a troca de arquivos musicais MP3 pela internet (set.).
□ O grupo carioca Los Hermanos lança seu primeiro disco, que leva o nome da banda (set.).
□ Morre o cantor e compositor Zé Kéti, um dos maiores sambistas da velha guarda (14.nov.).

□ Aberta a exposição "Ferreira Gullar 70 Anos" no Museu de Arte Moderna do Rio de Janeiro para marcar o aniversário do poeta.
□ Mario Prata escreve "Os Anjos de Badaró", o primeiro romance brasileiro online, com espaço interativo no qual os leitores podem intervir na obra.
□ Moacyr Scliar recebe o Jabuti pelo romance "A Mulher que Escreveu a Bíblia"; o médico Dráuzio Varella ganha na categoria reportagem, com "Estação Carandiru"; e o crítico e ensaísta Alfredo Bosi recebe o prêmio de melhor ensaio, conferido a "Machado de Assis: O Enigma do Olhar".
□ Com a vendagem de 30 milhões de livros, J.K. Rowling, autora da série Harry Potter, torna-se a terceira mulher mais rica do Reino Unido.
□ O escritor Paulo Coelho recebe a insígnia de Cavaleiro da Legião da Honra, na França (22.mar.).

□ Integrantes da banda de rock Metallica decidem processar mais de 300 mil pessoas que baixaram suas músicas de graça na internet (mai.).
□ Morre o sambista João Nogueira (5.jun.).
□ É inaugurada a casa de espetáculos DirecTV Music Hall, ex-Palace, com o show "Memórias, Crônicas e Declarações de Amor", de Marisa Monte (set.).
□ O grupo cubano Buena Vista Social Club se apresenta em São Paulo (30.nov.).
□ Roberto Carlos lança o disco "Amor sem Limite", o primeiro formado basicamente por canções inéditas em quatro anos (dez.).

NAS ARTES
□ Abertura da Mostra do Redescobrimento, no Parque do Ibirapuera, que comemora os 500 anos do Brasil (23.abr.).

NO CINEMA
□ Peter Jackson inicia a trilogia baseada na obra de Tolkien, com o lançamento de "O Senhor dos Anéis: A Irmandade do Anel".
□ São lançados "Abril Despedaçado", de Walter Salles; "O Invasor", de Beto Brant; "O Xangô de Baker Street", de Miguel Faria Jr.; "Domésticas", de Fernando Meirelles; "Bicho de Sete Cabeças", de Laís Bodansky; "Lavoura Arcaica", de Luiz Fernando Carvalho; e "O Fabuloso Destino de Amélie Poulain", de Jean-Pierre Jeunet.
□ O presidente FHC cria a Ancine (Agência Nacional de Cinema) (set.).

NA MÚSICA
□ Acontece o Rock in Rio 3, que reúne mais de 500 mil pessoas (jan.).
□ Enquete da Ilustrada elege a capa do LP "Secos & Molhados", com as cabeças dos quatro membros do grupo servidas à mesa, a melhor da história da música brasileira (30.mar.).
□ Morre, em São Paulo, em decorrência de um atropelamento por moto, Marcelo Fromer, guitarrista da banda Titãs (13.jun.).
□ O grupo de rock The Strokes lança o disco "Is This It" (ago.).
□ A Apple lança o iPod, aparelho portátil capaz de carregar milhares de músicas em formato MP3 (out.).
□ Morre, no Rio de Janeiro, aos 39 anos de idade, a cantora Cássia Eller, intérprete de grandes sucessos como "Malandragem", de Cazuza, e "O Segundo Sol", de Nando Reis (29.dez.).

2002

NO PALCO

□ Estreia o musical "A Bela e a Fera", versão brasileira para o espetáculo da Disney, em São Paulo (20.jun.).

□ Estreia "A Terra", primeira parte da trilogia "Os Sertões", de Euclides da Cunha. Com direção de José Celso Martinez Corrêa, a encenação ocorre no teatro Oficina, em São Paulo, cem anos após a publicação da obra (7.dez.).

□ Morre o ator, radialista, jornalista, poeta, compositor, escritor e dramaturgo Mário Lago, aos 90 anos. Autor de "Ai, que Saudades da Amélia", com Ataulfo Alves (30.mai.).

NO CINEMA

□ São lançados "Cidade de Deus", de Fernando Meirelles; "Madame Satã", de Karim Aïnouz; "Ônibus 174", de José Padilha; "O Senhor dos Anéis: As Duas Torres", de Peter Jackson; "O Pianista", de Roman Polanski; "Fale com Ela", de Pedro Almodóvar; e "Tiros em Columbine", de Michael Moore.

□ Morre Billy Wilder, aos 95 anos, diretor de "O Crespúculo dos Deuses" (1950) (27.mar.).

NA TV

□ Estreia na Rede Globo o reality show "Big Brother Brasil" (29.jan.).

NA ESTANTE

□ A escritora gaúcha Clarah Averbuck lança "Máquina de Pinball", seu primeiro romance.

□ Morre o escritor e jornalista Roberto Drummond, aos 68 anos (21.jun.).

NA MÚSICA

□ O grupo britânico Coldplay lança "A Rush of Blood to the Head" (ago.).

□ Milton Nascimento lança o disco "Pietá" e marca estreia de Maria Rita, filha de Elis Regina.

NAS ARTES

□ Fundado o Centro Cultural Inhotim, instituição idealizada pelo empresário Bernardo Paz, destinada à conservação, exposição e produção de trabalhos contemporâneos de arte, na cidade de Brumadinho, Minas Gerais.

2003

NO PALCO

□ Estreia a peça "Os Sertões, O Homem: Parte 1", segunda parte da trilogia "Os Sertões", dirigida por José Celso Martinez Corrêa, no Oficina (16.ago.).

NO CINEMA

□ "Cidade de Deus" é indicado ao Oscar em quatro categorias: melhor diretor, melhor fotografia, melhor roteiro adaptado e melhor montagem.

□ "Carandiru", de Hector Babenco, tem um público de 4,6 milhões de espectadores.

□ São lançados "O Homem que Copiava", de Jorge Furtado; "Deus é Brasileiro", de Cacá Diegues; "O Senhor dos Anéis: O Retorno do Rei", de Peter Jackson; "Sin City", de Frank Miller, Robert Rodriguez e Quentin Tarantino; "Kill Bill – Volume 1", de Quentin Tarantino; e "Dogville", de Lars von Trier.

NA ESTANTE

□ O poeta gaúcho Fabrício Carpinejar recebe o Prêmio Nacional Olavo Bilac, concedido pela Academia Brasileira de Letras, por "Biografia de Uma Árvore".

□ Publicado o livro de contos "O Voo da Madrugada", de Sergio Sant'anna.

□ Chico Buarque lança "Budapeste".

□ Publicado o livro "O Código Da Vinci", de Dan Brown, que vende mais de 7 milhões de cópias e é traduzido para 40 línguas.

□ O jornalista Elio Gaspari recebe prêmio da ABL pelos livros "A Ditadura Envergonhada" e "A Ditadura Escancarada" (jul.).

□ Realiza-se a 1ª Flip (Festa Literária Internacional de Paraty) (ago.).

□ É lançado "Queda Livre – Ensaios de Risco", de Otavio Frias Filho.

□ Xico Sá publica seu "Modas de Macho e Modinhas de Fêmea".

□ Morre o poeta, escritor, tradutor e ensaísta paulistano Haroldo de Campos, aos 73 anos. É fundador, com Augusto de Campos e Décio Pignatari, do movimento da poesia concreta. Autor de "Galáxias" e "Xadrez de Estrelas" (16.ago.).

□ Alfredo Bosi e Moacyr Scliar entram para a Academia Brasileira de Letras (30.set.).

□ Morre a escritora Rachel de Queiroz, aos 92 anos (4.nov.).

NA MÚSICA

□ O diretor João Moreira Salles lança o documentário "Nelson Freire", sobre o pianista brasileiro (abr.).

□ Morre o sambista Noite Ilustrada (28.jul.).

□ A cantora Maria Rita, filha de Elis Regina, lança seu primeiro disco, "Maria Rita" (set.).

NAS ARTES

□ Aberta mostra "Albert Eckhout Volta ao Brasil: 1644-2002", na Pinacoteca do Estado, com obras do pintor holandês (15.jan.).

□ Aberta a exposição "Art Revolution: A Bigger Splash", na Oca, uma seleção de 109 obras do acervo da inglesa Tate Modern (4.ago.).

2004

NO PALCO

□ Estreia o musical "Chicago", no Teatro Abril, em São Paulo. Com um custo de R$ 5,9 milhões, a montagem brasileira tem Danielle Winits, Adriana Garambone e Daniel Ventura nos papéis principais (30.abr.).

NO CINEMA

□ Mel Gibson lança "A Paixão de Cristo", acusado de preconceito contra judeus.

□ São lançados "Cazuza – O Tempo Não Para", de Sandra Werneck e Walter Carvalho; "Olga", de Jayme Monjardim; "Meu Tio Matou um Cara", de Jorge Furtado; "Narradores de Javé", de Eliane Caffé; "Raízes do Brasil", de Nelson Pereira dos Santos; "Diários de Motocicleta", de Walter Salles; "Brilho Eterno de uma Mente Sem Lembranças", de Michel Gondry; "A Queda", de Oliver Hirschbiegel; "Kill Bill – Volume 2", de Quentin Tarantino; "Menina de Ouro", de Clint Eastwood; "Os Incríveis", de Brad Bird; "Crash – No Limite", de Paul Haggis; "Melinda & Melinda", de Woody Allen; "Má Educação", de Pedro Almodóvar; e "Fahrenheit 9/11", de Michael Moore.

NA ESTANTE

□ A contista gaúcha Veronica Stigger lança "O Trágico e Outras Comédias".

□ A escritora Lygia Bojunga recebe o Astrid Lindgren Memorial Award, do governo da Suécia, pelo conjunto da obra.

□ Publicado o livro "O Fotógrafo", de Cristóvão Tezza, que recebe o prêmio de melhor romance do ano da Academia Brasileira de Letras.

□ Morre a escritora Hilda Hilst, aos 73 anos (4.fev.).

□ Morre o escritor Fernando Sabino, aos 80 anos (11.out.).

NAS ARTES

□ Aberta retrospectiva da obra de Pablo Picasso, no pavilhão da Bienal (28.jan.).

□ Morre o fotógrafo francês Henri Cartier Bresson, aos 95 anos (2.ago.).

2005

NO PALCO

□ O Oficina apresenta a primeira parte do espetáculo "A Luta", sequência da adaptação de "Os Sertões", de Euclides da Cunha, com cinco horas de duração (30.abr.).

□ Estreia a turnê nacional do espetáculo de dança "Onqotô", do Grupo Corpo, com música de Caetano Veloso e José Miguel Wisnik (10.ago.).

NO CINEMA

□ O filme "Dois Filhos de Francisco – A História de Zezé di Camargo & Luciano", de Breno Silveira, atinge marca de 5,2 milhões de ingressos vendidos.

□ São lançados "Cinema, Aspirinas e Urubus", de Marcelo Gomes; "Batman Begins", de Christopher Nolan; "A Guerra dos Mundos" e "Munique", de Steven Spielberg; e "Manderlay", de Lars von Trier.

NA TV

□ Estreia a sofisticada "Hoje É Dia de Maria", na Rede Globo. Criada e dirigida por Luiz Fernando Carvalho (11.jan.).

NA ESTANTE

□ Publicado o romance "Cinzas do Norte", de Milton Hatoum, ganhador do grande prêmio da crítica da APCA, do 2º Prêmio Bravo! Prime de Cultura e da 4ª edição do Prêmio Portugal Telecom de Literatura Brasileira.

□ O escritor Ferreira Gullar, colunista da Ilustrada, recebe, pelo conjunto da obra, o Prêmio Fundação Conrado Wessel de Ciência e Cultura e o Machado de Assis, da ABL.

□ Publicado o livro "O Caçador de Pipas", do escritor afegão Khaled Hosseini.

□ Morre o dramaturgo americano Arthur Miller, aos 89 anos. Escreveu as peças "Todos os Meus Filhos" e a "Morte de um Caixeiro-Viajante" (10.fev.).
□ Morre o escritor Saul Bellow. Foi ganhador do Prêmio Nobel de Literatura em 1976 (5.abr.).

NA MÚSICA
□ Morre, no Rio, o cantor Bezerra da Silva, aos 77 anos (17.jan.).
□ O megaconcerto Live 8 acontece em 11 cidades diferentes do mundo e pede ao público que brigue por justiça pelos países da África (jul.).
□ Gal Gosta lança "Hoje", primeiro álbum com inéditas após sete anos (set.).
□ A violeira Helena Meirelles morre, aos 81 anos, no Mato Grosso do Sul (28.set.).

NAS ARTES
□ Aberta exposição do fotógrafo Marc Ferrez, no Instituto Moreira Salles, no Rio (26.jul.).
□ Aberta a 5ª Bienal do Mercosul, em Porto Alegre, que explora o tema "Histórias da Arte e do Espaço" (30.set.).
□ Inaugurado o museu de Artes e Ofícios, em Belo Horizonte. (14.dez.).

EM SÃO PAULO
□ A prefeitura da cidade de São Paulo lança a Virada Cultural, projeto que reúne apresentações de artistas em locais públicos e casas de cultura durante 24 horas (19.nov.).

▸ 2006

NO PALCO
□ Entra em cartaz a peça "A Pedra do Reino", de Ariano Suassuna, adaptada por Antunes Filho, no Sesc Consolação (21.jul.).

NO CINEMA
□ São lançados os filmes nacionais "O Ano em Que Meus Pais Saíram de Férias", de Cao Hambúrguer; "Zuzu Angel", de Sérgio Rezende; "Boleiros – Vencedores e Vencidos", de Ugo Giorgetti; "Brasília 18%", de Nelson Pereira dos Santos; "Os Infiltrados", de Martin Scorsese; "Cartas de Iwo Jima", de Clint Eastwood; "Pequena Miss Sunshine", de Jonathan Dayton e Valerie Faris; e "Volver", de Pedro Almodóvar.

NA MÚSICA
□ Precursor da bossa nova, o cantor e pianista Johnny Alf lança disco de inéditas "Mais um Som", depois de 28 anos sem lançar músicas novas no Brasil (jan.).
□ Os Rolling Stones tocam para 1,3 milhão de pessoas nas areias da Praia de Copacabana, na turnê de "A Bigger Bang" (18.fev).
□ O U2 apresenta o show "Vertigo", no Estádio do Morumbi, em São Paulo, para 73 mil pessoas (20.fev.).
□ A cantora Marisa Monte lança os discos "Universo ao Meu Redor", com sambas, e "Infinito Particular", com canções variadas.
□ Morre, aos 99 anos, o compositor e cantor Braguinha, autor de sucessos como "Chiquita Bacana" (com Alberto Ribeiro) e "Carinhoso" (com Pixinguinha) (24.dez.).
□ Morre o cantor norte-americano James Brown, considerado o "padrinho do soul" (25.dez.).

NAS ARTES
□ É inaugurado o Museu da Língua Portuguesa, na Estação da Luz, em São Paulo. (20.mar.).
□ O arquiteto brasileiro Paulo Mendes da Rocha recebe o Prêmio Pritzker (10.abr.).
□ Morre o ator Raul Cortez, aos 74 anos (18.jul.).
□ Morre o ator e escritor Gianfrancesco Guarnieri, aos 71 anos (22.jul.).

▸ 2007

NO PALCO
□ Estreia versão brasileira do musical "My Fair Lady", com direção de Jorge Takla, em São Paulo (8.mar.).
□ É inaugurado o Teatro Popular Oscar Niemeyer, em Niterói (RJ) (5.abr.).
□ Estreia o musical "Miss Saigon", no Teatro Abril. Sucesso na Broadway, a montagem inclui orquestra, 42 intérpretes e 500 figurinos (12.jul.).
□ Estreia a peça "O Bem-Amado", de Dias Gomes, e dirigida por Enrique Dias, no Teatro das Artes, no Rio. Marco Nanini interpreta Odorico Paraguaçu (7.set.).
□ Estreia a peça "Dom Quixote de Lugar Nenhum", espetáculo que incorpora cordelistas e romeiros e leva Quixote e Sancho Pança ao Nordeste. Na versão de Ruy Guerra da obra de Miguel de Cervantes, Edson Celulari é o protagonista (7.set.).
□ Estreia o musical "Os Produtores", de Mel Brooks, adaptado por Miguel Falabella, no Tom Brasil, em São Paulo (15.set.).
□ Morre o grande ator Paulo Autran (12.out.).
□ Estreia a peça "Ensina-me a Viver", dirigida por João Falcão, no Teatro Faap, com Gloria Menezes (27.out.).
□ Morre o bailarino e coreógrafo Maurice Béjart. Fundou com Jean Laurent a companhia que mais tarde se chamaria Ballet-Théâtre de Paris. Sua obra-prima é a coreografia "A Sagração da Primavera", de 1959 (22.nov.).

NO CINEMA
□ Versão do filme "Tropa de Elite", de José Padilha, é pirateada e se torna sucesso antes de a obra chegar às telas; lançado oficialmente em setembro, "Tropa de Elite" alcança um público de 2,4 milhões no ano.
□ São lançados "Primo Basílio", de Daniel Filho; "Chega de Saudade", de Laís Bodanzky; "Sangue Negro", de Paul Thomas Anderson; "Onde os Fracos Não Têm Vez", de Ethan e Joel Coen; "Na Natureza Selvagem", de Sean Penn; "O Ultimato Bourne", de Paul Greengrass; "O Gângster", de Ridley Scott e; "Sicko", de Michael Moore.
□ Morrem o diretor sueco Ingmar Bergman e o italiano Michelangelo Antonioni (30.jul.), dois gigantes do cinema.

NA TV
□ Início das transmissões da TV Digital no Brasil. O teste é feito na Grande São Paulo (2.dez.).

NA ESTANTE
□ A escritora britânica Doris Lessing recebe o prêmio Nobel de Literatura. É autora de "Andando na Sombra" e "O Sonho Mais Doce". Em 106 anos de premiação, é a décima primeira mulher a ser contemplada.
□ Morre o best-seller americano Sidney Sheldon, aos 89 anos (30.jan.).
□ Morre o escritor e jornalista Norman Mailer, aos 84 anos (10.nov.).

NA MÚSICA
□ Sem Rita Lee, Os Mutantes se apresentam em São Paulo pela 1ª vez desde 1978, com Zélia Duncan nos vocais (25.jan.).
□ Morre o tenor italiano Luciano Pavarotti, um dos nomes mais populares do canto lírico (6.set.).
□ O pianista Nelson Freire ganha o Gramophone Awards de melhor disco do ano com o álbum "Brahms: The Piano Concertos" (4.out.).
□ A dupla Sandy e Júnior grava seu último trabalho, "Acústico" (ago.).
□ A banda inglesa Radiohead inova e coloca seu novo disco "In Rainbows" para downloads na internet, sem o apoio de uma gravadora, e o consumidor decide quanto quer pagar (out.).
□ Morre o compositor alemão Karlheinz Stockhausen, de 79 anos, pioneiro na exploração sonora da eletrônica (5.dez.).

NA MÍDIA
□ Morre o empresário Octavio Frias de Oliveira, publisher do Grupo Folha, aos 94 anos, em São Paulo (29.abr.)

▸ 2008

NO PALCO
□ O Teatro Cultura Artística, em São Paulo, é destruído por um incêndio.

NO CINEMA
□ É lançado "Meu Nome Não É Johnny", de Mauro Lima.
□ Morre o ator norte-americano Charlton Heston (5.abr.).
□ A brasileira Sandra Corveloni, protagonista do longa "Linha de Passe", de Walter Salles e Daniela Thomas, é escolhida a melhor atriz no festival de cinema de Cannes (25.mai.).

NA TV
□ Morre a atriz Dercy Gonçalves, aos 101 anos (19.jul.).
□ Morre o ator Fernando Torres, aos 80 anos (4.set.).

NA ESTANTE
□ Morre o escritor Arthur C. Clarke, aos 90 anos (19.mar.).
□ Morre a escritora Zélia Gattai, aos 91 anos (17.mai.).

NA MÚSICA
□ A cantora inglesa Amy Winehouse ganha cinco prêmios Grammy (10.fev.).
□ Morre, em Paris, o cantor e compositor francês Henri Salvador (13.fev.).
□ O ex-Pink Floyd Roger Waters apresenta sua ópera "Ça Ira" no 12º Festival Amazonas de Ópera, em Manaus (24.abr.).
□ Morre, nos EUA, o guitarrista e compositor Bo Didley, um dos criadores do rock. (2.jun.).
□ Morre, no Rio, o cantor e sambista Jamelão (José Bispo dos Santos), presidente de honra e intérprete oficial da escola de samba Estação Primeira de Mangueira (14.jun.).
□ O barítono brasileiro Paulo Szot recebe nos EUA o Prêmio Tony de melhor ator em musical por sua atuação na peça "South Pacific" (15.jun.).

Índice remissivo

D

E

F

G

N

O

P

Q

R

Créditos das imagens da capa:

Alexandre Herchcovitch © 28.OUT.1994 Bel Pedrosa/Folha Imagem; Augusto de Campos e Décio Pignatari © 5.DEZ.1986 Homero Sergio/Folha Imagem; Bete Coelho e Gerald Thomas em ensaio de "Um Processo" © Lenise Pinheiro; Caetano Veloso © 1973 Folha Imagem; Chico Buarque © 27.JAN.2005 Rogério Cassimiro/Folha Imagem; Chico Science © 30.MAR.1994 Frederico Rozario/Folha Imagem; Cartum de Geraldão © Glauco Villas-Boas; Glauber Rocha © 1979 Folha Imagem; José Celso Martinez Corrêa © Lenise Pinheiro; Leandro Firmino em "Cidade de Deus" © Divulgação; Lina Bo Bardi © 27.DEZ.1992 Juan Esteves/Folha Imagem; Marco Nanini em "Carlota Joaquina" © Divulgação; Marisa Monte © 13.SET.1989 César Itiberê/Folha Imagem; Michael Jackson © 15.OUT.1993 César Itiberê/Folha Imagem; Paulo Coelho © 27.JUL.2000 Ana Carolina Fernandes/Folha Imagem; Paulo Francis © NOV.1989 Carlos Goldgrub/Folha Imagem; Cartum de Rê Bordosa © Arnaldo Angeli Filho; Renato Russo © 19.OUT.1994 Cris Bierrenbach/Folha Imagem; Roberto Schwarz © 10.OUT.2003 Marlene Bergamo/Folha Imagem; Titãs © 1986 Folha Imagem; Walter Salles e Fernanda Montenegro © 22.FEV.1998 Fabrizio Bausch/Reuters; William Hurt em "O Beijo da Mulher Aranha" © Divulgação

---

COPYRIGHTS

Adão Iturrusgarai © Adão Iturrusgarai
Amir Labaki © Amir Labaki
Angeli © Arnaldo Angeli Filho
Antonio Callado © Ana Arruda Callado
Antonio Cícero © Antonio Cicero Correia Lima
Arnaldo Jabor © Arnaldo Jabor
Arthur Nestrovski © Arthur Nestrovski
Bernardo Carvalho © Bernardo Teixeira de Carvalho
Caco Galhardo © Antonio Carlos Tironi Galhardo
Carlos Calado © Carlos Alberto Calado
Contardo Calligaris © Contardo Calligaris
Drauzio Varella © Drauzio Varella
Emilio Damiani © Emilio Damiani Jr.
Erika Palomino © Erika Elisabeth Palomino Rehman
Fernando Bonassi © Fernando Bonassi
Fernando de Barros e Silva © José Fernando de Barros e Silva
Fernando Gonsales © Fernando Gonsales
Ferreira Gullar © José Ribamar Ferreira
Flávio Rangel © Ricardo Pedreira Rangel
Gilberto Vasconcellos © Gilberto Felisberto Vasconcellos
Glauber Rocha © Paloma de Melo e Silva Rocha – Tempo Glauber
Glauco © Glauco Villas-Boas
Inácio Araujo © Francisco Inácio de Araujo Silva Jr.
Jô Soares © José Eugenio Soares
João Marcos Coelho © João Marcos Coelho
João Pereira Coutinho © José João Freitas Barbosa Pereira Coutinho
José Simão © José Simão
Laerte © Laerte Coutinho
Lúcio Ribeiro © Lúcio Rodrigues Ribeiro
Marcelo Coelho © Marcelo Penteado Coelho
Maria Ercilia © Maria Ercilia Leite Ribeiro Galvão Bueno
Márion Strecker Gomes © Márion Strecker Gomes
Mariza Dias Costa © Mariza Dias Costa
Matinas Suzuki Jr. © Matinas Suzuki Jr.
Miguel de Almeida © Miguel de Almeida
Nelson Ascher © Nelson Ascher
Nelson Pujol Yamamoto © Sérgio Pujol Yamamoto
Nelson Rodrigues © Espólio de Nelson Falcão Rodrigues
Nicolau Sevcenko © Nicolau Sevcenko
Otavio Frias Filho © Otavio Frias Filho
Patricio Bisso © Patricio Bisso
Paulo Coelho © Paulo Coelho de Souza
Paulo Francis © Sonia Nolasco
Paulo Leminski © Alice Ruiz Schneronl
Pedro Alexandre Sanches © Pedro Alexandre Sanches
Pepe Escobar © Petronio Escobar Franca
Perry White © Cláudio Alves de Paiva; Hubert de Carvalho Aranha; Reinaldo Batista Figueiredo
Plínio Marcos © Ricardo Martins de Barros
Roberto Schwarz © Roberto Schwarz – Companhia das Letras
Rodrigo Naves © Rodrigo Naves
Ruy Castro © Ruy Barboza de Castro Filho
Sérgio Augusto © Sérgio Augusto Pinto
Thiago Ney © Thiago Olivieri Ney
Walter Salles © Walter Salles Jr.

AGRADECIMENTOS

Este livro é o primeiro resultado de um programa instituído pela Folha em 2008, o Semestre Acadêmico, que oferece a possibilidade de um jornalista se dedicar, durante seis meses, a atividades universitárias e à realização de uma pesquisa sobre veículos do grupo. Agradeço ao diretor de Redação, Otavio Frias Filho; à editora-executiva, Eleonora de Lucena; aos secretários de Redação, Suzana Singer e Vaguinaldo Marinheiro; bem como à editora de Treinamento, Ana Estela de Souza Pinto, pela oportunidade. Agradeço também a Carlos Henrique Kauffmann, Flora Vaz Pereira, Marina Nihei e aos profissionais do Banco de Dados, da Publifolha e da Redação que me apoiaram e ajudaram neste projeto. Por fim, agradeço aos meus colegas jornalistas que aceitaram conceder entrevistas e fornecer informações que tornaram este livro possível.

27.AGO.2008 FILIPE REDONDO/FOLHA IMAGEM

2008

Equipe da Ilustrada em agosto de 2008: na fileira de trás, Mario Gioia, Sérgio Rizzo (crítico de cinema), Inácio Araujo, Naief Haddad (editor-adjunto), Marcos Augusto Gonçalves (editor), Leonardo Cruz (editor-assistente), Sylvia Colombo, Laura Mattos, Daniel Castro; na fileira do meio, Silas Martí, Bruna Bittencourt, Thiago Ney, Tereza Novaes, Lúcia Valentim, Janaina Fidalgo, Raquel Cozer, Cristina Luckner, Cristina Fibe; mais à frente, Jean Canuto (administrativo), Bruno Saito, Rafael Cariello, Lucas Neves, Eduardo Simões e Marco Aurélio Canônico; os jornalistas Fabio Cypriano (crítico de arte) e Silvana Arantes não puderam comparecer

Projeto editorial, texto e edição: **Marcos Augusto Gonçalves**
Assistente de edição e pesquisa: **Thiago Blumenthal**
Direção de arte, projeto gráfico e capa: **Eliane Stephan**
Diagramação: **Angela Mendes**
Editor-assistente: **Rodrigo Villela**
Coordenação de produção gráfica: **Soraia Pauli Scarpa**
Assistente de produção gráfica: **Mariana Metidieri**
Pesquisa: **Banco de Dados da Folha**
Autorizações de textos e imagens: **Christiane Schoueri e Fernanda Mayer**
Revisão: **Luicy Caetano de Oliveira e Luciana Lima**
Índice remissivo: **Cacá Mattos**

Dados Internacionais de Catalogação na Publicação (CIP)
(Câmara Brasileira do Livro, SP, Brasil)

Pós-tudo : 50 anos de cultura na Ilustrada / Marcos Augusto Gonçalves, (org.). –
São Paulo : Publifolha, 2008.

ISBN 978-85-7402-976-4
1. Artigos jornalísticos - Coletâneas 2. Cultura 3. Folha de S.Paulo 4. Jornais - Seções, colunas etc. I. Gonçalves, Marcos Augusto.

08-08775 CDD-070.442

Índices para catálogo sistemático:
1. Coletâneas : Cultura : Artigos jornalísticos 070.442
2. Cultura : Artigos jornalísticos : Coletâneas 070.442

A grafia deste livro segue as regras do
Novo Acordo Ortográfico da Língua Portuguesa.

PUBLIFOLHA
Divisão de Publicações do Grupo Folha
Al. Barão de Limeira, 401, 6º andar – CEP 01202-900, São Paulo, SP
Tel.: (11) 3224-2186/2187/2197

Este livro foi composto nas fontes Helvetica Neue e Kepler e foi impresso sobre papel offset 120g/m², em novembro de 2008 pela gráfica Corprint.